# Prompt Engineering for Generative AI

생성형 AI를 위한
프롬프트 엔지니어링

| 표지 설명 |

표지 동물은 우는긴털아르마딜로(학명: *Chaetophractus vellerosus*)입니다. 자신을 건들거나 위협하면 비명을 지르는 습성 때문에 이런 이름이 붙었습니다.

주로 아르헨티나, 볼리비아, 파라과이의 건조한 지역에 서식하며, 아열대 또는 열대 지역의 건조림, 관목 지대, 초원, 사막 같은 환경을 선호합니다. 팔다리와 배는 흰색과 밝은 갈색 털로 덮여 있고, 몸통은 케라틴으로 이루어진 단단한 등껍질로 보호됩니다. 머리에는 단단한 방패처럼 생긴 보호막이 있으며, 귀 사이에는 작고 뚜렷한 띠가 있습니다. 꼬리를 포함한 전체 몸길이는 약 30~55 센티미터, 몸무게는 1 킬로그램 미만이며, 수컷이 암컷보다 큽니다. 잡식성으로 개구리, 두꺼비, 도마뱀, 새, 설치류 같은 작은 척추동물뿐 아니라 과일과 식물도 먹습니다. 물 없이도 오랜 시간을 버틸 수 있는 생명체입니다.

국제자연보전연맹(IUCN)은 이 종을 '최소 관심종'으로 분류하고 있습니다. 하지만 볼리비아 일부 지역에서는 고기와 등껍질을 얻기 위해 이를 과도하게 사냥합니다. 오라일리 표지에 등장하는 많은 동물은 멸종 위기에 처해 있으며 모두 세상에 중요한 존재입니다. 표지 일러스트는 『Beeton's Dictionary』에 실린 고풍스러운 선화를 바탕으로 캐런 몽고메리Karen Montgomery가 그렸습니다.

## 생성형 AI를 위한 프롬프트 엔지니어링

랭체인, 스테이블 디퓨전, 미드저니, 챗GPT를 다루는 가장 실용적인 방법

**초판 1쇄 발행** 2025년 6월 23일
**초판 2쇄 발행** 2025년 11월 1일

**지은이** 제임스 피닉스, 마이크 테일러 / **옮긴이** 정의형, 정한결 / **펴낸이** 전태호
**펴낸곳** 한빛미디어(주) / **주소** 서울시 서대문구 연희로2길 62 한빛미디어(주) IT출판2부
**전화** 02-325-5544 / **팩스** 02-336-7124
**등록** 1999년 6월 24일 제25100-2017-000058호 / **ISBN** 979-11-6921-399-8  93000

**책임편집** 박지영 / **기획·편집** 정지수
**베타리더** 강찬석, 김민겸, 김수아, 문주영, 전현준, 허민
**디자인** 표지 윤혜원 내지 박정우 / **전산편집** 이경숙
**영업마케팅** 송경석, 김형진, 장경환, 조유미, 한종진, 이행은, 김선아, 고광일, 성화정, 김한솔 / **제작** 박성우, 김정우

이 책에 대한 의견이나 오탈자 및 잘못된 내용은 출판사 홈페이지나 아래 이메일로 알려주십시오.
파본은 구매처에서 교환하실 수 있습니다. 책값은 뒤표지에 표시되어 있습니다.
**한빛미디어 홈페이지** www.hanbit.co.kr / **이메일** ask@hanbit.co.kr

---

© HANBIT MEDIA INC. 2025.

Authorized Korean translation of the English edition of **Prompt Engineering for Generative AI**
ISBN 9781098153434 © 2024 Saxifrage, LLC and Just Understanding Data LTD.

This translation is to be published and sold by permission of O'Reilly Media, Inc.,
the owner of all rights to publish and sell the same.

이 책의 저작권은 오라일리와 한빛미디어(주)에 있습니다.
저작권법에 의해 보호를 받는 저작물이므로 무단 전재와 무단 복제를 금합니다.

---

지금 하지 않으면 할 수 없는 일이 있습니다.
책으로 펴내고 싶은 아이디어나 원고를 메일(**writer@hanbit.co.kr**)로 보내주세요.
한빛미디어(주)는 여러분의 소중한 경험과 지식을 기다리고 있습니다.

# Prompt Engineering for Generative AI

## 생성형 AI를 위한
## 프롬프트 엔지니어링

O'REILLY® 한빛미디어

## 지은이・옮긴이 소개

**지은이 제임스 피닉스** James Phoenix

마케팅 팀을 위해 신뢰할 수 있는 데이터 파이프라인을 구축하고, 수천 개의 반복 작업을 자동화하는 일을 합니다. 미국에 본사를 둔 민간 영리 교육 기관인 제너럴 어셈블리(General Assembly)에서 60회 이상의 데이터 과학 부트캠프를 진행했습니다.

**지은이 마이크 테일러** Mike Taylor

미국, 영국, EU에 사무소를 둔 50인 규모의 성장 마케팅 에이전시 Ladder의 공동 창립자입니다. 링크드인 러닝, 유데미, 벡스파워(Vexpower)에서 마케팅과 인공지능 관련 강의를 진행하며, 누적 수강생 수는 40만 명이 넘습니다.

**옮긴이 정의형**

LG CNS에서 데이터 플랫폼 아키텍트, 데이터 엔지니어로 데이터와 AI 플랫폼 프로젝트를 수행합니다. 다양한 데이터 관련 오픈 소스와 AI 기술에 관심이 많으며, 이를 쉽게 설명하고 전달하는 교육에도 열정을 가지고 있습니다. 새로운 기술을 배우고 탐구하는 것을 즐깁니다.

**옮긴이 정한결**

개발자이자 강사, 커뮤니티 빌더입니다. 서울대학교에서 인류학을, 한국방송통신대학교에서 컴퓨터 과학과 통계/데이터 과학을 전공했습니다. 다방면의 지식 공유를 통해 AI 생태계의 성장 촉진에 기여했으며, 프로덕트 지향적 AI 엔지니어 모임을 운영합니다. 계속 배우는 사람으로서 더 잘 학습한 AI를 만들고, 다시 그 AI가 사람의 성장을 돕는 순환을 만들고자 합니다.

## ● 베타리더의 한마디

단순히 성능 향상이나 기능 추가의 목적으로 진행되던 인공지능이 어느덧 생활 속의 많은 영역에서 편의성을 제공하고 있습니다. 특히 생성형 AI는 기존에는 볼 수 없었던 창의성까지 덧붙여져서 삶을 조금 더 풍요롭게 만들고 있습니다. 이를 잘 활용하기 위해서는 사용자가 의도를 컨텍스트에 녹여 전달하는 프롬프트 엔지니어링이 필요한데, 이 책에서는 이를 위한 일련의 과정을 잘 소개하고 있습니다. 기본적인 챗GPT 활용 예시부터 랭체인을 이용한 에이전트 구현, 후반부에서 다루는 이미지 생성까지 생성형 AI의 전반적인 내용을 예제를 통해서 살펴볼 수 있기 때문에, 관련 분야에서 응용해 보고자 하는 사람들에게 도움이 되리라 생각합니다.

**강찬석**, LG전자 소프트웨어 엔지니어

이 책은 프롬프트 엔지니어링을 배우는 데 매우 좋은 길잡이가 될 것입니다.

**김민겸**, 버넥트 데이터셋 검수 담당

챗GPT의 등장 이후 AX 전환은 IT 업계의 큰 화두가 되었습니다. 날이 갈수록 빠르게 발전하고 있는 AI 시장 속에서 어디서부터 공부를 시작해야 할지 막막한 주니어 개발자들에게 이 책은 훌륭한 길라잡이가 되어줄 것입니다. 프롬프트 엔지니어링을 주제로 다루고 있지만 언어학적인 부분에만 치우치지 않고 텍스트부터 이미지 생성까지 업계에서 활용되고 있는 기술의 기본 개념 및 배경부터 알기 쉽게 설명합니다. 특히 구체적인 예제 코드를 함께 제공함으로써 복잡하고 어렵게 느껴지는 개념을 초심자도 이해하기 쉽게 풀어 내고 있어 동료들에게 추천하고 싶은 책입니다.

**김수아**, LG CNS 소프트웨어 엔지니어

AI에 체계적인 명령을 내리는 방법을 학습할 수 있는 도서입니다. 생성형 AI를 활용하는 능력이 하나의 기술로 자리 잡은 지금, 이 책은 그 활용 방법론을 익히고자 하는 모든 이에게 꼭 필요한 길잡이가 될 것입니다. AI가 이해할 수 있는 방식으로 생각하고 명령을 구성하는 법을 체계적

## ● 베타리더의 한마디

으로 설명하며, AI가 명령을 적절히 이해할 수 있는 다양한 장치도 소개합니다. 지금 시기에 이 책을 만났다는 것은 프로그래머에게 행운이라고 할 수 있습니다.

**문주영**, 웹 프런트엔드 개발자

프롬프트 엔지니어링은 생성형 AI의 지능을 최대한 끌어 내는 핵심 기술이며, 이 책은 그 여정을 위한 최고의 길잡이입니다. AI로 원하는 결과물을 얻고 싶다면 반드시 읽고 깊게 이해해야 할 필독서입니다!

**전현준**, 프로덕트 엔지니어

AI의 여파로 그 어느 때보다 명확히 지시하거나 질문하는 능력이 중요해졌습니다. 덕분에 프롬프팅 능력은 이젠 누구나 갖춰야 할 기본 소양이 되었습니다.

이 책은 단순한 기술적 프롬프트 고도화를 넘어 LCEL, Pydantic 등 다양한 도구를 활용합니다. 부정 프롬프트, 밈 매핑 등 여러 실습을 통해 저자만의 해결 방법을 직접 확인하며, AI가 정보를 이해하는 방식과 자연어의 복잡한 체계에 대한 감을 익힐 수 있습니다. 독자가 스스로 원하는 바를 명확히 파악할 수 있도록 구성된 점이 돋보입니다. 아울러 텍스트와 이미지를 가리지 않고 일관된 프롬프트 원칙(지시 내리기, 형식 정하기, 예시 들기, 품질 평가하기, 업무 나누기)을 적용할 수 있도록 프롬프팅 방법론을 체계화한 점이 매력적인 책입니다. 또한, 프롬프팅 외에도 AI 블로그 게시물 생성기를 구축하기까지 랭체인, RAG, 벡터 데이터베이스, 에이전트, 스테이블 디퓨전, 그라디오 등 엣지 있는 LLM 서비스 개발 스킬을 습득할 수 있습니다. WSL, 우분투, VS Code 환경에서 실습하여 소스 코드도 이상 없이 작동함을 확인했으며, 일부 버전 충돌로 인한 이슈는 베타리딩 과정을 통해 피드백했습니다. 프롬프팅의 핵심을 관통하여 숙달하고, 다양한 LLM 활용 기술을 핵심 위주로 빠르게 습득하고 싶은 분들께 이 책을 추천합니다.

**허민**, 한국외국어대학교 정보전략 팀

## 추천사

지금까지 읽은 프롬프트 엔지니어링 관련 책 중 단연 최고입니다. 제임스와 마이크는 이 분야의 진정한 장인입니다.

댄 시퍼 Dan Shipper, Every의 공동 창립자 겸 CEO

프롬프트 엔지니어링과 생성형 AI의 기초를 다룬 탄탄한 입문서입니다. 초급부터 고급까지 다양한 기술 수준을 고려해 실용적이고 이해하기 쉬운 방식으로 핵심 개념과 기술을 설명합니다. AI 시스템의 정확성과 신뢰성을 높이고 싶다면, 꼭 읽어야 할 책입니다.

메이오 오신 Mayo Oshin, Siennai Analytics 창립자 겸 CEO, 『러닝 랭체인』 공동 저자

이 책은 생성형 AI라는 거대한 바다 속 등대 같은 존재입니다. Phiture AI Labs 팀은 이 책을 바탕으로 LLM과 확산 모델을 활용해 고객사의 앱과 게임에 꼭 맞는 마케팅 콘텐츠를 만들어 냈습니다. 프롬프트 엔지니어링 기술 덕분에 브랜드에 최적화된 콘텐츠를 대규모로 생성할 수 있었고, 이 과정에서 이 책은 단순한 이론서가 아닌 실전 중심의 마스터 클래스 역할을 했습니다. AI를 보다 창의적이고 효율적으로 통합하고 싶은 개발자라면 반드시 읽어야 할 필독서입니다.

모리츠 단 Moritz Daan, Phiture 창립자 겸 파트너

『생성형 AI를 위한 프롬프트 엔지니어링』은 앞으로의 기술 커리어를 든든하게 지켜줄 가장 확실한 안내서입니다. AI 실무에 종사하는 사람이라면 누구에게나 유용한 최고의 실전 지침서이며, 이 책에 담긴 탄탄한 원칙들은 초보자부터 숙련된 엔지니어까지 모두가 치열한 경쟁 속에서 앞서 나가는 데 큰 힘이 될 것입니다.

엘리스 크로즈비 Ellis Crosby, Incremento CTO 겸 공동 창립자

## 추천사

에이전시나 서비스 업계에 종사하는 분들에게 꼭 필요한 책입니다. 서비스와 클라이언트 업무에 AI를 통합하는 방법, 자동화를 통해 효율적으로 일하는 방법과 더 빠르게 솔루션을 제공하는 방법까지 이 책에서 자세히 다룹니다. 실용적인 정보와 전략이 풍부하게 담겨 있어, AI를 제대로 이해하고 적극적으로 활용하는 데 큰 도움이 됩니다.

**바이런 타소니-레시** Byron Tassoni-Resch, WeDiscover CEO 겸 공동 창립자

기초 개념부터 실전 팁까지 알차게 담긴, 재미있고 유익한 책입니다. 생성형 AI는 정말 빠르게 발전하고 있고, 어떤 모델을 쓰든 실제 성과를 내기 위해서는 좋은 도구를 갖추는 게 무척 중요합니다. 그런 면에서 이 책은 매우 실용적입니다.

**리안 드라이어** Riaan Dreyer, 아이슬란드 은행 최고 디지털·데이터 책임자

저자들은 복잡한 프롬프트 엔지니어링 개념을 텍스트와 이미지 생성을 위한 실용적인 도구로 잘 풀어냈습니다. 기본적인 접근부터 최신 기법까지 폭넓게 다루고 있어서, 생성형 AI의 잠재력을 제대로 끌어 낼 수 있는 구체적인 팁이 가득합니다.

**아디트야 고엘** Aditya Goel, 생성형 AI 컨설턴트

## 옮긴이의 말

챗GPT의 등장 이후 우리의 일상과 업무 환경은 그 어느 때보다 빠르게 변화하고 있습니다. 단순한 정보 검색을 넘어 보고서 작성, 아이디어 발상, 업무 자동화 등 다양한 분야에서 생성형 AI는 혁신을 이끌고 있으며, 기존 시스템과의 결합을 통해 새로운 형태의 지능형 시스템이 탄생하고 있습니다.

이러한 변화 속에서 프롬프트 엔지니어링의 중요성은 더욱 부각되고 있습니다. 일각에서는 생성형 AI의 고도화로 인해 프롬프트 엔지니어링이 필요 없어질 것이라는 주장을 하기도 하지만, 이는 오해에 가깝습니다. 생성형 AI는 기본적으로 언어를 명령으로 이해하고 작동하기 때문에, 원하는 결과를 정확히 이끌어 내기 위한 '프롬프트 설계 기술'은 오히려 더 중요해지고 있습니다.

프롬프트 엔지니어링에 대한 역량을 갖추면, 전문 개발자뿐만 아니라 일반 사용자도 복잡한 프로그램이나 시스템을 훨씬 더 손쉽게 활용할 수 있습니다. 예를 들어 과거에는 머신러닝 알고리즘이나 복잡한 로직을 통해 구현하던 질문 분류, 텍스트 분석 등의 작업도 이제는 프롬프트 하나로 간단하면서도 정확하게 수행할 수 있습니다.

이 책은 생성형 AI와 프롬프트 엔지니어링의 개념, 원리를 소개하고, 실습 예제를 통해 실질적인 활용 능력을 기를 수 있도록 구성했습니다. 저자들은 유데미(Udemy)의 베스트셀러 강의인 'The Complete Prompt Engineering for AI Bootcamp'[1]의 강사들로, 이 책은 해당 강의의 핵심 내용을 중심으로 집필되었습니다. 아울러 최신 정보와 기법으로 강의가 꾸준히 업데이트되므로 책과 함께 강의를 병행한다면 더 깊이 있는 학습이 가능할 것입니다. 급변하는 AI 기술의 물결 속에서, 프롬프트 엔지니어링과 생성형 AI를 일상과 업무에 효과적으로 적용하는 데 이 책이 든든한 길잡이가 되기를 바랍니다.

끝으로 이 책이 나오기까지 함께 준비해 주신 한빛미디어의 정지수 님, 함께 번역에 참여한 정한결 님께 깊은 감사의 마음을 전합니다. 그리고 언제나 큰 힘이 되어 주는 사랑하는 유승, 윤아 그리고 아내 정녀에게도 진심으로 고마움을 전합니다.

정의형

---

1 https://www.udemy.com/course/prompt-engineering-for-ai

## 옮긴이의 말

이 책을 꼭 번역하고 싶었습니다. 처음 받아본 순간부터요.

크게 두 가지 점이 눈에 띕니다. 먼저, 다루는 내용의 수준이 높고 매우 훌륭합니다. 프롬프트를 잘 작성하기 위해 꼭 알아야 할 기본 개념들이 모두 담겨 있습니다. 프롬프트는 그 특성상 어떤 한 기관, 특정 개발자가 모든 사용 방법을 알아내서 공유할 수가 없습니다. 생성형 AI의 창발성은 무한한 가능성을 사람이 일일이 확인하며 발전시켜 나가도록 합니다. 즉, 문서 작성을 시키더라도 AI에 기획을 시키는 사람과 소설을 쓰도록 시키는 사람이 느끼고 정리한 노하우는 다릅니다. 필연적으로 분야별 작업자가 이를 사용하면서 발견하는 내용이 다양할 수밖에 없으며, 연구자들이나 열정적인 창작자들이 열심히 축적하고 공유한 내용을 모아서 봐야 할 필요가 있습니다. 이 책을 통해서라면 이런 귀중한 지식의 엑기스를 한자리에서 살펴볼 수 있습니다. 저 또한 인터넷을 한참 뒤지고 상충하는 지식을 조합해야 하는 수고를 덜 수 있었습니다. 심지어 원서가 집필된 시점에 비해 AI 세상이 크게 바뀌어 있음에도, 프롬프트 엔지니어링의 대원칙은 그대로 적용됩니다.

다음으로 이 책은 교육학적으로도 훌륭합니다. 논문에 쓰여 있을 법한 개념을 이해하기 좋은 예시를 통해 설명하며 실제로 적용해 볼 수 있도록 했습니다. '코드를 사용하지 않고 사람 말을 쓰면서 좋은 결과를 얻으려면 무엇을 해야 할까?'에 대한 내용이 이 책의 주요 내용입니다. 실생활 업무에서 활용 가능한 실전 예제에 프롬프트 엔지니어링의 다섯 가지 원칙이 자연스럽게 녹아 있어, 여러분의 작업에서는 어떻게 프롬프트 문장을 구성해야 하는지에 대한 통찰을 얻을 수 있습니다. 또한 프롬프팅을 넘어서 작업을 개선하려면 후속 단계로는 어떤 작업을 해야 하는지 자연스럽게 안내합니다. 10장의 최종 프로젝트를 통해 단순 프롬프트의 활용과 복합 워크플로의 성능 차이가 어떻게 나는지 깨달을 수 있습니다. 이 책을 읽고 나면 AI 활용 능력이 향상되는 것은 물론이고 어떤 방향으로 AI와 협업해야 할지 여러분의 일을 재구성해 볼 수 있을 것입니다.

이 책은 프롬프팅과 AI 활용에 입문하기에 좋은 출발점입니다. 의외로 AI를 다루는 엔지니어나 개발자들도 프롬프팅에 대한 지식을 체계적으로 정리해 두지 않은 경우가 많습니다. AI에 매료된 사용자들 역시 그때그때 필요한 내용만 익히다 보니 당연히 겪게 되는 문제입니다. 이 책을 기반으로 흩어진 지식을 정리하고 체계화해 나가길 권합니다.

**정한결**

## 이 책에 대하여

생성형 AI는 엄청난 속도로 발전하면서 우리 삶과 일하는 방식을 바꾸고 있지만, 그 속도를 따라가기란 점점 쉽지 않습니다. arXiv에 게재되는 AI 논문 수는 기하급수적으로 증가하고 있으며,[2] 스테이블 디퓨전$^{Stable\ Diffusion}$은 역사상 가장 빠르게 성장하는 오픈 소스 프로젝트 중 하나에 등극했습니다.[3] AI 아트 도구인 미드저니$^{Midjourney}$의 디스코드 서버는 수천만 명의 회원을 보유하고 있으며 대형 게임 커뮤니티의 회원 수를 능가하는 중입니다. 대중의 상상력을 가장 사로잡은 것은 두 달 만에 1억 명의 사용자를 확보하며 역사상 가장 빠르게 성장한 소비자 앱으로 기록된 오픈AI의 챗GPT$^{ChatGPT}$ 출시였습니다. 이로 인해 AI를 활용하는 법을 배우는 것이 단숨에 가장 각광받는 기술로 떠올랐습니다.

AI를 전문적으로 사용하다 보면 출력의 품질은 입력 내용에 따라 크게 달라진다는 사실을 금방 깨닫게 됩니다. 그리하여 AI 모델의 신뢰성, 효율성, 정확성을 개선하기 위한 모범 사례를 모은 **프롬프트 엔지니어링**$^{prompt\ engineering}$이라는 분야가 생겨났습니다. 중국의 대기업 바이두의 공동 창업자이자 CEO인 로빈 리$^{Robin\ Li}$는 "10년 후에는 전 세계 일자리의 절반이 프롬프트 엔지니어링 분야에서 창출될 것"이라고 주장했습니다.[4] 그러나 필자들은 프롬프팅$^{prompting}$ 그 자체가 인기 있는 직종이 되기보다는 마이크로소프트의 엑셀을 활용하는 것처럼 많은 직종에서 요구하는 기본 기술이 될 것이라 예상합니다. 이 새로운 혁신의 물결은 우리가 컴퓨터에 대해 알고 있다고 생각했던 모든 것을 바꾸고 있습니다. 우리는 매번 같은 결과를 반환하는 알고리즘을 작성하는 데는 익숙하지만, 응답이 비결정적$^{non-deterministic}$인 AI를 다루는 경험은 무척이나 새롭습니다. 수십 년 동안 무어의 법칙에 따라 하드웨어가 발전한 덕에 이제 비용과 지연 시간$^{latency}$은 무시할 수 있는 요소가 되었다고 생각했으나, AI의 연산량이 기하급수적으로 증가함에 따라 실시간 처리를 위해 다시 이 요소를 현실적으로 고려해야 하는 상황이 되었습니다. 가장 큰 장애물은 이러한 모델들이 **환각**$^{hallucination}$, 즉 근거 없이 자신 있게 무언가를 만들어 내는 경향이 있다는 점입니다. 이로 인해 작업의 정확성을 어떻게 평가해야 할지 다시 고민하게 됩니다.

---

[2] https://oreil.ly/EN5ay
[3] https://oreil.ly/QX-yy
[4] https://oreil.ly/IdIf0

우리는 2020년 GPT-3 베타 버전부터 생성형 AI를 사용해 왔지만, 모델이 꾸준히 발전하면서 그 당시에 발견된 프롬프트 기법과 노하우 중 많은 부분이 더 이상 필요하지 않게 되었습니다. 하지만 시간이 지나면서 최신 모델에서도 여전히 유용하고 텍스트와 이미지 생성에 모두 적용되는 일관된 원칙이 등장했습니다. 이 책은 이러한 시대를 초월한 원칙을 바탕으로 향후 5년 동안 AI에 어떤 일이 일어나더라도 계속 유용하게 사용할 수 있는 이전 가능한 기술을 배울 수 있도록 집필되었습니다. 오픈AI의 공동 창립자인 샘 올트먼<sup>Sam Altman</sup>이 주장한 것처럼, AI 작업의 핵심은 "마지막에 마법의 단어 하나를 추가해 다른 모든 것을 바꾸는 프롬프트를 해킹하는 방법을 알아내는 것"[5]이 아니라 "아이디어의 질과 원하는 바를 이해하는 것"입니다. 5년 후에도 이를 '프롬프트 엔지니어링'이라고 부르게 될지는 모르겠지만, 생성형 AI를 효과적으로 활용하는 일은 더욱 중요해질 것입니다.

### 소프트웨어 요구 사항

이 책에서 제공하는 모든 코드는 파이썬으로 작성되었으며, 주피터 노트북 또는 구글 코랩 노트북에서 실행할 수 있습니다. 원할 경우 이 책에서 가르치는 개념을 자바스크립트나 다른 코딩 언어로 옮길 수 있지만, 이 책은 전통적인 코딩 기술보다는 프롬프트 기법에 집중합니다. 코드는 모두 깃허브에서 찾을 수 있습니다. 책을 읽으면서 깃허브 저장소에 있는 예제를 함께 실행해 보기를 적극 권장합니다.

- **번역서**: https://github.com/HangryDev/prompt-engineering-for-generative-ai-examples-korean[6]
- **원서**: https://github.com/BrightPool/prompt-engineering-for-generative-ai-examples

---

[5] https://oreil.ly/oo262
[6] 옮긴이_ 독자와의 소통을 위해 디스코드 채널을 운영합니다. 궁금한 점이나 의견이 있다면 https://discord.gg/CpDYGZEVRh를 통해 자유롭게 전달해 주세요.

## 이 책에 대하여

노트북이 아닌 예제의 경우, 터미널에서 `python content/chapter_x/script.py` 형식으로 스크립트를 실행할 수 있습니다. 여기서 x는 챕터 번호이고 `script.py`는 스크립트 이름입니다. 경우에 따라 API 키를 환경 변수로 설정해야 하는 경우가 있으니 주의하며 진행하세요. 사용된 패키지는 자주 업데이트되므로 예제 코드를 실행하기 전에 가상 환경에 `requirements.txt`[7]를 설치하세요.

`requirement.txt` 파일은 파이썬 3.9용으로 생성됩니다. 다른 버전의 파이썬을 사용하려면 다음 명령을 실행해 깃허브 저장소에 있는 `requirment.in`[8] 파일에서 새 `requirement.txt`를 생성할 수 있습니다.

```
pip install pip-tools
pip-compile requirements.in
```

맥 사용자라면 다음 단계를 따르세요.

1. **터미널 열기**: 애플리케이션 폴더의 유틸리티 아래에서 터미널 애플리케이션을 찾거나 Spotlight를 사용해 검색합니다.
2. **프로젝트 폴더로 이동**: cd 명령을 사용해 디렉터리를 프로젝트 폴더로 변경합니다(예: `cd path/to/your/project`).
3. **가상 환경 만들기**: `python3 -m venv venv` 명령을 사용해 venv(아무 이름이나 지정 가능)라는 가상 환경을 만듭니다.
4. **가상 환경 활성화**: 패키지를 설치하기 전에 가상 환경을 활성화해야 합니다. `source venv/bin/activate` 명령으로 이 작업을 수행합니다.
5. **패키지 설치**: 이제 가상 환경이 활성화되었으므로 pip을 사용해 패키지를 설치합니다. `requirement.txt` 파일에서 패키지를 설치하려면 `pip install -r requirements.txt`를 사용합니다.
6. **가상 환경 비활성화**: 모든 작업을 마친 후 deactivate를 입력해 가상 환경을 비활성화합니다.

---

7 https://oreil.ly/BPreq
8 https://oreil.ly/YRwP7

윈도우 사용자라면 다음 단계를 따르세요.

1. **명령 프롬프트 열기**: 시작 메뉴에서 cmd를 검색하세요.
2. **프로젝트 폴더로 이동**: cd 명령을 사용해 디렉터리를 프로젝트 폴더로 변경합니다(예: `cd path\to\your\project`).
3. **가상 환경 만들기**: `python -m venv venv` 명령을 사용해 venv라는 가상 환경을 만듭니다.
4. **가상 환경 활성화**: `.\venv\Scripts\activate`로 가상 환경을 활성화하세요.
5. **패키지 설치**: 가상 환경이 활성화된 상태에서 `pip install -r requirements.txt` 명령을 통해 필요한 패키지를 설치합니다.
6. **가상 환경 비활성화**: 가상 환경을 종료하려면 간단히 `deactivate`를 입력하기만 하면 됩니다.

설정을 도울 몇 가지 추가 팁은 다음과 같습니다.

- 호환성 문제를 피하려면 항상 파이썬을 최신 버전으로 유지하세요.
- 프로젝트에서 작업할 때마다 가상 환경을 활성화하는 것을 잊지 마세요.
- `requirements.txt` 파일은 가상 환경을 생성하는 디렉터리에 있거나 `pip install -r`을 사용할 때 해당 경로를 지정해야 합니다.

오픈AI 라이브러리를 사용하는 모든 예제는 `OPENAI_API_KEY`를 환경 변수로 설정해야 하므로 오픈AI 개발자 계정이 있다는 전제하에 작성되었습니다. 이 책에서는 라이브러리 버전 1.0을 기준으로 설명합니다. 개발 환경 설정을 위한 빠른 시작 지침은 오픈AI의 'Developer quickstart' 문서[9]에서 확인할 수 있습니다.

또한 책 내의 일부 코드를 실행하려면 오픈AI 계정에 유효한 결제 수단이 연결되어 있어야 합니다. 예제에서 별도로 명시하지 않은 경우에는 GPT-4를 사용하지만, 앤트로픽Anthropic의 경쟁 모델인 클로드Claude 3와 메타Meta의 오픈 소스 라마Llama 3, 구글의 제미나이Gemini도 간략하게 설명합니다.

---

[9] https://oreil.ly/YqbrY

## 이 책에 대하여

이미지를 생성할 때는 미드저니를 사용하며 미드저니에 가입하려면 디스코드 계정이 필요합니다. 책에서 다루는 프롬프트 원칙은 DALL·E 3 또는 스테이블 디퓨전에 동일하게 적용 가능합니다. 참고로 DALL·E 3는 챗GPT 플러스 구독이나 API를 통해 사용 가능하며 스테이블 디퓨전은 API[10] 또는 GPU가 있는 경우 컴퓨터에서 로컬로 실행 가능합니다.[11] 이미지 생성 예제는 미드저니 v6, 스테이블 디퓨전 v1.5(많은 확장 프로그램이 아직 이 버전과만 호환됨), 또는 스테이블 디퓨전 XL[12]을 사용하며, 중요한 차이점이 있을 경우 명시해 놓았습니다.

이 책은 가능한 한 오픈 소스 라이브러리를 활용한 예제를 중심으로 구성되어 있지만, 필요한 경우 상용 서비스도 함께 다룹니다. 예를 들어 5장에서는 벡터 데이터베이스를 설명하면서 오픈 소스 라이브러리인 FAISS와 유료 서비스인 파인콘$^{Pinecone}$을 함께 시연합니다. 이 책에서 설명하는 예제는 다른 모델이나 서비스에 맞게 쉽게 수정할 수 있도록 설계되어 있으며, 저자들이 소개하는 모든 기술은 다른 툴로 이전해서 사용할 수 있습니다. 4장에서는 고급 텍스트 생성을, 9장에서는 고급 이미지 생성을 다루며, 각각 오픈 소스 LLM 프레임워크인 랭체인$^{LangChain}$과 스테이블 디퓨전의 웹 UI인 AUTOMATIC1111을 중심으로 설명합니다.

---

[10] https://oreil.ly/cmTtW
[11] https://oreil.ly/Ha0T5
[12] https://oreil.ly/S0P4s

## 도서 구성

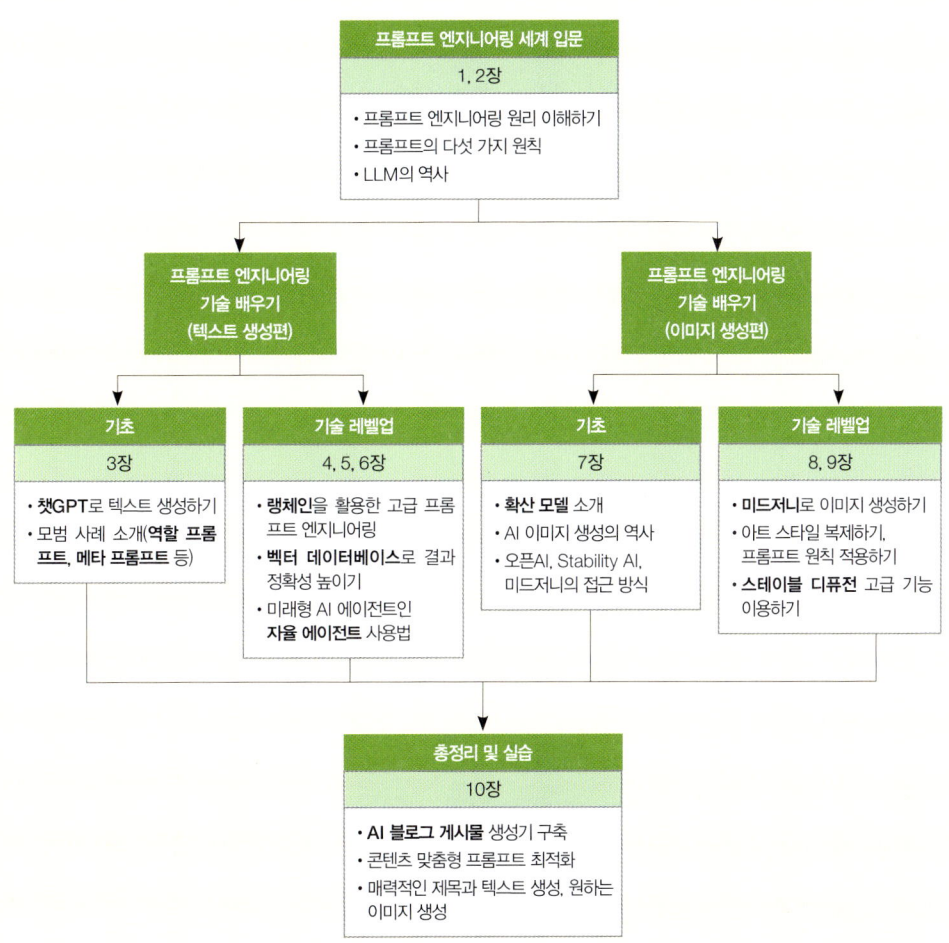

## 감사의 말

이 책의 기술 검토에 도움을 준 다음 분들께 깊이 감사드립니다. 변화가 잦고, 빠른 작업 속에서도 인내심을 잃지 않고 함께해 준 모든 분들께 고마운 마음을 전합니다.

- 메이오 오신[Mayo Oshin], 초기 랭체인 기여자이자 SeinnAI Analytics 창립자
- 엘리스 크로즈비[Ellis Crosby], Scarlett Panda와 AI 에이전시 Incremento의 창립자
- 데이브 포슨[Dave Pawson], 『XSL-FO』(오라일리, 2002) 저자
- 마크 피닉스[Mark Phoenix], 선임 소프트웨어 엔지니어
- 아디트야 고엘[Aditya Goel], 생성형 AI 컨설턴트

무엇보다 이 여정을 묵묵히 응원하고 이해해 준 가족에게도 진심으로 감사드립니다. 아직은 챗GPT보다 가족과의 대화를 더 좋아한다는 사실도 함께 덧붙이고 싶습니다.

**제임스 피닉스, 마이크 테일러**

## 목차

지은이·옮긴이 소개 ······················································· 4
베타리더의 한마디 ······················································· 5
추천사 ····································································· 7
옮긴이의 말 ······························································· 9
이 책에 대하여 ···························································· 12
감사의 말 ·································································· 18

## 1장 프롬프트의 다섯 가지 원칙

1.1 프롬프트의 다섯 가지 원칙 살펴보기 ······························· 31
1.2 ① 지시 내리기 ······················································· 35
1.3 ② 형식 정하기 ······················································· 42
1.4 ③ 예시 들기 ·························································· 46
1.5 ④ 품질 평가하기 ···················································· 50
1.6 ⑤ 업무 나누기 ······················································· 63
1.7 마치며 ·································································· 71

## 2장 텍스트 생성을 위한 대규모 언어 모델 소개

2.1 텍스트 생성 모델이란? ············································· 73
    2.1.1 벡터 표현: 언어의 수치적 본질 ································ 75
    2.1.2 트랜스포머 아키텍처: 컨텍스트 관계 조율하기 ············· 76
    2.1.3 확률적 텍스트 생성: 의사 결정 메커니즘 ···················· 77
2.2 역사적 토대: 트랜스포머 아키텍처의 부상 ······················· 78
2.3 오픈AI의 GPT ························································ 80
    2.3.1 GPT-3.5-turbo와 챗GPT ······································· 81
2.4 GPT-4 ·································································· 84

● 목차

| | | |
|---|---|---|
| 2.5 | 구글의 제미나이 | 84 |
| 2.6 | 메타의 라마와 오픈 소스 | 85 |
| 2.7 | 경량화와 LoRA 활용 | 86 |
| 2.8 | 미스트랄 | 87 |
| 2.9 | 앤트로픽의 클로드 | 87 |
| 2.10 | GPT-4V(ision) | 88 |
| 2.11 | 모델 비교 | 90 |
| 2.12 | 마치며 | 92 |

## 3장 챗GPT로 텍스트 생성하기

| | | |
|---|---|---|
| 3.1 | 목록 생성하기 | 93 |
| 3.2 | 중첩 목록 생성하기 | 95 |
| 3.3 | JSON과 YAML | 102 |
| | 3.3.1 JSON 생성하기 | 102 |
| | 3.3.2 YAML 생성하기 | 106 |
| | 3.3.3 YAML 페이로드 필터링 | 107 |
| | 3.3.4 YAML에서 잘못된 페이로드 처리하기 | 109 |
| 3.4 | 챗GPT를 통한 다양한 형식 생성하기 | 113 |
| | 3.4.1 더미 CSV 데이터 | 114 |
| 3.5 | 5살 아이에게 설명하기 | 115 |
| 3.6 | LLM을 통한 범용 번역 | 116 |
| 3.7 | 맥락 요청하기 | 118 |
| 3.8 | 텍스트 스타일 추출하기 | 123 |
| | 3.8.1 원하는 텍스트 특징 식별하기 | 123 |
| | 3.8.2 추출된 특징을 기반으로 새 콘텐츠 생성하기 | 125 |
| | 3.8.3 LLM으로 특정 텍스트 특징 추출하기 | 126 |

| | | |
|---|---|---|
| 3.9 | 요약하기 | 127 |
| | 3.9.1 주어진 맥락 제한 내에서 요약하기 | 128 |
| 3.10 | 텍스트 청킹 | 129 |
| | 3.10.1 잘못된 청킹 예시 | 131 |
| | 3.10.2 청킹 전략 | 133 |
| | 3.10.3 spaCy를 사용한 문장 분리 | 134 |
| | 3.10.4 파이썬으로 간단한 청킹 알고리즘 구축하기 | 135 |
| | 3.10.5 슬라이딩 윈도우 청킹 | 137 |
| | 3.10.6 tiktoken으로 텍스트 청킹하기 | 140 |
| 3.11 | 인코딩 | 140 |
| | 3.11.1 문자열의 토큰화 이해 | 141 |
| | 3.11.2 채팅 API 호출 시 토큰 사용량 추정하기 | 143 |
| 3.12 | 감성 분석 | 146 |
| 3.13 | 최소에서 최대 | 149 |
| | 3.13.1 아키텍처 설계하기 | 149 |
| | 3.13.2 개별 함수 코딩하기 | 150 |
| | 3.13.3 테스트 추가하기 | 151 |
| 3.14 | 역할 프롬프트 | 153 |
| 3.15 | GPT 프롬프트 전략 | 156 |
| | 3.15.1 참조를 통한 환각 방지 | 156 |
| | 3.15.2 GPT에 생각하는 시간 부여하기 | 159 |
| | 3.15.3 내면의 독백 전략 | 160 |
| | 3.15.4 LLM 응답 자체 평가 | 163 |
| 3.16 | LLM을 활용한 분류 | 165 |
| | 3.16.1 분류 모델 구축 | 166 |
| | 3.16.2 분류를 위한 다수결 투표 | 167 |
| 3.17 | 간단한 기준으로 평가하기 | 169 |
| 3.18 | 메타 프롬프트 | 173 |
| 3.19 | 마치며 | 179 |

## 목차

## 4장 랭체인을 활용한 고급 프롬프트 기술

| | | |
|---|---|---|
| 4.1 | 랭체인 소개 | 181 |
| | 4.1.1 환경 설정 | 183 |
| 4.2 | 채팅 모델 | 184 |
| | 4.2.1 스트리밍 채팅 모델 | 186 |
| | 4.2.2 복수의 답변 생성하기 | 186 |
| 4.3 | 랭체인 프롬프트 템플릿 | 188 |
| 4.4 | 랭체인 표현 언어(LCEL) | 188 |
| 4.5 | 채팅 모델에 프롬프트 템플릿 사용하기 | 191 |
| 4.6 | 출력 파서 | 192 |
| 4.7 | 랭체인 평가 기능 | 196 |
| 4.8 | 함수 호출 | 205 |
| | 4.8.1 오픈AI 함수 호출 | 205 |
| | 4.8.2 병렬 함수 호출 | 209 |
| | 4.8.3 랭체인으로 함수 호출 | 211 |
| 4.9 | 랭체인으로 데이터 추출하기 | 213 |
| 4.10 | 쿼리 계획 | 214 |
| 4.11 | 퓨샷 프롬프트 템플릿 만들기 | 216 |
| | 4.11.1 고정된 퓨샷 예시 | 217 |
| | 4.11.2 예시 서식 지정하기 | 218 |
| | 4.11.3 길이별 퓨샷 예시 선택하기 | 219 |
| | 4.11.4 퓨샷의 한계 | 222 |
| 4.12 | LLM 프롬프트 저장 및 로드 | 223 |
| 4.13 | 데이터 연결 | 224 |
| | 4.13.1 문서 로더 | 226 |
| 4.14 | 텍스트 분할기 | 228 |
| | 4.14.1 길이와 토큰 크기에 따른 텍스트 분할 | 229 |

4.14.2 재귀적 문자 분할을 사용한 텍스트 분할 ......... 231
**4.15** 작업 분해 ......... 234
**4.16** 프롬프트 체이닝 ......... 235
    4.16.1 순차적 체인 ......... 236
    4.16.2 Itemgetter와 딕셔너리 키 추출 ......... 238
    4.16.3 LCEL 체인 구조화 ......... 245
    4.16.4 문서 체인 ......... 247
**4.17** 마치며 ......... 252

## 5장   FAISS와 파인콘을 활용한 벡터 데이터베이스

**5.1** RAG ......... 256
**5.2** 임베딩 소개 ......... 258
**5.3** 문서 로드 ......... 268
**5.4** FAISS를 통한 메모리 검색 ......... 271
**5.5** RAG와 랭체인 ......... 276
**5.6** 파인콘 등 벡터 데이터베이스 호스트 서비스 ......... 279
**5.7** 셀프 쿼리 ......... 286
**5.8** 대체 검색 메커니즘 ......... 293
**5.9** 마치며 ......... 294

## 6장   메모리와 도구를 갖춘 자율 에이전트

**6.1** 생각의 사슬 ......... 295
**6.2** 에이전트 ......... 298
    6.2.1 ReAct ......... 300
    6.2.2 ReAct 구현 ......... 302
    6.2.3 도구 사용 ......... 310

## 목차

- 6.3 LLM을 API로 사용하기 ········ 313
- 6.4 오픈AI 함수와 ReAct 비교하기 ········ 317
- 6.5 에이전트 툴킷 ········ 319
- 6.6 사용자 맞춤 에이전트 ········ 322
- 6.7 LCEL의 맞춤형 에이전트 ········ 324
- 6.8 메모리의 이해와 사용법 ········ 326
  - 6.8.1 장기 기억 ········ 327
  - 6.8.2 단기 기억 ········ 327
  - 6.8.3 질의응답 에이전트의 단기 기억 ········ 328
- 6.9 랭체인의 메모리 ········ 328
  - 6.9.1 상태 보존 ········ 329
  - 6.9.2 상태 쿼리하기 ········ 330
  - 6.9.3 대화 버퍼 메모리 ········ 330
- 6.10 랭체인의 인기 있는 메모리 유형 ········ 334
- 6.11 메모리가 있는 오픈AI 함수 에이전트 ········ 338
- 6.12 고급 에이전트 프레임워크 ········ 340
  - 6.12.1 계획 및 실행 에이전트 ········ 340
  - 6.12.2 생각의 나무 ········ 341
- 6.13 콜백 ········ 343
  - 6.13.1 글로벌(생성자) 콜백 ········ 345
  - 6.13.2 요청별 콜백 ········ 346
  - 6.13.3 verbose 인수 ········ 347
  - 6.13.4 랭체인을 사용한 토큰 카운팅 ········ 347
- 6.14 마치며 ········ 349

## 7장 이미지 생성을 위한 확산 모델 소개

| | | |
|---|---|---|
| 7.1 | 오픈AI와 DALL·E | 355 |
| 7.2 | 미드저니 | 357 |
| 7.3 | 스테이블 디퓨전 | 361 |
| 7.4 | 구글 제미나이 | 364 |
| 7.5 | 텍스트 투 비디오 | 364 |
| 7.6 | 모델 비교 | 365 |
| 7.7 | 마치며 | 365 |

## 8장 미드저니로 이미지 생성하기

| | | |
|---|---|---|
| 8.1 | 형식 지정 | 367 |
| 8.2 | 아트 스타일 지정 | 371 |
| 8.3 | 프롬프트 역설계 | 373 |
| 8.4 | 품질 부스터 | 374 |
| 8.5 | 부정 프롬프트 | 376 |
| 8.6 | 가중치 부여하기 | 379 |
| 8.7 | 이미지로 프롬프트하기 | 381 |
| 8.8 | 인페인팅 | 384 |
| 8.9 | 아웃페인팅 | 387 |
| 8.10 | 인물의 일관성 유지 | 390 |
| 8.11 | 프롬프트 재작성 | 392 |
| 8.12 | 밈 분해 | 395 |
| 8.13 | 밈 매핑 | 400 |
| 8.14 | 프롬프트 분석 | 402 |
| 8.15 | 마치며 | 404 |

## 9장 스테이블 디퓨전으로 고급 이미지 생성하기

| | | |
|---|---|---|
| 9.1 | 스테이블 디퓨전 실행 | 406 |
| 9.2 | AUTOMATIC1111 웹 사용자 인터페이스 | 413 |
| 9.3 | Img2Img | 421 |
| 9.4 | 이미지 업스케일링 | 425 |
| 9.5 | CLIP에 질문하기 | 428 |
| 9.6 | 인페인팅과 아웃페인팅 | 429 |
| 9.7 | 컨트롤넷 | 432 |
| 9.8 | SAM 모델 | 442 |
| 9.9 | 드림부스 미세 조정 | 445 |
| 9.10 | 스테이블 디퓨전 XL 리파이너 | 454 |
| 9.11 | 마치며 | 458 |

## 10장 AI 기반 애플리케이션 구축

| | | |
|---|---|---|
| 10.1 | AI 블로그 글 작성 | 459 |
| 10.2 | 주제 연구 | 461 |
| 10.3 | 전문가 인터뷰 | 464 |
| 10.4 | 개요 생성 | 466 |
| 10.5 | 텍스트 생성 | 468 |
| 10.6 | 글쓰기 스타일 | 471 |
| 10.7 | 제목 최적화 | 476 |
| 10.8 | AI 블로그 이미지 | 477 |
| 10.9 | 사용자 인터페이스 | 484 |
| 10.10 | 마치며 | 486 |

찾아보기 ··· 488

# 1장
# 프롬프트의 다섯 가지 원칙

**프롬프트 엔지니어링**<sup>prompt engineering</sup>은 유용하거나 원하는 결과를 안정적으로 제공하는 프롬프트를 발견하는 과정입니다. 그렇다면 여기서 프롬프트란 무엇일까요?

**프롬프트**는 챗GPT<sup>ChatGPT</sup> 또는 미드저니<sup>Midjourney</sup>와 같은 인공지능 모델과 연동할 때 **사용자가 제공하는 입력**(일반적으로 텍스트)입니다. 프롬프트는 모델이 원하는 응답을 예측하는 데 사용하는 일련의 지침으로, 챗GPT와 같은 **대규모 언어 모델**<sup>large language model</sup>(LLM)의 텍스트 또는 미드저니와 같은 **확산 모델**<sup>diffusion model</sup>의 이미지로 구성됩니다.

다음은 제품명을 생성하는 '제품명 생성기'의 프롬프트 입력과 챗GPT의 결과를 출력하는 간단한 예시입니다.

```
Can I have a list of product names for a pair of shoes that can fit any foot size
번역:[1] 모든 발 사이즈에 맞는 신발 한 켤레의 제품명 목록을 알려 주시겠습니까?
```

```
Certainly! Here's a list of product names for a pair of shoes that can fit any foot size:
번역: 물론입니다! 모든 발 사이즈에 맞는 신발 한 켤레의 제품명 목록은 다음과 같습니다:
UniFit SoleStrides
FlexiSize All-Fit Shoes
OmniFit FootFlex
...
```

---

[1] 옮긴이_ 이 책에서는 프롬프트의 뉘앙스를 온전히 전달하고 독자의 활용도를 높이기 위해 원문과 번역문을 함께 제공합니다.

```
AnyStep AdaptiWalkers
FlexiRange UniversalSteps
PerfectGlide MultiFit Shoes
```

단순한 프롬프트에 대한 훌륭한 대답이며, 힘들이지 않고 이런 결과가 나오다니 마법처럼 느껴지기도 합니다. 최신 모델은 꾸준히 개선되고 있으니 첫 번째 시도에서 **충분히 좋은 결과**를 얻을 가능성이 높습니다. 동일한 작업을 다시 수행할 필요가 없는 인공지능과의 일회성 상호작용에는 단순한 접근 방식만 있으면 됩니다.

하지만 이 프롬프트를 실제 프로덕션에 적용할 계획이라면 더 많은 시간을 투자해 프롬프트를 제대로 구현하는 것이 좋습니다. 여기서 실수가 발생하면, 이 실수를 수정하는 데 소요되는 시간에 더해 프롬프트와 응답 길이에 따라 오픈AI$^{OpenAI}$가 부과하는 수수료까지 합친 비용이 발생합니다. 여러분이 수천 명의 사용자를 대상으로 제품명 생성기를 구축할 계획이라면, 이 출력에서 해결하고 넘어가야 할 다섯 가지 일반적인 문제점이 있습니다.

### 모호한 방향

여러분은 어떤 스타일의 이름이나 어떤 속성을 가져야 하는지 AI에 설명하지 않았습니다. 한 단어를 원하나요 아니면 연결어를 원하나요? 단어를 새롭게 지어도 되나요 아니면 실제로 존재하는 단어로 이루어져야 하나요? 혹은 이름을 잘 짓는 걸로 유명한 누군가를 AI가 모방하기를 원하나요?

### 출력 형식 없음

앞선 답변은 길이가 지정되지 않은 채로 한 줄씩 분리된 이름을 목록으로 반환합니다. 이 프롬프트를 여러 번 실행하면 번호가 매겨진 목록으로 돌아오는 경우도 있고, 시작 부분에 텍스트가 있어 프로그래밍으로 구문을 분석하기가 어려운 경우도 있습니다.

### 누락된 예제

좋은 이름이 어떤 것인지 예시를 제공하지 않았습니다. AI는 학습 데이터의 평균, 즉 모든 내재된 편향성을 포함한 인터넷 전체의 데이터를 사용해 이름을 자동으로 완성하지만, 이 결과가 여러분이 원하는 것일까요? 성공한 이름, 업계에서 흔히 사용되는 이름 또는 여러분이 좋아하는 이름의 예를 입력하는 것이 가장 이상적입니다.

### 제한된 평가

어떤 이름이 좋은지 나쁜지를 정의해 둔, 일관적이고 확장 가능한 평가 방법이 없기 때문에 각 응답을 수동으로 검토해야 합니다. 평가 시스템이나 다른 형태의 측정 방식을 도입할 수 있다면 더 나은 결과를 얻기 위해 프롬프트를 최적화할 수 있고, 실패 횟수도 파악할 수 있습니다.

**작업 구분 없음**

하나의 프롬프트 안에서 너무 많은 것을 요구하고 있습니다. 제품명을 지정할 때는 많은 요소를 고려해야 합니다. 하지만 이 중요한 작업을 AI가 어떻게 처리하고 있는지에 대한 전문성이나 가시성 없이 단순히 모두 위탁하고 있다는 점이 문제입니다.

이 다섯 가지 문제를 해결하는 것이 이 책 전체에서 사용하는 핵심 원칙의 기초입니다. AI 모델에 동일한 작업을 요청하는 방법은 여러 가지이며, 약간의 변경만으로도 큰 차이를 만들 수 있습니다. LLM은 프롬프트에 있던 내용에서 시작하여 다음 토큰$^{token}$(단어의 약 4분의 3)을 지속적으로 예측하는 방식으로 작동합니다. 각각의 새 토큰은 다음에 나타날 확률에 따라 선택되며, 여기에 온도$^{temperature}$ 매개변수로 조절되는 무작위성이 더해집니다. [그림 1-1]에서 볼 수 있듯이 6. AnyFit이라는 이름 뒤에 Shoes라는 단어가 나올 확률은 0.88%로 낮았으며, 더 예측 가능한 응답은 Athletic(72.35%)이었습니다.

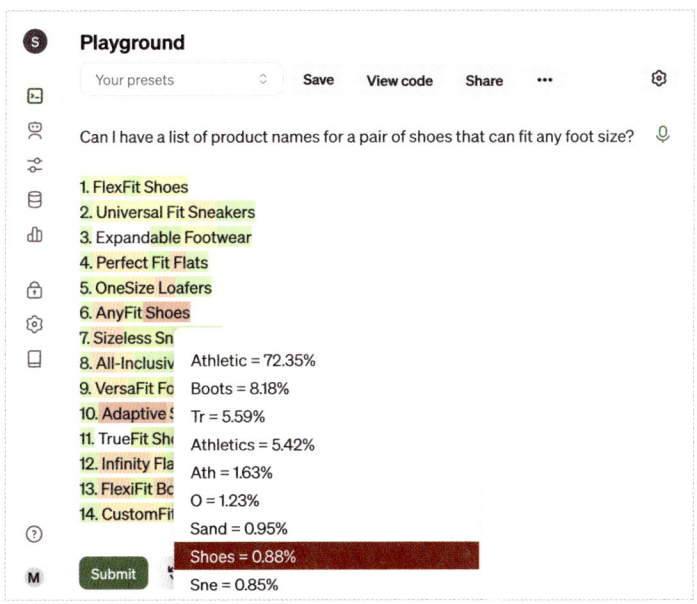

그림 1-1 응답이 토큰으로 분류되는 방식

LLM은 방대한 웹 기반 텍스트를 학습한 후, 유용한 답변을 제공할 수 있도록 더욱 세밀하게 조정$^{fine-tuning}$됩니다. 평범한 프롬프트는 평범한 응답을 반환하다 보니 높아진 기대치에 비해 결과가 그만큼 미치지 못해 실망하곤 합니다. 여러분이 프롬프트에 입력하는 내용에 따라 생성되는 모든 단어의 확률이 달라지고 이는 결과에 큰 영향을 미칩니다. AI 모델은 인간이 만들어 낸 창조물을 최고부터 최악의 것까지 모두 학습했으며, 올바른 질문 방법만 알면 거의 모든 것을 모방할 수 있습니다. 오픈AI는 프롬프트와 응답에 사용된 토큰 수를 기준으로 요금을 청구하므로 프롬프트 엔지니어는 비용, 품질, 안정성을 고려해 프롬프트를 최적화하고 토큰 사용량을 신중하게 관리해야 합니다.

다음은 몇 가지 프롬프트 엔지니어링 기법을 적용한 동일한 예시입니다. 스티브 잡스 스타일의 이름을 요청하고, 쉼표로 구분된 목록을 원한다고 명시하고, 좋은 예시를 제시했습니다.

```
Brainstorm a list of product names for a shoe that fits any foot size, in the style of Steve Jobs.
번역: 모든 발 사이즈에 맞는 신발의 제품명 목록을 스티브 잡스 스타일로 브레인스토밍 해 보세요.

Return the results as a comma-separated list, in this format:
Product description: A shoe that fits any foot size
Product names: [list of 3 product names]
번역: 결과를 아래와 같은 형식의 쉼표로 구분된 목록으로 반환하세요:
제품 설명: 모든 발 사이즈에 맞는 신발
제품명: [3개의 제품명 목록]

## Examples
Product description: A refrigerator that dispenses beer
Product names: iBarFridge, iFridgeBeer, iDrinkBeerFridge

Product description: A watch that can tell accurate time in Space
Product names: iNaut, iSpace, iTime

Product description: A home milkshake maker
Product names: iShake, iSmoothie, iShake Mini

## 예시 번역
제품 설명: 맥주 정수기가 달린 냉장고
제품명: iBarFridge, iFridgeBeer, iDrinkBeerFridge

제품 설명: 우주에서도 정확한 시간을 알려 주는 시계
제품명: iNaut, iSpace, iTime

제품 설명: 가정용 밀크셰이크 제조기
제품명: iShake, iSmoothie, iShake Mini
```

```
Product description: A shoe that fits any foot size
Product names: iFitFoot, iPerfectFit, iShoeSize
번역: 제품 설명: 모든 발 사이즈에 맞는 신발
제품명: iFitFoot, iPerfectFit, iShoeSize
```

완벽한 프롬프트는 없지만, 이 프롬프트는 주어진 형식에 맞는 제품명을 규칙적으로 만들도록 최적화되어 있습니다. 제품명 생성기의 사용자는 스티브 잡스가 아닌 다른 인물을 참조 인물로 선택해 원하는 스타일의 제품명을 얻을 수 있고, 필요하다면 응답 형식도 변경할 수 있으며, 이 프롬프트의 출력이 다른 사람의 입력이 될 수도 있습니다. 또한 사용자 피드백을 바탕으로 프롬프트에서 사용하는 예제를 주기적으로 업데이트해 시스템을 더욱 똑똑하게 만들 수 있습니다.

## 1.1 프롬프트의 다섯 가지 원칙 살펴보기

프롬프트를 최적화하는 과정은 다음 **프롬프트의 다섯 가지 원칙**을 따릅니다. 이 원칙은 이 장의 나머지 부분에서 예시를 분석하는 기준이 되며 책 전반에 걸쳐 꾸준히 언급됩니다. 다섯 가지 원칙은 앞서 단순한 텍스트 프롬프트에 대해 논의할 때 제기한 다섯 가지 문제점과 정확하게 일치합니다. 이 책의 나머지 부분에서는 다섯 가지 원칙이 실제로 어떻게 적용되는지 확인할 수 있습니다. 프롬프트의 다섯 가지 원칙은 다음과 같습니다.

① **지시 내리기**
원하는 스타일을 자세히 설명하거나 관련 페르소나를 참조하게끔 시킵니다.

② **형식 정하기**
따라야 할 규칙과 응답의 필수 구조를 정의합니다.

③ **예시 들기**
작업이 올바르게 수행된 다양한 테스트 사례를 제공합니다.

④ **품질 평가하기**
오류를 식별하고 응답을 평가하여 성능을 높이는 요인을 테스트합니다.

⑤ 업무 나누기

복잡한 목표를 달성할 수 있도록 업무를 여러 단계로 분리합니다.

이 다섯 가지 원칙은 일시적인 팁이나 요령이 아니라, 생물학적이든 인공지능이든 모든 형태의 지능과 효과적으로 협업하기 위해 널리 받아들여지는 기준입니다. 이 원칙은 특정 모델에 국한되지 않아서, 어떤 텍스트나 이미지 생성 모델을 사용하더라도 프롬프트를 개선하는 데 유용합니다. 필자들이 여기서 제시한 원칙은 2022년 7월 블로그 게시물[2]로 처음 게시했으며, 1년 후에 나온 오픈AI의 자체 프롬프트 엔지니어링 가이드[3]와 많은 부분에서 일치하는 등 오랜 시간 동안 검증된 원칙입니다. 생성형 AI 모델과 긴밀하게 작업하는 사람이라면 누구나 비슷한 전략으로 수렴할 가능성이 높습니다. 따라서 이 책에서도 프롬프트 개선에 유용한 수백 가지의 검증된 사례를 확인할 수 있습니다.

텍스트와 이미지 생성을 위한 체크리스트 형식의 한 페이지 치트 시트cheat sheet를 제공하며, 프롬프트 원칙을 적용할 때 유용하게 활용할 수 있습니다. 이 치트 시트는 책과 동일한 원리를 바탕으로 하지만, 다른 예제를 사용한 인기 있는 유데미 강의[4]를 위해 별도로 제작된 자료입니다.

- 텍스트 생성 치트 시트(https://oreil.ly/VCcgy)
- 이미지 생성 치트 시트(https://oreil.ly/q7wQF)

다섯 가지 원칙이 프롬프트 이미지 모델에도 동일하게 적용된다는 것을 보여 주기 위해 특정 시나리오에 적용하는 방법을 살펴보겠습니다. 디스코드의 미드저니 봇에 /imagine을 입력해 프롬프트 상자가 나타나도록 한 후 다음 프롬프트를 복사해 붙여 넣습니다.[5]

```
https://s.mj.run/TKAsyhNiKmc stock photo of business meeting of 4 people watching
on white MacBook on top of glass-top table, Panasonic, DC-GH5
```
번역: https://s.mj.run/TKAsyhNiKmc 유리 상판 테이블 위에 놓인 흰색 맥북을 보고 있는 4명의 비즈니스 회의 장면의 스톡 사진,[6] Panasonic(카메라 회사명), DC-GH5(카메라 모델명)

---

[2] 'Prompt Engineering: From Words to Art and Copy(프롬프트 엔지니어링: 단어에서 예술과 카피까지)', https://oreil.ly/RYYiV
[3] https://oreil.ly/dF8q-
[4] 7만 명 이상이 수강한 유데미 강의 'The Complete Prompt Engineering for AI Bootcamp(AI 부트캠프를 위한 완벽한 프롬프트 엔지니어링)', https://oreil.ly/V40zg
[5] 이 작업에는 디스코드 계정(무료)과 미드저니 계정(유료)이 필요합니다.
[6] 옮긴이_ 다수의 구매자가 사용할 수 있도록 미리 제작된 사진, 일러스트, 그래픽 이미지를 스톡 사진이라고 하며, 스톡 사진 서비스(Unsplash, Shutterstock 등)는 이러한 이미지의 사용권을 구매자에게 대여하거나 판매합니다.

출력은 [그림 1-2]와 같습니다.

그림 1-2 비즈니스 회의 중인 스톡 사진

이 프롬프트는 Unsplash에서 제공하는 저작권이 없는 무료 이미지(그림 1-3)를 예시로 사용하며, 미드저니의 이미지 참조 기능을 활용합니다. 기본 이미지는 디스코드에 업로드한 뒤 해당 URL[7]을 프롬프트에 삽입하여 사용합니다. 만약 메시지 생성 중 오류가 발생할 경우, 이미지를 직접 업로드하고 미드저니 설명서[8]를 참고하여 서식 변경 사항을 확인해 보세요.

---

7  https://s.mj.run/TKAsyhNiKmc
8  https://oreil.ly/UTxpX

그림 1-3 Unsplash에서 제공하는 Mimi Thian의 사진(https://oreil.ly/J4Hkr)

그렇다면 완전히 단순한 프롬프트로 스톡 사진을 요청하면 어떤 결과가 나올까요?

```
people in a business meeting
번역: 비즈니스 회의 중인 사람들
```

프롬프트 엔지니어링 없이 얻은 결과는 [그림 1-4]와 같습니다. 일반적으로 예상하는 것보다 더 어둡고 스타일리시한 스톡 사진입니다.

미드저니 v5 이후 버전에서는 다소 완화되었지만, 커뮤니티 피드백 메커니즘community feedback mechanism으로 인해 이미지 생성 모델이 스톡 사진에는 적합하지 않은 **판타지 미학**fantasy aesthetic에 편향된 것으로 알려졌습니다. 여기서 커뮤니티 피드백 메커니즘이란 사용자가 더 높은 해상도로 크기를 조정할 이미지를 선택하면 그러한 선택이 모델 학습에 반영되는 것입니다. 미드저니의 초기 사용자들은 디지털 아트 업계 출신이 많았고, 자연스럽게 판타지와 SF 스타일에 끌리는 경향이 있었습니다. 이로 인해 이러한 미학이 적합하지 않은 경우에도 모델의 결과물에 반영되었습니다.

이 책에서 사용된 예제는 텍스트 모델로는 챗GPT 플러스(GPT-4)를, 이미지 모델로는 미드저니 v6 또는 스테이블 디퓨전Stable Diffusion XL을 사용하며, 모델 정보가 중요할 경우에는 이를 명시해 놓았습니다. 프롬프트의 다섯 가지 원칙은 가능한 한 미래에도 적용될 수 있도록 고안되었으므로 새로운 버전의 GPT, 미드저니, 스테이블 디퓨전이 출시된 후 이 책을 읽거나, 구글과 같은 다른 서비스를 사용하더라도 여기서 배우는 모든 내용이 여전히 유용할 것입니다.

그림 1-4 비즈니스 회의 중인 스톡 사진

## 1.2 ① 지시 내리기

앞서 설명한 프롬프트의 문제 중 하나는 어떤 **유형**의 제품명을 원하는지 AI에 알려 주지 않았다는 점입니다. 제품명을 짓는 것은 어느 정도 주관적인 작업이며, 사용자가 어떤 이름을 좋아하는지 AI에 알려 주지 않으면 AI가 제대로 적중할 확률이 낮습니다.

마찬가지로 우리에게도 좋은 **업무 지침서**가 없다면 작업을 완료하는 데 어려움을 겪을 수밖에 없습니다. 때문에 광고 및 브랜딩 대행사는 고객에게 모든 작업에 대한 자세한 설명을 요구합니다.

> **TIP** 완벽히 일치하지는 않지만, '사람이라면 이 작업을 할 때 어떤 맥락을 알아야 하는지' 상상해 본 뒤 프롬프트에 그 내용을 포함시키면 도움이 될 수 있습니다.

예제 프롬프트에서는 제품명을 상징적으로 잘 짓는 스티브 잡스의 스타일을 모방하는 **롤플레잉**role-playing 방식으로 방향을 제시했습니다. 만약 프롬프트가 학습하는 데이터를 유명한 다른 사람으로 변경하면(예시를 올바른 스타일에 맞추는 것뿐만 아니라) 극적으로 다른 결과를 얻습니다.

---

Brainstorm a list of product names for a shoe that fits any foot size, in the style of Elon Musk.
번역: 모든 발 사이즈에 맞는 신발의 제품명 목록을 일론 머스크 스타일로 브레인스토밍 해 보세요.

Return the results as a comma-separated list, in this format:
Product description: A shoe that fits any foot size
Product names: [list of 3 product names]
번역: 결과를 아래와 같은 형식의 쉼표로 구분된 목록으로 반환하세요:
제품 설명: 모든 발 사이즈에 맞는 신발
제품명: [3개의 제품명 목록]

## Examples
Product description: A refrigerator that dispenses beer
Product names: Teslacool, FridgeX, Neuradrink

Product description: A watch that can tell accurate time in space
Product names: WatchX, iSpace, The Watch Company

Product description: A home milkshake maker
Product names: ShakeX, The Milkshake Company, HyperShake

# 예시 번역
제품 설명: 맥주 정수기가 달린 냉장고
제품명: Teslacool, FridgeX, Neuradrink

제품 설명: 우주에서도 정확한 시간을 알려 주는 시계
제품명: WatchX, iSpace, The Watch Company

제품 설명: 가정용 밀크셰이크 제조기
제품명: ShakeX, The Milkshake Company, HyperShake

---

ShoeX, MarsFit, The Shoe Company

---

또한 AI가 따르면 좋을 몇 가지 규칙이나 모범 사례를 참고할 수 있게 프롬프트에 포함시키면

AI가 적합한 이름을 더 잘 찾을 수 있습니다. 이 기술을 **예열**<sup>prewarming</sup> 또는 **내부 검색**<sup>internal retrieval</sup>이라 하며, 간단하지만 효과적인 방법입니다.[9] 모범 사례에 대한 조언을 구하는 대화를 시작한 다음, 스스로 그 조언을 따르도록 요청하면 매우 유용합니다. 사실상 AI에 자체적으로 지시를 생성하는 과정입니다.

---

Please give me 5 tips for naming products based on expert industry advice.
번역: 전문가의 산업 조언에 기반하여 제품명을 정하는 팁 다섯 가지를 알려 주세요.

---

Certainly! Naming a product is crucial as it often gives the first impression to potential customers. Here are five expert tips to guide you in naming products:
번역: 물론입니다! 제품명은 잠재 고객에게 첫인상을 심어 주는 중요한 요소입니다. 다음은 제품명을 정할 때 참고할 수 있는 전문가의 팁 다섯 가지입니다:

1. **Simplicity & Memorability**: Opt for names that are short, easy to spell, and memorable. Long, complicated names can be difficult for customers to recall. Remember, the easier the name is to remember, the more likely it is that consumers will think of your product when making a purchase decision.
번역: 1. **간결함과 기억 용이성**: 짧고, 철자가 쉬우며 기억하기 쉬운 이름을 선택하세요. 길고 복잡한 이름은 고객이 기억하기 어렵습니다. 이름이 기억하기 쉬울수록 소비자가 구매 결정을 내릴 때 귀하의 제품을 떠올릴 가능성이 높아집니다.
...

5. **Positive Connotations**: Names that evoke positive emotions or imagery can create a favorable perception of your product. Avoid names that have negative or controversial associations in any of the primary languages or cultures where you intend to do business. It's often worthwhile to conduct linguistic checks and market testing to ensure there aren't unintended meanings.
번역: 5. **긍정적인 함축**: 긍정적인 감정이나 이미지를 불러일으키는 이름은 제품에 대한 호의적인 인식을 형성할 수 있습니다. 사업을 진행하고자 하는 주요 언어나 문화에서 부정적이거나 논란의 소지가 있는 연상을 불러일으키는 이름은 피하세요. 의도하지 않은 의미가 없는지 확인하기 위해 언어 검토와 시장 테스트를 수행하는 것이 종종 가치가 있습니다.

Lastly, once you've shortlisted a few names, it's a good idea to run them by diverse focus groups or conduct surveys to gauge reactions. Also, ensure that the name you choose is available for trademarking and doesn't infringe on existing trademarks.
번역: 마지막으로 몇 가지 이름을 최종 후보로 선정한 후에는 다양한 포커스 그룹을

---

[9] Liu et al., 2021(https://oreil.ly/1lqzK)

대상으로 반응을 조사하거나 설문 조사를 진행하는 것이 좋습니다. 또한, 선택한 이름이 상표 등록이 가능하며 기존 상표를 침해하지 않는지 확인하세요.

조언을 받은 동일한 채팅창에서 완료하려는 작업에 대한 초기 프롬프트를 요청합니다.

---

Using this advice, can I have a list of product names for a pair of shoes that can fit any foot size?
번역: 이 조언을 활용하여 모든 발 사이즈에 맞는 신발에 어울리는 제품명 목록을 만들어 줄 수 있나요?

---

Certainly! Based on the criteria given:
1. **Simplicity & Memorability**
2. **Relevance & Descriptiveness**
3. **Differentiation & Uniqueness**
4. **Adaptable & Scalable**
5. **Positive Connotations**
번역: 물론입니다! 제시된 기준:
1. **간결함과 기억 용이성**
2. **관련성 및 설명력**
3. **차별화와 독창성**
4. **적응력과 확장성**
5. **긍정적인 함축**

Here's a list of potential product names for shoes that can fit any foot size:
1. **FitAll Walkers**: A simple and memorable name that instantly suggests a universal fit.
번역: 다음은 모든 발 사이즈에 맞는 신발을 위한 잠재적인 제품명 목록입니다:
1. **FitAll Walkers**: 보편적인 맞춤을 즉시 연상시키는 간결하고 기억하기 쉬운 이름.
...

10. **TrueFit Universals**: Emphasizing genuine comfort and fit for all.

Before finalizing any name, remember to check for trademarks to ensure there's no conflict with existing products or brands.
번역: 10. **TrueFit Universals**: 모두를 위한 진정한 편안함과 맞춤을 강조.

어떤 이름을 최종 확정하기 전에, 기존 제품이나 브랜드와의 충돌이 없도록 상표를 확인하는 것을 잊지 마세요.

필자들의 경험상, 달성하려는 작업에 대한 최상의 조언을 취하고 그 맥락을 프롬프트에 넣는 것은 무척 유익한 전략입니다. 예를 들어 브랜드워치[Brandwatch]의 제품명 지정을 위한 다섯 가지 황금률[10]과 같은 신뢰할 수 있는 외부 자료를 가져와 이를 프롬프트의 맥락에 넣는 것입니다. 이렇게 하면 프롬프트의 길이가 많이 늘어나므로 (개발자가 API를 사용할 때) 비용이 더 많이 들지만, 응답 품질이 향상된다면 가치가 있는 작업입니다.

```
product names for a pair of shoes that can fit any foot size? Please follow the
five rules below:
번역: 모든 발 사이즈에 맞는 신발을 위한 제품명 목록을 만들어 줄 수 있나요? 아래의
다섯 가지 규칙을 따르세요:

1. It should be readable and writable.
If your product name is hard to pronounce, people won't talk about it, and if they
can't write it down (and spell it correctly!) when they hear it, how do you expect
them to Google it?
Keep it simple and don't go with any wacky spellings just for the sake of it.
번역: 1. 읽기 쉽고 쓰기 쉬워야 합니다.
제품명이 발음하기 어렵다면 사람들이 이에 대해 이야기하지 않을 것입니다. 그리고 사
람들이 이름을 듣고 쓸 수 없다면(철자까지 정확하게!), 제품을 구글링하기가 어려울 겁
니다.
간결하게 유지하고, 단순히 특이해 보이기 위해 이상한 철자를 사용하지 마세요.
...
5. It should evoke an emotion, feeling, or idea.
Your product name should tie back into what your product is, what the feeling you
want people to have when experiencing your product is, and/or what idea are you
trying to get across.
번역: 5. 감정, 느낌 또는 아이디어를 불러일으켜야 합니다.
제품명은 제품의 본질, 사람들이 그 제품을 경험할 때 느끼기를 원하는 감정 그리고 전
달하고자 하는 아이디어와 연관되어야 합니다.

It should be emotive and inspiring.
번역: 감정을 자극하고 영감을 줄 수 있어야 합니다.
```

```
1. FlexFit Footwear
2. OmniSize Sneakers
3. AdaptStride Shoes
...
18. OmniComfort Kicks
```

---

[10] https://oreil.ly/3bWjz

19. FlexSize Footwear
20. Boundless Soles

지시를 내리는 방법은 무궁무진합니다. 이미지 생성 예시에서 우리는 유리 테이블에서 비즈니스 회의가 진행되고 있다는 상황을 지시했습니다. 이 상황을 변경하면 [그림 1-5]처럼 완전히 다른 이미지를 얻습니다.

---

https://s.mj.run/TKAsyhNiKmc stock photo of business meeting of four people gathered around a campfire outdoors in the woods, Panasonic, DC-GH5
번역: https://s.mj.run/TKAsyhNiKmc 숲속 야외에서 캠프파이어 주위에 모여 있는 네 사람의 비즈니스 회의 스톡 사진, Panasonic(카메라 브랜드명), DC-GH5(카메라 모델명)

---

그림 1-5 숲속에서 비즈니스 회의 중인 스톡 사진

롤플레잉은 이미지 생성에도 중요하며, 미드저니에 방향을 제시하는 매우 강력한 방법입니다. 사용자는 모방할 예술가의 이름이나 아트 스타일을 AI에 제시합니다. 예를 들어 반 고흐는 대담하고 극적인 붓 터치와 생생한 색채 사용으로 유명한데, 이런 특징 덕분에 AI 예술계에서 많은 주목을 받는 예술가로 자리 잡았습니다. 프롬프트에 그의 이름을 포함하면 어떤 일이 발생할까요? 프롬프트 결과인 [그림 1-6]을 살펴봅시다.

```
people in a business meeting, by Van Gogh
번역: 비즈니스 회의를 하고 있는 사람들, 반 고흐 스타일
```

**그림 1-6** 반 고흐의 비즈니스 회의에 참석한 사람들

이번에 사용한 프롬프트는 원래 지시 내렸던 기존 프롬프트의 내용을 많이 삭제했습니다. 예를 들어 기본 이미지와 스톡 사진이라는 단어, 카메라 정보(`Panasonic, DC-GH5`)를 제거하는 것은 반 고흐의 스타일을 살리는 데 도움이 됩니다. 지시가 너무 많으면 모델이 서로 충돌하는 조건에 빠르게 부딪혀 이미지를 생성하지 못할 수 있습니다. 프롬프트가 지나치게 구체적일

경우, 학습 데이터에 유사한 예제가 부족해 모든 조건을 충족하는 이미지를 만들기 어려워집니다. 이런 경우에 어떤 요소가 더 중요한지(이 경우에는 반 고흐의 스타일) 선택하고 그 요소에 우선순위를 두세요.

지시 내리기는 가장 일반적으로 사용되며 가장 광범위한 원칙입니다. 적절한 단어를 사용해 사용자의 의도를 명확히 설명하고, 비즈니스와 관련된 유명인의 페르소나를 활용하는 방식을 활용합니다. 지시가 너무 많아도 모델의 창의성이 제한되지만, 보통은 지시가 적어서 문제가 생깁니다.

## 1.3 ② 형식 정하기

AI 모델은 범용 번역기입니다. 프랑스어에서 영어로, 우르두어에서 클링온어로 번역하거나 JSON에서 YAML로, 자연어에서 파이썬 코드로 서로 다른 데이터 구조 간의 변환도 가능합니다. AI 모델은 대부분의 형식으로 응답 가능하므로 프롬프트 엔지니어링에서 중요한 것은 원하는 형식으로 응답을 요청하는 방법을 찾는 것입니다.

이따금 동일한 프롬프트를 실행했을 때, 쉼표로 구분된 목록 대신 번호가 매겨진 목록처럼 다른 형식으로 반환되곤 합니다. 대부분의 프롬프트는 일회성이며 챗GPT 또는 미드저니에 입력되므로 그리 크게 문제가 되지는 않습니다. 하지만 AI 도구를 만들어 여러분이 운영 중인 기성 소프트웨어에 이를 통합할 때, 이처럼 응답의 형식이 뒤바뀌면 온갖 종류의 오류가 발생합니다.

사람과 함께 작업할 때처럼 제출할 응답의 형식을 미리 지정해 두면 서로의 수고가 줄어듭니다. 텍스트 생성 모델의 경우, 단순하게 정렬된 목록 대신 JSON을 출력하는 것이 좋습니다. JSON은 API 응답의 범용 형식이어서 파싱(구문 분석) 및 오류를 발견하기가 더 쉽고, 애플리케이션의 프런트엔드 HTML 렌더링에도 사용할 수 있습니다. YAML은 단순하고 사람이 쉽게 읽을 수 있고, 기계가 이해할 수 있는 구조를 제공하기 때문에 또 다른 인기 있는 선택입니다.

우리가 앞서 살펴본 두 프롬프트 예시에서는 지시 안에 예시를 제공했고, 프롬프트 끝에 콜론을 달아서 목록을 인라인으로 완성해야 한다고 지시했습니다. 이때 출력 형식을 JSON으로 바꾸려면 다음처럼 두 형식을 모두 업데이트하고 JSON을 완성하지 않은 상태로 두어야 GPT가 이를 완성합니다.

```
Return a comma-separated list of product names in JSON for "A pair of shoes that
can fit any foot size.".
Return only JSON.
```
번역: "모든 발 사이즈에 맞는 신발 한 켤레"에 대한 제품명 목록을 쉼표로 구분된 JSON 형식으로 반환하세요.
JSON 형식만 반환하세요.

```
Examples:
[
    {
        "Product description": "A home milkshake maker.",
        "Product names": ["HomeShaker", "Fit Shaker",
        "QuickShake", "Shake Maker"]
    },
    {
        "Product description": "A watch that can tell
        accurate time in space.",
        "Product names": ["AstroTime", "SpaceGuard",
        "Orbit-Accurate", "EliptoTime"]
    }
```
번역: 예시 :
```
[
    {
        "제품 설명": "가정용 밀크셰이크 제조기.",
        "제품명": ["HomeShaker", "Fit Shaker", "QuickShake", "Shake Maker"]
    },
    {
        "제품 설명": "우주에서도 정확한 시간을 알려 주는 시계.",
        "제품명": ["AstroTime", "SpaceGuard", "Orbit-Accurate", "EliptoTime"]
    }
```

```
[
    {
        "Product description": "A pair of shoes that can \
        fit any foot size.",
        "Product names": ["FlexFit Footwear", "OneSize Step",
        "Adapt-a-Shoe", "Universal Walker"]
    }
]
```
번역:
```
[
    {
        "제품 설명": "모든 발 사이즈에 맞는 신발 한 켤레.",
```

```
        "제품명": ["FlexFit Footwear", "OneSize Step",
        "Adapt-a-Shoe", "Universal Walker"]
    }
]
```

반환되는 출력은 제품명이 포함된 완성된 JSON입니다. 그런 다음 이를 파싱해 애플리케이션이나 로컬 스크립트에 주입하면 곧바로 프로그래밍 방식으로 호환됩니다. 이때 파이썬의 표준 JSON 라이브러리와 같은 JSON 파서를 사용해 형식에 오류가 있는지 쉽게 확인할 수 있습니다. 깨진 JSON은 파싱 오류를 발생시키며, 이럴 경우에는 프롬프트를 다시 시도하도록 프로그램이 재작동되거나, 사람이 개입해서 조사할 때까지 멈춰버립니다. 여전히 올바른 형식이 제출되지 않는다면 프롬프트의 시작이나 끝, 또는 채팅 모델을 사용하는 경우 시스템 메시지에 다음과 같이 명시하세요.

> You are a helpful assistant that only responds in JSON.
> 번역: 당신은 JSON 형식으로만 응답하는 유용한 어시스턴트입니다.

또는 가능한 경우 모델의 매개변수에 JSON 출력을 지정하는 방법도 있습니다.[11] 라마Llama 모델에서는 이를 **문법**grammar이라고 부릅니다.[12]

> **TIP** JSON에 익숙하지 않다면 W3Schools에서 제공하는 훌륭한 기초 자료(https://oreil.ly/Xakgc)를 참고하세요.

이미지 생성 모델의 경우 이미지를 수정할 수 있는 기회가 거의 무한하기 때문에 형식 지정이 매우 중요합니다. 스톡 사진, 일러스트, 오일 페인팅과 같은 명백한 형식부터 블랙박스 영상, 얼음 조각상, 마인크래프트 느낌과 같은 좀 더 특이한 형식까지 다양하게 시도해 볼 수 있습니다(그림 1-7).

> business meeting of four people watching on MacBook on top of table, in Minecraft
> 번역: 테이블 위에 놓인 맥북을 보고 있는 네 사람의 비즈니스 회의, 마인크래프트 느낌

---

[11] https://oreil.ly/E7wua
[12] https://oreil.ly/yU27T

**그림 1-7** 마인크래프트에서 비즈니스 회의하는 이미지

형식을 설정하는 과정에서 지정한 형식과 충돌하는 프롬프트 일부를 제거해야 하는 경우가 자주 발생합니다. 예를 들어 기본 이미지로 '스톡 사진'을 제공하면 그 스톡 사진과 사용자가 원하는 형식이 조합된 결과물이 만들어집니다. 이미지 생성 모델은 학습 데이터에 없었던 새로운 조합 시나리오를 어느 정도 만들어 낼 수 있지만, 필자들의 경험상 프롬프트 안에 관련 없는 요소들이 많이 있을수록 부적합한 이미지가 나오곤 했습니다.

첫 번째 원칙인 지시 내리기와 두 번째 원칙인 형식 정하기는 경계가 다소 모호할 수 있습니다. 명확히 정의하자면, ② 형식 정하기는 원하는 출력 유형(예: JSON 형식 또는 스톡 사진 형식)을 정의합니다. ① 지시 내리기는 스티브 잡스 스타일의 제품명이나 반 고흐 스타일의 비즈니스 회의 이미지 등 형식과 관계없는, 원하는 응답 스타일에 관한 지시입니다. 스타일과 형식이 충돌하는 경우, 최종 결과물에 덜 중요한 요소를 삭제하여 해결하는 것이 가장 좋습니다.

## 1.4 ③ 예시 들기

우리의 프롬프트 예시에는 '좋은' 이름이란 어떤 것인지 예시를 제공하지 않았습니다. 따라서 인터넷에서 발견할 수 있는 평균적인 이름과 비슷한 수준으로 결과가 나옵니다. 하지만 여러분은 그보다 더 나은 결과물을 만들어 낼 수 있습니다. 이처럼 예시가 없는 프롬프트를 **제로샷**$^{zero-shot}$이라고 부릅니다. AI가 제로샷으로 어떤 작업을 해낸다는 건 그 모델이 매우 강력하다는 신호이자 뜻밖의 기쁨으로 여겨야 합니다. 이는 어디까지나 예외적인 경우이며, 일반적으로 기대할 수 있는 일은 아닙니다. 예제를 전혀 제공하지 않은 채 원하는 결과만 요구하는 것은 대가 없이 많은 것을 바라는 셈입니다. 하나의 예제(**원샷**$^{one-shot}$)를 제공해도 상당한 도움이 되며, 일반적으로 연구자들은 여러 예제(**퓨샷**$^{few-shot}$)를 제공하고 모델의 성능을 테스트합니다. 이와 관련된 유명한 GPT-3 논문 〈Language Models are Few-Shot Learners(언어 모델은 퓨샷 학습자)〉[13]가 있습니다. [그림 1-8]을 보면 프롬프트에 하나의 예제를 추가하면 일부 작업의 정확도가 10%에서 거의 50%까지 향상됩니다!

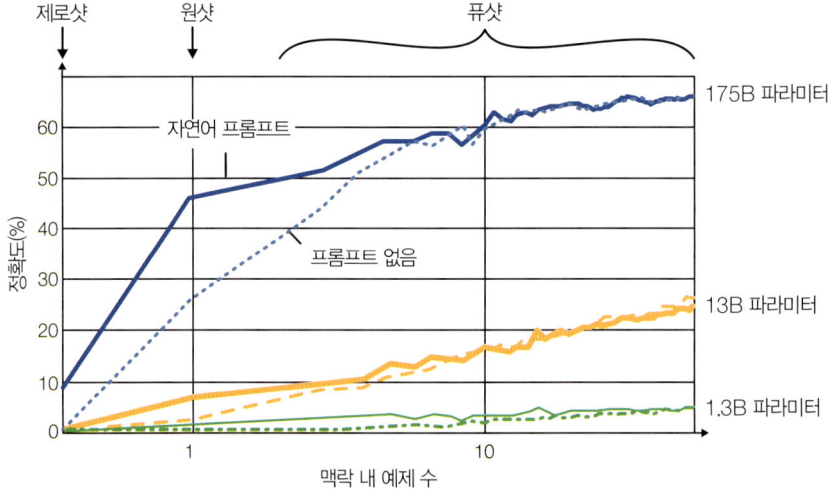

그림 1-8 프롬프트 맥락 내 예제 수

---

[13] Brown et al., 2020(https://oreil.ly/KW5PS)

동료에게 설명하거나 후배에게 새로운 업무를 교육할 때, 이전에 해당 업무를 잘 수행했던 사례를 포함하는 것은 당연한 일입니다. AI로 작업할 때도 마찬가지이며, 프롬프트의 강점은 종종 사용된 예시에 따라 결정됩니다. 예시를 보여 주는 방식은 원하는 응답을 구체적으로 설명하는 것보다 훨씬 간편합니다. 이 때문에 이 기법은 해당 분야의 전문가가 아닐 때, 즉 주제에 대한 깊은 지식이 없을 때 더욱 유용하게 활용됩니다. 프롬프트에 넣는 텍스트의 양에는 제한이 있기 때문에,[14] 다양하고 유익한 예시를 선별하는 작업이 프롬프트 엔지니어링의 무척 중요한 부분입니다.

신뢰성과 창의성 사이에는 균형이 필요합니다. 예시가 3~5개 넘어가면 결과물의 신뢰성은 높아지지만 그만큼 창의성은 줄어들 수 있습니다. 예시를 많이 제공할수록, 그리고 예시들이 서로 비슷할수록 모델은 그 틀을 벗어나지 않도록 더 강하게 제약을 받습니다. 만약 이전 프롬프트에서 모든 예시를 동물 이름으로 변경하면 모델은 그에 영향을 받아 결과 이름에도 동물을 포함시키게 됩니다.

```
Brainstorm a list of product names for a shoe that fits any foot size.
번역: 모든 발 사이즈에 맞는 신발을 위한 제품명 목록을 브레인스토밍하세요.

Return the results as a comma-separated list, in this format:
Product description: A shoe that fits any foot size
Product names: [list of 3 product names]
번역: 다음 형식으로 결과를 쉼표로 구분된 목록으로 반환하세요:
제품 설명: 모든 발 사이즈에 맞는 신발
제품명: [제품명 3개의 목록]

## Examples:
Product description: A home milkshake maker
Product names: Fast Panda, Healthy Bear, Compact Koala

Product description: A watch that can tell accurate time in space
Product names: AstroLamb, Space Bear, Eagle Orbit

Product description: A refrigerator that dispenses beer
Product names: BearFridge, Cool Cat, PenguinBox
```

---

**14** 집필 시점 기준 미드저니는 약 6,000자, 무료 버전의 챗GPT는 약 32,000자로 제한됩니다.
　옮긴이_ 미드저니는 이제 엄격한 제한이 사라졌습니다. 다만 입력값이 80단어 이상 넘어가면 그 이후의 단어들은 사실상 무시됩니다. 무료 GPT-4는 번역 시점에서도 32,000자로 제한됩니다.

```
## 예시 번역
제품 설명: 가정용 밀크셰이크 제조기
제품명: Fast Panda, Healthy Bear, Compact Koala

제품 설명: 우주에서도 정확한 시간을 알려 주는 시계
제품명: AstroLamb, Space Bear, Eagle Orbit

제품 설명: 맥주 정수기가 달린 냉장고
제품: BearFridge, Cool Cat, PenguinBox
```

```
Product description: A shoe that fits any foot size
Product names: FlexiFox, ChameleonStep, PandaPaws
번역: 제품 설명: 모든 발 사이즈에 맞는 신발
제품명: FlexiFox, ChameleonStep, PandaPaws
```

물론 예시를 많이 제공하면 AI가 제한된 출력 공간 안에서 훨씬 더 좋은 이름을 생성할 기회를 놓칠 위험이 있습니다. 예시의 다양성이 부족하거나, 예시들이 비슷한 패턴을 따를 경우 에지 케이스나 흔치 않은 시나리오를 제대로 처리하지 못할 수도 있습니다. 1~3개의 예시를 포함하는 것은 비교적 간단하고 대부분 긍정적인 결과를 가져오지만, 그 이상부터는 예시의 수와 예제 간의 유사성에 대해 실험이 필요합니다. 실제로 예시를 많이 제공하는 것보다 지시를 명확하게 내리는 것이 더 효과적이라는 증거도 있습니다.[15] 일반적으로 좋은 예시를 수집하는 것은 쉽지 않으므로 먼저 지시를 잘 구성하는 데 집중하는 것이 현명한 전략입니다.

이미지 생성 영역에서 예시 제공은 보통 오픈 소스 스테이블 디퓨전 커뮤니티에서 말하는 img 2img 방식, 즉 프롬프트에 기본 이미지를 함께 제공하는 형태로 이루어집니다. 사용 중인 이미지 생성 모델에 따라 기본 이미지는 생성의 시작점으로 활용되며 결과에 큰 영향을 미칩니다. [그림 1-9]와 같이 프롬프트의 다른 요소는 모든 동일하게 유지하더라도 제공하는 기본 이미지를 바꾸면 전혀 다른 결과가 나옵니다.

```
stock photo of business meeting of 4 people watching on white MacBook on top of
glass-top table, Panasonic, DC-GH5
번역: 유리 상판 테이블 위에 놓인 하얀 맥북을 보고 있는 네 사람의 비즈니스 회의 스
톡 사진, Panasonic(카메라 브랜드), DC-GH5(카메라 제품명)
```

---

15 Hsieh et al., 2023(https://oreil.ly/6Ixcw)

**그림 1-9** 네 명이 참석한 비즈니스 회의 스톡 사진

이 경우에도 [그림 1-10]의 Unsplash 이미지로 대체함으로써, 모델의 생성 방향이 어떻게 달라졌는지 확인할 수 있습니다. 결과 사진에는 화이트보드와 포스트잇 같은 요소들이 포함되어, 모델이 전혀 다른 방향으로 유도된 것을 알 수 있습니다.

> **CAUTION** 이번 예시는 이미지 생성 모델의 기능을 보여 주기 위해 설명했지만, 이미지 프롬프팅에 사용할 기본 이미지를 업로드할 때는 주의해야 합니다. 이미지의 라이선스를 확인하고, 저작권이 명확하게 표시된 이미지는 사용하지 마세요. 무턱대고 사용하다가는 모든 주요 이미지 생성 모델 제공업체의 서비스 약관에 위배되어 법적 문제에 휘말릴 수 있습니다.

그림 1-10 Unsplash에서 제공하는 Jason Goodman 사진(https://oreil.ly/ZbzZy)

## 1.5 ④ 품질 평가하기

현재로서는 프롬프트를 실행하고 결과를 확인하는 기본적인 시행착오 방식, 즉 **블라인드 프롬프팅**blind prompting16 외에는 응답의 품질을 체계적으로 평가할 수 있는 피드백 루프는 존재하지 않습니다. 프롬프트가 단일 작업에 일시적으로 사용되고 다시 검토되지 않는 경우에는 큰 문제가 되지 않지만, 동일한 프롬프트를 여러 번 재사용하거나 프롬프트에 의존하는 운영 수준의 애플리케이션을 구축할 때는 결과를 보다 엄격하게 측정하고 관리해야 합니다.

성과를 평가하는 방법은 다양하며, 달성하고자 하는 작업에 따라 평가 방식이 달라집니다. 새로운 AI 모델이 출시되면 일반적으로 성능 검증 프레임워크를 통해 모델의 성능을 테스트합니다. 이는 미리 정의된 질문과 답변, 채점 기준을 갖춘 표준화된 테스트 세트로 모델 간의 성능을 비교하는 데 사용합니다. 하지만 모델마다 작업 유형에 따라 성능이 다르며, 이전에 잘 작동했던 프롬프트가 새 모델에서도 잘 작동된다는 보장은 없습니다. 오픈AI는 LLM의 성능을 벤치마킹할 수 있도록 평가 프레임워크를 오픈 소스로 공개했으며,[17] 다른 사용자들이 평가 템플

---

16 https://oreil.ly/42rSz
17 https://oreil.ly/wolEL

릿을 자유롭게 추가하도록 장려하고 있습니다.

표준화된 학업 평가 외에도 변호사 시험 합격[18]과 같이 뉴스 헤드라인을 장식하는 시험들이 종종 성과 지표로 언급되기도 합니다. 하지만 보다 주관적인 작업의 경우 평가는 훨씬 까다롭고, 소규모 팀에게는 시간과 비용 측면에서 큰 부담이 될 수 있습니다. 예를 들어 Vicuna 13B[19]처럼 메타의 라마 오픈 소스 모델을 기반으로 미세 조정된 모델의 응답을 평가하기 위해 일부 연구자들은 GPT-4 같은 고급 모델을 사용하기도 합니다(그림 1-11).

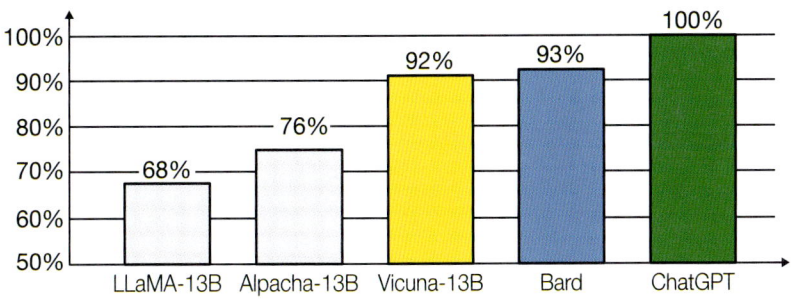

그림 1-11 Vicuna GPT-4 평가

과학 논문을 작성하거나 새로운 기초 모델의 배포 버전을 평가할 때는 보다 정밀한 평가 기법이 필요합니다. 하지만 여러분의 경우에는 기본적인 시행착오 방식에서 한 걸음만 더 나아가도 충분한 개선을 이룰 수 있습니다. 예를 들어 주피터 노트북에 간단한 찬성/반대 평가 시스템을 구현하기만 해도, 많은 노력 없이 프롬프트 최적화에 일정 수준의 정밀함을 더할 수 있습니다. 실제로 활용 가능한 일반적인 테스트 중 하나는 프롬프트 예시를 추가하는 것이 길이에 따른 비용 증가를 감수할 만큼의 가치가 있는지, 혹은 예시 없이도 충분한 성과를 낼 수 있는지 비교해 보는 것입니다. 이를 위해 가장 먼저 해야 할 일은 각 프롬프트의 실행 결과를 여러 번 수집하고, 그 응답을 스프레드시트에 저장하는 것입니다. 이 작업은 필요한 환경을 설정한 후에 수행해야 합니다.

먼저 `pip install openai`를 사용해 오픈AI 파이썬 패키지를 설치합니다. 이 패키지와 호환성 문제가 발생하는 경우 가상 환경을 만들고 `requirements.txt`(https://oreil.ly/2KDV6)

---

18 https://oreil.ly/txhSZ
19 https://oreil.ly/NW3WX

를 설치하세요('이 책에 대하여' 지침 참조). API를 사용하려면 오픈AI 계정을 생성한 다음, API 키(https://oreil.ly/oHID1)를 찾아야 합니다.

> **CAUTION** 스크립트에서 API 키를 하드코딩하는 것은 보안상의 이유로 권장하지 않습니다. 대신 환경 변수 또는 구성 파일을 활용해 키를 관리하세요.

API 키를 찾았다면 다음 명령을 실행해 해당 키를 환경 변수로 설정하는 것이 중요합니다. 이때 `api_key`는 실제 API 키 값으로 바꿔 입력해야 합니다.

맥, 리눅스에서는 다음 명령을 사용합니다.

```
export OPENAI_API_KEY="api_key"
```

윈도우에서는 다음 명령을 사용합니다.

```
set OPENAI_API_KEY=api_key
```

만약 API 키를 미리 설정하지 않으려면 모델을 초기화하는 동안 수동으로 키를 설정하거나 `python-dotenv`[20]를 사용해 .env 파일에서 키를 로드합니다. 먼저 `pip install python-dotenv`로 라이브러리를 설치한 다음, 스크립트나 노트북 상단에 다음 코드를 사용해 환경 변수를 로드합니다.

```
from dotenv import load_dotenv

load_dotenv()  # .env 파일에서 환경 변수를 가져옵니다.
```

첫 번째 단계로 각 프롬프트의 여러 실행에 대한 응답을 가져와 스프레드시트에 저장합니다.

```
# 파일명: content/chapter_1/ab-testing.ipynb

# 제로샷 vs 퓨샷을 테스트할 프롬프트의 두 변수를 정의합니다.
```

---

[20] https://oreil.ly/IaQjS

```python
prompt_A = """Product description: A pair of shoes that can fit any foot size.
Seed words: adaptable, fit, omni-fit.
Product names:"""

prompt_B = """Product description: A home milkshake maker.
Seed words: fast, healthy, compact.
Product names: HomeShaker, Fit Shaker, QuickShake, ShakeMaker

Product description: A watch that can tell accurate time in space.
Seed words: astronaut, space-hardened, eliptical orbit
Product names: AstroTime, SpaceGuard, Orbit-Accurate, EliptoTime.

Product description: A pair of shoes that can fit any foot size.
Seed words: adaptable, fit, omni-fit.
Product names:"""

test_prompts = [prompt_A, prompt_B]

import pandas as pd
from openai import OpenAI
import os

# 환경 변수에 오픈AI key를 설정합니다.
# https://platform.openai.com/api-keys
client = OpenAI(
  api_key=os.environ['OPENAI_API_KEY'],  # Default
)

def get_response(prompt):
    response = client.chat.completions.create(
        model="gpt-3.5-turbo",
        messages=[
            {
                "role": "system",
                "content": "You are a helpful assistant."
            },
            {
                "role": "user",
                "content": prompt
            }
        ]
    )
    return response.choices[0].message.content
```

```python
# 프롬프트를 반복하고 응답을 받습니다.
responses = []
num_tests = 5

for idx, prompt in enumerate(test_prompts):
    # 문자로 된 프롬프트 번호
    var_name = chr(ord('A') + idx)

    for i in range(num_tests):
        # 모델 응답을 가져옵니다.
        response = get_response(prompt)

        data = {
            "variant": var_name,
            "prompt": prompt,
            "response": response
            }
        responses.append(data)

# 응답을 데이터프레임으로 변환합니다.
df = pd.DataFrame(responses)

# 데이터프레임을 CSV 파일로 저장합니다.
df.to_csv("responses.csv", index=False)

print(df)
```

```
  variant                                             prompt  \
0       A  Product description: A pair of shoes that can ...
1       A  Product description: A pair of shoes that can ...
2       A  Product description: A pair of shoes that can ...
3       A  Product description: A pair of shoes that can ...
4       A  Product description: A pair of shoes that can ...
5       B  Product description: A home milkshake maker.\n...
6       B  Product description: A home milkshake maker.\n...
7       B  Product description: A home milkshake maker.\n...
8       B  Product description: A home milkshake maker.\n...
9       B  Product description: A home milkshake maker.\n...

                                            response
0  1. Adapt-a-Fit Shoes \n2. Omni-Fit Footwear \n...
1  1. OmniFit Shoes\n2. Adapt-a-Sneaks \n3. OneFi...
```

```
2    1. Adapt-a-fit\n2. Flexi-fit shoes\n3. Omni-fe...
3    1. Adapt-A-Sole\n2. FitFlex\n3. Omni-FitX\n4. ...
4    1. Omni-Fit Shoes\n2. Adapt-a-Fit Shoes\n3. An...
5    Adapt-a-Fit, Perfect Fit Shoes, OmniShoe, OneS...
6         FitAll, OmniFit Shoes, SizeLess, AdaptaShoes
7          AdaptaFit, OmniShoe, PerfectFit, AllSizeFit.
8    FitMaster, AdaptoShoe, OmniFit, AnySize Footwe...
9          Adapt-a-Shoe, PerfectFit, OmniSize, FitForm
```

여기서는 오픈AI API를 사용해 일련의 프롬프트에 대한 모델의 응답을 생성하고, 그 결과를 데이터프레임에 보관하여 CSV 파일에 저장합니다. 작동 방식은 다음과 같습니다.

1. 두 개의 프롬프트 변수를 정의하고 각 변수는 Product Description(제품 설명), Seed Words(시드 단어), Product names(제품명)로 구성합니다. prompt_B에는 두 개의 예시를 제공합니다.
2. import 문은 판다스 라이브러리, 오픈AI 라이브러리, os 라이브러리를 호출합니다.
3. get_response 함수는 프롬프트를 입력으로 받아 gpt-3.5-turbo 모델에서 응답을 반환합니다. 프롬프트는 사용자 메시지로 모델에 전달되며, 동시에 모델의 동작 방식을 설정하기 위한 시스템 메시지도 함께 전달됩니다.
4. 두 개의 프롬프트 변수는 test_prompts 리스트에 저장합니다.
5. 생성된 응답을 저장하기 위해 빈 리스트 responses를 생성하고 변수 num_tests를 5로 설정합니다.
6. 중첩 루프는 응답을 생성합니다. 외부 루프는 각 프롬프트에 대해 반복하고 내부 루프는 프롬프트당 num_tests(이 경우 5개)의 응답 수를 생성합니다.
   - enumerate 함수는 test_prompts에서 각 프롬프트의 인덱스와 값을 가져옵니다. 그리고 이 인덱스는 해당 대문자로 변환되어 변수 이름으로 사용합니다(예: 0은 A, 1은 B가 됨).
   - 각 반복마다 현재 프롬프트와 함께 get_response 함수를 호출하고 모델에서 응답을 생성합니다.
   - 변수 이름, 프롬프트 및 모델의 응답으로 딕셔너리를 만들고 이 딕셔너리를 responses 리스트에 추가합니다.
7. 모든 응답을 생성하면 responses 리스트(이제 딕셔너리의 리스트)를 판다스 데이터프레임으로 변환합니다.
8. 그런 다음 이 데이터프레임은 판다스에 내장된 to_csv 함수를 사용해 CSV 파일에 저장하고, 행 인덱스가 작성되지 않게 index=False를 사용해 responses.csv 파일을 만듭니다.
9. 마지막으로 데이터프레임을 콘솔에 출력합니다.

이러한 응답을 스프레드시트에 저장하면 출력된 응답의 경향을 바로 확인할 수 있습니다. 첫 다섯 행의 prompt_A(제로샷)는 번호가 매겨진 목록으로, 마지막 다섯 행의 prompt_B(퓨샷)는 쉼표로 구분된 인라인 목록의 원하는 형식으로 출력됩니다. 다음 단계로 각 응답에 등급을 매겨보겠습니다. 한 프롬프트가 다른 프롬프트보다 선호되는 것을 방지하기 위해 블라인드 및 무작위 방식으로 수행하는 것이 가장 좋습니다.

```python
# 파일명: content/chapter_1/ab-testing.ipynb

import ipywidgets as widgets
from IPython.display import display
import pandas as pd

# responses.csv 파일을 로드합니다.
df = pd.read_csv("responses.csv")

# 데이터프레임을 섞습니다.
df = df.sample(frac=1).reset_index(drop=True)

# df는 데이터프레임이고 'response'는 테스트하려는 텍스트가 있는 열입니다.
response_index = 0
# 피드백을 저장할 새 열을 추가합니다.
df['feedback'] = pd.Series(dtype='str')

def on_button_clicked(b):
    global response_index
    #  찬성/반대를 1/0로 변환합니다.
    user_feedback = 1 if b.description == "\U0001F44D" else 0

    # 피드백 열을 업데이트합니다.
    df.at[response_index, 'feedback'] = user_feedback

    response_index += 1
    if response_index < len(df):
        update_response()
    else:
        # 피드백을 CSV 파일에 저장합니다.
        df.to_csv("results.csv", index=False)

        print("A/B testing completed. Here's the results:")
        # 각 변수에 대한 점수를 계산하고 열에 번호를 매깁니다.
        summary_df = df.groupby('variant').agg(
            count=('feedback', 'count'),
            score=('feedback', 'mean')).reset_index()
        print(summary_df)

def update_response():
```

```python
        new_response = df.iloc[response_index]['response']
        if pd.notna(new_response):
            new_response = "<p>" + new_response + "</p>"
        else:
            new_response = "<p>No response</p>"
        response.value = new_response
        count_label.value = f"Response: {response_index + 1}"
        count_label.value += f"/{len(df)}"

response = widgets.HTML()
count_label = widgets.Label()

update_response()

thumbs_up_button = widgets.Button(description='\U0001F44D')
thumbs_up_button.on_click(on_button_clicked)

thumbs_down_button = widgets.Button(
    description='\U0001F44E')
thumbs_down_button.on_click(on_button_clicked)

button_box = widgets.HBox([thumbs_down_button,
thumbs_up_button])

display(response, button_box, count_label)
```

출력은 [그림 1-12]와 같습니다.

```
Adapt-a-Shoe, PerfectFit, OmniSize, FitForm

        👎              👍

Response: 5 / 10
```

그림 1-12 찬성/반대 평가 시스템

주피터 노트북에서 이 코드를 실행하면 위젯이 각 AI 응답을 표시하고, 응답 옆에 찬성(👍) 또는 반대(👎) 버튼이 함께 나타납니다. 이 기능은 오버헤드를 최소화하면서도 응답에 빠르게 라벨을 지정할 수 있는 간단한 인터페이스를 제공합니다. 만약 주피터 노트북이 아닌 환경에서 이 작업을 수행하려면 iPyWidgets 대신 텍스트 기반 인터페이스로 바꿔서 구현할 수 있습니다.

찬성/반대 버튼 대신 Y/N을 사용하고, 내장 함수인 **input()**을 사용해 루프를 구현하면 됩니다.

모든 응답에 라벨을 지정하고 나면 각 프롬프트의 성능을 확인할 수 있는 출력을 얻습니다.

```
A/B testing completed. Here's the results:
번역: A/B 테스트가 완료되었습니다. 다음은 결과입니다:
  variant  count  score
0    A       5    0.2
1    B       5    0.6
```

데이터프레임은 무작위로 섞이고 각 응답은 블라인드(프롬프트를 보지 않고) 라벨을 지정하므로 각 프롬프트가 얼마나 자주 수행되는지 정확하게 파악할 수 있습니다. 단계별 설명은 다음과 같습니다.

1 ipywidgets, IPython.display, pandas 세 개의 모듈을 가져옵니다. ipywidgets에는 주피터 노트북과 IPython 커널을 위한 대화형 HTML 위젯이 포함됩니다. IPython.display는 이미지, 사운드, HTML 표시 등 다양한 유형의 출력을 표시하는 클래스를 제공합니다. 판다스는 데이터를 조작하는 강력한 라이브러리입니다.

2 테스트하는 응답이 포함된 CSV 파일 responses.csv를 읽는 데 판다스 라이브러리를 사용합니다. df로 판다스 데이터프레임을 생성합니다.

3 df는 sample() 함수와 frac=1을 사용해 섞습니다. 여기서 frac=1은 전체 행을 모두 사용한다는 의미입니다. reset_index(drop=True)는 인덱스를 0, 1, 2, ..., n과 같은 기본 인덱스로 재설정합니다.

4 이 스크립트는 response_index를 0으로 정의합니다. 사용자가 현재 보는 데이터프레임의 응답을 추적하는 데 사용합니다.

5 df 데이터프레임에 feedback이라는 새 열이 추가되며, 이 열의 데이터 유형은 문자열(str)입니다.

6 다음으로 스크립트는 인터페이스의 두 버튼 중 하나를 클릭할 때마다 실행되는 함수 on_button_clicked(b)를 정의합니다.

   - 이 함수는 먼저 클릭한 버튼(description)이 찬성 버튼(\U0001F44D, 👍)인지 확인한 후 user_feedback을 1로 설정하고, 반대 버튼(\U0001F44E, 👎)인 경우 user_feedback을 0으로 설정합니다.

   - 그런 다음 현재 response_index에서 데이터프레임의 feedback 열을 user_feedback으로 업데이트합니다.

   - 그 후 response_index를 증가시켜 다음 응답으로 이동합니다.

   - response_index가 여전히 총 응답 수(즉, 데이터프레임의 길이)보다 작으면 update_response() 함수를 호출합니다.

- 더 이상 응답이 없으면 데이터프레임을 새 CSV 파일 `results.csv`에 저장하고 메시지를 출력합니다. 받은 피드백의 수와 각 변수의 평균 점수를 보여 주는 변수별 결과 요약도 출력합니다.

7 `update_response()` 함수는 데이터프레임에서 다음 응답을 가져와서 단락 HTML 태그(null이 아닌 경우)로 감싸서 `response` 위젯을 업데이트해 새 응답을 표시합니다. `count_label` 위젯을 업데이트하며 현재 응답 번호와 총 응답 수를 반영합니다.

8 `response`(HTML 위젯)와 `count_label`(라벨 위젯)이라는 두 개의 위젯이 인스턴스화됩니다. 그런 다음 `update_response()` 함수를 호출하여 첫 번째 응답과 적절한 라벨로 이 위젯을 초기화합니다.

9 두 개의 추가 위젯인 `thumbs_up_button`과 `thumbs_down_button`이 생성되며, 둘 다 버튼 위젯입니다. 각각 찬성과 반대 이모지를 설명으로 사용합니다. 두 버튼 모두 클릭 시 `on_button_clicked()` 함수를 호출하도록 구성됩니다.

10 두 버튼은 HBox 함수를 사용하여 가로 상자(`button_box`)로 그룹화합니다.

11 마지막으로 `response`, `button_box`, `count_label` 위젯은 `IPython.display` 모듈의 `display()` 함수를 사용해 사용자에게 표시됩니다.

이와 같은 간단한 평가 시스템은 프롬프트 품질 판단과 예외 사항을 처리할 때 유용합니다. 일반적으로 테스트한 지 열 번도 안 되어 편차가 발견될 것입니다. 만약 테스트를 진행하지 않았다면 운영 중 이상이 생길 때까지 이 편차를 감지하지 못했을 것입니다. 그러나 이 방식에 단점도 존재합니다. 수많은 응답을 수동으로 평가해야 한다는 것과 우리가 직접 내린 평가는 실제 사용자의 선호도를 반영하지 못한다는 것입니다. 하지만 소수의 테스트만으로도 두 가지 프롬프트 전략 간의 큰 차이를 발견할 수 있고, 프로덕션 단계에 이르기 전에 미처 예상하지 못한 문제도 발견할 수 있습니다.

프롬프트를 반복해서 수정하고 테스트하다 보면 프롬프트의 길이를 획기적으로 줄일 수 있고, 시스템의 비용과 지연 시간도 줄일 수 있습니다. 만약 성능은 비슷하거나 더 나은데 더 짧은 프롬프트를 찾는다면 운영 규모를 크게 확장할 여유가 생깁니다. 이 과정에서 종종 복잡한 프롬프트의 많은 요소가 전혀 불필요하거나 심지어 부정적인 영향을 미친다는 사실을 발견하게 됩니다.

찬성/반대나 수동으로 표시한 품질 지표가 유일한 평가 기준이 될 필요는 없습니다. 물론 인간의 평가는 일반적으로 가장 정확한 피드백으로 여겨지지만, 많은 예제를 수작업으로 평가하는 일은 지루하고 비용이 많이 듭니다. 하지만 수학 문제나 분류 작업처럼 정답이 명확할 경우, 그라운드 트루스ground truth를 설정해 결과를 프로그램적으로 평가할 수 있습니다. 이렇게 하면 테스트 및 모니터링을 훨씬 더 대규모로 확장할 수 있습니다. 프롬프트를 프로그래밍적으로 평가하려는 이유는 상황마다 다양하기 때문에 이어서 제시할 내용이 모든 경우에 적용되는 목록은 아니라는 점을 유의해 주세요.

- **비용**: 토큰을 많이 사용하거나 더 비싼 모델에서만 작동하는 프롬프트는 프로덕션에서 사용하기 비현실적입니다.
- **지연 시간**: 마찬가지로 토큰이 많거나 필요한 모델이 클수록 작업을 완료하는 데 시간이 오래 걸리므로 사용자 경험이 저하됩니다.
- **호출 수**: 대부분의 AI 시스템은 작업을 완료하기 위해 여러 번의 호출을 반복해야 하는데, 이 부분에서 프로세스 속도가 심각하게 느려집니다.
- **성능**: 물리 엔진이나 실제 결과를 예측하기 위한 다른 모델처럼 외부 피드백 시스템을 구현해 프롬프트의 성능을 측정합니다.
- **분류**: 다른 AI 모델이나 규칙 기반 라벨링을 사용해 주어진 텍스트에 대해 프롬프트가 올바르게 분류하는 빈도를 확인합니다.
- **추론**: 참조 사례와 비교하여, AI가 논리적 추론에 실패하거나 수학적으로 잘못된 결과를 내는 경우를 파악합니다.
- **환각**: 프롬프트의 맥락에 포함되지 않은 새로운 용어나 사실을 AI가 생성하는 빈도를 측정합니다.
- **안전**: 시스템이 위험하거나 바람직하지 않은 결과를 반환할 가능성이 있는 상황을 감지 필터나 탐지 시스템을 통해 확인하고 모든 시나리오에 표시합니다.
- **거부**: 정당한 사용자 요청임에도 불구하고 시스템이 잘못 거절하는 빈도를, 즉 거절 의도를 나타내는 표현을 기준으로 파악합니다.
- **적대**: 프로그래밍한 내용 대신 원치 않는 프롬프트를 실행하게 하는 **프롬프트 인젝션**prompt injection[21] 공격에 대비해 얼마나 튼튼하게 되어 있나를 알아봅니다.
- **유사성**: 공통 단어 및 구(BLEU, ROGUE) 또는 벡터 거리(5장에서 설명합니다)를 사용해 생성된 텍스트와 참조 텍스트 간의 유사성을 측정합니다.

이제 어떤 예시가 좋았는지 평가를 누적해서 모은 다음, 그것을 다시 프롬프트에 반영하면서 시스템을 점점 더 영리하게 만들어가면 됩니다. 이 피드백을 통해 얻은 데이터는 미세 조정fine-tuning을 위한 예제로도 활용 가능합니다. 만약 수천 개의 예제[22]를 제공하면 프롬프트 엔지니어링을 능가할 수 있습니다(그림 1-13).

---

[21] https://oreil.ly/KGAqe
[22] https://oreil.ly/DZ-br

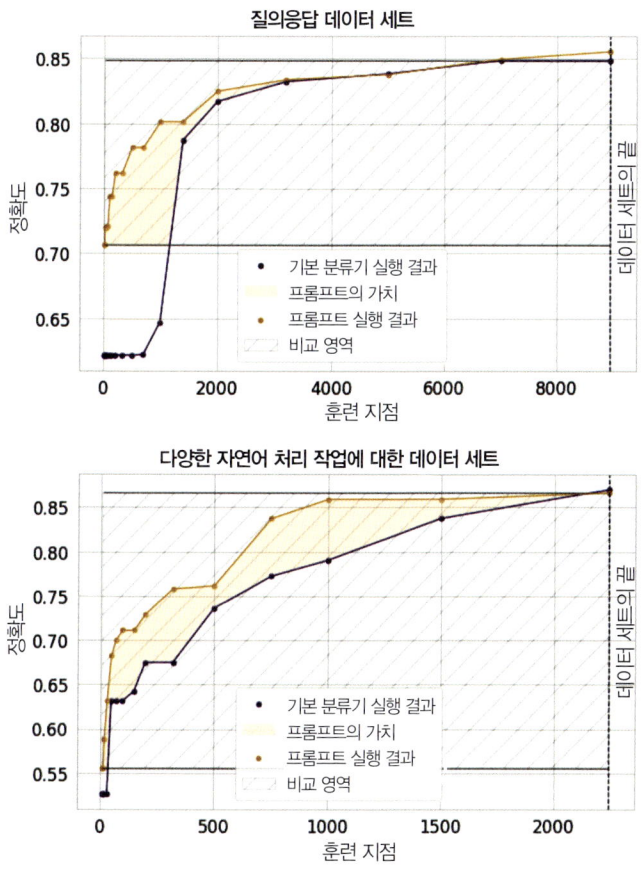

그림 1-13 하나의 프롬프트는 몇 개의 데이터 포인트만큼의 가치가 있을까요?

찬성 또는 반대 평가에서 벗어나 3점, 5점, 10점 등의 등급 시스템을 도입하면 프롬프트 품질에 대해 더 세분화된 피드백을 얻습니다. 또한 응답을 하나씩 따로 보기보다는 관련된 결과를 함께 비교함으로써 종합적인 판단을 내릴 수 있습니다. 예를 들어 체스에서 사용되는 **엘로 평점 시스템**[23]처럼 lmsys.org의 챗봇 아레나Chatbot Arena[24]가 사용하는 방식으로 모델 간 성능을 공정하게 비교하는 시스템도 구현할 수 있습니다.

이미지 생성의 경우에는 여러 지시어나 형식이 조합된 프롬프트의 순열을 통해 다양한 이미지를 생성하는 방식이 일반적입니다. 이렇게 생성된 이미지들은 나중에 스캔하거나 그리드 형태

---

23 https://ko.wikipedia.org/wiki/엘로_평점_시스템
24 https://oreil.ly/P2IcU

로 정렬하여 프롬프트의 다양한 요소가 최종 이미지에 어떤 효과를 미쳤는지 시각적으로 분석할 수 있습니다.

```
{stock photo, oil painting, illustration} of business meeting of {four, eight} people watching on white MacBook on top of glass-top table
번역: 유리 상판 테이블 위에 놓인 하얀 맥북을 보고 있는 {네 명, 여덟 명}의 비즈니스 회의 {스톡 사진, 유화, 일러스트}
```

미드저니에서는 세 가지 형식(스톡 사진, 유화, 일러스트)과 두 가지 인원 수(네 명, 여덟 명)를 하나씩 조합하여 다음과 같이 총 여섯 가지 프롬프트로 컴파일합니다.

```
1. stock photo of business meeting of four people watching on white MacBook on top of glass-top table
2. stock photo of business meeting of eight people watching on white MacBook on top of glass-top table
3. oil painting of business meeting of four people watching on white MacBook on top of glass-top table
4. oil painting of business meeting of eight people watching on white MacBook on top of glass-top table
5. illustration of business meeting of four people watching on white MacBook on top of glass-top table
6. illustration of business meeting of eight people watching on white MacBook on top of glass-top table
번역:
1. 유리 상판 테이블 위에 놓인 하얀 맥북을 보고 있는 네 명의 비즈니스 회의 스톡 사진
2. 유리 상판 테이블 위에 놓인 하얀 맥북을 보고 있는 여덟 명의 비즈니스 회의 스톡 사진
3. 유리 상판 테이블 위에 놓인 하얀 맥북을 보고 있는 네 명의 비즈니스 회의 유화
4. 유리 상판 테이블 위에 놓인 하얀 맥북을 보고 있는 여덟 명의 비즈니스 회의 유화
5. 유리 상판 테이블 위에 놓인 하얀 맥북을 보고 있는 네 명의 비즈니스 회의 일러스트
6. 유리 상판 테이블 위에 놓인 하얀 맥북을 보고 있는 여덟 명의 비즈니스 회의 일러스트
```

각 프롬프트는 평소와 같이 네 개의 이미지를 생성하므로 모든 출력을 한 번에 보기가 어렵습니다. 각 프롬프트에서 하나를 선택하여 업스케일링한 다음, [그림 1-14]와 같이 그리드로 구성했습니다. 회의에 참여한 사람의 수가 항상 맞는 것은 아니지만(생성형 AI 모델은 의외로 수학에 약합니다), 오른쪽에 놓인 이미지에는 왼쪽의 이미지보다 더 많은 사람이 있다는 것을 추론할 수 있습니다.

그림 1-14 프롬프트 순열 그리드

스테이블 디퓨전과 같은 API 지원 모델을 사용하면 이미지를 손쉽게 조작하고, 그리드 형식으로 배열해 시각적으로 비교 분석할 수 있습니다. 또한 이미지의 랜덤 시드$^{random\ seed}$를 조정하면 스타일을 고정시켜 재현성을 극대화할 수 있습니다.[25] 여기에 이미지 분류기를 함께 사용하면 생성된 이미지가 충분히 안전한지, 또는 성공/실패와 관련된 특정 요소를 포함하는지 등을 기준으로 프로그래밍적인 평가도 가능합니다.

## 1.6 ⑤ 업무 나누기

프롬프트를 수정하다 보면 어느새 한 번의 AI 호출에 너무 많은 것을 요청하게 됩니다. 프롬프트가 길어지고 복잡해지면 응답의 결정성이 떨어지고 환각$^{hallucination}$이나 이상 현상이 증가합니다. 작업을 잘하는 믿을 만한 프롬프트가 있더라도, 이 작업은 여러분의 업무 수행에 필요한 여러

---

25 옮긴이_ 시드(seed) 고정은 가중치 초깃값 설정의 랜덤성을 고정한다는 개념입니다. 시드를 고정하면 모델이 훈련될 때마다 동일한 초깃값이 사용되어 결과가 재현되어 결과 복제 및 비교가 쉬워집니다.

작업 중 단 하나일 뿐입니다. 우리가 하고 싶은 모든 작업 가운데 AI가 실제로 얼마나 많은 부분을 한 번에 수행할 수 있는지, 그리고 그 작업들을 어떻게 잘 연결하는지 살펴보는 것은 매우 중요한 일입니다.

프롬프트 엔지니어링의 핵심 원칙 중 하나는 업무를 잘 나누는 것입니다. 해결하려는 문제를 요소별로 세분화하고 개별 문제를 해결한 다음, 다시 결과를 합칩니다. AI 작업을 서로 연결된chained 여러 호출로 나누면 더 복잡한 작업을 수행하는 데 도움이 되고 체인chain에서 어떤 부분이 실패하는지 더 잘 파악할 수 있습니다.

제품명을 지을 때는 많은 요소를 고려해야 합니다. 앞서 살펴본 프롬프트에서는 각 요소의 중요도를 어떻게 평가하는지 전혀 파악하지 못한 상태에서 단순히 중요한 작업을 AI에 아웃소싱합니다. 현재 시스템은 제품명 목록을 나열하며 모든 이름이 동일한 중요도로 표시됩니다. 결정하는 데 도움이 되는 추가 설명도 제공하지 않습니다. 하지만 다행히 AI 도구는 자체적으로 평가하는 기능이 있으므로 작업에 두 번째 단계를 추가하면 바람직하지 않은 출력 결과를 자동으로 확인할 수 있습니다.

```
Rate this list of product names for a pair of shoes that can fit any foot size. The
rating should be out of 10, inline next to the product name:
번역: 다음의 모든 발 사이즈에 맞는 신발을 위한 제품명 목록을 평가하세요. 평가는 10
점 만점이고, 제품명 옆에 인라인으로 표시합니다:
UniFit SoleStrides
FlexiSize All-Fit Shoes
OmniFit FootFlex
...
AnyStep AdaptiWalkers
FlexiRange UniversalSteps
PerfectGlide MultiFit Shoes
```

```
UniFit SoleStrides: 7/10
FlexiSize All-Fit Shoes: 8/10
OmniFit FootFlex: 7/10
...
AnyStep AdaptiWalkers: 7/10
FlexiRange UniversalSteps: 7.5/10
PerfectGlide MultiFit Shoes: 9/10

This ranking is based on clarity, memorability, and how well the name communicates
the unique selling point of the product (that they can fit any foot size).
```

> Remember, these ratings are subjective and the ultimate success of a product name also depends on the target market, branding, and marketing efforts.
> 번역: 이 평가는 명확성, 기억 용이성 그리고 제품의 차별화된 강점(모든 발 사이즈에 맞출 수 있다는 점)을 얼마나 잘 전달하는지를 기준으로 합니다. 이 평가는 주관적이며, 제품명의 궁극적인 성공은 타겟 시장, 브랜딩 및 마케팅 노력에도 달려 있다는 점을 기억하세요.

테스트를 여러 번 실행하면 AI가 OneSize Glovewalkers를 계속 최악의 이름으로 평가하는 걸 볼 수 있습니다. AI는 신발 이름이라는 맥락을 고려했을 때, 이 이름이 헷갈릴 수 있다고 스스로 평가합니다. 그렇다면 모델이 이 이름이 잘못된 이름이라고 알고 있다면 애초에 왜 이 이름을 제안한 걸까요? 대규모 언어 모델(LLM)은 시퀀스에서 다음 토큰을 예측하는 방식으로 작동합니다. 따라서 응답을 완료하기 전까지는 본인이 최종으로 생성하는 응답이 무엇인지 알 수 없습니다. 하지만 이전 응답에서 본인이 생성할 토큰을 모두 가지고 있는 상태에서 검토한다면, 이것이 좋은 응답인지 나쁜 응답인지 쉽게 분류할 수 있습니다.

작업 결과를 개선하기 위해 여러 호출을 함께 연결하는 방식으로 작업합니다. 예에서는 명확성, 기억 용이성, 제품의 차별화된 강점을 얼마나 잘 전달하는지 등 세 가지 평가 등급으로 나눕니다. 이러한 평가는 최종 결정에 대한 추가 맥락(컨텍스트)$^{context}$으로, 사람에게 제공되거나 프로그래밍 방식으로 최종 이름을 선택하기 위해 함께 계산됩니다.

AI를 단순히 프롬프트를 가지고 실험해 보는 수준을 넘어, 전문적으로 다루는 방법을 배우는 데 있어 진정한 전환점은 시스템의 모든 부분을 반복 가능한 일련의 단계로 분해할 수 있다는 사실을 깨닫는 것입니다. 이 원칙은 단일 프롬프트에도 그대로 적용됩니다.

예를 들어 프롬프트에 Let's think step by step 한 줄을 추가하는 것만으로도 모델의 추론 능력과 응답의 정확도가 눈에 띄게 향상되며, 품질 관리와 디버깅을 위한 감사 추적 기능도 함께 제공됩니다. 충분한 시간과 토큰을 들여 논리적으로 추론하게 만들면, 모델의 응답이 더 높은 평가를 받고 채점 기준과도 일관되게 부합하게 됩니다.

> Let's think step by step. Rate this list of product names for a pair of shoes that can fit any foot size. The rating should be out of 10, inline next to the product name:
> 번역: 하나씩 단계별로 생각해 봅시다. 다음의 모든 발 사이즈에 맞는 신발을 위한 제품명 목록을 평가하세요. 평가는 10점 만점이고, 제품명 옆에 인라인으로 표시됩니다:
> UniFit SoleStrides
> FlexiSize All-Fit Shoes

OmniFit FootFlex
...
AnyStep AdaptiWalkers
FlexiRange UniversalSteps
PerfectGlide MultiFit Shoes

---

Here's a rating out of 10 for each product name, considering factors like descriptiveness, catchiness, and overall appeal:
번역: 다음은 설명력, 기억하기 쉬움 그리고 전반적인 매력을 고려하여 각 제품명을 10점 만점으로 평가한 결과입니다:

1. **UniFit SoleStrides**: 7/10 - Sounds unifying but may not immediately convey the "fit any size" idea.
2. **FlexiSize All-Fit Shoes**: 8.5/10 - Combines flexibility and the notion that it fits all sizes.
3. **OmniFit FootFlex**: 8/10 - Omnipresence (fitting all) and flexibility nicely conveyed.
번역:
1. **UniFit SoleStrides**: 7/10 - 통합적인 느낌을 주지만, "모든 사이즈에 맞춘다"는 의미를 즉각적으로 전달하지는 못할 수 있습니다.
2. **FlexiSize All-Fit Shoes**: 8.5/10 - 유연성과 모든 사이즈에 맞춘다는 개념을 결합하고 있습니다.
3. **OmniFit FootFlex**: 8/10 - 편재성(모두에게 적합한)과 유연성이 잘 전달되고 있습니다.

...

18. **AnyStep AdaptiWalkers**: 7.5/10 - "AnyStep" suggests versatility, but the overall name might be less direct.
19. **FlexiRange UniversalSteps**: 8/10 - Combines flexibility and universal fit.
20. **PerfectGlide MultiFit Shoes**: 8.5/10 - "MultiFit" is clear, and "PerfectGlide" suggests a comfortable experience.
18. **AnyStep AdaptiWalkers**: 7.5/10 - "AnyStep"은 다재다능함을 암시하지만, 전체적으로 이름이 덜 직관적일 수 있습니다.
19. **FlexiRange UniversalSteps**: 8/10 - 유연성과 보편적인 착용감을 잘 결합한 이름입니다.
20. **PerfectGlide MultiFit Shoes**: 8.5/10 - "MultiFit"은 명확하며, "PerfectGlide"는 편안한 착용감을 암시하고 있습니다.

Remember, the best name can also be influenced by your target audience, branding strategy, and the overall message you want to convey.
번역: 기억하세요, 최고의 이름은 타겟 고객, 브랜딩 전략, 그리고 전달하고자 하는 전반적인 메시지에 따라 달라질 수 있습니다.

오픈AI는 이를 '모델에 생각할 시간을 주는 것'이라고 부르며, 이는 프롬프트 엔지니어링의 핵심 원칙입니다. 실제로 모델에 단계를 나열하도록 권장하는 이와 같은 **생각의 사슬**chain-of-thought (CoT) 기법은 동일한 프롬프트 내에서 작업을 나누는 것과 같습니다. 제품 아이디어를 바탕으로 제품명을 자동으로 생성한 후, 챗GPT를 다시 호출해 각 제품을 설명하게끔 만들고, 이 설명을 다시 미드저니에 입력하여 각 제품의 이미지를 생성할 수 있습니다. LLM은 이미 인간 수준의 프롬프트 엔지니어이기 때문에,[26] AI 모델을 사용해 AI 모델을 위한 프롬프트를 생성하는 **메타 프롬프트**meta prompt라는 기법을 통해 다른 모델이 사용할 프롬프트를 작성할 수 있습니다.

---

Describe the new product "OneFit UltraStride Shoes," a shoe that can fit any foot size, in great detail:
번역: 모든 발 사이즈에 맞는 새로운 제품인 "OneFit UltraStride Shoes"를 자세히 설명하세요:

---

Introducing the revolutionary "OneFit UltraStride Shoes," the footwear innovation designed to fit any foot size with unparalleled comfort and style. These shoes are a result of cutting-edge technology and meticulous craftsmanship, ensuring a truly personalized and enjoyable walking or running experience for everyone.
번역: 혁신적인 "OneFit UltraStride Shoes"를 소개합니다. 이 신발은 모든 발 사이즈에 맞춰 설계된 신발계의 혁신으로, 타의 추종을 불허하는 편안함과 스타일을 제공합니다. 이 신발은 첨단 기술과 세심한 장인 정신의 결합으로 탄생했으며, 누구에게나 진정으로 맞춤화되고 걷기 또는 달리기의 즐거운 경험을 보장합니다.

Design and Materials:
The OneFit UltraStride Shoes boast an elegant and modern design that appeals to both fashion-forward individuals and sports enthusiasts. They feature a sleek and streamlined silhouette, crafted using premium materials for durability and aesthetic appeal. The shoe's upper is constructed from a combination of breathable mesh and flexible synthetic materials, allowing for excellent airflow and a lightweight feel.
번역: 디자인 및 소재:
OneFit UltraStride Shoes는 패션에 민감한 사람들과 스포츠 애호가 모두에게 매력적인 우아하고 현대적인 디자인을 자랑합니다. 이 신발은 내구성이 높으면서도 미적 매력을 겸비한 프리미엄 소재를 사용해 제작된 세련되고 유려한 실루엣이 특징입니다. 신발의 표면은 통기성이 뛰어난 메시와 유연한 합성 소재의 조합으로 구성되어 우수한 공기 흐름과 가벼운 착용감을 제공합니다.
...

---

[26] Zhou, 2022(https://oreil.ly/Dwszu)

Color and Customization:
OneFit UltraStride Shoes are available in a variety of vibrant colors and stylish patterns, catering to diverse personal preferences. You can choose from classic monochromatic options for a timeless look or opt for bold and vibrant hues to make a fashion statement. The ability to customize the shoe's appearance allows individuals to express their unique style while enjoying the benefits of the OneFit technology.
번역: 색상 및 맞춤 옵션:
OneFit UltraStride Shoes는 생동감 넘치는 다양한 색상과 세련된 패턴을 지원하며 각자의 취향에 맞춰 커스텀할 수 있습니다. 클래식한 단색 옵션을 선택해 시간이 지나도 변하지 않는 멋을 연출하거나, 대담하고 화려한 색상을 선택해 개성 있는 스타일을 강조할 수 있습니다. 신발의 외형을 커스텀할 수 있는 기능을 통해 사용자는 OneFit 기술의 혜택을 누리면서도 자신만의 독특한 스타일을 표현할 수 있습니다.

Conclusion:
The OneFit UltraStride Shoes represent a breakthrough in footwear technology, eliminating the hassle of finding the perfect fit for your feet. With their adaptive design, superior comfort, and stylish aesthetics, these shoes offer a truly personalized experience for individuals of all foot sizes. Stay comfortable, confident, and on-trend with the OneFit UltraStride Shoes, the ultimate choice for those seeking unmatched versatility and a perfect fit.
번역: 결론:
OneFit UltraStride Shoes는 신발 기술의 획기적인 발전을 보여 주며, 발에 딱 맞는 신발을 찾는 번거로움을 해소합니다. 적응형 디자인과 뛰어난 편안함, 세련된 미학을 겸비한 이 신발은 모든 발 사이즈를 위해 진정으로 맞춤화된 경험을 제공합니다. OneFit UltraStride Shoes와 함께 편안함과 자신감을 유지하고 트렌드를 선도하세요. 탁월한 다재다능함과 완벽한 핏을 원하는 이들을 위한 궁극의 선택입니다.

GPT-4는 DALL·E에 대해 잘 이해하고 있기 때문에 챗GPT 내에서 DALL·E를 직접 호출할 수 있으며 이미지 생성 도구용 프롬프트를 효과적으로 생성할 수 있습니다. 이 프롬프트를 프로덕션 수준에서 사용할 계획이라면 예시를 함께 제공하는 프롬프트 원칙을 적용하는 것도 고려할 수 있습니다. 다만, 예시 없이도 이 프롬프트는 충분히 잘 작동합니다.

Convert this description into a short prompt for an AI image generation model such as DALL·E:
번역: 이 설명을 DALL·E와 같은 AI 이미지 생성 모델을 위한 짧은 프롬프트로 변환하세요:

Create an eye-catching image that visually represents the OneFit UltraStride Shoes," a revolutionary footwear product that adapts to any foot size. Showcase a sleek and modern shoe design incorporating a stretchable upper, an adjustable

lacing system, and a cushioned insole for optimal comfort. Emphasize the shoe's versatility by displaying it in action on various surfaces, highlighting its excellent traction. Incorporate vibrant colors and patterns to convey the customizable nature of the product. The image should capture the essence of innovation, style, and personalized fit that the OneFit UltraStride Shoes offer.
번역: "OneFit UltraStride Shoes"라는 혁신적인 신발 제품을 시각적으로 표현하여 눈길을 사로잡는 이미지를 만들어 주세요. 모든 발 사이즈에 적응할 수 있는 신발로서, 신축성 있는 윗부분, 조절 가능한 신발끈 시스템, 최적의 편안함을 위한 푹신한 깔창을 포함한 세련되고 현대적인 디자인을 강조하세요. 다양한 표면 위에서 역동적으로 움직이는 모습을 통해 뛰어난 접지력을 부각시키고, 커스텀이 가능한 특성을 전달하기 위해 생동감 있는 색상과 패턴을 사용하세요. 이 이미지는 OneFit UltraStride Shoes가 제공하는 혁신, 스타일, 맞춤형 핏의 본질을 담아야 합니다.

이 프롬프트의 출력은 이제 DALL·E나 미드저니 같은 이미지 생성 도구에 입력되며 제품의 모습을 시각화하는 좋은 출발점이 됩니다. 출력된 이미지를 최종 디자인으로 반드시 결정할 필요는 없습니다. 우선 결과 이미지를 제시한 뒤, 그에 연상되는 이미지를 찾거나 사람들의 의견을 빠르게 이끌어 내는 데 활용할 수 있습니다. 아무것도 없는 상태에서 이미지를 상상하는 것보다 기존 이미지를 비판하거나 칭찬하는 방법이 인지적으로 더 수월한 창작 방식입니다.

출력된 이미지는 [그림 1-15]와 같습니다.

그림 1-15 OneFit UltraStride 신발

전문가로서 AI와 협업할 때는 단순히 하나의 프롬프트만 사용하는 것이 아니라, 복잡한 목표를 달성하기 위해 여러 번의 호출을 조합하거나, 심지어 서로 다른 AI 모델을 연결해 시스템을 구성하는 것이 일반적입니다. 단일 프롬프트 애플리케이션도 종종 외부 데이터베이스에서 정보를 조회하거나 다른 AI 모델의 출력을 바탕으로 동적으로 생성됩니다. 이런 과정을 보다 체계적이고 관찰 가능하게 만들기 위해 만들어진 도구가 바로 랭체인<sup>LangChain</sup>입니다. 랭체인은 여러 프롬프트 템플릿과 쿼리를 연결해 AI 시스템을 구성할 수 있게 하는 라이브러리입니다. 대표적인 사용 예는 단계적 요약으로, 컨텍스트 창<sup>context window</sup>[27]에 맞지 않는 너무 긴 텍스트를 여러 개의 텍스트 덩어리<sup>chunk</sup>로 분할해 각각을 요약하고, 마지막에 그 요약들을 다시 요약하는 방식입니다. 실제로 많은 초기 AI 제품 개발자들과 이야기를 나눠보니, 이들 모두 더 좋은 결과를 얻기 위해 여러 개의 프롬프트를 서로 연결해 사용하는 **AI 체인**<sup>AI chain</sup> 방식을 채택하고 있었습니다.

ReAct<sup>Reason and ACT</sup>[28] 프레임워크는 BabyAGI,[29] AgentGPT,[30] Microsoft AutoGen[31] 같은 오픈 소스 AI 에이전트 프로젝트의 기반이 되었으며, 이러한 시스템들은 여러 번의 AI 호출을 연쇄적으로 연결하여 계획을 세우고, 그에 따라 행동하며 결과를 평가하는 방식을 취합니다. 자동화 에이전트는 6장에서 자세히 다룰 예정이지만 이 글을 쓰는 시점에는 아직 프로덕션 수준으로 널리 사용되기에는 초기 단계이며 오류 가능성도 높습니다. 하지만 이런 자기 추론<sup>self-reasoning</sup> 에이전트는 복잡한 작업을 수행하는 데 유용하다는 희망적인 징후가 있으며, 차세대 AI 시스템의 중요한 방향성을 보여 줍니다.

마이크로소프트, 구글, 오픈AI, 앤트로픽, 허깅 페이스<sup>Hugging Face</sup> 같은 대기업과 스타트업들이 AI 경쟁에 뛰어들고 있으며, 다양한 모델들이 속속 등장하고 있습니다. 예를 들어 앤트로픽의 클로드 2는 100,000개의 토큰에 달하는 컨텍스트 창을 제공하는 반면, GPT-4는 기본 8,192개의 토큰에서 시작해 128,000개의 토큰 버전을 제공하기 시작했습니다. 구글은 제미나이 1.5를 통해 무려 100만 개의 토큰까지 지원합니다. 해리 포터 책 한 권이 약 185,000개의 토큰이므로 머지않아 책 한 권 전체를 하나의 프롬프트에 넣는 방식이 일반화될 가능성도 있습니다. 물론 대부분의 상황에서는 이처럼 많은 토큰을 사용하는 API 호출은 비용 부담이 매우 큽니다.

---
27 옮긴이_ 대화형 AI 모델이 한 번에 처리할 수 있는 텍스트의 길이입니다.
28 https://oreil.ly/tPPW9
29 https://oreil.ly/TEiQx
30 https://oreil.ly/48lq6
31 https://oreil.ly/KG5Xl

이 책은 텍스트 생성에는 GPT-4를, 이미지 생성에는 미드저니 v6와 스테이블 디퓨전 XL을 사용하지만 몇 달 안에 이 모델이 더 이상 최신 기술이 아닐 수 있습니다.[32] 즉, 업무에 적합한 모델을 선택하고 여러 AI 시스템을 연결하는 능력이 점점 더 중요해질 것입니다. 프롬프트 템플릿은 새로운 모델로 이전할 때 거의 호환되지 않지만, 다섯 가지 프롬프트 원칙은 어떤 모델을 사용하든 일관성 있게 성능을 개선할 수 있는 방법입니다.

## 1.7 마치며

이 장에서는 생성형 AI 맥락에서 프롬프트 엔지니어링의 중요성에 대해 배웠습니다. 프롬프트 엔지니어링을 AI 모델과 상호작용할 때 원하는 결과를 도출하는 효과적인 프롬프트를 개발하는 과정이라고 정의했습니다. 명확한 방향을 지시하고, 결과물의 형식을 정하고, 예시를 제공하고, 평가 시스템을 구축하고, 복잡한 작업을 작은 작업으로 나누는 것이 프롬프트 엔지니어링의 핵심 원칙이라는 것을 알게 되었습니다. 이 다섯 가지 원칙을 프롬프트에 활용하면 AI가 생성한 결과물의 품질과 안정성을 높일 수 있습니다.

제품명과 이미지를 생성하는 데 있어 프롬프트 엔지니어링의 역할에 대해서도 살펴보았습니다. 원하는 형식을 지정하고 유용한 예제를 제공하면 AI 출력 결과가 훨씬 나아집니다. 스티브 잡스와 같은 유명인처럼 AI에 결과물을 생성하도록 요청하는 롤플레잉 개념도 배웠습니다.

이 장에서는 생성형 AI 모델을 사용할 때 원하는 결과를 얻기 위해서는 명확한 지시와 맥락이 필요하다는 점을 강조했습니다. AI 모델의 성능 평가와 결과 측정에 사용되는 다양한 방법, 품질과 토큰 사용량, 비용, 지연 시간 간의 상충 관계의 중요성도 알아보았습니다.

다음 장에서는 텍스트 생성 모델에 대해 소개합니다. 다양한 파운데이션 모델의 종류와 기능, 한계점을 알아보고, 오픈AI 제품과 경쟁사, 오픈 소스 대안도 살펴봅니다. 다음 장을 읽고 나면 텍스트 생성 모델의 역사와 장단점을 확실히 이해하게 될 것입니다. 만약 이미지 생성 프롬프트에 대해 더 알아보고 싶다면 7장으로 바로 넘어가도 좋습니다. 이제 프롬프트 엔지니어링의 핵심 개념을 익혔으니, 다음 단계로 AI와 보다 효과적으로 협업할 준비가 된 셈입니다.

---

[32] 옮긴이_ 2025년 4월 미드저니 v7이 출시되었습니다. 스테이블 디퓨전 3.0 또한 최근에 나온 메이저 버전이며(번역 시점 기준), XL은 여전히 광범위하게 사용됩니다. 이 책에서 다루는 채팅 모델 GPT-4o는 2024년 5월에 공개되었으며, 채팅 모델보다 한 단계 더 향상된 추론이 가능한 GPT-o4는 추후 공개될 예정입니다.

# 2장
# 텍스트 생성을 위한 대규모 언어 모델 소개

AI 분야에서 최근 주목받고 있는 것은 대규모 언어 모델large language model(LLM)의 발전입니다. 유연성이 떨어지는 이전 모델과 달리 LLM은 훨씬 더 많은 양의 데이터를 처리 및 학습하게 되었고, 그 결과 인간이 작성한 결과물과 매우 유사한 텍스트를 생성하는 새로운 기능이 등장했습니다. 이러한 모델은 콘텐츠 작성부터 소프트웨어 개발 자동화, 실시간 대화형 챗봇 구현에 이르기까지 다양한 분야에서 활용 범위를 넓혀가고 있습니다.

## 2.1 텍스트 생성 모델이란?

텍스트 생성 모델은 고급 알고리즘을 통해 텍스트의 의미를 이해하고 사람이 직접 작업한 것과 구별할 수 없는 수준의 결과물을 만들어 냅니다. 챗GPT[1]를 사용하면서 일관성 있고 문맥에 맞는 문장을 만드는 능력에 감탄한 적이 있다면, LLM의 힘을 직접 경험해 본 것이나 마찬가지입니다.

자연어 처리natural language processing(NLP)나 LLM에서는 **토큰**token이 기본적인 언어 단위입니다. 토큰[2]은 문장, 단어 또는 일련의 문자처럼 하위 단어로 분리된 요소를 의미합니다. 텍스트 데이터의 크기를 이해할 때는 텍스트에 포함된 토큰의 수를 살펴보는 것이 유용한 방법입니다.

---

1 https://chat.openai.com
2 https://oreil.ly/3fOsM

예를 들어 100개의 토큰은 대략 75개의 단어에 해당합니다. 모델마다 처리할 수 있는 토큰 용량이 다르기 때문에 텍스트와 토큰 수의 관계를 이해하는 것은 LLM의 처리 한도를 관리하는 데 필수적입니다.

**토큰화**tokenization는 텍스트를 토큰으로 나누는 과정으로, 자연어 처리 작업을 위해 데이터를 준비하는 중요한 단계입니다. 토큰화에는 바이트 페어 인코딩byte pair encoding(BPE),[3] 워드피스WordPiece, 센텐스피스SentencePiece 등의 방법을 사용합니다. 각 방법은 고유한 장점을 가지고 있으며 특정 사용 사례에 따라 적합성이 달라집니다. BPE는 토큰 수를 효율적으로 관리하면서도 방대한 어휘를 처리할 수 있어 널리 활용되고 있습니다.

BPE는 텍스트를 일련의 개별 문자로 보는 것에서 시작합니다. 기본적으로 자주 함께 나타나는 문자를 하나의 단위, 즉 토큰으로 결합합니다. 예를 들어 apple 단어를 생각해 보세요. 처음에는 BPE가 이를 a, p, p, l, e로 인식하지만, 데이터 세트에서 p가 종종 a 뒤와 l 앞에 오는 것을 알아차린 후에는 이를 결합합니다. 향후 인스턴스에서는 appl을 단일 토큰으로 처리합니다.

이 접근법은 LLM이 학습 데이터에서 드문 단어나 구문을 인식하고 생성하는 데 도움을 주어 모델을 더 적응력 있고 다용도로 활용할 수 있게 만듭니다.

LLM의 작동 원리를 제대로 이해하려면 이 시스템을 구동하는 기본 수학적 원리를 알아야 합니다. 계산 과정이 복잡할 수 있지만, 핵심 요소만 단순화해서 보면 모델의 작동 방식을 보다 직관적으로 이해할 수 있습니다. 특히 비즈니스 환경에서는 LLM의 정확성과 신뢰성이 무엇보다 중요합니다.

이러한 신뢰성을 확보하는 핵심은 바로 LLM 개발의 사전 훈련pretraining과 미세 조정fine-tuning 단계에 있습니다. 모델은 먼저 사전 훈련 단계에서 방대한 데이터 세트를 학습하며 언어에 대한 폭넓은 이해를 습득합니다. 이후 미세 조정 단계에서는 특정 작업에 맞게 모델을 조정해 정확하고 신뢰할 수 있는 결과물을 제공하도록 기능을 개선합니다.

---

[3] 옮긴이_ 오래된 데이터 압축 기법으로, 데이터 안에서 자주 등장하는 바이트 쌍을 찾아 이를 새로운 단일 바이트로 반복적으로 대체하는 방법입니다.

## 2.1.1 벡터 표현: 언어의 수치적 본질

자연어 처리 영역에서 단어는 단순한 알파벳 기호가 아닙니다. 단어를 토큰화한 다음 **벡터**<sup>vector</sup>라는 수치적 형태로 표현합니다. 이 벡터는 의미적, 문법적 관계를 포착하는 다차원 숫자 배열입니다.

$$w \rightarrow v = [v_1, v_2, \ldots, v_n]$$

단어 임베딩<sup>word embedding</sup>, 즉 단어를 벡터로 표현하려면 언어 안에 존재하는 복잡한 패턴을 학습해야 합니다. 훈련 단계에서 모델은 이러한 패턴을 식별하고 학습하도록 설계되어, 비슷한 의미를 가진 단어가 고차원 공간에서 서로 가깝게 매핑되도록 합니다(그림 2-1).

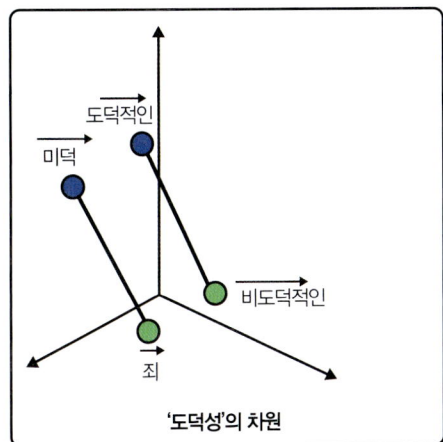 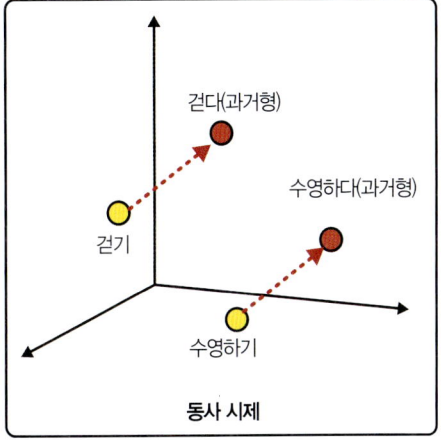

**그림 2-1** 단어 임베딩 공간 내 단어 벡터의 의미적 근접성

이 접근법의 장점은 단어 사이의 미묘한 관계를 포착하고 거리를 계산할 수 있다는 점입니다. 그림 속 단어 임베딩을 살펴보면 **미덕**과 **도덕**, **걷다**와 **걷기**처럼 유사하거나 연관된 의미를 가진 단어가 서로 가까이 배치됩니다. 임베딩 공간에서의 근접성은 다양한 자연어 처리 작업에서 강력한 도구가 되어 모델이 문맥, 의미론, 언어를 형성하는 복잡한 관계망을 이해하게 해 줍니다.

## 2.1.2 트랜스포머 아키텍처: 컨텍스트 관계 조율하기

트랜스포머 아키텍처$^{transformer\ architecture}$의 구조를 자세히 알아보기 전에 기본적인 개념부터 알아보겠습니다. 예를 들어 **고양이가 매트 위에 앉았다(The cat sat on the mat)** 문장이 있을 때, 이 문장의 각 단어는 수치적$^{numerical}$ 벡터 표현으로 변환됩니다. 따라서 고양이(cat), 앉다(sat), 위에(on), 매트(mat)는 일련의 수치적 표현이 됩니다.

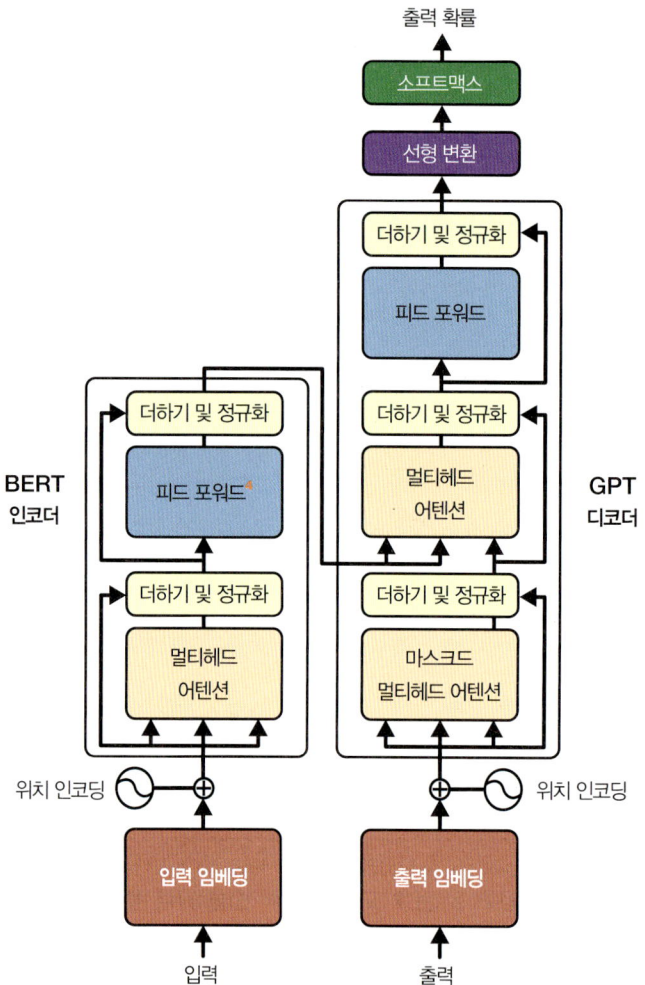

그림 2-2 BERT는 입력 데이터에 인코더를 사용하는 반면, GPT는 출력에 디코더를 사용합니다.

---

4  옮긴이_ 출력 신호의 일부분을 다음 단계로 송신하는 일입니다.

이 장의 뒤에서 자세히 설명하겠지만, 트랜스포머 아키텍처는 이 단어 벡터를 가져와 구조(문법syntax)와 의미(의미론semantic) 모두에서 그 관계를 이해합니다. 트랜스포머에는 여러 유형이 있으며, [그림 2-2]는 BERT와 GPT의 아키텍처를 모두 보여 줍니다. 트랜스포머는 단어를 개별적으로 보는 것뿐만 아니라 **고양이(cat)**가 이 문장에서 특정한 방식으로 **앉다(sat)**와 **매트(mat)**가 서로 연관된다는 것도 이해하고 있습니다.

트랜스포머는 이 벡터를 처리할 때 수학적 연산을 사용해 단어 간의 관계를 이해함으로써 다채로운 문맥 정보가 포함된 새로운 벡터를 생성합니다.

$$v'_i = 트랜스포머(v_1, v_2, \ldots, v_m)$$

트랜스포머의 놀라운 기능 중 하나는 단어의 미묘한 뉘앙스, 즉 문맥적 의미를 이해하는 능력입니다. 트랜스포머의 셀프 어텐션self-attention[5] 구조는 문장의 각 단어가 다른 모든 단어를 참고하여 전체 문맥을 더 깊이 이해할 수 있도록 돕습니다. 쉽게 말해 각 단어가 다른 단어들의 중요도를 평가해 투표하는 것과 같습니다. 트랜스포머는 문장 전체를 고려해 각 단어의 역할과 의미를 더욱 정확하게 파악하기 때문에 **문맥에 따른 풍부한 해석**이 가능합니다.

### 2.1.3 확률적 텍스트 생성: 의사 결정 메커니즘

트랜스포머가 주어진 텍스트의 문맥을 이해한 다음에는 가능성 또는 확률 개념에 따라 새 텍스트를 생성하는 단계로 넘어갑니다. 수학적으로 모델은 현재 단어 시퀀스를 기준으로 다음에 올 수 있는 각 단어의 가능성을 계산한 뒤, 그중 가장 가능성이 높은 단어를 선택합니다.

$$w_{다음} = argmax\ P(w|w_1, w_2, \ldots, w_m)$$

[그림 2-3]과 같이 텍스트 생성 과정을 반복하면 모델은 일관성 있고 맥락에 맞는 문자열을 출력합니다.

LLM을 구동하는 메커니즘은 벡터 수학, 선형 변환, 확률론적 모델에 뿌리를 두고 있습니다. 내부 작업은 계산이 복잡하지만, 핵심 개념을 알면 기술적인 복잡함과 실제 비즈니스에 어떻게 활용할 수 있을지를 연결하는 기본적인 이해를 얻을 수 있습니다.

---

[5] https://oreil.ly/xuovP

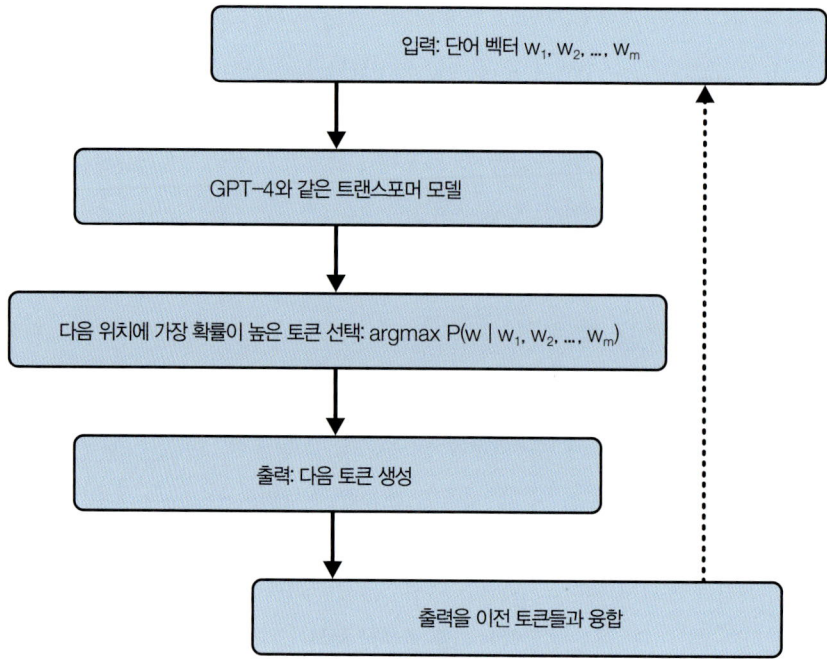

그림 2-3 GPT-4와 같은 트랜스포머 모델을 사용해 텍스트를 생성하는 방법

## 2.2 역사적 토대: 트랜스포머 아키텍처의 부상

챗GPT[6]와 같은 언어 모델은 마치 마법처럼 갑자기 등장한 것이 아닙니다. 이는 2010년대 후반부터 특히 빠르게 발전해 온 자연어 처리 분야의 수년간 축적된 연구 성과의 정점이라 할 수 있습니다. 이러한 혁신의 중심에는 구글 브레인 팀이 발표한 획기적인 논문 'Attention Is All You Need(https://oreil.ly/6NNbg)'에서 소개된 트랜스포머 아키텍처가 있습니다.

트랜스포머 아키텍처의 진정한 혁신은 **어텐션**attention이라는 개념에 있습니다. 기존 모델은 텍스트를 순차적으로 처리했기 때문에, 텍스트가 길어질수록 언어 구조에 대한 이해가 제한적이었습니다. 어텐션 메커니즘은 모델이 텍스트 내 단어들의 위치에 상관없이 서로 멀리 떨어진 단어들까지 직접 연관 지을 수 있도록 만들어 이 한계를 극복했습니다. 이는 단어와 그 맥락이 전

---

6   GPT는 generative pre-trained transformer의 약자입니다.

체 모델을 거치지 않고도 상호작용할 수 있음을 의미하는 매우 획기적인 제안이었습니다. 그 결과 모델의 텍스트 이해 능력이 크게 향상되었고 작업 효율 또한 크게 개선되었습니다.

어텐션 메커니즘은 텍스트 내 거리 종속성을 약화시키는 모델의 역량을 획기적으로 확장시켰습니다. 이를 통해 문맥에 맞는 유창한 결과물을 만들 수 있게 되었으며, 긴 문맥에서도 일관성 있는 출력을 유지하는 데 기여했습니다.

AI의 선구자이자 교육자인 앤드류 응 Andrew Ng에 따르면, 트랜스포머에 대한 기초 연구를 포함한 초기 자연어 처리 연구의 대부분은 미국 군사 정보기관으로부터 상당한 자금을 지원받았다고 합니다.[7] 주로 정보기관의 목적으로 기계 번역과 음성 인식 같은 도구에 깊은 관심을 기울였던 것이 의도치 않게 번역을 넘어서는 발전을 이끌어 내는 기반이 되었습니다.

LLM 훈련에는 광범위한 계산 리소스가 필요합니다. 모델에는 인터넷 콘텐츠, 학술 논문, 서적, 특정 목적에 맞는 틈새 데이터 세트 등 테라바이트에서 페타바이트에 이르는 방대한 양의 데이터가 공급됩니다. 하지만 LLM을 훈련하는 데 사용하는 데이터는 **출처에 내재된 편향성**을 가지고 있으므로 유의해야 합니다. 따라서 사용자는 모델을 활용할 때 각별한 주의를 기울여야 하며, 책임감 있고 윤리적인 AI 애플리케이션 사용을 위해 사람의 감독 아래 운영하는 것이 바람직합니다.

예를 들어 오픈AI의 GPT-4는 약 1조 7천억 개의 매개변수를 자랑하며,[8] 이는 축구장 3만 개를 가득 메울 만큼 방대한 크기의 엑셀 스프레드시트에 해당합니다. 신경망의 매개변수는 훈련 과정에서 조정되는 가중치와 편향을 의미하며, 이를 통해 모델은 훈련 데이터에 기반해 복잡한 패턴을 인식하고 생성할 수 있습니다. GPT-4의 훈련 비용은 약 6,300만 달러로 추산되며, 훈련에 사용된 데이터는 약 650킬로미터 길이의 책장을 책으로 가득 채울 수 있을 정도입니다.[9]

이런 요구 사항을 충족하기 위해 마이크로소프트, 메타, 구글과 같은 주요 기술 기업들은 막대한 투자를 통해 LLM 개발에 많은 노력을 기울이고 있습니다.

LLM의 부상은 하드웨어 산업, 특히 그래픽 처리 장치(GPU) 전문 기업에 대한 수요를 급격히 늘렸습니다. 예를 들어 NVIDIA는 LLM 훈련에 필수적인 고성능 GPU의 대명사가 되었습니다.

---

7 https://oreil.ly/JQd53
8 https://oreil.ly/pZvMo
9 https://oreil.ly/D7jL5

기업들이 점점 더 크고 복잡한 모델을 구축하려 하면서 단순한 연산 능력만으로는 작업을 감당할 수 없게 되었고, 이에 따라 강력하고 효율적인 GPU에 대한 수요가 폭발적으로 증가했습니다. 특히 머신러닝 작업은 **텐서**tensor 연산처럼 특화된 처리가 필요합니다. 텐서는 데이터의 다차원 배열을 의미하며, 텐서 연산은 신경망 계산의 핵심입니다. 이러한 특수 작업을 빠르게 처리하기 위해 NVIDIA는 H100 텐서 코어 GPU와 같은 맞춤형 하드웨어를 개발했습니다.

폭발적인 수요로 인해 최상급 GPU의 공급을 초과하게 되면서 GPU 가격이 상승 궤도에 올랐습니다. 이로 인해 GPU 시장은 치열한 경쟁과 높은 수익성을 지닌 전장이 되었고, 기술 대기업은 물론 학계 연구자들까지 최첨단 하드웨어를 확보하려는 경쟁에 뛰어들고 있습니다.

GPU 수요의 급증은 단순한 그래픽 처리 장치를 넘어 AI 전용 하드웨어 혁신으로 이어졌습니다. 기업들은 점점 더 증가하는 AI 모델의 연산 요구 사항을 충족하기 위해 구글의 텐서 처리 장치(TPU)와 같은 전용 AI 하드웨어를 만드는 데 집중하고 있습니다.

이러한 생태계의 진화는 AI 분야에서 소프트웨어와 하드웨어 간의 공생 관계를 강조하는 동시에, LLM **골드러시**의 파급 효과도 일으키고 있습니다. 특히 이러한 모델을 구축하는 데 필요한 핵심 부품을 제공하는 다양한 분야에 혁신을 이끌고, 투자 유입을 촉진하고 있습니다.

## 2.3 오픈AI의 GPT

인공 일반 지능artificial general intelligence(AGI)[10]이 모든 인류에게 혜택을 제공한다는 사명으로 설립된 오픈AI는 최근 AI 혁명의 선두에 서 있습니다. 가장 획기적인 공헌은 LLM이 달성할 수 있는 경계를 실질적으로 재정의한 GPT 시리즈 모델입니다.

오픈AI의 오리지널 GPT 모델은 단순한 연구 결과물이 아니라 트랜스포머 기반 아키텍처의 잠재력을 보여 주는 강력한 시연이었습니다. 이 모델은 기계가 인간과 유사한 언어를 이해하고 생성하는 초기 단계를 보여줌으로써 향후 발전의 토대를 마련했습니다.

GPT-2의 공개는 기대와 우려를 동시에 받았습니다. 오픈AI는 이 모델의 강력한 기능을 인지하고, 오용 가능성에 대한 윤리적인 우려로 처음에는 공개를 망설였습니다. 오늘날의 기준으로

---

[10] 옮긴이_ 특정한 조건에서만 적용할 수 있는 약인공지능과 달리 모든 상황에 일반적으로 두루 적용할 수 있는 AI입니다.

보면 약간 다소 과장처럼 느껴질 수 있지만, 당시 오픈AI는 GPT-2의 잠재력을 매우 심각하게 받아들였고, 공개에 따르는 윤리적인 위험에 진지하게 접근했습니다. 그럼에도 불구하고 결국 오픈AI는 GPT-2를 오픈 소스[11]로 공개하기로 결정했습니다. 이는 단순히 코드를 공유하는 것 이상의 의미를 지닙니다. 이를 통해 기업과 연구자들은 사전 학습된 모델을 빌딩 블록으로 사용하여 처음부터 개발을 시작하지 않고도 손쉽게 AI를 애플리케이션에 통합할 수 있게 되었습니다. 덕분에 고급 자연어 처리에 대한 접근성이 대중화되었고, 다양한 분야에서 혁신이 촉진되었습니다.

GPT-2 이후 오픈AI는 유료 비공개 소스 모델을 출시하기로 방향을 전환했습니다. GPT-3의 출시는 LLM 기술 발전의 기념비적인 이정표가 되었습니다. 이 프로젝트는 기술적인 성취뿐만 아니라 그 사회적 영향력 측면에서도 큰 주목을 받았습니다. GPT-3는 사람이 쓴 콘텐츠와 구별하기 어려울 정도로 설득력 있는 텍스트를 생성할 수 있으며 복잡한 문학 작품부터 운영 코드 스니펫에 이르기까지 다양한 결과물을 만들어 냅니다. GPT-3는 AI의 무한한 가능성을 세상에 강하게 각인시켰습니다.

### 2.3.1 GPT-3.5-turbo와 챗GPT

마이크로소프트의 대규모 투자에 힘입어 오픈AI는 이전 버전보다 최적화된 버전인 GPT-3.5-turbo를 출시했습니다. 2019년 마이크로소프트가 오픈AI에 10억 달러를 투자한 데 이어,[12] 이후 오픈AI의 영리 부문 지분 49%를 확보하며 130억 달러라는 거액을 투자했습니다. 오픈AI는 이 자원을 사용해 효율성과 경제성을 개선한 GPT-3.5-turbo를 개발했고, 이를 통해 다양한 분야에서 LLM을 더 효과적으로 활용할 수 있게 했습니다.

또한 오픈AI는 미세 조정을 위해 전 세계 사용자로부터 더 많은 피드백을 수집하고자 했고, 그 결과 챗GPT[13]가 탄생했습니다. 기존 모델이 주로 일반적인 용도로 사용되었던 것과 달리, 챗GPT는 대화 상황에서 탁월한 성능을 발휘하도록 미세 조정되어[14] 인간과 기계 간 자연스럽고 의미 있는 소통을 가능하게 했습니다.

---

11 https://oreil.ly/evOQE
12 https://oreil.ly/1C8qm
13 https://chat.openai.com
14 https://oreil.ly/6ib-Q

[그림 2-4]는 세 단계로 구성된 챗GPT의 학습 프로세스입니다.

### 데모 데이터 수집

이 단계에서는 인간 라벨러labeler가 원하는 모델 동작의 예를 분산 프롬프트에 제공합니다. 라벨러는 프로젝트에 대해 교육을 받고 특정 지침에 따라 프롬프트에 정확하게 주석을 달 수 있습니다.

### 지도 학습 정책 훈련

이전 단계에서 수집한 데모 데이터는 지도 학습supervised learning을 통해 사전 학습된 GPT-3 모델을 미세 조정하는 데 사용합니다. 지도 학습에서는 정답이 주어진 라벨링된 데이터 세트를 기반으로 모델을 훈련합니다. 이 과정은 모델이 주어진 지침을 따르고 원하는 행동에 부합하는 출력을 생성하는 방법을 학습하는 데 도움이 됩니다.

### 비교 데이터 수집 및 강화 학습

이 단계에서는 모델 출력 결과를 수집한 후, 라벨러가 선호도에 따라 출력물에 순위를 매깁니다. 그다음 라벨러의 선호도를 예측할 수 있도록 보상 모델reward model을 학습시킵니다. 마지막으로 강화 학습 기법, 특히 PPO(근위 정책 최적화proximal policy optimization) 알고리즘을 사용해 지도 학습 정책을 최적화하고, 보상 모델로부터 최대 보상을 얻을 수 있도록 합니다.

이 훈련 과정을 통해 챗GPT 모델은 사람의 의도에 맞게 조정됩니다. 사람의 피드백과 함께 강화 학습을 사용함으로써 사전 학습된 GPT-3 모델에 비해 더 유용하고 정직하며 안전한 모델이 만들어집니다.

UBS 연구에 따르면[15] 챗GPT는 2023년 1월까지 1억 명의 활성 사용자를 확보하며 인터넷 역사상 가장 빠르게 성장한 소비자 애플리케이션이라는 새로운 기준을 세웠습니다. 현재 챗GPT는 이제 고객 서비스, 가상 지원, 사람처럼 정교한 대화가 필요한 다양한 애플리케이션에서 널리 활용되고 있습니다.

---

15 https://oreil.ly/2Ivq2

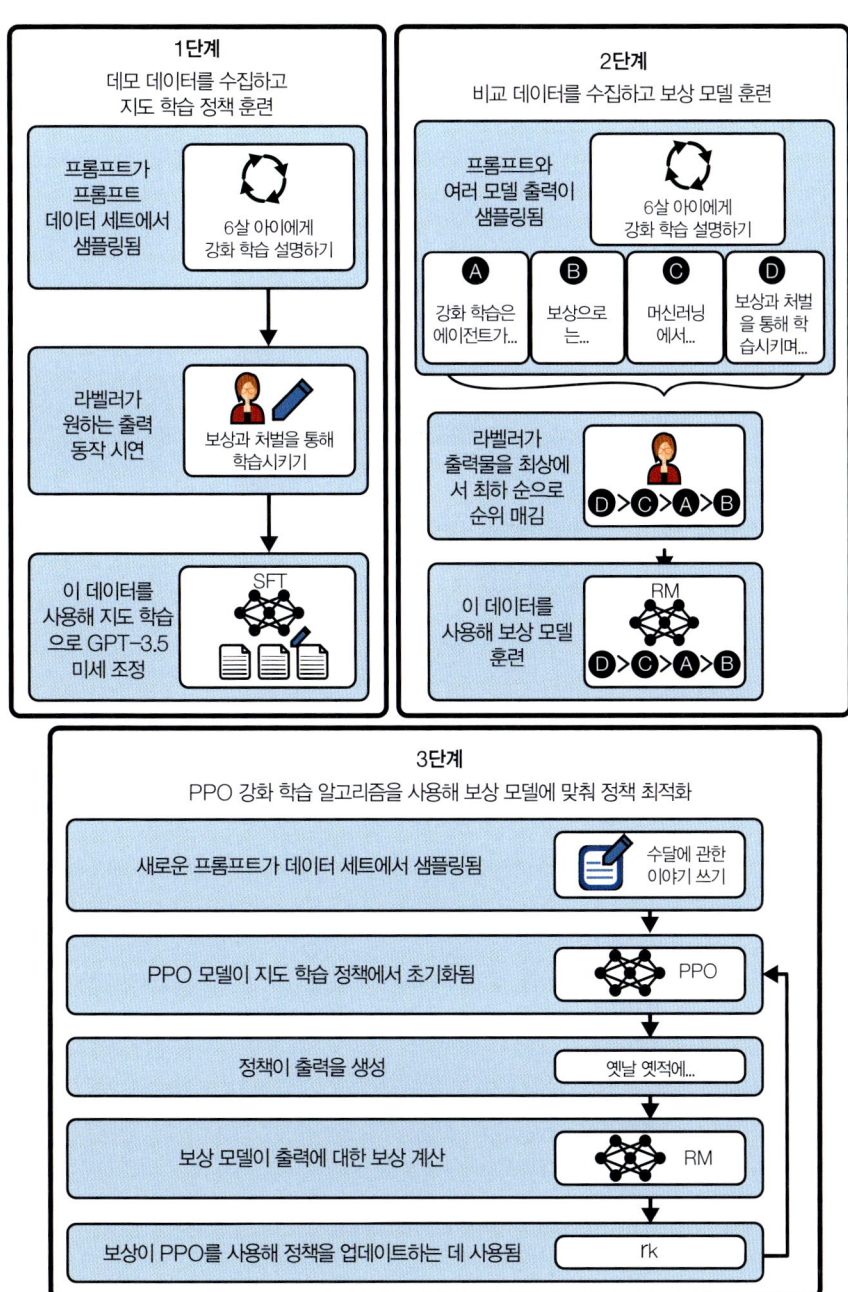

그림 2-4 챗GPT의 미세 조정 프로세스

## 2.4 GPT-4

2024년, 오픈AI는 복잡한 쿼리를 이해하고 문맥에 맞는 일관된 텍스트를 생성하는 데 탁월한 능력을 발휘하는 GPT-4를 출시했습니다. 예를 들어 GPT-4는 변호사 시험에서 400점 만점에 298점으로 상위 10%에 해당하는 점수를 받았습니다. 현재 GPT-3.5-turbo는 챗GPT에서 무료로 사용할 수 있지만, GPT-4는 월별 결제가 필요합니다.

GPT-4는 단일 모델의 추론에 의존하는 것을 넘어 더욱 정확하고 통찰력 있는 결과를 도출하기 위해 MoE$^{\text{mixutre of experts}}$[16] 접근법을 사용합니다.

2024년 5월 13일, 오픈AI는 텍스트, 오디오, 시각 입력을 실시간으로 처리하고 추론하는 고급 모델인 GPT-4o[17]를 출시했습니다. 이 모델은 특히 시각과 오디오 이해에서 향상된 성능을 제공하며, 하나의 신경망에서 세 가지 모달리티$^{\text{modality}}$를 모두 처리할 수 있어 이전 모델보다 더 빠르고 비용 효율적입니다.[18]

## 2.5 구글의 제미나이

구글은 챗GPT 사용 확산으로 검색 시장 점유율을 잃은 뒤, 2023년 3월 21일에 바드$^{\text{Bard}}$를 처음 출시했습니다. 그러나 초기 버전의 바드는 완성도가 다소 떨어져,[19] 챗GPT가 제공하는 것과 같은 고품질의 LLM 응답을 제공하지 못했습니다(그림 2-5).

구글은 코드 생성, 시각적 AI, 실시간 검색, 음성 기능 등을 바드에 꾸준히 추가하면서 점차 품질 면에서 챗GPT에 근접하기 시작했습니다.

---

[16] 옮긴이_ 하나의 레이어 또는 연산의 계산을 여러 개의 '전문가(expert)' 하위 네트워크로 분할하는 신경망의 아키텍처 패턴입니다.
[17] https://oreil.ly/4ttmq
[18] 옮긴이_ GPT-4는 이제 chatgpt.com에 접속하면 나오는 채팅 UI에서 단독 모델로는 선택할 수 없습니다. 오픈AI는 GPT-4o를 이미지와 음성 처리를 갖춘 멀티모달 모델의 기본값으로 설정했으며, 기존 텍스트 기반 플래그십 모델인 GPT-4-turbo는 여전히 API에서 사용 가능합니다. 이 책의 실습으로는 GPT-4o나 GPT-4-turbo를 선택해 진행하면 됩니다. 무료 사용자의 경우 GPT-3.5만 사용할 수 있으므로 별도의 설정 없이 진행하면 됩니다. 여전히 API에서는 GPT-4와 GPT-4o 모델을 사용할 수 있습니다. o1, o3 등의 내부 모델명은 공개되어 있지 않으며, GPT-4o 등 주요 모델 중심으로 활용하셔도 실습에 지장은 없습니다. GPT-4-turbo나 GPT-3.5-turbo는 비용과 속도 면에서 차이가 있지만, 실사용에서 큰 지장을 줄 정도는 아니며, 고급 사용자가 아니라면 요금제나 벤치마크에 대한 부담 없이 주요 모델 위주로 실습하셔도 충분합니다.
[19] https://oreil.ly/Sj24h

제임스 웹 우주 망원경(JWST)이 발견한 새로운 사실들을 9살 아이에게 어떻게 설명하면 좋을까요?

9살 아이가 흥미로워할 만한 제임스 웹 우주망원경(JWST)의 최신 발견은 다음과 같습니다.

- 2023년에 JWST는 '초록 완두콩'이라는 별명을 가진 여러 은하를 발견했습니다. 이 은하들은 작고 동그란 완두콩처럼 생겨서 이런 이름이 붙었습니다.
- 이 망원경은 130억 년 이상 된 은하들의 이미지를 포착했습니다. 이는 이 은하들로부터 나온 빛이 우리에게 도달하기까지 130억 년 넘게 여행해 왔다는 뜻입니다.
- JWST는 우리 태양계 밖에 있는 행성의 사진을 처음으로 찍었습니다. 이러한 먼 거리의 행성을 '외계 행성(exoplanet)'이라고 부릅니다. 여기서 'exo'는 '밖에서 온'이라는 의미입니다.

이러한 발견들은 아이에게 우주의 무한한 신비에 대한 상상력을 불러일으킬 수 있습니다.

**그림 2-5** 제임스 웹 우주 망원경에 대한 바드의 환각 결과

2023년 3월 14일, 구글은 개발자가 구글 클라우드 플랫폼을 통해 활용할 수 있는 PaLM API를 출시했고, 이어 2023년 4월에는 아마존 웹 서비스(AWS)가 아마존 베드록$^{Amazon\ Bedrock}$과 자체 Titan FM 등 유사한 서비스를 선보였습니다. 이후 구글은 2024년 2월, v1.5 릴리스를 통해 바드를 **제미나이**$^{Gemini}$로 리브랜딩하며, GPT-4와 유사한 수준의 성능을 내기 시작했습니다.

또한 구글은 제미나이와 동일한 아키텍처를 기반으로 두 개의 소형 오픈 소스 모델도 공개했습니다.[20] 이제 오픈AI는 더 이상 소프트웨어 엔지니어가 애플리케이션에 최첨단 LLM을 통합할 수 있는 유일한 선택지가 아니게 되었습니다.

## 2.6 메타의 라마와 오픈 소스

언어 모델에 대한 메타$^{Meta}$의 접근 방식은 업계의 다른 경쟁사와는 크게 다릅니다. 메타는 오픈 소스 모델인 라마$^{Llama}$, 라마 2, 라마 3를 순차적으로 출시하며 보다 포괄적이고 협력적인 AI 개발 생태계 조성을 목표로 합니다.

라마 2와 라마 3가 가진 오픈 소스 특성은 광범위한 기술 산업, 특히 대기업에 중요한 영향을

---

[20] https://oreil.ly/LWIwv

미치고 있습니다. 투명성과 협업 정신은 글로벌 개발자 커뮤니티가 문제와 취약점을 신속하게 파악하고 해결할 수 있도록 하여 빠른 혁신을 가능하게 합니다. 모델이 점점 더 강력하고 안전해짐에 따라 대기업들도 더욱 안심하고 이를 도입할 수 있도록 합니다.

메타의 오픈 소스 전략은 최첨단 AI 기술에 대한 접근을 대중화했으며, 업계 전반에 의미 있는 영향을 미칠 수 있는 잠재력을 지닙니다. 라마 2와 라마 3는 협업적이고 투명하며 분산된 개발 프로세스를 위한 기반을 마련했으며, 생성형 AI의 미래를 정의하는 선도적인 모델입니다. 이 모델은 AWS, 구글 클라우드, 허깅 페이스 및 기타 플랫폼에서 70억, 80억, 700억 개의 매개변수를 갖춘 버전으로 제공됩니다.

이러한 모델의 오픈 소스 특성은 양날의 검과도 같습니다. 한편으로는 경쟁의 장을 평준화하죠. 즉, 소규모 개발자도 오픈 소스 모델을 개선하고 실제 비즈니스 애플리케이션에 적용하여 혁신에 기여하는 기회를 가질 수 있습니다. 이런 종류의 분산형 혁신은 단일 조직의 울타리 안에서는 일어나기 어려운 혁신을 이끌어 내며, 모델의 기능과 활용 가능성도 향상시킵니다.

그러나 이러한 개방성은 악의적인 사용자가 기술을 악용해 해로운 목적을 달성할 수 있는 잠재적 위험도 내포합니다. 실제로 오픈AI 같은 조직이 공유하는 우려 사항이며, 어느 정도의 통제와 제한이 강력한 도구의 위험한 사용을 완화하는 데 도움이 될 수 있음을 시사합니다.

## 2.7 경량화와 LoRA 활용

오픈 소스 모델의 혁신적 특징 중 하나는 경량화$^{quantization}$[21]와 LoRA$^{Low-Rank\ Adaptation}$[22] 기법을 활용할 수 있다는 점입니다. 이 기술 덕분에 개발자는 더 작은 하드웨어 환경에서도 모델을 구동할 수 있습니다. 경량화는 모델 매개변수의 수치 정밀도를 낮춰 성능에 큰 손실 없이 모델의 전체 크기를 축소할 수 있습니다. 한편, LoRA는 네트워크 아키텍처 최적화를 지원하여 일반 소비자용 하드웨어에서 보다 효율적으로 모델을 실행하도록 합니다.

최적화 기술 덕분에 대규모 언어 모델(LLM)을 소비자용 하드웨어에서도 미세 조정할 수 있게 되었습니다. 최적화는 더 많은 실험을 가능하게 하고, 적용 가능성을 높이는 매우 중요한 발전

---

[21] https://oreil.ly/bkWXk
[22] https://oreil.ly/z0RsB

입니다. 이제 개인 개발자, 소규모 기업, 스타트업은 더 이상 고성능 데이터 센터에 국한되지 않고 리소스가 제한된 환경에서도 모델을 자유롭게 작업할 수 있습니다.

## 2.8 미스트랄

프랑스 스타트업인 미스트랄$^{mistral}$ AI[23]가 개발한 미스트랄 7B는 73억 개의 매개변수를 기반으로 상당한 영향력을 발휘하며 생성형 AI 분야의 강자로 부상하고 있습니다. 이 모델은 단순히 크기만이 아니라 효율성과 뛰어난 성능을 모두 갖춘 점이 특징입니다. 이는 오픈 소스 대규모 언어 모델의 가능성과 미래를 보여 주는 대표 사례이기도 합니다. 미스트랄 7B의 핵심은 슬라이딩 윈도우 어텐션$^{sliding\ window\ attention}$으로, 아파치$^{Apache}$의 오픈 소스 라이선스에 따라 공개되었습니다. 많은 AI 엔지니어가 이를 기반으로 다양한 모델을 미세 조정했으며, 대표적으로 Zephyr 7b 베타 모델[24]이 있습니다. 또한 전문가 모델(GPT-4의 아키텍처와 유사한 MoE) 구조를 적용해 GPT-3.5-turbo와 유사한 결과를 얻는 미스트랄 8x7b[25]도 있습니다.

오픈 소스 모델과 성능 메트릭$^{metric}$에 대한 보다 자세한 최신 비교는 허깅 페이스에서 운영하는 챗봇 아레나 순위표[26]를 참조하세요.

## 2.9 앤트로픽의 클로드

2023년 7월 11일에 출시된 클로드$^{claude}$ 2[27]는 규칙과 값 목록을 사용해 모델을 훈련시키는 선구적인 **헌법적 AI**$^{constitutional\ AI}$[28] 접근 방식을 통해 챗GPT, LLaMA 등 다른 저명한 LLM과 차별화됩니다. 클로드 2에서 주목할 만한 개선 사항은 100,000개의 토큰으로 확장된 컨텍스트 창과 파일 업로드 기능입니다. 생성형 AI 분야에서 **컨텍스트 창**은 모델이 응답을 생성할 때 참고

---

23 https://mistral.ai
24 https://oreil.ly/Lg6_r
25 https://oreil.ly/itsJG
26 https://oreil.ly/ttiji
27 https://claude.ai/login
28 https://oreil.ly/Tim9W

할 수 있는 텍스트 또는 데이터의 양을 의미합니다. 컨텍스트 창이 넓어지면 모델은 더 넓은 맥락을 이해하고 이를 기반으로 생성할 수 있습니다.

이러한 발전은 새롭고 더 복잡한 사용 사례를 위한 길을 열어 주었고, AI 엔지니어들의 큰 호응을 얻었습니다. 클로드 2는 한 번에 더 많은 정보를 처리할 수 있는 증강 기능 덕분에 방대한 문서를 요약하거나 심도 있는 대화를 이어가는 데 능숙합니다. 하지만 오픈AI가 6개월 후에 128K 버전의 GPT-4를 출시하면서 클로드의 우위는 오래 지속되지 않았습니다. 그러나 라이벌 간의 치열한 경쟁은 AI 분야를 더 발전하게 만들었습니다.

클로드의 차세대 모델에는 GPT-4 수준의 지능을 지닌 최초의 모델인 오퍼스$^{Opus}$와 100만 토큰당 0.25달러(당시 GPT-3.5-turbo의 절반 가격)의 경쟁력 있는 가격으로 초고속을 자랑하는 소형 모델인 하이쿠$^{Haiku}$가 포함되었습니다.[29]

## 2.10 GPT-4V(ision)

2023년 9월 23일, 오픈AI는 비전$^{Vision}$을 도입하여 GPT-4의 기능을 확장했습니다. 덕분에 텍스트뿐만 아니라 이미지도 분석도 GPT-4에 지시할 수 있게 되었습니다. 이 기능은 챗GPT의 인터페이스 업데이트에도 반영되어 이미지와 텍스트를 모두 입력할 수 있게 되었습니다. 이러한 발전은 하나의 컨텍스트 내에서 다양한 데이터(텍스트와 이미지 등)를 처리할 수 있는 **멀티모달**$^{multimodal}$ **모델**로의 전환을 의미합니다.

> 🖍 옮긴이 NOTE  2024년 5월 이후로 모델들이 큰 폭으로 개선되었고, 새로운 모델들이 등장했으며, 심지어 새로운 패러다임의 모델까지 나왔습니다. 이에 대해 간단히 훑고 넘어가겠습니다. 현재 주목받는 플래그십 모델은 다음과 같습니다. 오픈AI는 GPT-4의 개선된 버전으로 볼 수 있는 GPT 4.1, GPT 4.5를 공개했으며, 이제 일반 채팅에서는 이 모델이 기본 모델이 됩니다. 멀티모달(이미지와 음성 정보 처리)을 할 수 있는 모델에서는 현재 GPT-4o가 유효한 선택입니다. 구글의 제미나이 2.5 Flash는 빠른 응답성과 논리적 추론 기능을 동시에 강화했으며, 2025년 5월 20일 현재 낮은 가격 정책을 통해 가장 가격 대비 성능이 좋은 모델로

---

[29] 옮긴이_ 2024년 6월 21일에 클로드 3.5 소넷(Sonnet)이 출시되었으며, GPT-4o에 비해 코드 생성 성능이 우수하다는 평가를 받아 주목받고 있습니다. 특히 코드 생성에서 두각을 드러내며 개발자들과 기업, 기술 애호가들 사이에서 유명하며 실제로 많은 프로젝트들이 클로드를 사용하는 쪽으로 전환하고 있습니다. 특히 커서(Cursor)나 윈드서프(Windsurf) 등 현재 강력한 코딩 어시스턴트 도구들이 클로드 3.5 소넷을 적극 활용하는 것으로 알려져 있습니다.

개발자들과 기술 애호가들의 주목을 받고 있습니다. 앤드로픽의 가장 최신 모델은 클로드 3.7 소넷이고 무척 강력하지만, 구글과 반대로 보다 엄격해진 사용량 제한을 통해 현재 다소 원성을 듣고 있습니다. 특히 헤비 유저들, 기업들과 주요 프로젝트들이 클로드를 주로 활용한다는 점에서 중대한 함의가 있습니다. 딥시크$^{Deepseek}$가 혜성처럼 등장했으며, 낮은 개발 비용과 사용료로 더 강력해진 성능을 보여 주어 빅 테크에 충격을 선사했습니다. 일반 사용자 입장에서나 오픈 소스를 개발하는 기업 입장에서나 아주 좋은 대안이지만, 중국식 검열과 개인 정보 침해 문제로 사용 시 주의가 필요합니다. 라마 4도 공개되었으나 성능이 다소 실망스러웠다는 평이고, 미스트랄은 예전만큼 대중적으로 주목받고 있지 않습니다. 이 책에 기술된 내용을 실습하기에는 위에 나열된 모델 중 하나를 선택하면 됩니다.

작년 9월 GPT-o1이 출시되면서 추론 모델 시대가 시작되었습니다. **추론**$^{reasoning}$ **모델**은 단순한 정보 검색이나 요약을 넘어서, 수학 문제 해결, 코드 작성, 논리적 추론, 복잡한 지시 이행 등 고차원적 사고가 필요한 작업이 가능한 모델입니다. 기존 채팅 모델은 한 번의 대화에 한 번의 응답으로 답하지만, 이 추론 모델은 사용자의 질문에 ① 대답을 독백하는 식으로 자신의 사고 과정을 서술하고, ② 필요하다면 사고의 결론에 적합한 행동(검색, 웹사이트 접속 및 기능 수행 등)을 수행하는 도구를 활용해 행동하며, ③ 대답을 스스로 평가한 다음 다시 사고 과정을 실행한 후, ④ 충분히 좋은 결과물이 나오면 최종 대답을 사용자에게 제공합니다. 사용자가 원하는 지식을 심층적으로 탐색해 보고서를 내놓는 '딥 리서치'가 이 개념을 적극적으로 활용한 제품입니다. 현재 매우 초기 단계이며, 본격적으로 AI가 스스로 판단해 사람을 대행할 수 있는 **에이전트** 개념이 사람이 쓸 수 있는 수준으로 구현된 것이라고 업계는 평가하고 있습니다.

추론 모델에 대한 프롬프팅 기법은 현재 활발하게 개발되고 있습니다. 현재 나온 기법을 비유적으로 표현하자면, 기존 채팅 모델에 일을 시키는 것은 인턴에게 일일이 다 설명하며 일을 시키는 작업이고, 추론 모델은 경력직 팀장에게 일을 시키는 것으로 비유할 수 있습니다. 이 책에 나온 내용과 조금 다른 부분을 위주로 풀어서 설명하면, 다섯 가지의 원칙 중 ⑤ **업무 나누기**나 ① **지시 내리기** 원칙을 AI가 스스로 실행하기 때문에 이 부분을 사람이 가이드라인을 세세하게 설정해 제약하는 것보다, AI가 스스로 업무를 나눌 수 있도록 자율성을 주는 것이 낫습니다. 인턴(채팅 모델)은 정말 아무것도 모른다고 생각하고 하나부터 열까지 다 알려주어야 성능이 좋고, 팀장(추론 모델)에게는 '이 작업이 어떤 목적을 위한 것이며 어떤 결과를 내야 하는가'에 대한 맥락과 목적을 서술해 이해시키는 것이 낫습니다. ④ **품질 평가하기**에서는 단계별로 AI가 결과물을 평가하기 때문에 사고 과정 중에서 AI가 평가할 수 있는 가이드라인과 답변 세트를 잘 주어야 합니다. 반면 ③ **예시 들기**나 전체적인 품질 평가는 더더욱 중요해진 셈이라고 할 수 있습니다.

추론에 특화된 모델로 오픈AI는 GPT-o1, o3, o4-mini를 내놓았습니다. 또한 위에 나열한 대부분의 플래그십 모델은 이제 '하이브리드' 기능이 탑재되어 사용자의 질문이 어려운 경우 스스로 여러 번 사고하며 추론합니다. 이런 추론 모델과 기능을 사용하려면 200달러 이상의 고가 구독료를 내야 하므로, 모든 사람들이 사용하기에는 어려운 상황입니다. 일상적인 대화나 간단한 작업은 GPT-4o 같은 채팅 모델을 사용하세요. 복잡한 문제 해결, 분석적 판단, 장기 맥락 이해가 필요한 상황에서만 GPT-o3, 클로드 3.7, 제미나이 2.5와 같은 추론 특화 모델을 선택하는 것이 더 효과적입니다. 업무상 이런 작업을 많이 시키는 경우에는 추론 모델을 사용하는 요금제를 구독하기를 권장합니다.

## 2.11 모델 비교

현재 LLM 시장은 오픈AI가 선도하고 있으며, 최신 모델인 GPT-4가 상당한 우위를 점하고 있습니다. 가장 가까운 경쟁자는 앤트로픽이며, 특히 라마, 미스트랄과 같은 소규모 오픈 소스 모델의 잠재력에 대한 기대도 높아지고 있습니다. 평론가들은 오픈AI가 앞으로도 계속해서 세계 최고 수준의 모델을 제공할 것으로 예상하지만, 오픈 소스 모델이 더 많은 작업을 충분히 처리할 수 있게 된다면 많은 AI 워크로드가 로컬 환경에서 미세 조정된 모델을 통해 처리될 가능성도 있습니다. 모델 성능과 경량화(정확도와 크기 및 컴퓨팅 비용의 균형을 맞추는 방법)의 발전으로 언젠가는 휴대폰이나 다른 기기에서 LLM을 실행하는 것이 가능해질 것입니다.

현재로서는 여러 모델에서 동일한 프롬프트를 실행하여 응답을 비교하는 것이 각 모델이 어떤 기능을 잘 수행하는지 파악하는 가장 좋은 방법입니다. 다음 예제를 살펴봅시다. 문자 i로 시작하는 제품명을 올바르게 응답한 유일한 모델이 GPT-4임을 알 수 있습니다.

---

```
Brainstorm a list of product names for a shoe that fits any foot size, in the style
of Steve Jobs.
번역: 모든 발 사이즈에 맞는 신발을 위한 제품명 목록을 스티브 잡스 스타일로 브레인
스토밍하세요.

Return the results as a comma-separated list, in this format:
Product description: A shoe that fits any foot size
Product names: [list of three product names]
번역: 결과를 다음 형식으로 콤마로 구분된 목록으로 반환하세요:
제품 설명: 모든 발 사이즈에 맞는 신발
제품명: [제품명 3개의 목록]

## Examples
Product description: A refrigerator that dispenses beer
Product names: iBarFridge, iFridgeBeer, iDrinkBeerFridge

Product description: A watch that can tell accurate time in space
Product names: iNaut, iSpace, iTime

Product description: A home milkshake maker
Product names: iShake, iSmoothie, iShake Mini

# 예시 번역
제품 설명: 맥주 정수기가 달린 냉장고
제품명: iBarFridge, iFridgeBeer, iDrinkBeerFridge
```

```
제품 설명: 우주에서도 정확한 시간을 알려 주는 시계
제품명: iNaut, iSpace, iTime

제품 설명: 가정용 밀크셰이크 제조기
제품명: iShake, iSmoothie, iShake Mini
```

GPT-4의 출력은 다음과 같습니다.

```
Product description: A shoe that fits any foot size
Product names: iFit, iShoe, iFlexible
번역: 제품 설명: 모든 발 사이즈에 맞는 신발
제품명: iFit, iShoe, iFlexible
```

클로드 3의 출력은 다음과 같습니다.

```
Product description: A shoe that fits any foot size
Product names: iFit, iComfort, iSole
번역: 제품 설명: 모든 발 사이즈에 맞는 신발
제품명: iFit, iComfort, iSole
```

라마 3 70B의 출력은 다음과 같습니다.

```
Here is the list of product names for a shoe that fits any foot size, in the style
of Steve Jobs:
번역: 다음은 스티브 잡스의 스타일로 작성된, 모든 발 사이즈에 맞는 신발을 위한 제품
명 목록입니다:

Product description: A shoe that fits any foot size
Product names: iFit, OneSize, iWalkFree
번역: 제품 설명: 모든 발 사이즈에 맞는 신발
제품명: iFit, OneSize, iWalkFree
```

## 2.12 마치며

LLM은 처음 등장한 이후 오늘날에 이르기까지의 끊임없는 혁신, 협업, 치열한 경쟁 속에서 발전해 왔습니다. 이러한 모델은 앞으로 일상생활 곳곳에 깊숙이 자리 잡게 되면서 우리가 기술과 상호 작용하는 방식, 나아가 서로 소통하는 방식까지 변화시킬 것입니다.

모델의 역사와 기능을 이해하면 프롬프트 엔지니어링부터 지능형 가상 에이전트 개발에 이르기까지 다양한 분야에 사용할 수 있는 툴을 더 잘 이해할 수 있습니다. 그러나 가능성이 무한한 모델을 사용하려면 데이터 프라이버시 문제를 유의해야 합니다. 재훈련이나 미세 조정을 위해 데이터를 사용하는 경우 주의를 기울이고 민감한 정보를 입력하지 마세요.

다음 장에서는 텍스트 기반 LLM을 다루기 위한 기본 프롬프트 엔지니어링 기술을 배웁니다. GPT-4와 같은 강력한 언어 모델을 최대한 활용하는 데 필요한 필수 기술을 배우게 됩니다. 생성형 AI의 진정한 잠재력을 실현할 수 있는 흥미로운 인사이트와 실용적인 방법이 여러분을 기다리고 있습니다.

# 3장

# 챗GPT로 텍스트 생성하기

간단한 프롬프트 엔지니어링만으로도 LLM의 출력 내용과 형식을 크게 향상할 수 있습니다. 이번 장의 목표는 텍스트 생성을 위한 일반적인 관행 전반을 살펴보는 것입니다. 먼저, 프롬프트를 간단히 조정하는 방법부터 시작해 보겠습니다.

## 3.1 목록 생성하기

목록을 자동으로 생성하는 기능은 단순하지만 매우 강력합니다. GPT가 사용자를 대신해 자동으로 목록을 생성, 정제, 순위 변경, 중복 제거를 수행하는 동안 사용자는 더 높은 수준의 작업에 집중할 수 있습니다.

---

Generate a list of Disney characters.
번역: 디즈니 캐릭터 목록을 생성하세요.

---

Sure, here is a list of some popular Disney characters:
번역: 물론입니다, 다음은 인기 있는 디즈니 캐릭터들의 목록입니다:
1. Mickey Mouse
2. Minnie Mouse
...
30. Bagheera (The Jungle Book)

GPT-4는 문자열로 이루어진 목록을 잘 만들지만, 흔히 볼 수 있는 몇 가지 함정이 있습니다.

- 목록 생성 시 숫자가 있는 목록이 만들어지고, \n 문자로 줄을 구분해서 반환합니다. 만약 다운스트림의 파이썬 코드[1]가 글머리 기호를 기준으로 분할되도록 구성되었다면, 이로 인해 원치 않는 결과나 런타임 오류가 발생할 수 있습니다.
- GPT는 목록 생성 전후에 불필요한 설명이나 잡설을 추가하는 경우가 많습니다. 이런 선행/후행 문장을 제거하면 출력 결과를 분석하기가 훨씬 쉬워집니다.
- 목록의 크기는 제어되지 않으며, 언어 모델이 임의적으로 결정합니다.
- 일부 캐릭터는 괄호 안에 영화 제목이 포함되어 있지만, 그렇지 않은 캐릭터도 있습니다. 일관되지 않은 형식은 이름 추출을 어렵게 만듭니다.
- 원하는 결과를 얻기 위한 필터링이나 선택 조건이 적용되지 않은 상태입니다.

다음처럼 프롬프트를 개선할 수 있습니다.

```
Generate a bullet-point list of 5 male Disney characters.
Only include the name of the character for each line.
Never include the film for each Disney character.
Only return the Disney characters, never include any commentary.
번역: 남성 디즈니 캐릭터 5명의 목록을 글머리 기호 형식으로 작성하세요.
각 줄에는 캐릭터의 이름만 포함하세요.
각 디즈니 캐릭터의 영화 제목은 포함하지 마세요.
캐릭터 이름만 반환하고, 설명은 절대 포함하지 마세요.

Below is an example list:
번역: 다음은 예시 목록입니다:
* Aladdin
* Simba
* Beast
* Hercules
* Tarzan
```

```
* Woody
* Buzz Lightyear
* Stitch
* Jack Sparrow
* Prince Charming
```

---

1 옮긴이_ 생성 이후 다음 단계에 오는 코드라는 뜻입니다.

> **TIP 프롬프트 원칙 ③ 예시 들기**
> 프롬프트에 예시를 포함하도록 하는 것만으로도 원하는 출력에 큰 영향을 줄 수 있습니다(퓨샷 프롬프트).

프롬프트 최적화 과정을 통해 다음과 같은 이점을 얻었습니다.

- 목록을 5개로 고정했습니다.
- 남성 캐릭터만 나오도록 필터링됩니다.
- 글머리 기호로 목록 서식을 올바르게 지정했습니다.
- 목록 생성 전 필요 없는 문장을 제거했습니다.

대부분의 작업은 단순한 목록으로도 충분합니다. 다만 구조화가 필요한 특정한 작업일 경우 GPT-4 생성 시 계층화된$^{nested}$(중첩된) 데이터 구조를 취하는 것이 유리합니다.

중첩 목록을 표현하는 세 가지 일반적인 데이터 구조에는 중첩된 텍스트 데이터(계층적 목록), JSON, YAML이 있습니다.

## 3.2 중첩 목록 생성하기

우리가 원하는 최종 결과물이 계층 구조를 이루는 텍스트라면 계층형 목록을 생성하라고 지시하면 유용합니다. 예를 들면 문서의 개요를 자세히 작성하는 경우입니다.

```
Generate a hierarchical and incredibly detailed article outline on:
What are the benefits of data engineering.
See an example of the hierarchical structure below:
번역: 다음에 대한 계층적이고 매우 상세한 기사 개요를 생성하세요:
데이터 엔지니어링의 이점은 무엇인가.
아래는 계층적 구조의 예시입니다:

Article Title: What are the benefits of digital marketing?
* Introduction
    a. Explanation of digital marketing
    b. Importance of digital marketing in today's business world
* Increased Brand Awareness
    a. Definition of brand awareness
    b. How digital marketing helps in increasing brand awareness
번역: 기사 제목: 데이터 마케팅의 이점은 무엇인가?
```

```
   * 서론
      a. 디지털 마케팅에 대한 설명
      b. 현대 비즈니스 세계에서 디지털 마케팅의 중요성
   * 브랜드 인지도 향상
      a. 브랜드 인지도의 정의
      b. 디지털 마케팅이 브랜드 인지도를 높이는 방법
```

```
Article Title: What are the benefits of data engineering?
* Introduction
    a. Explanation of data engineering
    b. Importance of data engineering in today's data-driven world
...(10 sections later)...
* Conclusion
    a. Importance of data engineering in the modern business world
    b. Future of data engineering and its impact on the data ecosystem
번역: 기사 제목: 데이터 엔지니어링의 이점은 무엇인가?
* 서론
    a. 데이터 엔지니어링에 대한 설명
    b. 오늘날 데이터 중심 세계에서 데이터 엔지니어링의 중요성
...(10개 섹션 이후)...
* 결론
    a. 현대 비즈니스 세계에서 데이터 엔지니어링의 중요성
    b. 데이터 엔지니어링의 미래와 데이터 생태계에 미치는 영향
```

기사 개요를 효과적으로 생성하기 위해 프롬프트에 두 핵심 문구를 넣었습니다.

- **계층적**hierarchical: 개요가 계층적 목록 구조로 구성되어야 한다고 지시합니다.
- **매우 상세한**incredibly detailed: 언어 모델이 더 긴 출력을 생성하도록 안내합니다. 같은 효과를 내기 위해 '매우 길게' 또는 '최상위 제목을 10개 이상 포함하여'라는 식의 표현으로 목록의 길이를 늘릴 수 있습니다.

> **NOTE** 언어 모델에게 고정된 수의 항목을 반환하라고 지시하더라도 언어 모델이 그걸 지키리라는 보장은 없습니다. 예를 들어 10개의 제목을 요청하면 8개만 받을 수 있습니다. 이 출력을 받아서 처리하는 코드를 만들 경우에는 출력된 결과에 10개의 제목이 존재하는지 확인하는 절차가 있거나 다양한 길이를 처리할 수 있도록 유연하게 짜여져 있어야 합니다.

계층형 구조의 기사 개요를 성공적으로 생성한 다음 단계는 해당 문자열을 구조화된 데이터로 변환하는 것입니다.

[예제 3-1]에서는 앞에서 사용했던 파이썬 코드를 다시 활용해 보겠습니다. 이 코드는 오픈AI

API 모듈을 통해 GPT-4 모델을 호출합니다. `openai_result`에서 제목과 부제목을 추출하기 위해 두 개의 정규식을 사용할 예정이며, 정규식 처리를 위해 파이썬의 re 모듈을 사용합니다.

**예제 3-1** 계층 목록 파싱하기

```
# 파일명: content/chapter_3/one_hierarchical_list_generation.py

import re

# openai_result = generate_article_outline(prompt)
# 가짜 LLM 응답에 집중하기 위해 주석 처리됨, 아래 내용 참고

openai_result = '''
* Introduction
    a. Explanation of data engineering
    b. Importance of data engineering in today's data-driven world
* Efficient Data Management
    a. Definition of data management
    b. How data engineering helps in efficient data management
* Conclusion
    a. Importance of data engineering in the modern business world
    b. Future of data engineering and its impact on the data ecosystem
번역:
* 서론
    a. 데이터 엔지니어링에 대한 설명
    b. 오늘날 데이터 중심 세계에서 데이터 엔지니어링의 중요성
* 효율적인 데이터 관리
    a. 데이터 관리의 정의
    b. 데이터 엔지니어링이 효율적인 데이터 관리를 돕는 방법
* 결론
    a. 현대 비즈니스 세계에서 데이터 엔지니어링의 중요성
    b. 데이터 엔지니어링의 미래와 데이터 생태계에 미치는 영향
'''

# 정규 표현식 패턴
heading_pattern = r'\* (.+)'
subheading_pattern = r'\s+[a-z]\. (.+)'

# 제목 및 부제목 추출
headings = re.findall(heading_pattern, openai_result)
subheadings = re.findall(subheading_pattern, openai_result)

# 결과 출력
```

```python
print("Headings:\n")
for heading in headings:
    print(f"* {heading}")

print("\nSubheadings:\n")
for subheading in subheadings:
    print(f"* {subheading}")
```

```
Headings:
- Introduction
- Efficient Data Management
- Conclusion
Subheadings:
- Explanation of data engineering
- Importance of data engineering in today's data-driven world
- Definition of data management
- How data engineering helps in efficient data management
- Importance of data engineering in the modern business world
- Future of data engineering and its impact on the data ecosystem
번역:
제목:
- 서론
- 효율적인 데이터 관리
- 결론
부제목:
- 데이터 엔지니어링에 대한 설명
- 오늘날 데이터 중심 세계에서 데이터 엔지니어링의 중요성
- 데이터 관리의 정의
- 데이터 엔지니어링이 효율적인 데이터 관리를 돕는 방법
- 현대 비즈니스 세계에서 데이터 엔지니어링의 중요성
- 데이터 엔지니어링의 미래와 데이터 생태계에 미치는 영향
```

정규식을 사용하면 입력 텍스트에서 선행 공백이나 탭 등의 유무를 확인해 데이터를 일관된 형식으로 처리할 수 있습니다. 이제 이러한 패턴이 어떻게 작동하는지 살펴보겠습니다.

- heading_pattern = r'\* (.+)'

이 정규식 패턴은 주요 제목을 추출하도록 설계되었으며 다음으로 구성됩니다.

- \* 는 제목 시작 부분의 별표(*) 기호와 일치합니다. 별표는 정규식에서 특별한 의미를 갖기 때문에, 문자 그대로의 별표와 일치하도록 백슬래시(\)를 붙여 이스케이프 처리합니다.
- 별표 다음에 공백 문자 하나가 오는지 확인합니다.

- (.+)는 하나 이상의 문자와 일치하는 캡처 그룹입니다. .은 줄 바꿈을 제외한 모든 문자와 일치하는 와일드카드이며, +는 해당 문자가 하나 이상 반복됨을 의미하는 정량자입니다.

이 패턴을 사용하여 모든 주요 제목을 추출한 후, 별표가 없는 목록으로 담을 수 있습니다.

- subheading_pattern = r'\s+[a-z]\. (.+)

이 정규식은 openai_result 문자열 내의 모든 하위 제목을 확인하여 다음 사항과 일치하는지 찾습니다.

- \s+는 하나 이상의 공백 문자(스페이스, 탭 등)와 일치하는지를 확인합니다. +는 앞의 요소(이 경우 \s)가 하나 이상 포함된 것을 의미합니다.
- [a-z]는 a부터 z까지 소문자 하나가 일치하는지를 확인합니다.
- \.는 마침표 문자와 일치하는지 여부를 확인합니다. 마찬가지로 백슬래시(\)는 마침표가 정규식(개행 이외의 모든 문자와 일치)에서 특별한 의미를 갖기 때문에, 문자 그대로 사용하라는 뜻을 의미합니다(이스케이프).
- 마침표 뒤에 공백 문자가 일치하는지 확인합니다.
- (.+)는 하나 이상의 문자와 일치하는지 확인하는 캡처 그룹입니다. .은 줄 바꿈을 제외한 모든 문자와 일치하는 와일드카드이며, +는 해당 문자가 하나 이상 반복됨을 의미하는 정량자입니다.

이때 re.findall() 함수는 입력 문자열에서 겹치지 않는 패턴을 모두 찾아 목록으로 반환하는 데 사용됩니다. 그런 다음 추출된 제목과 부제목이 출력됩니다.

이제 계층적으로 구성된 기사 개요에서 제목과 부제목을 추출할 수 있으며, 각 제목이 하위 제목과 연결되도록 정규식을 더 세분화할 수도 있습니다.

[예제 3-2]에서는 각 소제목이 해당 제목 아래에 연결되도록 정규식을 약간 수정했습니다.

**예제 3-2** 계층적 목록을 파이썬 사전으로 파싱하기

```
# 파일명: content/chapter_3/two_hierarchical_list_generation.py

import re

openai_result = """
* Introduction
   a. Explanation of data engineering
   b. Importance of data engineering in today's data-driven world
* Efficient Data Management
```

        a. Definition of data management
        b. How data engineering helps in efficient data management
        c. Why data engineering is important for data management
    * Conclusion
        a. Importance of data engineering in the modern business world
        b. Future of data engineering and its impact on the data ecosystem
번역:
* 서론
    a. 데이터 엔지니어링에 대한 설명
    b. 오늘날 데이터 중심 세계에서 데이터 엔지니어링의 중요성
* 효율적인 데이터 관리
    a. 데이터 관리의 정의
    b. 데이터 엔지니어링이 효율적인 데이터 관리를 돕는 방법
    c. 데이터 관리에서 데이터 엔지니어링이 중요한 이유
* 결론
    a. 현대 비즈니스 세계에서 데이터 엔지니어링의 중요성
    b. 데이터 엔지니어링의 미래와 데이터 생태계에 미치는 영향
"""

section_regex = re.compile(r"\* (.+)")
subsection_regex = re.compile(r"\s*([a-z]\..+)")

result_dict = {}
current_section = None

for line in openai_result.split("\n"):
    section_match = section_regex.match(line)
    subsection_match = subsection_regex.match(line)

    if section_match:
        current_section = section_match.group(1)
        result_dict[current_section] = []
    elif subsection_match and current_section is not None:
        result_dict[current_section].append(subsection_match.group(1))

print(result_dict)
```

```
{
    "Introduction": [
        "a. Explanation of data engineering",
        "b. Importance of data engineering in today's data-driven world"
    ],
    "Efficient Data Management": [
```
```

```
            "a. Definition of data management",
            "b. How data engineering helps in efficient data management"
        ],
        "Conclusion": [
            "a. Importance of data engineering in the modern business world",
            "b. Future of data engineering and its impact on the data ecosystem"
        ]
    }
번역:
{
    "서론": [
        "a. 데이터 엔지니어링에 대한 설명",
        "b. 오늘날 데이터 중심 세계에서 데이터 엔지니어링의 중요성"
    ],
    "효율적인 데이터 관리": [
        "a. 데이터 관리의 정의",
        "b. 데이터 엔지니어링이 효율적인 데이터 관리를 돕는 방법"
    ],
    "결론": [
        "a. 현대 비즈니스 세계에서 데이터 엔지니어링의 중요성",
        "b. 데이터 엔지니어링의 미래와 데이터 생태계에 미치는 영향"
    ]
}
```

섹션 제목 정규식 `r'\* (.+)'`은 별표 뒤에 공백이 있고, 그 뒤에 하나 이상의 문자가 있는지를 확인합니다. 괄호는 별표와 공백 뒤에 있는 텍스트를 캡처한 후 코드에서 나중에 사용할 수 있게 하기 위함입니다.

하위 섹션 정규식 `r'\s*([a-z]\..+)'`은 `\s*`로 시작합니다. 공백 문자(스페이스 또는 탭)를 0개 이상 찾아내 확인하는 코드입니다. 이를 통해 정규식은 선행 공백이나 탭이 있는 경우를 찾아내 배제한 후, 하위 섹션을 일치시킬 수 있습니다. 다음 부분인 `([a-z]\..+)`는 소문자와 마침표, 하나 이상의 문자가 일치하는지 확인합니다. 이렇게 괄호로 둘러싸인 부분은 일치하는 하위 섹션 텍스트 전체를 캡처한 후 나중에 코드에서 사용할 수 있도록 합니다.

`for` 루프는 입력 문자열인 `openai_result`의 각 줄을 순차적으로 반복합니다. 섹션 제목 정규식과 일치하는 줄을 발견하면 루프는 일치하는 제목을 현재 섹션으로 설정하고 `result_dict`에서 빈 목록을 값으로 할당합니다. 한 줄이 하위 섹션 정규식과 일치하면 일치하는 하위 섹션 텍스트가 현재 섹션에 해당하는 목록에 추가됩니다.

결과적으로 루프는 입력 문자열을 한 줄씩 처리하고, 각 줄을 섹션 제목 또는 하위 섹션으로 분류하고, 의도한 대로 딕셔너리$^{dictionary}$ 구조를 구성합니다.

## 3.3 JSON과 YAML

LLM 응답에서 데이터를 추출할 때 정규식에만 의존하다 보면 응답을 제어하는 과정이 점점 더 복잡해질 수 있습니다. 특히 출력 형식이 조금만 달라져도 정규식이 제대로 작동하지 않는 문제가 발생하기 쉽습니다. 이럴 때는 더 간단하고 안정적인 방법으로 LLM의 응답을 구조화된 형식으로 직접 받는 것이 유리합니다. 대표적으로 JSON이나 YAML 형식을 활용하면 응답 내용을 명확하게 구조화하고 파싱도 훨씬 수월하게 처리할 수 있습니다.

### 3.3.1 JSON 생성하기

먼저 LLM이 JSON 응답을 반환하도록 해 보겠습니다.

```
Compose a very detailed article outline on "The benefits of learning code" with a
JSON payload structure that highlights key points.
Only return valid JSON.
번역: "코드를 배우는 것의 이점"에 대한 매우 상세한 기사 개요를 작성하고, 주요 내용
을 강조하는 JSON 페이로드 구조로 구성하세요.
유효한 JSON만 반환하세요.

Here is an example of the JSON structure:
{
    "Introduction": [
        "a. Explanation of data engineering",
        "b. Importance of data engineering in today's data-driven world"],
    ...
    "Conclusion": [
        "a. Importance of data engineering in the modern business world",
        "b. Future of data engineering and its impact on the data ecosystem"]
}
번역: 다음은 JSON 구조의 예시입니다:
{
```

```
    "서론": [
        "a. 데이터 엔지니어링에 대한 설명",
        "b. 오늘날 데이터 중심 세계에서 데이터 엔지니어링의 중요성"
    ],
    ...
    "결론": [
        "a. 현대 비즈니스 세계에서 데이터 엔지니어링의 중요성",
        "b. 데이터 엔지니어링의 미래와 데이터 생태계에 미치는 영향"
    ]
}
```

```
{
    "Introduction": [
        "a. Overview of coding and programming languages",
        "b. Importance of coding in today's technology-driven world"],
    ...
    "Conclusion": [
        "a. Recap of the benefits of learning code",
        "b. The ongoing importance of coding skills in the modern world"]
}
번역:
{
    "서론": [
        "a. 코딩과 프로그래밍 언어 개요",
        "b. 오늘날 기술 중심 세계에서 코딩의 중요성"
    ],
    ...
    "결론": [
        "a. 코드를 배우는 것의 이점 요약",
        "b. 현대 세계에서 지속적으로 중요한 코딩 기술"
    ]
}
```

> **TIP** 프롬프트 원칙 ① 지시 내리기, ② 형식 정하기, ③ 예시 들기
> 프롬프트에서 작업 유형, 형식, 예시 JSON 출력에 대한 지침을 제공했습니다.

JSON으로 작업할 때 흔히 발생하는 오류로는 잘못된 페이로드나 트리플 백틱(```)으로 감싸진 JSON이 있습니다.

```
Sure here's the JSON:
번역: 확인했습니다. 다음이 처리된 JSON입니다:
```

```json
{"Name": "John Smith"} # 유효한 페이로드
{"Name": "John Smith", "some_key":} # 유효하지 않은 페이로드
```

이상적으로는 모델이 이렇게 응답하는 것이 좋습니다.

```
{"Name": "John Smith"}
```

첫 번째 출력의 경우, json 이후를 분할한 뒤 유효한 JSON이 포함된 문자열의 정확한 부분만 따로 파싱해야 하기 때문에 이는 중요한 문제입니다. JSON 파싱을 개선하려면 프롬프트에 몇 가지 요소를 추가하는 것이 좋습니다.

```
You must follow the following principles:
* Only return valid JSON
* Never include backtick symbols such as: `
* The response will be parsed with json.loads(), therefore it must be valid JSON.
번역: 다음 원칙을 반드시 따라야 합니다:
* 항상 유효한 JSON만 반환해야 합니다.
* 백틱 기호(`)를 포함해서는 안 됩니다.
* 응답은 json.loads()로 파싱될 것이므로 반드시 유효한 JSON 형식이어야 합니다.
```

이제 파이썬으로 JSON 출력을 변환하는 방법을 살펴보겠습니다.

```python
# 파일명: chapter_3/three_json_parsing.py

import json

# openai_json_result = generate_article_outline(prompt)

openai_json_result = """
{
    "Introduction": [
        "a. Overview of coding and programming languages",
        "b. Importance of coding in today's technology-driven world"],
    "Conclusion": [
        "a. Recap of the benefits of learning code",
        "b. The ongoing importance of coding skills in the modern world"]
```

```
    }
번역:
{
    "서론": [
        "a. 코딩과 프로그래밍 언어 개요",
        "b. 오늘날 기술 중심 세계에서 코딩의 중요성"
    ],
    "결론": [
        "a. 코드를 배우는 것의 이점 요약",
        "b. 현대 세계에서 지속적으로 중요한 코딩 기술"
    ]
}
"""
parsed_json_payload = json.loads(openai_json_result)
print(parsed_json_payload)
```

```
{'Introduction': ['a. Overview of coding and programming languages',
"b. Importance of coding in today's technology-driven world"],
'Conclusion': ['a. Recap of the benefits of learning code',
'b. The ongoing importance of coding skills in the modern world']}
번역:
{'서론': ['a. 코딩과 프로그래밍 언어 개요',
"b. 오늘날 기술 중심 세계에서 코딩의 중요성"],
'결론': ['a. 코드를 배우는 것의 이점 요약',
'b. 현대 세계에서 지속적으로 중요한 코딩 기술']}
```

이런 식으로 JSON을 성공적으로 변환할 수 있습니다.

위에서 살펴본 것처럼 처음부터 유효한 JSON 형식으로 응답하라고 지시하는 것이, 응답 이후 데이터를 구조화하는 작업보다 훨씬 간단합니다. 앞서 설명한 정규식을 활용한 파싱에 비해 이 방법은 덜 번거롭고 더 간단합니다.

그렇다면 응답 형식을 미리 지키도록 지시했을 때 어떤 문제가 발생할 수 있을까요?

- 언어 모델이 실수로 json output: 같은 불필요한 텍스트를 응답하는 경우, 결과가 유효한 JSON 형식이 아니게 되어 이후 단계에서 애플리케이션이 이 데이터를 처리할 때 오류가 발생하게 됩니다.
- 출력 크기나 특정 문자를 이스케이프 처리하지 않는 바람에 JSON 형식이 손상되어 파싱에 실패할 수 있습니다.

이러한 에지 케이스<sup>edge case</sup>를 어떻게 우아하게 처리할 수 있을지는 이후에 자세히 다루겠습니다.

### 3.3.2 YAML 생성하기

YAML 파일은 JSON 파일에 비해 다양한 이점을 제공하는 구조화된 데이터 형식입니다.

#### 이스케이프 문자가 필요 없음

YAML은 들여쓰기를 통해 구조를 표현하므로 중괄호, 대괄호, 쉼표가 필요하지 않습니다. 이 덕분에 구두점이 일치하지 않거나 잘못 배치될 위험이 적기 때문에 파일이 더 깔끔하고 오류 발생률이 낮아집니다.

#### 가독성

YAML은 JSON에 비해 구문과 구조가 더 단순해 사람이 읽고 이해하기 쉬운 형식입니다. 구조가 복잡하거나 중첩된 경우에도 프롬프트를 더 쉽게 만들고, 읽고, 편집할 수 있습니다.

#### 주석 기능 지원

JSON과 달리 YAML은 주석을 지원하므로 파일에서 직접 프롬프트에 주석이나 설명을 추가할 수 있습니다. 팀으로 작업하거나 시간이 지난 후 프롬프트를 다시 볼 때 더 잘 이해하고 협업할 수 있으므로 매우 유용합니다.

---

```
- Below you'll find the current yaml schema.
- You can update the quantities based on a User Query.
- Filter the User Query based on the schema below, if it doesn't match and there are no items left then return `"No Items"`.
- If there is a partial match, then return only the items that are within the schema below:
```
번역:
- 아래에서 현재 YAML 스키마를 확인할 수 있습니다.
- 사용자 요청을 기반으로 수량을 업데이트할 수 있습니다.
- 아래 스키마를 기준으로 사용자 요청을 필터링하며, 일치하지 않고 남은 항목이 없으면 `"항목 없음"`을 반환합니다.
- 부분적으로 일치하는 경우, 아래 스키마 내에 있는 항목만 반환합니다.

```yaml
# schema:
- item: Apple Slices
  quantity: 5
  unit: pieces
- item: Milk
  quantity: 1
  unit: gallon
- item: Bread
  quantity: 2
  unit: loaves
```

```
  - item: Eggs
    quantity: 1
    unit: dozen

User Query: "5 apple slices, and 2 dozen eggs."
번역: 사용자 요청: "사과 다섯 조각, 달걀 두 다스."

Given the schema below, please return only a valid .yml based on the User Query.
If there's no match, return `"No Items"`. Do not provide any commentary or
explanations.
번역: 사용자 요청과 스키마를 기반으로 유효 .yml만 반환하세요. 일치하는 항목이 없으
면 `"항목 없음"`을 반환하세요. 어떠한 설명이나 추가 코멘트도 제공하지 마세요.
```

```
- item: Apple Slices
  quantity: 5
  unit: pieces
- item: Eggs
  quantity: 2
  unit: dozen
```

앞선 예제에서는 LLM이 `User Query` 문자열을 통해 올바른 .yml 형식을 어떻게 유추하는지 주의 깊게 살펴보세요. 여기서 LLM에는 다음과 같은 선택지가 주어집니다.

- 유효한 .yml 응답 반환
- 조건에 맞게 필터링된 .yml 응답 반환

만약 필터링 결과, 남는 .yml 항목이 없다면 **항목 없음**을 반환합니다.

### 3.3.3 YAML 페이로드 필터링

.yml 페이로드를 정리하거나 필터링할 때, 동일한 프롬프트를 그대로 사용할 수 있습니다.

우선, 원하는 스키마에 따라 유효한 항목과 유효하지 않은 항목이 혼합된 페이로드를 예로 들어 보겠습니다. 예를 들어 `Apple slices`는 스키마에 적합하지만 `Bananas`는 존재하지 않으므로 유효하지 않습니다. 이 경우, `User Query`가 적절히 필터링되는지를 확인해 보겠습니다.

```
# User Query:
- item: Apple Slices
```

```
    quantity: 5
    unit: pieces
  - item: Bananas
    quantity: 3
    unit: pieces
```

```
# 업데이트된 yaml목록
- item: Apple Slices
  quantity: 5
  unit: pieces
```

앞의 예제는 설정된 기준에 따라 사용자의 페이로드를 성공적으로 필터링하고, 언어 모델을 추론 엔진으로 사용하는 방식을 보여 줍니다.

프롬프트 내에 일련의 지침을 LLM에 제공하면 사람이 수동으로 데이터를 정리할 때처럼 응답을 받아볼 수 있습니다. 이처럼 입력 프롬프트를 통해 LLM에 더 많은 제어 흐름을 위임할 수 있습니다. 예전에는 일반적으로 파이썬이나 자바스크립트와 같은 프로그래밍 언어로 코딩해야 하는 작업이었다면, 이제는 자연어로 지시할 수 있다는 점에서 큰 의미가 있습니다.

[그림 3-1]은 LLM이 사용자 쿼리를 처리할 때 적용하는 로직에 대한 자세한 개요입니다.

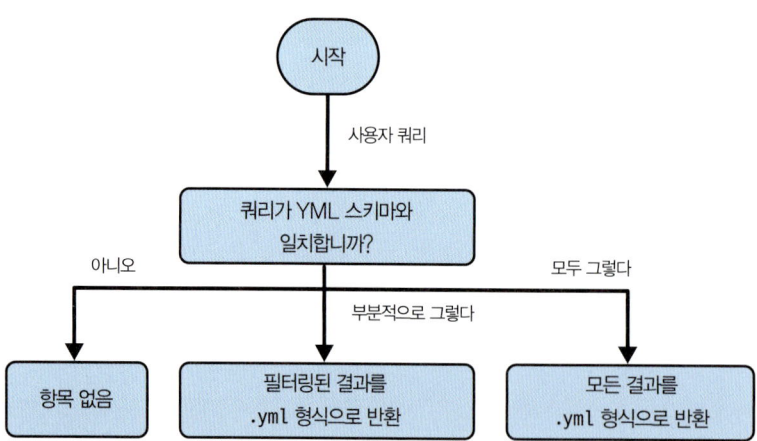

그림 3-1 LLM을 사용해 코드 대신 애플리케이션의 제어 흐름 결정하기

## 3.3.4 YAML에서 잘못된 페이로드 처리하기

완전히 잘못된 페이로드는 다음과 같습니다.

```
# User Query:
- item: Bananas
  quantity: 3
  unit: pieces
```

```
No Items
번역: 항목 없음
```

예상대로 LLM은 이전에 정의된 스키마와 일치하는 User Query 항목이 없으므로 **항목 없음**을 반환했습니다.

이제 다양한 유형의 LLM 응답을 우아하게 처리하는 파이썬 스크립트를 만들어 보겠습니다. 스크립트의 핵심 구성 요소는 다음과 같습니다.

- 세 가지 LLM 응답 시나리오에서 발생할 수 있는 각 오류 유형에 대해 예외 처리하기
- 제안된 스키마 파싱하기
- 응답에 대해 일련의 사용자 정의 검사를 실행하여 YAML 응답이 다운스트림 소프트웨어 애플리케이션이나 마이크로서비스에 안전하게 전달될 수 있는지 확인하기

이러한 에지 케이스를 모두 처리하기 위해 총 여섯 가지 구체적인 오류 유형을 정의할 수 있습니다.

```python
# 파일명: content/chapter_3/yml_parsing.py

class InvalidResponse(Exception):
    pass

class InvalidItemType(Exception):
    pass

class InvalidItemKeys(Exception):
    pass

class InvalidItemName(Exception):
    pass
```

```
class InvalidItemQuantity(Exception):
    pass

class InvalidItemUnit(Exception):
    pass
```

그런 다음 앞서 제안한 YML schema를 문자열로 입력합니다.

```
# 제공된 스키마
schema = """
- item: Apple Slices
  quantity: 5
  unit: pieces
- item: Milk
  quantity: 1
  unit: gallon
- item: Bread
  quantity: 2
  unit: loaves
- item: Eggs
  quantity: 1
  unit: dozen
"""
```

yaml 모듈을 가져온 뒤, validate_response라는 사용자 정의 파서 함수를 생성합니다. 이 함수를 사용하면 LLM 출력이 유효한지 쉽게 확인할 수 있습니다.

```
import yaml

def validate_response(response, schema):
    # 스키마를 파싱
    schema_parsed = yaml.safe_load(schema)
    maximum_quantity = 10

    # 응답이 리스트인지 확인
    if not isinstance(response, list):
        raise InvalidResponse("Response is not a list")
        # 번역: 응답이 리스트 형식이 아닙니다.

    # 리스트 내의 각 원소가 딕셔너리인지 확인
```

```python
    for item in response:
        if not isinstance(item, dict):
            raise InvalidItemType('''Item is not a dictionary''')
            # 번역: 항목이 딕셔너리 형식이 아닙니다.

        # 각 딕셔너리에 "item", "quantity", "unit" 키가 있는지 확인
        if not all(key in item for key in ("item", "quantity", "unit")):
            raise InvalidItemKeys("Item does not have the correct keys")
            # 번역: 항목에 필요한 키들이 모두 존재하지 않습니다.

        # 각 키에 연결된 값이 올바른 타입인지 확인
        if not isinstance(item["item"], str):
            raise InvalidItemName("Item name is not a string")
            # 번역: item 값이 문자열이 아닙니다.
        if not isinstance(item["quantity"], int):
            raise InvalidItemQuantity("Item quantity is not an integer")
            # 번역: quantity 값이 정수가 아닙니다.
        if not isinstance(item["unit"], str):
            raise InvalidItemUnit("Item unit is not a string")
            # 번역: unit 값이 문자열이 아닙니다.

        # 각 키에 연결된 값이 올바른 값인지 확인
        if item["item"] not in [x["item"] for x in schema_parsed]:
            raise InvalidItemName("Item name is not in schema")
            # 번역: 스키마에 존재하지 않는 item입니다.
        if item["quantity"] > maximum_quantity:
            raise InvalidItemQuantity(f''' Item quantity is greater than
            {maximum_quantity}''')
            # 번역: quantity 값이 {maximum_quantity}보다 큽니다.
        if item["unit"] not in ["pieces", "dozen"]:
            raise InvalidItemUnit("Item unit is not pieces or dozen")
            # 번역: unit 값은 pieces 또는 dozen이어야 합니다.
```

이러한 에지 케이스를 테스트하기 위해 다음에서 몇 가지 모의 LLM 응답을 확인할 수 있습니다.

```
# 가짜 응답
fake_response_1 = """
- item: Apple Slices
  quantity: 5
  unit: pieces
- item: Eggs
  quantity: 2
  unit: dozen
```

```
"""

fake_response_2 = """
# 업데이트된 ymal 리스트
- item: Apple Slices
  quantity: 5
  unit: pieces
"""

fake_response_3 = """Unmatched"""
```

드디어 다음 작업이 가능해졌습니다.

- yaml.safe_load(response)를 사용해 .yml 스키마 안전하게 파싱하기
- 각 LLM 응답에 대해 validate_response 함수를 호출해 사용자 지정 .yml 유효성 검사 로직에 대해 테스트하기

```
# 가짜 응답을 파싱
response_1_parsed = yaml.safe_load(fake_response_1)
response_2_parsed = yaml.safe_load(fake_response_2)
response_3_parsed = yaml.safe_load(fake_response_3)


# 응답을 스키마에 대해 검증
try:
    validate_response(response_1_parsed, schema)
    print("Response 1 is valid")
except Exception as e:
    print("Response 1 is invalid:", str(e))

try:
    validate_response(response_2_parsed, schema)
    print("Response 2 is valid")
except Exception as e:
    print("Response 2 is invalid:", str(e))

try:
    validate_response(response_3_parsed, schema)
    print("Response 3 is valid")
except Exception as e:
    print("Response 3 is invalid:", str(e))
```

```
Response 1 is valid
Response 2 is valid
Response 3 is invalid: Response is not a list
번역: 응답 1은 유효함
응답 2는 유효함
응답 3은 유효하지 않음: 응답이 리스트가 아님
```

## 3.4 챗GPT를 통한 다양한 형식 생성하기

챗GPT는 .json, .yml 파일을 생성할 수 있을 뿐만 아니라 다른 데이터 형식도 지원합니다. 예를 들어 머메이드$^{Mermaid}$ 다이어그램을 만들거나 모의 .csv 문서를 생성할 수도 있습니다. 코드, 대화, 스크립트 생성까지 다양한 용도로 활용할 수 있습니다.

이제부터는 챗GPT로 다양한 형식의 콘텐츠를 제작하는 방법을 자세히 살펴봅니다. 머메이드는 차트, 다이어그램, 기타 시각화 자료를 생성하기 위한 마크다운과 유사한 스크립트 언어입니다.

---

Create a flowchart diagram in mermaid syntax showing a simple food ordering process that starts with "Choose food" and ends with "Pay for meal." Include steps for "Add food to cart" and "Confirm cart."
번역: 머메이드 문법을 사용해 간단한 음식 주문 프로세스를 보여 주는 순서도 다이어그램을 작성하세요. '음식 선택'에서 시작해 '식사 구매'로 끝나며, '장바구니 담기'와 '장바구니 확인' 단계를 포함해야 합니다.

---

```
graph TD
    ChooseFood[Choose Food] --> AddToCart[Add to Cart]
    AddToCart --> ConfirmCart[Confirm Cart]
    ConfirmCart --> PayForMeal[Pay for Meal]
번역: graph TD
    ChooseFood[음식 선택] --> AddToCart[장바구니 담기]
    AddToCart -> ConfirmCart[장바구니 확인]
    ConfirmCart -> PayForMeal[식사 구매]
```

이 출력을 머메이드 다이어그램 렌더러에 입력하면 음식 주문 과정을 반영하는 정확한 순서도가 만들어집니다(그림 3-2).

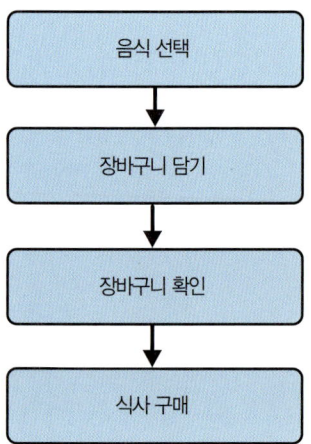

**그림 3-2** LLM을 통해 머메이드 구문으로 생성된 간소화된 다이어그램

### 3.4.1 더미 CSV 데이터

챗GPT는 테스트나 기타 목적으로 다양하게 활용할 수 있는 더미 CSV 데이터도 생성할 수 있습니다.

```
Generate a sample CSV data for five students with the following fields:
name,age,grade.
번역: 다음 항목이 포함된 5명의 학생에 대한 샘플 CSV 데이터를 생성하세요:
이름,나이,학점
```

```
name,age,grade
John,16,A
Alex,17,B
Emma,16,A
Sophia,16,B
Liam,17,A
```

생성된 예제는 형식이 잘 지정된 CSV 파일로, CSV 데이터를 읽는 여러 도구에 직접 로드할 수 있습니다. GPT 모델은 지정한 형식에 크게 의존한다는 점을 기억하세요. 예를 들어 CSV를 지정하면 AI가 쉼표를 구분 기호로 사용해야 한다는 뜻입니다. 최적의 결과를 얻으려면 원하는 형식을 명확히 하세요.

정규식, JSON, YAML 등 다양한 형식을 활용해 언어 모델에서 구조화된 데이터를 추출하는 여러 방법을 살펴보았습니다. 이제 LLM을 통해 애플리케이션의 제어 흐름 일부를 직접 제어할 수도 있습니다.

## 3.5 5살 아이에게 설명하기

5살 아이에게 설명하듯이 요청하는 프롬프트는 주어진 텍스트 단락을 설명하는 데 중점을 둡니다. 이 스타일의 프롬프트는 기술 문서를 누구나 이해할 수 있는 간단한 요약으로 변환하는 매우 효과적이고 좋은 방법입니다.

이 프롬프트를 '종양 미세 환경: 다양한 암 치료의 최근 발전'이라는 논문[2]의 초록에 적용해 보겠습니다.

---

Explain the following text as if I was 5 years old. Explain it like I'm 5.
번역: 다음 내용을 내가 5살이라고 생각하고 설명해줘. 5살 아이가 이해할 수 있도록 설명해줘.

Text: This is a review regarding different types of cancer treatments. We aimed at analyzing the tumor microenvironment and the recent trends for the therapeutic applications and effectiveness for several kinds of cancers. Traditionally the cancer treatment was based on the neoplastic cells.
번역: 본문: 이 글은 다양한 암 치료 방법에 대한 리뷰입니다. 우리는 종양 미세 환경을 분석하고, 여러 유형의 암에 대한 치료적 적용과 효과에 관한 최신 동향을 조사하는 것을 목표로 했습니다. 전통적으로 암 치료는 신생물 세포(종양 세포)를 중심으로 이루어졌습니다.

...(shortened for brevity)...
...(중략)...

---

Cancer is a sickness that makes your body's cells grow and divide in a way that is not normal. Doctors have different ways to treat cancer, like cutting it out, giving you medicine, or using special rays to kill the cancer cells...
번역: 암은 몸속 세포가 비정상적으로 성장하고 분열하는 질병입니다. 의사들은 암을 치료하기 위해 다양한 방법을 사용하며, 암을 제거하는 수술을 하거나, 약을 투여하거나, 특수한 방사선을 이용해 암세포를 죽이는 등의 치료법이 있습니다...

---

2  https://oreil.ly/MDOsz

챗GPT가 출력한 글이 실제 초록보다 훨씬 더 이해하기가 쉽습니다.

## 3.6 LLM을 통한 범용 번역

언어 모델은 여러 언어에 걸쳐 사람과 유사한 텍스트를 이해하고 생성하는 데 능숙하므로 범용 번역기 역할을 할 수 있습니다. 다음은 그 가능성을 간단한 예제로 살펴보는 과정입니다.

1 간단한 문장을 생성합니다.
2 문장을 변경하여 읽기 어렵게 만듭니다.
3 그런 다음 동일한 문장을 다시 스페인어로 쉽게 읽을 수 있는 형태로 변환합니다.
4 간단한 스페인어 문장을 다시 한국어로 되돌립니다.

---

Create some simple text.
번역: 간단한 글을 작성하세요.

---

The sun gently rises, painting the sky with hues of orange and pink. Birds chirp merrily as they welcome the new day. The cool breeze whispers through the trees, carrying the scent of fresh grass and blooming flowers. Life awakens with a sense of tranquility and promise.
번역: 태양이 부드럽게 떠오르며 하늘을 주황색과 분홍색으로 물들인다. 새들은 기쁘게 지저귀며 새로운 하루를 반긴다. 시원한 바람이 나무 사이를 스치며 신선한 풀과 만개한 꽃들의 향기를 실어 나른다. 자연은 고요함과 희망 속에서 깨어난다.

...(shortened for brevity)...
...(중략)...

---

Now make the text incredibly complex and hard to read.
번역: 이제 해당 텍스트를 극도로 복잡하고 읽기 어렵게 만들어 주세요.

---

In the ethereal realm of celestial ascendancy, wherein the resplendent orb of the sun commences its gradual ascent, an exquisite phenomenon unfolds, engendering a symphony of chromatic brilliance upon the expansive canopy of the firmament. Avian denizens, endowed with mellifluous voices, bespeak their jubilant salutations, punctuating the aural tapestry with notes of felicity. The zephyr, tenderly wafting amidst arboreal sentinels, carries upon its gentle currents the redolence of

verdant blades and blossoming flora....(shortened for brevity)...
번역: 신성한 아침의 여명이 이루어지는 신비로운 세계에서, 찬란한 태양의 구체가 서서히 떠오르기 시작하며 경이로운 현상이 펼쳐진다. 이는 광활한 창공 위에 색채의 찬란한 교향곡을 그려내는 듯한 장관을 연출한다. 감미로운 음성을 지닌 하늘의 주민들은 기쁨 어린 인사를 전하며, 기쁨의 노래 소리가 청각적 풍경을 수놓는다. 부드럽게 흐르는 산들바람은 나무의 파수꾼들 사이를 유유히 스치며, 푸른 잎사귀와 만개한 꽃들의 향기를 온화한 흐름 속에 실어 나른다....(중략)...

---

Now transform the text into a simple, easy to read format that's in Spanish , make sure that it is very easy to understand and read. You must ensure that it is as simple to comprehend as possible.
번역: 이제 이 글을 단순하고 읽기 쉬운 형식으로 스페인어로 변환하세요. 아주 쉽게 이해하고 읽을 수 있도록 해야 합니다. 반드시 최대한 이해하기 쉽게 만드세요.

- Use simple language.
- Make it concise.
- 쉬운 언어를 사용하세요.
- 간결하게 표현하세요.

---

En un lugar mágico y celestial, cuando el sol empieza a salir, ocurre algo hermoso en el cielo. Los pájaros cantan alegremente, llenando el aire con sus dulces melodías. Una brisa suave sopla entre los árboles, llevando consigo el olor fresco de la naturaleza. Todo cobra vida y promete momentos felices. Nos invita a disfrutar de las cosas simples y a encontrar la felicidad en los pequeños detalles. En este escenario encantador, encontramos paz y aprendemos que hasta los momentos más simples pueden ser mágicos.
번역: 마법 같고 신비로운 곳에서 태양이 떠오르면 하늘에 아름다운 일이 일어난다. 새들이 즐겁게 노래하며 공기를 달콤한 멜로디로 채운다. 부드러운 바람이 나무 사이로 불며 신선한 자연의 향기를 실어 나른다. 모든 것이 생명을 얻고 행복한 순간을 약속한다. 우리는 작은 것에서 즐거움을 찾고, 소소한 순간 속에서 행복을 발견하도록 초대받는다. 이 아름다운 풍경 속에서 우리는 평화를 느끼고, 가장 단순한 순간도 마법이 될 수 있음을 배운다.

---

Finally translate it back into English.
번역: 마지막 글을 다시 한국어로 번역하세요.

---

In a magical and celestial place, when the sun begins to rise, something beautiful happens in the sky. The birds sing cheerfully, filling the air with their sweet melodies. A gentle breeze blows among the trees, carrying the fresh scent of nature. Everything comes alive and promises happy moments. It invites us to enjoy

> the simple things and find happiness in the little details. In this enchanting setting, we find peace and learn that even the simplest moments can be magical.
> 번역: 마법 같고 신비로운 곳에서 태양이 떠오를 때, 하늘에는 아름다운 일이 펼쳐진다. 새들은 즐겁게 지저귀며 공기를 달콤한 멜로디로 채운다. 부드러운 바람이 나무 사이를 지나며 싱그러운 자연의 향기를 실어 나른다. 모든 것이 생명을 얻고 행복한 순간을 선사한다. 우리가 소소한 것들을 즐기고 작은 순간 속에서 행복을 찾도록 초대한다. 이 매혹적인 풍경 속에서 우리는 평온함을 느끼고, 가장 단순한 순간조차도 마법이 될 수 있음을 배운다.

보다시피 번역을 하는 동안 의미의 일부가 손실되는 경우가 있는데 이는 예상되는 현상입니다. 그러나 원문의 의도가 상당 부분 남아 있어 인터넷에 충분한 자료가 있는 언어의 경우에는 LLM이 **매우 효과적인 번역기** 역할을 할 수 있습니다. 하지만 챗GPT가 충분하게 학습하지 못한 비주류 언어의 경우에는 결과가 그다지 좋지 않습니다.

코딩 언어에도 동일한 논리가 적용됩니다. LLM은 파이썬이나 자바스크립트와 같은 기존 프로그래밍 언어의 코드 생성에는 매우 능숙하지만 최신 코딩 언어나 패키지의 경우에는 성능이 다소 떨어집니다.

정보의 다양한 형태 간 경계는 점점 더 유동적으로 바뀌고 있습니다. 정보의 본질 자체가 진화하고 있어 요약을 이야기나 시, 혹은 그 밖의 창의적인 표현으로 손쉽게 변환할 수 있게 되었고, 콘텐츠에 대한 이해와 몰입을 한층 풍부하게 만듭니다.

확산 모델은 머신러닝에서 사용되는 생성 모델의 한 종류로, 학습 데이터에서 나타난 이미지를 모방하여 새로운 이미지를 만들도록 특별히 설계되었습니다. 더 나아가 언어 모델과 확산 모델을 결합하면 텍스트, 영상, 그 외 다양한 표현 형식 간의 전환이 훨씬 자연스러워집니다. 그 결과, 복잡한 아이디어도 다양한 형식으로 보다 쉽게 전달할 수 있어, 사용자에게 더 쉽고 포괄적인 경험을 제공합니다.

## 3.7 맥락 요청하기

LLM은 텍스트를 생성할 뿐만 아니라 제한된 추론 기능을 갖춘 단순한 에이전트 역할도 수행합니다. 언어 모델에 다음 내용을 요청할 수 있습니다.

- 질문이나 진술에 대해 유효한 응답 반환
- 질문에 적절하게 답변하기 위해 추가적인 맥락 요청

이번 절에서는 GPT-4와 같은 LLM으로 작업할 때 맥락 요청의 중요성에 대해 알아봅니다. 충분한 맥락을 제공하지 않아 유용하지 않은 응답을 초래하는 프롬프트의 예부터 살펴보겠습니다. 그런 다음, 모델에 필요한 경우 추가 맥락을 요청하도록 유도하는 더 나은 프롬프트를 소개합니다. 그리고 제공된 추가 맥락을 사용해 보다 정확한 정보에 입각한 답변을 생성하는 과정을 살펴보겠습니다.

---

Should I use MongoDB or PostgreSQL for my project?
번역: 제 프로젝트에 몽고DB와 PostgreSQL 중 어느 것을 사용해야 할까요?

---

It's difficult to make a recommendation without knowing more about your specific software requirements. Both MongoDB and PostgreSQL have their advantages, but the best choice depends on the specific needs of your project.
번역: 당신의 구체적인 소프트웨어 요구 사항을 알지 못하면 추천하기 어렵습니다. 몽고DB와 PostgreSQL 모두 장점이 있지만, 최적의 선택은 프로젝트의 구체적인 요구 사항에 따라 달라집니다.

---

앞의 프롬프트에서는 의미 있는 추천을 할 수 있는 충분한 맥락이 없습니다. 대신 챗GPT가 효과적인 결정을 내리는 데 도움이 되는 요구 사항 목록을 요청할 수 있습니다.

---

Should I use MongoDB or PostgreSQL for my project?
번역: 제 프로젝트에 몽고DB와 PostgreSQL 중 어느 것을 사용해야 할까요?

Provide a list of requirements that would help you to make an informed and high-quality decision about which database solution I should choose?
번역: 어떤 데이터베이스 솔루션을 선택할 때 도움이 되는 요구 사항 목록을 알려 주세요.

---

To make an informed decision between MongoDB and PostgreSQL for your project, consider the following requirements:
번역: 몽고DB와 PostgreSQL 중에서 정보에 근거한 결정을 내리려면 다음 요구 사항을 고려하세요.

1. Data Structure: Evaluate the structure of your data. If your data is highly unstructured or schema-less, MongoDB's flexible document model may be more suitable. On the other hand, if your data has a fixed schema or requires complex relationships, PostgreSQL's relational model might be a better fit.

번역: 1. 데이터 구조: 데이터의 구조를 평가하세요. 만약 데이터가 비정형이거나 스키마 없이 유연한 구조를 필요로 한다면, 몽고DB의 문서 기반 모델이 더 적합할 수 있습니다. 반면, 데이터가 고정된 스키마를 가지고 있거나 복잡한 관계(조인, 외래 키 등)를 필요로 한다면, PostgreSQL의 관계형 모델이 더 적합할 수 있습니다.
...
10. Cost: Assess the cost implications of each database solution. MongoDB offers both a community edition (free) and a commercial edition with additional features and support.PostgreSQL is open-source and free to use, with optional commercial support available from various vendors.
번역: 10. 비용: 각 데이터베이스 솔루션의 비용적 측면을 평가하세요. 몽고DB는 무료 커뮤니티 에디션과 추가 기능 및 지원이 포함된 상용 에디션을 제공합니다. PostgreSQL은 오픈 소스이므로 무료로 사용할 수 있으며, 여러 벤더사를 통해 선택적 상용 지원을 받을 수도 있습니다.

챗GPT에 현명한 결정을 내리는 방법에 대해 프롬프트한 후, 이제 언어 모델이 판단을 도울 수 있도록 프롬프트에 어떤 내용을 포함해야 하는지 알게 되었습니다.

---

Should I use MongoDB or PostgreSQL for my project?
번역: 제 프로젝트에 몽고DB와 PostgreSQL 중 어느 것을 사용해야 할까요?

Context:
- Data Structure: Highly unstructured data with varying document formats and no fixed schema. Scalability: Project requires the ability to handle massive amounts of data and distribute it across multiple servers.
- ACID Compliance: Strong data consistency and integrity are crucial for the project's financial transactions.
- Querying Capabilities: Complex geospatial queries and aggregations on location-based data. Community and Ecosystem: Active community with numerous third-party libraries and tools specifically tailored for the project's industry.
- Data Integrity and Constraints: Enforcing strict foreign key relationships and complex data validation rules.
- Transactions and Concurrency: Requires handling high levels of concurrent read and write operations while maintaining data consistency.
- Maturity and Stability: Prioritizing a well-established and extensively tested database for long-term stability.
- Development and Operational Ease: Agile development approach with a need for rapid prototyping and iterative schema design.
- Cost: Budget constraints necessitate using an open-source solution with no additional licensing or support costs.
번역: 맥락:
- 데이터 구조: 다양한 문서 형식을 포함하는 고도로 비정형 데이터이며, 고정된 스키마 없음

- 확장성: 대량의 데이터를 처리하고 여러 서버에 분산 저장할 수 있는 능력이 필요함
- ACID 준수: 강력한 데이터 일관성과 무결성이 필수적이며, 특히 금융 거래 처리를 위해 중요함
- 쿼리 기능: 위치 기반 데이터에 대한 복잡한 지리 공간 쿼리 및 집계 연산이 필요함
- 커뮤니티 및 생태계: 해당 산업에 특화된 풍부한 서드 파티 라이브러리 및 툴이 있는 활발한 커뮤니티 필요
- 데이터 무결성과 제약 조건: 엄격한 외래 키 관계 및 복잡한 데이터 유효성 검사 규칙 적용 필요
- 트랜잭션 및 동시성 처리: 다수의 동시 읽기 및 쓰기 작업을 처리하면서 데이터 일관성을 유지해야 함
- 성숙도 및 안정성: 장기적인 안정성을 고려하여 충분히 검증된 성숙한 데이터베이스 솔루션을 선호함
- 개발 및 운영 용이성: 애자일 개발 접근 방식으로 빠른 프로토타이핑과 반복적인 스키마 설계가 가능해야 함
- 비용: 예산 제약이 있어 추가 라이선스 비용이나 지원 비용이 없는 오픈 소스 솔루션을 선호

If you need more context, please specify what would help you to make a better decision.
번역: 더 많은 맥락이 필요하다면, 더 나은 결정을 내리는 데 도움이 될 항목을 구체적으로 알려 주세요.

---

Based on these considerations, both MongoDB and PostgreSQL have their strengths, but given the emphasis on strong data consistency, complex querying, and data integrity constraints, PostgreSQL seems to be a more suitable choice for your project.
번역: 이러한 사항들을 고려할 때, 몽고DB와 PostgreSQL 모두 강점이 있지만, 강력한 데이터 일관성, 복잡한 쿼리 처리 그리고 데이터 무결성 제약 조건을 중시한다면, PostgreSQL이 프로젝트에 더 적합한 선택으로 보입니다.

---

이 마지막 예제에서는 모델이 제공된 추가 맥락을 사용해 PostgreSQL 사용에 대한 충분한 정보에 기반한 권장 사항을 제시합니다. LLM은 필요할 때 사용자에게 맥락을 요청함으로써 보다 가치 있고 정확한 응답을 제공할 수 있습니다.

[그림 3-3]은 맥락 요청이 LLM의 의사 결정 과정에 어떤 영향을 미치는지를 보여 줍니다. 모델은 사용자 입력을 받으면 먼저 주어진 맥락이 충분한지 평가합니다. 맥락이 부족하다고 판단되면, 더 구체적인 정보를 요청해 LLM이 맥락이 풍부한 입력에 의존하고 있음을 강조합니다. 충분한 맥락이 확보되면 LLM은 정보에 입각한 관련성 높은 응답을 생성합니다.

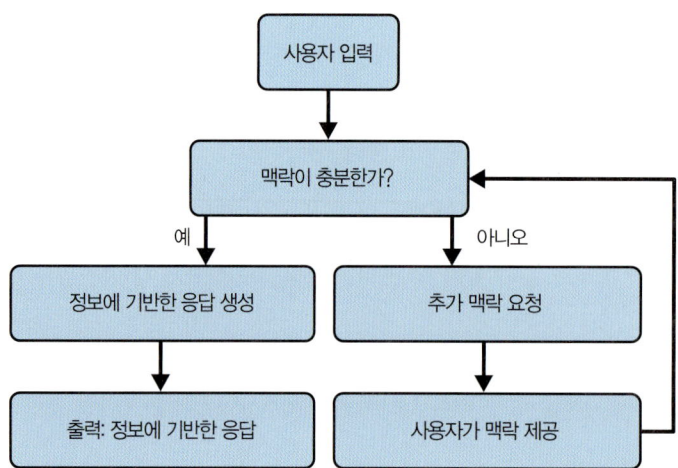

**그림 3-3** 맥락을 요청하는 동안 LLM의 의사 결정 과정

> **NOTE** 기본적으로 LLM이 추가 맥락을 요청하도록 허용하기
> 프롬프트에 다음 핵심 문구를 포함하면 LLM이 기본적으로 더 많은 맥락을 요청하도록 할 수 있습니다.
> - 더 자세한 정보가 필요한 경우 더 나은 결정을 내리는 데 도움이 될 만한 내용을 구체적으로 설명해 주세요.

이 섹션에서는 LLM이 환경적 맥락을 사용해 의사 결정을 내리는 에이전트로 작동하는 방식을 살펴봤습니다. 모델의 권장 사항에 따라 프롬프트를 반복적으로 다듬는 과정을 거치면, 결국 모델이 충분한 정보를 바탕으로 신중한 결정을 내릴 수 있는 수준의 맥락에 도달하게 됩니다.

이 과정은 프롬프트에 충분한 맥락을 제공하는 것이 얼마나 중요한지, 그리고 필요할 때 추가 정보를 요청할 준비가 되어 있어야 한다는 점을 보여 줍니다. 이렇게 하면 GPT-4와 같은 LLM의 강력한 기능을 활용해 보다 정확하고 가치 있는 추천을 얻을 수 있습니다.

GPT-4와 같은 에이전트 기반 시스템에서는 추가적인 맥락을 요청하고, 이를 바탕으로 최종 답변을 제공하는 능력이 정보에 입각한 의사 결정을 내리는 데 매우 핵심적인 역할을 합니다. 예를 들어 멀티 에이전트 시스템인 AutoGPT[3]에는 프롬프트 내 현재 맥락을 바탕으로 주어진 작업

---

3 https://oreil.ly/l3Ihy

을 수행할 수 있는지를 자동으로 판단하는 자체 평가 단계가 있습니다. 이 과정은 행위자-비평가actor-critic 구조를 사용해, 현재의 맥락이 실행 전에 더 개선될 여지가 있는지를 분석합니다.

## 3.8 텍스트 스타일 추출하기

프롬프트 엔지니어링의 강력한 기술 중 하나인 텍스트 스타일을 추출unbundling하는 기능은 문서에서 특정 텍스트의 어조, 길이, 어휘, 구조 등의 특징을 추출하고 분리할 수 있습니다. 이를 통해 원본 문서와 유사한 특성을 공유하는 새로운 콘텐츠를 만들어 다양한 형태의 커뮤니케이션에서 스타일과 어조를 일관성 있게 유지할 수 있습니다. 이 일관성은 다양한 채널과 플랫폼에서 통일된 목소리로 소통해야 하는 기업이나 조직에서 매우 중요합니다. 이 기술의 장점은 다음과 같습니다.

- **브랜드 일관성 향상:** 모든 콘텐츠가 유사한 스타일을 따르도록 함으로써 조직은 브랜드 아이덴티티를 강화하고 일관된 이미지를 유지할 수 있습니다.
- **효율적인 콘텐츠 제작:** 명확한 가이드라인을 제공함으로써 작가와 콘텐츠 제작자는 원하는 스타일에 맞는 자료를 더 쉽게 제작할 수 있습니다.
- **적응성**: 텍스트 스타일 추출은 기존 콘텐츠의 핵심 메시지와 어조를 유지하면서도 새로운 형식이나 스타일로 쉽게 변환할 수 있도록 합니다.

텍스트 스타일을 추출하는 과정에는 원하는 텍스트 특징을 식별하거나 메타 프롬프트(프롬프트를 생성하는 프롬프트)를 생성하여 특징을 추출한 다음, 추출된 특징을 사용해 새 콘텐츠 생성을 안내하는 작업도 포함됩니다.

### 3.8.1 원하는 텍스트 특징 식별하기

텍스트 스타일을 성공적으로 추출하려면 먼저 입력 문서에서 추출하려는 특정 기능을 식별해야 합니다. 일반적인 텍스트의 특징은 다음과 같습니다.

- **어조:** 공식적, 캐주얼, 유머러스, 권위적 등 텍스트가 전달하는 전반적인 분위기나 태도
- **길이:** 원하는 단어 수 또는 콘텐츠의 일반적인 길이
- **어휘 및 구문:** 업계별 전문 용어, 구어체, 복잡성을 포함한 단어와 표현의 선택

추가적으로 이러한 정보를 동적으로 표시하는 메타 프롬프트를 만들 수도 있습니다.

---

Analyze the following text and identify core features that will allow further documents to imitate the same style, consistency, and formatting as the document below.
번역: 다음 글의 스타일, 일관성, 형식을 분석해서 후속 문서가 이를 모방할 수 있도록 하는 핵심 요소를 도출하세요.

Provide all of the features as a style writing guide that will be used for future documents.
번역: 향후 문서 작성을 위한 스타일 가이드의 모든 요소를 제공하세요.

Analyze the following text:
번역: 다음의 글을 분석하세요:

Artificial intelligence is rapidly transforming the world around us, opening up new possibilities and revolutionizing industries. From health care to entertainment, AI is making our lives better and more convenient in countless ways. However, with great power comes great responsibility. We must ensure that AI technologies are developed and deployed ethically and responsibly to protect our privacy and uphold our values.
번역: AI는 우리 주변의 세상을 빠르게 변화시키며, 새로운 가능성을 열고 산업을 혁신하고 있습니다. 의료부터 엔터테인먼트까지, AI는 수많은 방식으로 우리의 삶을 개선하고 편리하게 만들어 주고 있습니다. 그러나 큰 힘에는 큰 책임이 따릅니다. 우리는 AI 기술이 윤리적이고 책임감 있게 개발 및 활용되어야 함을 명심하고, 개인 정보를 보호하고, 우리가 소중히 여기는 가치를 지켜 나가야 합니다.

---

Style Writing Guide:
번역: 문서 작성 스타일 가이드:

Tone of Voice
- Maintain an informative and optimistic tone throughout the document.
- Emphasize the positive impact of the subject matter while acknowledging any potential concerns or responsibilities.
번역: 어조
- 문서 전체에서 명확하면서도 긍정적인 어조를 유지하세요.
- 주제의 긍정적인 영향을 강조하되, 발생할 수 있는 우려나 책임도 함께 인지할 수 있도록 표현하세요.

Length:
번역: 길이
…

```
Vocabulary:
번역: 어휘
...

Structure:
번역: 구조
...

Content:
- Focus on the transformative nature and positive impacts of the subject matter.
- Highlight specific industries or areas where the subject matter has made a
difference.
- Acknowledge any associated responsibilities or potential risks, emphasizing the
need for ethical and responsible practices.
- Stress the importance of privacy protection and upholding values in relation to
the subject matter.
번역: 내용:
- 주제가 가져올 변화와 긍정적인 영향에 초점을 맞춥니다.
- 주제가 변화를 가져온 특정 산업 또는 분야를 강조합니다.
- 관련된 책임이나 잠재적 위험을 인정하고, 윤리적이고 책임감 있는 원칙의 필요성을
강조합니다.
- 개인 정보 보호와 핵심 가치의 중요성을 주제와 연관 지어 강조합니다.
```

## 3.8.2 추출된 특징을 기반으로 새 콘텐츠 생성하기

입력된 문서에서 원하는 특징을 추출한 후에는 이 정보를 사용해 향후 콘텐츠 생성을 지시할 수 있습니다. 프롬프트에 AI 모델이 추출한 특징과 원하는 스타일을 통합하는 것을 잊지 마세요. 예를 들어 다음 지시를 프롬프트에 포함해야 합니다.

```
Write a new blog post on [topic] using the same tone of voice, length, vocabulary,
and structure as the previously analyzed text.
번역: 이전에 분석한 텍스트와 동일한 어조, 길이, 어휘, 구조를 사용하여 [주제]에 대
한 새로운 블로그 글을 작성하세요.
```

이 기법을 **참조 텍스트**[reference text](근거가 되는 문서)와 결합하면 최소한의 수정만으로 신뢰할 수 있는 브랜드 콘텐츠를 제작할 수 있습니다.

### 3.8.3 LLM으로 특정 텍스트 특징 추출하기

문서에서 특정 텍스트의 특징을 추출할 때 LLM을 안내하는 프롬프트를 쉽게 맞춤 설정할 수 있습니다. 덕분에 카피라이팅 목적의 텍스트 분석 외에도 다양하게 활용할 수 있습니다. LLM에 정확한 지침을 작성하면 특정 개체명을 인식하거나 텍스트에서 감성을 식별하는 작업도 가능합니다.

---

Analyze the following text to identify and list the entities mentioned:
번역: 다음 텍스트를 분석해 언급된 엔티티를 식별하고 목록으로 작성하세요.

Artificial intelligence is rapidly transforming the world around us, opening up new possibilities and revolutionizing industries. From health care to entertainment, AI is making our lives better and more convenient in countless ways. However, with great power comes great responsibility. We must ensure that AI technologies are developed and deployed ethically and responsibly to protect our privacy and uphold our values.
번역: AI는 우리 주변의 세상을 빠르게 변화시키며, 새로운 가능성을 열고 산업을 혁신하고 있습니다. 의료부터 엔터테인먼트까지, AI는 수많은 방식으로 우리의 삶을 개선하고 편리하게 만들어 주고 있습니다. 그러나 큰 힘에는 큰 책임이 따릅니다. 우리는 AI 기술이 윤리적이고 책임감 있게 개발 및 활용되어야 함을 명심하고, 개인 정보를 보호하고, 우리가 소중히 여기는 가치를 지켜 나가야 합니다.

---

Entities:
- Artificial Intelligence (AI)
- Health care
- Entertainment
- Privacy
- Values
번역: 엔티티:
- AI
- 의료
- 엔터테인먼트
- 개인 정보
- 핵심 가치

## 3.9 요약하기

정보 과부하의 시대에 많은 양의 텍스트를 간결하고 이해하기 쉬운 요약문으로 압축하는 능력은 필수 기술이 되었습니다. 우리가 생산하고 소비하는 데이터의 양이 계속 증가함에 따라 효과적인 요약 기술에 대한 수요도 크게 증가했습니다.

AI는 이 분야에서 상당한 발전을 이루었으며, 가장 중요한 정보는 유지하면서 관련성이 낮은 세부 정보는 삭제하는 강력한 요약 도구를 제공합니다. 언어 모델을 사용해 요약하는 방법을 살펴봅시다.

---

Summarize the following text:
번역: 다음 글을 요약하세요.

Whereas the party of the first part, hereinafter referred to as the "Purchaser," and the party of the second part, hereinafter referred to as the "Vendor," being fully cognizant of their respective legal obligations and responsibilities pursuant to the applicable statutory provisions and common law doctrines, have duly entered into a legally binding agreement, hereinafter referred to as the "Agreement," for the purpose of effectuating a transaction involving the transfer of goods, hereinafter referred to as the "Goods," between the Purchaser and the Vendor, subject to the terms and conditions set forth herein, the Parties do hereby solemnly acknowledge and affirm the following:
번역: 갑(이하 "구매자")과 을(이하 "판매자")은 해당 법률 조항 및 일반법 원칙에 따른 각자의 법적 의무와 책임을 충분히 인지한 상태에서, 구매자와 판매자 간 매매 계약의 대상(이하 "물품")의 이전과 관련된 거래를 실행하기 위해, 본 계약서(이하 "계약")가 법적으로 구속력 있는 합의로 체결하였음을 확인한다. 이에 따라, 당사자들은 본 계약에 명시된 다음의 조건과 조항을 준수할 것을 엄숙히 인정하고 확약한다.
...

---

This is a legally binding agreement between the Purchaser and the Vendor for the transfer of goods. The agreement incorporates the recitals as an integral part, but in case of any conflict, the operative provisions of the agreement prevail. The interpretation clause states that singular words include the plural and vice versa, and words referring to a gender include all genders. References to statutory provisions include any amendments or replacements.
번역: 이 계약은 구매자와 판매자 간의 물품 이전을 위한 법적 구속력이 있는 계약입니다. 본 계약은 서문의 내용을 포함하나 충돌이 발생할 경우 계약의 본문 조항이 우선됩니다. 해석 조항에 따르면, 문맥에 따라 단어는 단수와 복수 모두를 의미할 수 있으며, 성별을 나타내는 단어는 모든 성별을 포함합니다. 또한, 법률 조항에 대한 언급은 해당 법률의 개정 또는 대체된 내용을 포함합니다.

요약 기능은 긴 기사, 보고서, 연구 논문에서 핵심 인사이트를 빠르게 추출할 수 있게 하는 귀중한 AI 애플리케이션입니다. 요약 덕분에 사용자가 정보에 입각한 결정을 내리고, 시간을 절약하며, 읽기의 우선순위를 정하는 데 도움이 될 수 있습니다. 또한 AI가 생성한 요약본은 팀 간의 정보 공유를 촉진하여 보다 효율적인 협업과 커뮤니케이션을 가능하게 합니다.

### 3.9.1 주어진 맥락 제한 내에서 요약하기

단일 API 요청에서 LLM이 처리할 수 없을 만큼 큰 문서의 경우, 문서를 여러 청크$^{chunk}$로 나눈 뒤 각 청크를 요약하고, 그 요약들을 다시 결합하여 최종 요약으로 만드는 것이 일반적인 접근 방식입니다. 이는 [그림 3-4]에 잘 나타나 있습니다.

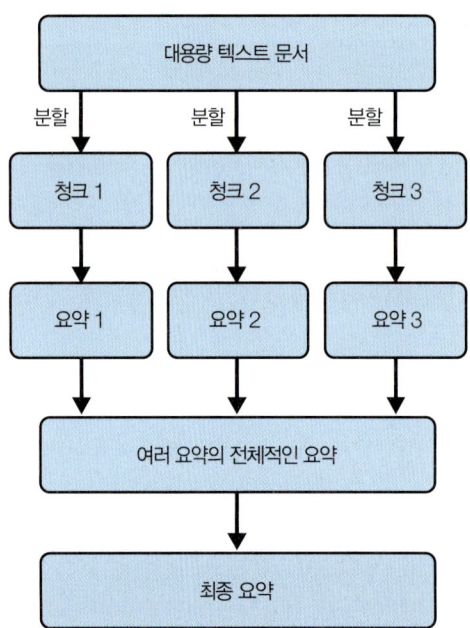

그림 3-4 텍스트 분할과 여러 요약 단계를 사용하는 요약 파이프라인

여러 가지 이유로 다양한 유형의 요약이 필요할 수 있으며, 이럴 때 AI 요약을 사용하면 매우 유용합니다. [그림 3-4]에서 볼 수 있듯이, AI 요약 기능을 사용하면 대용량 PDF 문서를 쉽게 처리하여 다음과 같이 개별 요구 사항에 맞는 고유한 요약을 생성할 수 있습니다.

- **요약 A:** 문서 내용을 빠르게 이해하고자 하는 사용자에게 적합한 핵심 인사이트를 제공하여 가장 중요한 요점에 집중할 수 있습니다.
- **요약 B:** 반면에 의사 결정 정보를 제공하여 사용자가 콘텐츠의 의미와 권장 사항을 기반으로 정보에 입각한 의사 결정을 내릴 수 있도록 합니다.
- **요약 C:** 협업과 커뮤니케이션을 지원하여 사용자가 문서 정보를 효율적으로 공유하고 원활하게 협업할 수 있도록 합니다.

사용자별로 요약을 맞춤 설정하면, AI 요약은 모든 사용자의 정보 검색 효율을 높이는 데 기여하며, 전체 프로세스를 보다 효율적이고 타깃화된 방식으로 개선할 수 있습니다.

예를 들어 디지털 마케팅의 장점에 대한 정보를 찾고 요약하고자 한다면, 요약 프롬프트를 다음과 같이 변경하기만 하면 됩니다.

---

위 텍스트의 간결하고 추상적인 요약을 제공하세요. 장점만 요약하세요:

---

AI 기반 요약은 방대한 정보를 다양한 사용자 요구에 맞춰 간결하고 이해하기 쉬운 형태로 빠르게 추출할 수 있게 하는 필수 도구로 부상하고 있습니다. GPT-4와 같은 고급 언어 모델을 활용한 AI 요약 기술은 핵심 인사이트와 의사 결정에 필요한 정보를 효과적으로 추출하고 협업과 커뮤니케이션을 촉진하는 데에도 큰 역할을 합니다.

데이터의 양이 계속 증가함에 따라, 더 효과적이고 타깃화된 요약에 대한 수요는 앞으로도 계속 늘어날 것이며, 정보화 시대를 살아가는 개인과 조직 모두에게 AI는 중요한 자산으로 자리매김하게 될 것입니다.

## 3.10 텍스트 청킹

대량의 텍스트를 처리하고 관리하는 능력이 점점 더 중요해짐에 따라 LLM은 다양한 애플리케이션에서 더 중요한 역할을 담당하며 계속 발전하고 있습니다. 대규모 텍스트를 처리하는 데 필수적인 기술을 청킹 chunking이라고 합니다.

청킹은 큰 텍스트 조각을 더 작고 관리하기 쉬운 단위 또는 덩어리, 청크로 분해하는 과정을 말합니다. 이러한 청크는 문장, 단락, 주제, 복잡성, 길이 등 다양한 기준으로 적용할 수 있습니다.

텍스트를 더 작은 세그먼트로 나누면 AI 모델이 더 효율적으로 처리, 분석 및 응답을 생성할 수 있습니다.

[그림 3-5]는 큰 텍스트를 청크로 묶은 다음, 개별 청크에서 주제를 추출하는 과정을 보여 줍니다.

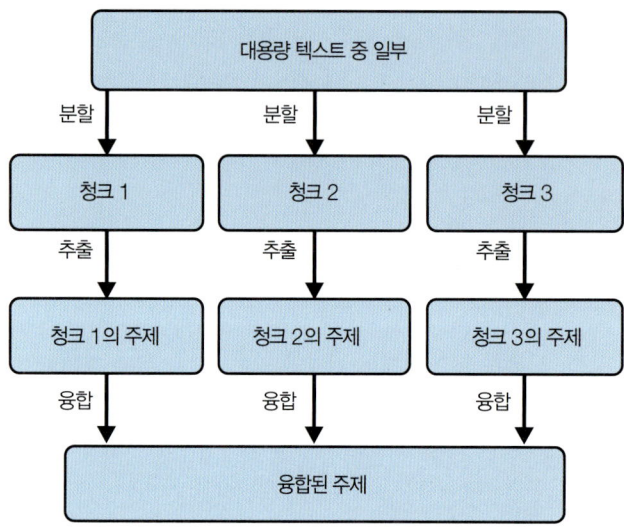

그림 3-5 텍스트 청킹 후 LLM을 사용한 주제 추출

## 텍스트 청킹의 이점

텍스트를 청크 단위로 나누는 방식에는 다음과 같은 여러 가지 장점이 있습니다.

- **컨텍스트 길이 제한에 맞추기**: LLM에는 입력과 출력 토큰의 총량에 제한이 있으며 이를 컨텍스트 길이라고 합니다. 입력 토큰 수를 줄이면 응답이 중간에 잘리거나 초기 요청이 거부되는 일을 방지할 수 있습니다.
- **비용 절감**: 청킹을 사용하면 문서에서 가장 중요한 포인트만 추출할 수 있어 불필요한 토큰 사용량을 줄이고, API 호출 비용도 절감할 수 있습니다.
- **성능 향상**: 텍스트를 나눔으로써 LLM의 처리 부담이 줄어들고, 응답 속도가 빨라지며, 시스템 리소스를 더 효율적으로 사용할 수 있습니다.
- **높은 유연성**: 청킹을 사용하면 개발자는 주어진 작업이나 애플리케이션의 특정 요구 사항에 따라 AI 응답을 맞춤화할 수 있습니다.

### 텍스트 청킹이 유용한 상황

텍스트 청킹은 특정 상황에서 특히 효과적이지만, 모든 경우에 반드시 필요한 것은 아닙니다. 이 기법을 언제 적용해야 하는지 이해하면 LLM의 성능과 비용 효율성을 최적화할 수 있습니다.

**청킹이 필요한 경우**

- **대용량 문서:** LLM의 최대 토큰 한도를 초과하는 방대한 문서를 처리하는 경우
- **복잡한 분석:** 자세한 분석이 필요하고 더 나은 이해와 처리를 위해 문서를 세분화해야 하는 경우
- **주제가 여러 개인 문서:** 문서에서 여러 주제를 다루고 있어 개별적으로 처리하는 것이 유리한 경우

**청킹이 필요 없는 경우**

- **짧은 문서:** 문서가 짧고 LLM의 토큰 한도 내의 크기인 경우
- **간단한 분석:** 필요한 분석 또는 처리가 간단하다면 청킹의 이점이 제한됨
- **단일 주제 문서:** 문서가 단일 주제에 집중되어 있고 별도로 나눌 필요가 없는 경우

## 3.10.1 잘못된 청킹 예시

텍스트가 올바르게 청킹되지 않으면 LLM 성능이 저하될 수 있습니다. 뉴스 기사의 다음 단락을 살펴봅시다.

> The local council has decided to increase the budget for education by 10% this year, a move that has been welcomed by parents and teachers alike. The additional funds will be used to improve school infrastructure, hire more teachers, and provide better resources for students. However, some critics argue that the increase is not enough to address the growing demands of the education system.
> 번역: 지역 의회는 올해 교육 예산을 10% 증액하기로 결정했으며, 이 조치는 학부모와 교사들로부터 지지를 받고 있다. 추가 예산은 학교 시설 개선, 교사 추가 채용, 학생들에게 더 나은 교육 자료 제공하기 위해 사용될 예정이다. 그러나 일각에서는 이번 증액이 증가하는 교육 시스템의 수요를 충족하기에는 충분하지 않다고 주장하고 있다.

이 기사가 다음과 같이 각각의 개별 단어로 조각나면 원래의 문맥이 사라집니다.

> ["The", "local", "council", "has", "decided", "to", "increase", "the", "budget", ...]
> 번역: ["지역", "의회", "는", "교육", "예산", "을", "증액", "하기로", "결정", "했으며", ...]

청킹이 잘못되면 다음 문제가 발생합니다.

- **맥락 손실**: 텍스트를 개별 단어로 분할하면 단어 간의 원래 의미와 관계가 손실됩니다. 이로 인해 AI 모델이 효과적으로 이해하고 대응하기 어렵습니다.
- **처리 부하 증가**: 개별 단어를 처리하려면 더 많은 계산 리소스가 필요하므로 더 큰 텍스트 덩어리를 처리하는 것보다 효율성이 떨어집니다.

청킹이 제대로 이루어지지 않을 경우 LLM이 직면하게 될 문제는 다음과 같습니다.

- 텍스트의 주요 아이디어와 주제를 이해하기 어려움
- 정확한 요약을 만들거나 번역하는 데 어려움을 겪을 수 있음
- 감성 분석이나 텍스트 분류 작업을 효과적으로 수행할 수 없음

잘못된 청킹 방식을 이해하면 프롬프트 엔지니어링 원칙을 적용하여 프로세스를 개선하고 AI 언어 모델을 통해 더 나은 결과를 얻을 수 있습니다. 앞서 살펴본 동일한 뉴스 기사 단락을 사용해 개선된 청킹 예제, 즉 문장 단위로 청킹하는 예를 살펴보겠습니다.

---

["""The local council has decided to increase the budget for education by 10% this year, a move that has been welcomed by parents and teachers alike. """,
번역: ["""지역 의회는 올해 교육 예산을 10% 증액하기로 결정했으며, 이 조치는 학부모와 교사들로부터 지지를 받고 있다.""",

"""The additional funds will be used to improve school infrastructure, hire more teachers, and provide better resources for students.""",
번역: """추가 예산은 학교 시설 개선, 교사 추가 채용, 학생들에게 더 나은 교육 자료 제공하기 위해 사용될 예정이다.""",

"""However, some critics argue that the increase is not enough to address the growing demands of the education system."""]
번역: """그러나 일각에서는 이번 증액이 증가하는 교육 시스템의 수요를 충족하기에는 충분하지 않다고 주장하고 있다."""]

---

> **TIP** **프롬프트 원칙 ④ 품질 평가하기, ⑤ 업무 나누기**
> 텍스트를 구분할 문장, 단락, 주제별 등의 단위를 정의합니다. 토큰 수나 모델 온도와 같은 매개변수를 조정해 청킹 과정을 최적화하세요.

텍스트를 이러한 방식으로 청크하면 가장 관련성 높은 문장들을 중심으로 전체 문장을 LLM 프롬프트에 삽입할 수 있습니다.

## 3.10.2 청킹 전략

텍스트를 청킹하는 데는 여러 가지 전략이 있습니다.

### 문장 단위 분할

원본 콘텐츠의 맥락과 구조를 유지하면서 LLM이 정보를 더 쉽게 이해하고 처리할 수 있도록 도와줍니다. 문장 기반 청킹은 요약, 번역, 감성 분석과 같은 작업에 특히 유용합니다.

### 단락 단위 분할

긴 콘텐츠를 처리할 때 효과적인 방법으로, LLM이 한 번에 하나의 응집력 있는 단위에 집중할 수 있도록 합니다. 단락 기반 청킹은 문서 분석, 주제 모델링, 정보 추출 등에 적합합니다.

### 주제 또는 섹션 단위 분할

AI 모델이 콘텐츠 내의 주요 주제나 아이디어를 더 잘 파악할 수 있도록 도와줍니다. 주제 기반 청킹은 텍스트 분류, 콘텐츠 추천, 클러스터링과 같은 작업에 적합합니다.

### 복잡도 기준 분할

읽기 난이도나 기술적 수준 등 콘텐츠의 복잡성에 따라 텍스트를 분할하면 유사한 난이도의 내용을 함께 그룹화할 수 있어 LLM이 보다 효율적으로 처리하고 분석할 수 있습니다. 이 접근 방식은 가독성 분석, 콘텐츠 맞춤화, 개인화 학습 등에 유용합니다.

### 길이 기준 분할

매우 길거나 복잡한 문서로 작업할 때 특히 유용한 전략입니다. LLM이 콘텐츠를 보다 효율적으로 분석하고 처리할 수 있게 하며 대규모 텍스트 분석, 검색 엔진 인덱싱, 텍스트 전처리 작업에 적합한 방식입니다.

### 토크나이저를 활용한 토큰 단위 분할

토크나이저를 활용해 텍스트를 단어, 구, 기호 등의 작은 단위(토큰)로 나누면 LLM이 각 요소를 더 효과적으로 분석하고 처리할 수 있습니다. 이러한 토크나이저는 대부분의 자연어 처리 작업에 필수적이며, 조금 이따가 살펴볼 예제에서는 바이트 쌍 인코딩(BPE) 방식의 토크나이저인 tiktoken 패키지를 사용해 봅니다.

다양한 청킹 전략에 대한 개괄적인 개요를 [표 3-1]에서 소개합니다. 청킹을 수행할 때 가장 중요한 것이 무엇인지 고려하며 전략을 결정하길 바랍니다. 여러분은 의미론적 맥락을 보존하는 데 더 관심이 있나요, 아니면 순수하게 길이로 분할하는 것만으로도 충분한가요?

표 3-1 6가지 청킹 전략의 장단점 분석

| 청킹 전략 | 장점 | 단점 |
|---|---|---|
| 문장 단위 분할 | 맥락을 잘 보존하며 다양한 작업에 적합 | 매우 긴 콘텐츠에는 비효율적일 수 있음 |
| 단락 단위 분할 | 긴 콘텐츠 처리에 효과적이며 응집력 있는 단위에 집중 가능 | 세부성이 떨어져 미묘한 연결을 놓칠 수 있음 |
| 주제 또는 섹션 단위 분할 | 주요 주제를 식별하기 쉬워 분류 작업에 유리 | 주제 식별 과정이 필요하고 세부 사항을 놓칠 수 있음 |
| 복잡도 기준 분할 | 유사한 복잡도 수준을 그룹화하여 적응형 처리 가능 | 복잡도 측정이 필요하며 모든 작업에 적합하지 않음 |
| 길이 기준 분할 | 매우 긴 콘텐츠를 효율적으로 관리 가능 | 맥락 손실이 발생할 수 있으며 추가 전처리 단계가 필요할 수 있음 |
| 토크나이저를 활용한 토큰 단위 분할 | 정확한 토큰 수 계산으로 LLM의 토큰 제한 회피 가능 | 토큰화가 필요하며 계산 복잡도가 증가할 수 있음 |

특정 사용 사례에 적합한 청킹 전략을 선택하면 AI 언어 모델의 성능과 정확도를 최적화할 수 있습니다.

### 3.10.3 spaCy를 사용한 문장 분리

문장 분리sentence detection (문장 경계 판별sentence boundary disambiguation이라고도 함)는 주어진 텍스트 내에서 문장의 시작과 끝을 식별하는 NLP에서 사용되는 프로세스입니다. 원본 콘텐츠의 맥락과 구조를 보존해야 하는 작업에 특히 유용합니다. 텍스트를 문장으로 분할함으로써 LLM은 요약, 번역, 감성 분석과 같은 작업을 위해 정보를 더 잘 이해하고 처리할 수 있습니다.

문장 단위의 분할은 spaCy(https://spacy.io)와 같은 NLP 라이브러리를 사용합니다. 파이썬 환경에 spaCy가 설치되어 있는지 확인하세요. `pip install spacy`으로 설치할 수 있습니다. `python -m spacy download en_core_web_sm` 명령을 사용해 `en_core_web_sm` 모델을 다운로드합니다.

[예제 3-3]은 파이썬의 spaCy 라이브러리를 사용해 문장을 분리하는 코드입니다.

**예제 3-3** spaCy를 사용한 문장 분리

```python
# 파일명: content/chapter_3/sentence_detection_in_spacy.py

import spacy

nlp = spacy.load("en_core_web_sm")

text = "This is a sentence. This is another sentence."
# 번역: 이것은 문장입니다. 이것은 또 다른 문장입니다.

doc = nlp(text)

for sent in doc.sents:
    print(sent.text)
```

```
This is a sentence.
This is another sentence.
번역: 이것은 문장입니다.
이것은 또 다른 문장입니다.
```

코드를 살펴보면 먼저 spaCy 라이브러리를 가져와서 영어 모델(en_core_web_sm)을 로드하여 nlp 객체를 초기화합니다. 두 문장으로 입력 텍스트를 정의한 다음 doc = nlp(text)로 처리하여 결과적으로 doc 객체를 생성합니다. 마지막으로 코드는 doc.sents 속성을 사용해 감지된 문장을 반복하고 각 문장을 출력합니다.

### 3.10.4 파이썬으로 간단한 청킹 알고리즘 구축하기

다양한 청킹 전략을 살펴봤으니 간단한 청킹 알고리즘을 처음부터 작성하면서 직관력을 키워봅시다. [예제 3-4]는 블로그 게시물 'Hubspot – What Is Digital Marketing?'을 문자 길이에 따라 청킹하는 방법을 보여 줍니다. 이 블로그 게시물의 파일은 깃허브 저장소의 content/chapter_3/hubspot_blog_post.txt[4]에서 찾을 수 있습니다.

hubstop_blog_post.txt 파일을 올바르게 읽으려면 현재 작업 디렉터리가 깃허브 디렉터리

---

[4] https://oreil.ly/30rlQ

content/chapter_3[5]로 설정되어 있는지 확인하세요. 이는 파이썬 코드를 실행하거나 주피터 노트북 서버를 실행할 때 모두 필요한 설정입니다.

**예제 3-4** 캐릭터 청킹

```
# 파일명: content/chapter_3/hubspot_blog_post.txt

with open("hubspot_blog_post.txt", "r") as f:
    text = f.read()

chunks = [text[i : i + 200] for i in range(0, len(text), 200)]

for chunk in chunks:
    print("-" * 20)
    print(chunk)
```

```
search engine optimization strategy for many local businesses is an optimized
Google My Business profile to appear in local search results when people look for
products or services related to what yo
--------------------
u offer.

For Keeps Bookstore, a local bookstore in Atlanta, GA, has optimized its Google My
Business profile for local SEO so it appears in queries for "atlanta bookstore."
--------------------
...(shortened for brevity)...
번역: 많은 로컬 비즈니스의 검색 엔진 최적화(SEO) 전략은 구글 내 비즈니스 프로필을
최적화해, 사람들이 원하는 관련 제품이나 서비스를 검색할 때 지역 검색 결과에 나타나
도록 하는 것입니다.
--------------------
제공하는.

Keeps Bookstore는 미국 조지아주 애틀랜타에 위치한 지역 서점으로, "atlanta
bookstore" 검색어에 노출될 수 있도록 구글 내 비즈니스 프로필을 지역 SEO에 맞게 최
적화했습니다.
--------------------
...(중략)...
```

먼저 **open** 함수를 사용해 **hubspot_blog_post.txt** 텍스트 파일을 열고 그 내용을 변수 텍스

---

[5] https://oreil.ly/OHurh

트로 읽습니다. 그런 다음 파이썬의 리스트 컴프리헨션 기능을 사용해 청크 목록을 만들었습니다. 이때 각 chunk는 200자의 텍스트 하위 문자열입니다.

그런 다음 range 함수를 사용해 각 200자 하위 문자열에 대한 인덱스를 생성하고 i : i + 200 슬라이스 표기법을 사용해 텍스트에서 하위 문자열을 추출합니다. 마지막으로 chunks 목록의 각 청크를 반복하여 print 콘솔로 전송합니다.

보다시피 이 청킹 구현은 비교적 단순하게 길이만을 기준으로 하기 때문에 문장이나 단어가 중간에서 잘리는 문제가 발생합니다. 이러한 문제를 피하기 위해, 효과적인 NLP 청킹은 다음과 같은 특성을 갖춰야 한다고 생각합니다

- 전체 단어, 이상적으로는 문장 전체와 화자의 문맥적 요점까지 온전히 보존할 수 있어야 합니다.
- 문장이 여러 페이지에 걸쳐 있을 경우(예: 1페이지에서 2페이지로 넘어가는 경우)에도 올바르게 처리할 수 있어야 합니다.
- 각 청크가 적절한 토큰 수를 포함하도록 하여, 전체 입력 토큰 수가 LLM의 토큰 컨텍스트 창에 무리 없이 들어가야 합니다

### 3.10.5 슬라이딩 윈도우 청킹

슬라이딩 윈도우 청킹은 지정된 문자 수를 기준으로 텍스트 데이터를 겹치는 청크 또는 윈도우로 나누는 기법입니다. 그런데 여기서 슬라이딩 윈도우sliding window란 정확히 무엇일까요?

긴 텍스트를 작은 창문을 통해 본다고 상상해 보세요. 이 창은 한 번에 일정한 수의 문자만 표시할 수 있습니다. 텍스트의 시작부터 끝까지 이 창을 천천히 밀어가면, 서로 겹치는 텍스트 조각들을 보게 됩니다. 이 메커니즘이 슬라이딩 윈도우 접근 방식의 핵심입니다.

이 창문의 크기는 고정된 문자 수로 정의되며, 단계 크기step size에 따라 창문이 한 번에 얼마나 멀리 이동하는지가 결정됩니다.

[그림 3-6]은 창문 크기가 4이고 단계 크기가 1인 경우의 예입니다. 첫 번째 청크에는 텍스트의 처음 네 개의 단어가 포함됩니다. 그런 다음 창문에서 단어 1개만큼 오른쪽으로 밀면 두 번째에서 다섯 번째 단어가 포함된 두 번째 청크가 만들어집니다.

이 과정은 텍스트의 끝에 도달할 때까지 반복되며, 각 청크가 이전과 다음 청크와 겹쳐지면서 공유된 맥락을 유지하게 됩니다.

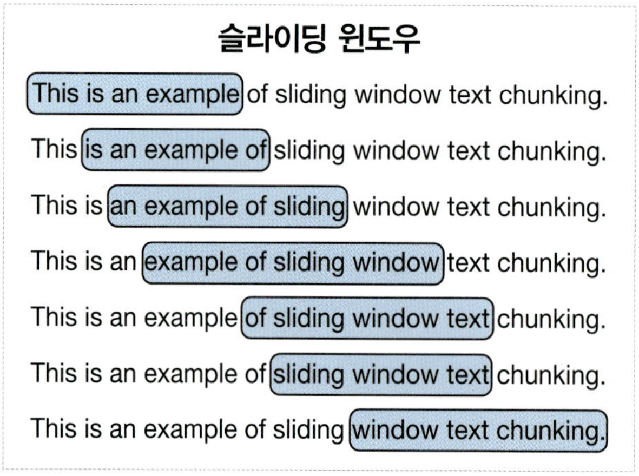

**슬라이딩 윈도우**

This is an example of sliding window text chunking.
This is an example of sliding window text chunking.
This is an example of sliding window text chunking.
This is an example of sliding window text chunking.
This is an example of sliding window text chunking.
This is an example of sliding window text chunking.
This is an example of sliding window text chunking.

**그림 3-6** 창문 크기가 4이고 단계 크기가 1인 슬라이딩 윈도우

단계 크기가 1이기 때문에 청크 간에 중복되는 정보가 많으며, 청크 간 정보가 손실될 위험이 크게 줄어듭니다.

다음으로 창문 크기가 4이고 단계 크기가 3인 예를 살펴봅시다. 단계 크기가 증가했기 때문에 청크 간에 공유되는 정보의 양이 크게 줄어든 것을 알 수 있습니다.

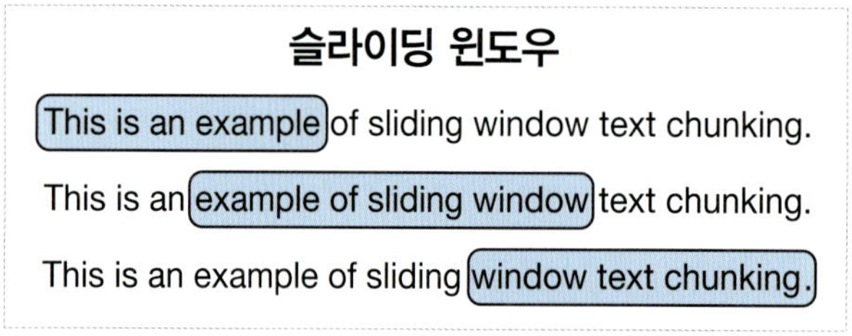

**슬라이딩 윈도우**

This is an example of sliding window text chunking.
This is an example of sliding window text chunking.
This is an example of sliding window text chunking.

**그림 3-7** 창문 크기가 4이고 단계 크기가 3인 슬라이딩 윈도우

정확성과 의미론적 맥락 보존이 토큰 입력 수나 LLM에 대한 요청 횟수를 최소화하는 것보다 더 중요한 경우에는 슬라이딩 윈도우의 오버랩 크기를 더 크게 설정해야 할 수 있습니다.

[예제 3-5]는 파이썬의 len() 함수를 사용해 슬라이딩 윈도우를 구현하는 방법을 보여 줍니다. len() 함수는 주어진 텍스트 문자열의 전체 문자 수를 반환하며, 이를 통해 슬라이딩 윈도우의 각종 매개변수를 정의하는 데 사용할 수 있습니다.

**예제 3-5** 슬라이딩 윈도우

```python
# 파일명: content/chapter_3/sliding_window.py

def sliding_window(text, window_size, step_size):
    if window_size > len(text) or step_size < 1:
        return []
    return [text[i:i+window_size] for i
        in range(0, len(text) - window_size + 1, step_size)]

text = "This is an example of sliding window text chunking."
# 번역: 슬라이딩 윈도우 청킹 예제입니다.
window_size = 20
step_size = 5

chunks = sliding_window(text, window_size, step_size)

for idx, chunk in enumerate(chunks):
    print(f"Chunk {idx + 1}: {chunk}")
```

```
Chunk 1: This is an example o
Chunk 2: is an example of sli
Chunk 3:  example of sliding
Chunk 4: ple of sliding windo
Chunk 5: f sliding window tex
Chunk 6: ding window text chu
Chunk 7: window text chunking
번역:[6]
청크 1: 이것은 슬라이딩 윈
청크 2: 것은 슬라이딩 윈도
청크 3: 은 슬라이딩 윈도우
청크 4: 슬라이딩 윈도우 텍
청크 5: 라이딩 윈도우 텍스
청크 6: 윈도우 텍스트 청킹
청크 7: 텍스트 청킹의 예제
```

프롬프트 엔지니어링 관점에서 슬라이딩 윈도우 접근 방식은 고정된 청크 방식에 비해 여러 가지 이점을 제공합니다. 이 방식은 청크 간에 일정 부분 겹치도록 설계되어, LLM이 더 많은 맥락 정보를 유지할 수 있게 하며, 문장 분리에 의존하지 않고도 맥락을 보존할 수 있는 효과적인 대안이 됩니다.

---

[6] 옮긴이_ 원문의 느낌을 유지하기 위해 window_size=10, step_size=1로 번역했습니다.

## 3.10.6 tiktoken으로 텍스트 청킹하기

GPT-4와 같은 LLM으로 작업할 때는 항상 최대 컨텍스트 길이에 주의하세요.

```
maximum_context_length = input_tokens + output_tokens
```

텍스트를 처리하기 쉬운 단위로 분해하는 데 사용할 수 있는 토큰화 도구는 다양합니다. 가장 많이 사용하는 도구로는 NLTK, spaCy, tiktoken이 있습니다. NLTK와 spaCy는 텍스트 처리 전반을 포괄적으로 지원하지만, 여기서는 tiktoken에 초점을 맞춰 소개합니다.

tiktoken[7]은 텍스트를 하위 단어 단위로 분해하는 빠른 바이트 쌍 인코딩(BPE) 토큰화 도구로, 오픈AI의 모델과 함께 사용하도록 설계되었습니다. tiktoken은 동급의 오픈 소스 토큰화 도구보다 빠른 성능을 제공합니다.

GPT-4 애플리케이션을 사용하는 개발자가 tiktoken을 사용하면 다음과 같은 이점을 누릴 수 있습니다.

- **정확한 토큰 분석**: GPT 모델은 텍스트를 개별 토큰으로 해석하기 때문에 텍스트를 토큰으로 나누는 것이 중요합니다. 텍스트의 토큰 수를 파악하면 텍스트가 너무 길어서 모델이 처리할 수 없는지를 파악할 수 있습니다.
- **효과적인 리소스 활용**: 정확한 토큰 수를 확보하면, 특히 오픈AI API를 사용할 때 리소스를 효율적으로 관리할 수 있습니다. 토큰 수를 파악하면 API 사용량을 조절하고 최적화하여 비용과 리소스 사용량 간의 균형을 유지할 수 있습니다.

## 3.11 인코딩

인코딩은 텍스트를 토큰으로 변환하는 방법을 정의하며, 모델마다 다른 인코딩을 사용합니다. tiktoken은 오픈AI 모델에서 일반적으로 사용되는 세 가지 인코딩을 지원합니다.

| 인코딩 이름 | 오픈AI 모델 |
| --- | --- |
| cL100K_BASE | GPT-4, GPT-3.5-turbo, text-embedding-ada-002 |
| p50k_base | Codex 모델, text-davinci-002, text-davinci-003 |
| r50K_BASE(또는 gpt2) | davinci와 같은 GPT-3 모델 |

---

7  https://oreil.ly/oSpVe

## 3.11.1 문자열의 토큰화 이해

영어에서는 토큰의 길이가 **t** 같은 단일 문자에서부터 **great** 같은 단어 전체에 이르기까지 다양합니다. 이는 토큰화가 언어 특성에 따라 유연하게 작동하기 때문인데, 예를 들어 복잡한 문자 체계를 가진 언어에서는 문자보다 짧은 토큰, 반대로 공백이 없거나 문장이 하나의 단위로 작동하는 언어에서는 단어보다 긴 토큰도 생성될 수 있습니다.

또한 토큰에 공백이 포함되는 경우도 흔히 볼 수 있습니다. 예를 들어 "is"가 아니라 " "+"is" 혹은 "is "처럼 토큰화되기도 합니다. 이러한 방식은 원본 텍스트의 형식을 유지하고, 언어적 특성을 정확하게 반영하는 데 도움이 됩니다.

> **NOTE** 오픈AI의 토크나이저<sup>Tokenizer</sup>(https://oreil.ly/K6ZQK)에서 문자열의 토큰화를 실험해 봐도 좋습니다.

먼저 PyPI에서 `pip install tiktoken` 명령어를 사용해 tiktoken(https://oreil.ly/HA2QD)을 설치하세요. 다음 예제에서는 텍스트를 토큰으로 쉽게 인코딩하고, 토큰을 텍스트로 디코딩하는 방법을 살펴봅니다.

```python
# 파일명: content/chapter_3/tiktoken_example.py

# 1. 패키지 가져오기
import tiktoken

# 2. tiktoken.get_encoding()을 사용해 인코딩 로드하기
encoding = tiktoken.get_encoding("cl100k_base")

# 3. encoding.encode()를 사용해 텍스트를 토큰으로 변환하기
# 토큰을 텍스트로 변환할 때는 encoding.decode()를 사용함
print(encoding.encode("Learning how to use Tiktoken is fun!"))
print(encoding.decode([1061, 15009, 374, 264, 2294, 1648,
    311, 4048, 922, 15592, 0]))
```

```
[48567, 1268, 311, 1005, 73842, 5963, 374, 2523, 0]
"Data engineering is a great way to learn about AI!"
```

텍스트를 토큰화한 다음, text_string과 encoding_name에 주어진 토큰의 수를 계산하는 함수를 작성합니다.

```
def count_tokens(text_string: str, encoding_name: str) -> int:
    """
    Returns the number of tokens in a text string using a given encoding.

    Args:
        text: The text string to be tokenized.
        encoding_name: The name of the encoding to be used for tokenization.

    Returns:
        The number of tokens in the text string.

    Raises:
        ValueError: If the encoding name is not recognized.
    """
    """
    번역: 주어진 인코딩을 사용하여 텍스트 문자열의 토큰 수를 반환합니다.

    매개변수:
    text: 토큰화할 텍스트 문자열
    encoding_name: 토큰화에 사용할 인코딩의 이름

    반환값:
    텍스트 문자열의 토큰 수

    예외:
    ValueError: 인코딩 이름이 인식되지 않는 경우
    """

    encoding = tiktoken.get_encoding(encoding_name)
    num_tokens = len(encoding.encode(text_string))
    return num_tokens

# 4. 텍스트 문자열에서 토큰의 수를 세는 함수를 사용하세요.
text_string = "Hello world! This is a test."
print(count_tokens(text_string, "cl100k_base"))
```

이 코드는 8을 출력합니다.

## 3.11.2 채팅 API 호출 시 토큰 사용량 추정하기

GPT-3.5-turbo 및 GPT-4와 같은 챗GPT 모델은 이전의 완료 모델과 유사하게 토큰을 활용합니다. 그러나 이들 모델은 메시지 기반 구조를 사용하기 때문에 대화 전체의 토큰 수를 계산하는 과정이 더 복잡해질 수 있습니다.

```python
# 파일명: content/chapter_3/tiktoken_example.py

def num_tokens_from_messages(messages, model="gpt-3.5-turbo"):
    """Return the number of tokens used by a list of messages."""
    """번역: 메시지 목록에서 사용된 토큰의 수를 반환합니다."""
    try:
        encoding = tiktoken.encoding_for_model(model)
    except KeyError:
        print("Warning: model not found. Using cl100k_base encoding.")
        # 번역: 경고: 모델을 찾을 수 없습니다. cl100k_base 인코딩을 사용합니다.
        encoding = tiktoken.get_encoding("cl100k_base")
    if model in {
        "gpt-3.5-turbo-0613",
        "gpt-3.5-turbo-16k-0613",
        "gpt-4-0314",
        "gpt-4-32k-0314",
        "gpt-4-0613",
        "gpt-4-32k-0613",
        }:
        tokens_per_message = 3
        tokens_per_name = 1
    elif model == "gpt-3.5-turbo-0301":
        tokens_per_message = 4  # 각 메시지는 다음과 같이 진행됩니다.
        # < start >{role/name}\n{content}< end >\n
        tokens_per_name = -1  # 이름이 있을 경우, 역할은 생략됩니다.
    elif "gpt-3.5-turbo" in model:
        print('''Warning: gpt-3.5-turbo may update over time. Returning
        num tokens assuming gpt-3.5-turbo-0613.''')
        '''번역: 경고: gpt-3.5-turbo는 시간이 지남에 따라 업데이트될 수 있습니다.
        gpt-3.5-turbo-0613을 기준으로 큰 수를 반환합니다.'''
        return num_tokens_from_messages(messages, model="gpt-3.5-turbo-0613")
    elif "gpt-4" in model:
        print('''Warning: gpt-4 may update over time.
        Returning num tokens assuming gpt-4-0613.''')
        '''번역: 경고: gpt-4 는 시간이 지남에 따라 업데이트될 수 있습니다.
        gpt-3.5-turbo-0613을 기준으로 토큰 수를 반환합니다.'''
```

```
        return num_tokens_from_messages(messages, model="gpt-4-0613")
    else:
        raise NotImplementedError(
            f"""num_tokens_from_messages() is not implemented for model
            {model}."""
        )
        """번역: num_tokens_from_messages()는 모델 {model}에 대해 구현되지 않았습니다."""
    num_tokens = 0
    for message in messages:
        num_tokens += tokens_per_message
        for key, value in message.items():
            num_tokens += len(encoding.encode(value))
            if key == "name":
                num_tokens += tokens_per_name
    num_tokens += 3  # 각 응답은 다음으로 준비됩니다.
    # < start >assistant< message >
    return num_tokens
```

[예제 3-6]은 현재 GPT-3.x 및 GPT-4와 같은 채팅 모델에 요청을 보낼 때 필수적인 메시지 구조를 보여 줍니다. 일반적으로 채팅 기록은 다음과 같은 구조로 구성됩니다. 먼저 전체 시스템 설정 메시지(system)가 오고, 그다음 사용자(user)와 어시스턴스(assistant)가 번갈아 가며 메시지를 주고받는 형식입니다.

**예제 3-6** 오픈AI의 채팅 완료 API를 위한 페이로드

```
example_messages = [
    {
        "role": "system",
        "content": '''You are a helpful, pattern-following assistant that
        translates corporate jargon into plain English.''',
        '''번역: 당신은 기업 용어를 간단한 영어로 번역하는 데 도움이 되는,
        패턴을 따르는 어시스턴트입니다.'''
    },
    {
        "role": "system",
        "name": "example_user",
        "content": "New synergies will help drive top-line growth.",
        '''번역: 새로운 시너지가 매출 성장에 도움을 줄 것입니다.'''
    },
    {
```

```
            "role": "system",
            "name": "example_assistant",
            "content": "Things working well together will increase revenue.",
            '''번역: 더 많은 시간이 생기면, 기회에 대해 다시 논의하자.'''
    },
    {
            "role": "system",
            "name": "example_user",
            "content": '''Let's circle back when we have more bandwidth to touch
            base on opportunities for increased leverage.''',
            '''번역: 더 시간이 여유가 생기면, 더 큰 효과를 얻을 수 있는
            기회에 대해 다시 논의하자.'''
    },
    {
            "role": "system",
            "name": "example_assistant",
            "content": '''Let's talk later when we're less busy about how to
            do better.''',
            '''번역: 우리가 덜 바쁠 때 나중에 어떻게 더 잘할 수 있을지 이야기하자.'''
    },
    {
            "role": "user",
            "content": '''This late pivot means we don't have
            time to boil the ocean for the client deliverable.''',
            '''번역: 이 시점에서의 전환은 고객에게 제공할 결과물을
            준비할 시간이 부족하다는 의미입니다.'''
    },
]

for model in ["gpt-3.5-turbo-0301", "gpt-4-0314"]:
    print(model)
    # 위에서 정의된 함수에서의 예시 토큰 수 계산
    print(f'''{num_tokens_from_messages(example_messages, model)}
    prompt tokens counted by num_tokens_from_messages().''')
    '''번역: num_tokens_from_messages()로 계산된 프롬프트 토큰 수'''
```

"role": "system"은 프롬프트에 대한 지침을 제공하는 데 사용되는 시스템 메시지를 의미합니다. 이를 통해 어시스턴트의 성격을 조정하거나 대화 방식에 대한 구체적인 지침을 전달할 수 있습니다. 하지만 시스템 메시지는 반드시 포함되어야 하는 필수 요소는 아닙니다. 시스템 메시지를 생략해도 모델은 기본적으로 '당신은 도움이 되는 비서입니다.'와 유사한 태도로 응답하게 됩니다.

메시지에서 사용할 수 있는 "role" 값은 ["system", "user", "assistant"]입니다.

"content": "Some content"는 각 메시지의 포함될 프롬프트나 응답의 실제 내용을 배치하는 위치입니다. 이 "content"는 메시지의 "role"이 무엇인지에 따라 "assistant", "system", "user" 중 하나로 사용됩니다.

## 3.12 감성 분석

감성 분석sentiment analysis은 텍스트에 담긴 감성, 의견, 혹은 정서적 반응을 식별하고 추출하며 이해하는 데 도움을 주는 대표적인 자연어 처리 기법입니다. GPT-4와 같은 LLM의 강력한 성능을 활용함으로써 감성 분석은 다양한 산업 분야에서 기업, 연구자, 개발자들이 널리 활용하는 필수 도구로 자리 잡았습니다.

감성 분석의 주요 목표는 텍스트가 전달하는 감성의 톤이나 태도, 즉 긍정, 부정, 중립 상태를 판별하는 것입니다. 이 정보는 제품이나 서비스에 대한 소비자 의견을 파악하거나, 브랜드 평판을 모니터링하고, 시장 동향을 예측하는 데 유용한 인사이트를 제공합니다.

다음은 효과적인 감성 분석 프롬프트를 만들기 위한 프롬프트 엔지니어링 기법 몇 가지입니다.

---

Is this text positive or negative?
번역: 다음 텍스트는 긍정적인가요, 부정적인가요?

I absolutely love the design of this phone, but the battery life is quite disappointing.
번역: 이 전화기의 디자인은 정말 마음에 들지만, 배터리 수명이 꽤 실망스럽다.

---

> The text has a mixed tone, as it contains both positive and negative aspects. The positive part is "I absolutely love the design of this phone," while the negative part is "the battery life is quite disappointing."
> 번역: 이 텍스트는 긍정적인 측면과 부정적인 측면이 모두 포함되어 있어 혼합된 어조를 가지고 있습니다. 긍정적인 부분은 '이 전화기의 디자인은 정말 마음에 든다'이고, 부정적인 부분은 '배터리 수명이 꽤 실망스럽다'입니다.

GPT-4가 '혼합된 어조'로 판단한 것은 프롬프트에 몇 가지 단점이 있었기 때문입니다.

- **명확성 부족**: 프롬프트에 원하는 출력 형식이 명확하게 정의되어 있지 않습니다.
- **불충분한 예시**: LLM이 긍정적, 부정적, 중립적 감성의 차이를 이해하는 데 도움이 되는 좋은 예시가 포함되어 있지 않습니다.
- **혼합된 감성 처리에 대한 지침이 없음**: 텍스트에 긍정적인 감성과 부정적인 감성이 혼합된 경우를 처리하는 방법을 제공하지 않습니다.

프롬프트를 다음과 개선하면 훨씬 결과가 더 낫습니다.

```
Using the following examples as a guide:
positive: 'I absolutely love the design of this phone!'
negative: 'The battery life is quite disappointing.'
neutral: 'I liked the product, but it has short battery life.'
번역: 다음 예시를 참고하세요:
긍정적: '이 전화기의 디자인을 정말 좋아한다!'
부정적: '배터리 수명이 꽤 실망스럽다.'
중립적: '이 제품은 마음에 들었지만 배터리 수명이 짧다.'

Only return either a single word of:
- positive
- negative
- neutral
번역: 다음 중 하나의 단어만 반환하세요:
- 긍정적
- 부정적
- 중립적

Please classify the sentiment of the following text as positive, negative, or
neutral: I absolutely love the design of this phone, but the battery life is quite
disappointing.
번역: 다음 텍스트의 감정을 긍정적, 부정적, 중립적으로 분류해 주세요: 이 전화기의
디자인은 정말 마음에 들지만, 배터리 수명이 꽤 실망스럽다.
```

```
neutral
번역: 중립적
```

결과가 더 나은 이유는 다음과 같습니다.

- **명확한 지침 제공**: 주어진 텍스트의 감성을 긍정, 부정, 중립 중 세 가지 범주 중 하나로 분류하도록 작업이 명확하게 명시되어 있습니다.
- **예시 제공**: 각 감성별로 예시를 포함해 맥락과 원하는 결과물을 제공했습니다.

- **출력 형식 정의**: 출력을 한 단어로 지정하여 간결하고 이해하기 쉬운 응답이 되도록 했습니다.

## 감성 분석을 개선하는 방법

감성 분석의 정확도를 높이기 위해 입력 텍스트에 대한 전처리는 매우 중요합니다. 주요 전처리 단계는 다음과 같습니다.

- **특수 문자 제거**: 이모지, 해시태그, 구두점 등의 특수 문자는 규칙 기반 감성 분석 알고리즘의 판단을 왜곡할 수 있습니다. 게다가 이러한 문자는 머신러닝이나 딥러닝 모델에서 제대로 인식되지 않아 잘못된 분류를 초래할 수 있습니다.
- **소문자 변환**: 모든 문자를 소문자로 변환하면 단어의 일관성을 유지할 수 있습니다. 예를 들어 Happy와 happy는 대소문자 차이로 인해 서로 다른 단어로 인식할 수 있으며, 이로 인해 중복이나 정확도 저하가 발생할 수 있습니다.
- **맞춤법 교정**: 철자 오류는 의미 왜곡이나 잘못된 분류를 유발할 수 있습니다. 맞춤법 검사 파이프라인을 구축하면 이러한 오류를 줄이고 감성 분석의 결과의 정확도를 개선할 수 있습니다.

산업이나 도메인에 특화된 텍스트의 경우에는 프롬프트에 해당 분야의 전문 콘텐츠를 포함하면 LLM이 텍스트의 구조와 감성에 대한 감각을 파악하는 데 효과적입니다. 특정 전문 용어나 표현에 대한 이해도와 분류의 정확성을 높일 수 있습니다.

## 감성 분석의 한계와 과제

LLM의 발전과 프롬프트 엔지니어링 기법의 적용에도 불구하고 감성 분석에는 여전히 다음과 같은 한계와 과제에 직면해 있습니다.

- **풍자와 아이러니 처리하기**: LLM이 텍스트에서 풍자와 아이러니를 감지하는 일은 매우 까다로울 수 있습니다. 사람이 쉽게 인식하는 문맥적 단서나 미묘한 표현을 이해해야 하기 때문입니다. 비꼬거나 아이러니한 표현을 잘못 해석하면 감성 분석의 정확도가 크게 떨어질 수 있습니다.
- **맥락에 따른 감성 파악하기**: 특정 도메인이나 문화적 배경에 기반한 감성 표현을 처리하는 일 역시 도전 과제입니다. 도메인 특화 용어나 문화적인 표현은 일반적인 언어 모델이 직관적으로 이해하기 어렵기 때문에 명확한 지침이나 관련 예시 없이는 정확한 감성 분석이 어려울 수 있습니다.

## 3.13 최소에서 최대

프롬프트 엔지니어링에서 최소에서 최대least to most 기법은 주어진 주제에 대해 점점 더 자세한 정보를 순차적으로 생성하거나 추출하는 강력한 방법입니다. 이 방식은 복잡한 주제를 다루거나 높은 수준의 세부 정보가 요구될 때 특히 효과적입니다.

최소에서 최대 기법은 각 단계의 프롬프트가 이전 단계의 응답을 바탕으로 구성되는 프롬프트 체인을 사용합니다. 이 단계별 접근 방식을 매번 더 정밀한 정보를 수집할 수 있도록 하며, 주제를 깊이 있게 탐색하도록 합니다. 이 기법을 코드 생성에도 활용할 수 있습니다. 이어서 플라스크Flask를 이용한 간단한 Hello World 예시를 통해 확인해 보겠습니다.

### 3.13.1 아키텍처 설계하기

본격적인 아키텍처 설계에 앞서, 플라스크가 무엇인지 간단히 살펴보겠습니다. 플라스크[8]는 파이썬 기반의 경량 웹 애플리케이션 프레임워크로, 최소한의 코드로 빠르게 웹 애플리케이션을 만드는 데 널리 사용됩니다. 참고로 플라스크는 여기서 데모 목적만을 위해 사용되며, 이 책의 requirements.txt 파일[9]에는 포함되어 있지 않습니다.

이제 LLM에 간단한 플라스크 Hello World 애플리케이션의 기본 아키텍처를 설명해 달라고 요청해 보겠습니다.

> Outline the basic architecture for a simple Flask "Hello World" application.
> 번역: Hello World를 출력하는 간단한 플라스크 애플리케이션의 기본 아키텍처를 설명해 주세요.

> Sure! Here's an outline for a basic Flask "Hello World" application:
> 번역: 물론이죠! 아래는 기본적인 Hello World 플라스크 애플리케이션에 대한 개요입니다:
>
> Import Flask module: Import the Flask module to use its ((("Flask module code generation")))functionality.
> 번역: 플라스크 모듈 가져오기: 플라스크 모듈을 가져와서 ((("Flask module code

---

[8] https://oreil.ly/7N-bs
[9] https://oreil.ly/TRK0i

generation"))) 관련 기능을 사용할 수 있도록 합니다.

```
Create an instance of the Flask application: Create an instance of the Flask class
to represent your web application.
번역: 플라스크 애플리케이션 인스턴스 생성: 플라스크 클래스의 인스턴스를 생성하여
웹 애플리케이션을 나타냅니다.
Define a route and view function: ...
Implement the view function: ...
Run the application: Start the Flask development server to run the application..
번역: 경로 및 뷰 함수 정의: ...
뷰 함수 구현: ...
애플리케이션 실행: Flask 개발 서버를 시작하여 애플리케이션을 실행합니다.
```

### 3.13.2 개별 함수 코딩하기

본격적인 코딩에 앞서 플라스크의 라우트route가 무엇인지 먼저 짚고 넘어가겠습니다. 라우트는 특정 URL 패턴에 연결된 함수로, 사용자가 해당 웹 페이지를 방문했을 때 어떤 내용을 볼지를 결정합니다. 다음은 플라스크에 간단한 Hello World 라우트를 구현한 코드 스니펫입니다.

```
Provide a code snippet for a simple "Hello World" route in Flask.
번역: 플라스크에서 Hello World를 출력하는 간단한 라우트 코드 스니펫을 제공해 주세요.
```

```
Certainly! Here's a simple code snippet for a "Hello World" route using Flask:
번역: 물론입니다! 플라스크를 사용한 간단한 Hello World 라우트 코드입니다:

from flask import Flask

app = Flask(__name__)

@app.route('/')
def hello_world():
    return 'Hello, World!'

if __name__ == '__main__':
    app.run()
```

이 코드에서는 Flask 모듈을 임포트하고 app이라는 이름의 Flask 애플리케이션 인스턴스를 생성합니다. 그런 다음 @app.route 데코레이터를 사용해 루트 URL 경로 '/'를 지정하여 라우트를 정의합니다. hello_world 함수는 이 경로와 연결되어 있으며 Hello, World! 문자열을

응답으로 반환합니다. 파이썬 스크립트를 직접 실행하면 **app.run()**이 호출되어 플라스크 애플리케이션이 시작됩니다.

### 3.13.3 테스트 추가하기

마지막으로 플라스크 애플리케이션의 Hello World 라우트를 위한 테스트 케이스를 생성해 보겠습니다.

---

Provide an example of a test case for the "Hello World" route in a Flask application.
번역: 플라스크 애플리케이션의 Hello World 라우트를 위한 테스트 케이스 예시를 제공하세요.

---

Sure! Here's an example of a test case for the "Hello World" route in a Flask application:
번역: 물론입니다! 플라스크 애플리케이션의 Hello World 라우트를 위한 테스트 케이스 예시는 다음과 같습니다:

```python
import unittest
from flask import Flask
from flask.testing import FlaskClient

# Flask 애플리케이션 생성
app = Flask(__name__)

# 라우트 생성
@app.route('/')
def hello_world():
    return 'Hello, World!'

class FlaskAppTestCase(unittest.TestCase):
    def setUp(self):
        # 테스트 클라이언트 생성
        self.app = app.test_client()

    def test_hello_world_route(self):
        # 경로로 GET 요청 보내기
        response = self.app.get('/')
```

```
        # 응답 상태 코드 확인
        self.assertEqual(response.status_code, 200)

        # 응답 데이터 확인
        self.assertEqual(response.data, b'Hello, World!')
if __name__ == '__main__':
    unittest.main()
```

최소에서 최대 기법을 사용하면 작업에 필요한 지식과 이해를 점진적으로 쌓아갈 수 있습니다.

## 최소에서 최대 기법의 이점

이 기법은 복잡한 작업을 수행할 때 특히 유용합니다. LLM이 이후 작업의 맥락으로 활용할 수 있는 관련 지식을 단계적으로 생성할 수 있기 때문입니다. 다양한 상황에서 이 접근 방식을 사용할 경우의 주요 이점은 다음과 같습니다.

- **점진적 탐색**: 복잡한 문제를 여러 하위 작업으로 나누면 각 단계에서 LLM이 더 상세하고 정확한 정보를 제공할 수 있습니다. 특히 새로운 주제나 다양한 요소가 얽힌 문제를 다룰 때 효과적입니다.
- **유연성**: 최소에서 최대 기법은 문제의 다양한 측면을 유연하게 해결할 수 있습니다. 필요에 따라 방향을 전환하거나, 대체할 만한 솔루션을 탐색하거나, 특정 영역 심층 분석 등 다각도로 접근해 볼 수 있습니다.
- **이해도 향상**: 작업을 더 작은 단계로 세분화하면 LLM이 정보를 보다 소화하기 쉬운 형식으로 제공할 수 있습니다. 이는 사용자가 내용을 이해하고 따라가는 데 큰 도움이 됩니다.
- **협업 기반 학습**: 반복적으로 출력 결과를 개선하고, 사용자의 피드백을 반영하여 응답을 조정하는 과정을 통해 사용자와 LLM 간의 협업을 강화합니다.

## 최소에서 최대 기법의 한계와 과제

- **이전 지식에 대한 과도한 의존**: 이전 채팅 기록을 사용해 상태를 저장하는 방식은 컨텍스트 길이의 제한으로 인해 작업의 규모가 커질 수 있습니다. 그로 인해 경우 초기 작업이나 출력 내용을 잊게 되는 문제가 발생할 수 있습니다.
- **이전 프롬프트에 대한 의존성**: 새로 생성되는 각 프롬프트는 모두 이전 출력을 기반으로 구축되므로, 앞선 프롬프트의 품질과 응답이 다음 단계에 충분한 정보를 제공하는지 꼭 확인해야 합니다.

> **TIP 프롬프트 원칙 ④ 품질 평가하기**
> 프롬프트를 설계할 때, 각 단계에서 생성된 LLM의 응답 품질을 꼼꼼히 평가하세요. 다음 작업의 성능은 이전 단계에서 제공된 정보의 정확성과 완성도에 달려 있습니다.

## 3.14 역할 프롬프트

역할 프롬프트는 AI가 응답을 생성하는 동안 특정 역할이나 캐릭터를 맡도록 하는 기법입니다. 이를 통해 AI의 응답 스타일과 콘텐츠가 사용자의 요구 사항이나 원하는 결과에 더 잘 부합하도록 지시할 수 있습니다.

> **NOTE** awesome-chatgpt-prompts(https://oreil.ly/8pf40)에서 제공하는 다양한 역할 프롬프트 목록을 확인해 보세요.

챗GPT에 몽고DB의 기술 검토자 역할을 요청해 보겠습니다.

---

I want you to act as a tech reviewer. I will give you the name of a piece of technology and you will provide me with an in-depth review - including pros, cons, features, and comparisons to other technologies on the market. My first suggestion request is: MongoDB.
번역: 저는 당신이 기술 검토자로 행동하길 원합니다. 제가 제품의 이름을 주면, 그에 대해 심층적인 리뷰를 제공해 주세요. 리뷰에는 장단점, 특징 그리고 시장에 나와 있는 다른 기술과의 비교를 포함해야 합니다. 첫 번째 제안 요청은 몽고DB입니다.

---

MongoDB is a popular NoSQL, document-oriented database management system designed to handle high-volume data storage and retrieval.
번역: 몽고DB는 인기 있는 NoSQL, 문서 지향 데이터베이스 관리 시스템으로 대용량 데이터 저장 및 검색을 처리할 수 있도록 설계되었습니다.

Features:
번역: 특징:
1. Document-Oriented Storage: MongoDB stores data in a flexible, JSON-like format called BSON, making it easy to store complex data structures like arrays and nested objects.
번역: 1. 문서 지향 저장: 몽고DB는 BSON이라고 불리는 유연한 JSON과 유사한 형식으로 데이터를 저장하여 배열과 중첩된 객체와 같은 복잡한 데이터 구조를 쉽게 저장할 수 있습니다.
...
Pros:
번역: 장점:
1. High Performance: MongoDB's indexing and caching capabilities deliver fast read and write operations.
번역: 1. 높은 성능: 몽고DB의 인덱싱 및 캐싱 기능은 빠른 읽기 및 쓰기 작업을 제공합

```
니다.
...
Cons:
번역: 단점:
1. Limited Support for Transactions: While MongoDB supports multidocument ACID
transactions, it may not be the best choice for applications that require complex
transactional operations.
번역: 1. 제한된 트랜잭션 지원: 몽고DB는 다중 문서 ACID 트랜잭션을 지원하지만, 복잡
한 트랜잭션 작업을 요구하는 애플리케이션에는 최적의 선택이 아닐 수 있습니다.
...
Comparisons to other technologies:
번역: 다른 기술과 비교:
1. Couchbase, another popular NoSQL database, offers similar features to MongoDB,
including flexible schema and JSON-based storage. However, Couchbase is more
focused on distributed caching and may be more suitable for applications requiring
low-latency data access.
번역: 1. 또 다른 인기 있는 NoSQL 데이터베이스인 Couchbase는 몽고DB와 유사한 기능을
제공하며, 유연한 스키마와 JSON 기반 저장을 포함합니다. 그러나 Couchbase는 분산 캐
싱에 더 집중하며, 낮은 지연 시간의 데이터 접근이 필요한 애플리케이션에 더 적합할
수 있습니다.

Conclusion:
번역: 결론:
MongoDB is a powerful and versatile NoSQL database solution suitable for various
applications, particularly those requiring high performance and scalability. Its
flexible data model, rich query language, and strong consistency make it a popular
choice among developers.
번역: 몽고DB는 다양한 애플리케이션에 적합한 강력하고 다재다능한 NoSQL 데이터베이스
솔루션으로, 특히 높은 성능과 확장성이 필요한 애플리케이션에 유용합니다. 유연한 데
이터 모델, 풍부한 쿼리 언어, 강력한 일관성 덕분에 개발자들 사이에서 인기가 많은 선
택입니다.
```

이 프롬프트는 AI가 맡아야 할 역할(기술 검토자)을 명확하게 정의한 후 원하는 응답 유형(몽고DB에 대한 심층 검토)에 대한 기대치를 설정하는, 훌륭한 역할 프롬프트 예시입니다.

> **TIP** 프롬프트 원칙 ① 지시 내리기
>
> 프롬프트를 만들 때 AI에 특정 역할을 할당하세요. 이렇게 하면 응답에 대한 적절한 맥락이 설정되어 더 집중적이고 관련성 높은 결과물이 생성됩니다.

## 역할 프롬프트의 이점

역할 프롬프트는 AI의 응답 범위를 좁혀서 보다 집중적이고 상황에 적합한 맞춤형 결과를 보장하는 데 유용합니다. 또한 AI가 독특한 관점에서 사고하고 반응하도록 유도하여 창의력도 향상시킬 수 있습니다.

## 역할 프롬프트의 과제

역할 프롬프트는 유용한 기법이지만 특정 문제를 야기할 수 있습니다. 할당된 역할에 따라 편향이나 고정 관념이 유발될 수 있는 잠재적 위험이 존재합니다. 예를 들어 고정된 틀에 따라 역할을 설정하면 모델이 이에 기반한 편향된 응답이 생성되어 사용성을 해치거나 개인에게 불쾌감을 줄 수 있습니다. 또한 장시간에 걸친 상호 작용에서 처음 설정한 역할을 일관되게 유지하기가 어렵다는 것도 문제입니다. 대화가 길어질수록 모델이 본래의 역할에서 벗어나거나 해당 역할과 무관한 내용을 응답할 수 있습니다.

> **TIP 프롬프트 원칙 ④ 품질 평가하기**
> 역할 프롬프트를 적용한 경우에는 LLM의 응답 품질을 지속적으로 확인해야 합니다. AI가 할당된 역할에 충실하고 있는지 또는 주제에서 벗어나고 있는지 모니터링하세요.

## 언제 역할 프롬프트를 사용해야 하나요?

다음과 경우에 역할 프롬프트를 사용하면 매우 유용합니다.

- **구체적인 전문 지식 유도**: 도메인 지식이나 전문 지식을 응답으로 받아야 할 경우 역할 프롬프트를 이용하면 LLM이 더 많은 정보를 바탕으로 정확한 응답을 생성할 수 있습니다.
- **맞춤형 응답 스타일**: 역할을 지정하면 LLM이 공식적인 답변, 캐주얼한 답변, 유머러스한 답변 등 특정 어조, 스타일, 관점에 맞는 답변을 생성될 수 있습니다.
- **창의적인 응답 장려**: 작가, 소설 속 인물, 역사적 인물과 같은 역할을 할당하여 가상의 시나리오를 만들거나 상상력이 풍부한 답변을 생성할 수 있습니다.
  - **다양한 관점 살펴보기**: AI에 다양한 역할이나 페르소나를 맡도록 요청해 주제를 보다 포괄적으로 이해할 수 있도록 합니다.
  - **사용자 참여도 향상**: 역할 프롬프트는 LLM이 사용자에게 공감할 수 있는 캐릭터나 페르소나를 맡게 함으로써 상호 작용을 더욱 매력적이고 재미있게 만들 수 있습니다.

오픈AI를 사용하는 경우에는 System Message 채팅 모델에 역할을 추가하는 것이 가장 좋습니다.

## 3.15 GPT 프롬프트 전략

지금까지 맥락 요청, 텍스트 스타일 추출, 최소에서 최대, 역할 프롬프트 등 프롬프트 전략을 살펴보았습니다. 이제부터는 적절한 참조 텍스트를 통해 잠재적 환각을 관리하고, LLM에 비판적으로 사고할 시간을 제공하는 것과 작업을 세분화하는 기준 등 다양한 전략을 살펴보겠습니다.

이러한 방법들은 AI의 출력 정확도를 크게 향상시키기 위해 고안되었으며, 오픈AI에서도 권장하는 전략입니다.[10] 아울러 각 전략은 1장에서 다룬 프롬프트 엔지니어링 원칙 중 하나 이상을 기반으로 하고 있습니다.

### 3.15.1 참조를 통한 환각 방지

텍스트 기반 환각을 방지하는 가장 기본적인 방법은 모델이 오직 참조 텍스트에 기반해서만 답변하도록 지시하는 것입니다. 쿼리와 관련된 정확하고 신뢰할 수 있는 정보를 모델에 제공하면, 해당 정보를 바탕으로 응답을 생성하도록 유도할 수 있습니다.

```
Refer to the articles enclosed within triple quotes to respond to queries.
번역: 따옴표 세 개로 묶인 기사 내용을 참조하여 질문에 답해 주세요.

You must follow the following principles:
- In cases where the answer isn't found within these articles, simply return "I
could not find an answer".
번역: 다음 원칙을 따라야 합니다:
- 답변이 이 기사 안에 없을 경우, '답을 찾을 수 없습니다.'라고만 반환하세요.

"""
B2B clients tend to have longer decision-making processes, and thus longer sales
funnels. Relationship-building strategies work better for these clients, whereas
B2C customers tend to respond better to short-term offers and messages.
"""
"""
번역: B2B 고객은 의사 결정 과정이 길고, 그로 인해 판매 경로가 길어지는 경향이 있습니다. 이러한 고객에게는 관계 구축 전략이 더 효과적이며, 반면 B2C 고객은 단기적인 제안과 메시지에 더 잘 반응하는 경향이 있습니다.
```

---

10 https://oreil.ly/QZE8n

```
"""
Example responses:
- I could not find an answer.
- Yes, B2B clients tend to have longer decision-making processes, and thus longer
sales funnels.
```
번역: 예시 응답:
- 답을 찾을 수 없습니다.
- 네, B2B 고객은 의사 결정 과정이 길고, 그로 인해 판매 경로가 길어지는 경향이 있습니다.

> Yes, B2B clients tend to have longer decision-making processes, which leads to longer sales cycles.
> 번역: 네, B2B 고객은 의사 결정 과정이 길어지는 경향이 있으며, 이로 인해 판매 주기도 길어집니다.

동일한 참조 텍스트로 다음 질문을 한다면 어떨까요?

```
...The rest of the prompt...
```
번역: ... 이전 프롬프트 ...

```
Question: Are B2C sales more cost-effective?
```
번역: 질문: B2C 판매가 더 비용 효율적인가요?

> I could not find an answer.
> 번역: 답을 찾을 수 없습니다.

> **TIP** 프롬프트 원칙 ① 지시 내리기, ② 형식 정하기
> 이번 예제에서 살펴본 프롬프트는 모델에 답을 찾는 방법을 알려 주고, 답을 찾을 수 없는 질문에 대한 구체적인 응답 형식도 설정했습니다. 매우 훌륭한 프롬프트입니다.

GPT는 한 번에 처리할 수 있는 컨텍스트 창의 길이가 제한되어 있기 때문에, 쿼리에 맞는 정보를 그때그때 동적으로 불러와 활용하는 방식이 필요할 수 있습니다.

또 다른 접근 방식은 모델이 지정된 텍스트를 참조하여 응답에 인용 정보를 포함하도록 지시하는 것입니다. 입력에 관련 정보가 보완되면, 모델이 해당 문서의 특정 부분을 참조해 인용 내용을 응답에 포함하도록 안내할 수 있습니다. 이 방식은 주어진 출력에 포함된 인용을 문서 내 문자열과 대조해 자동으로 검증할 수 있다는 장점도 있습니다.

You will be provided with a document delimited by triple quotes and a question. Your task is to answer the question using only the provided document and to cite the passage(s) of the document used to answer the question. If the document does not contain the information needed to answer this question then simply write: "Insufficient information." If an answer to the question is provided, it must be annotated with a citation. Use the following format to cite relevant passages ({"citation": ...}).
번역: 따옴표 세 개로 구분된 문서와 질문이 제공됩니다. 당신의 임무는 제공된 문서만 사용해 질문에 답하고, 답변에 사용된 문서의 구절을 인용하는 것입니다. 문서에 이 질문에 답하는 데 필요한 정보가 없다면, '정보 부족'이라고 작성하세요. 질문에 대한 답변이 제공될 경우, 그 답변에는 반드시 인용을 추가해야 합니다. 관련 구절을 인용할 때는 다음 형식을 사용하세요 ({"인용": ...}).

"""

A nuclear reactor is a device that initiates, controls, and maintains a nuclear chain reaction. The nuclear reactor uses the energy released by nuclear fission to generate heat, which is then often used to produce steam to drive a turbine and produce electricity.
-Excerpted from https://en.wikipedia.org/wiki/Nuclear_reactor
"""
"""
번역: 원자로는 핵 연쇄 반응을 시작하고, 제어하며, 유지하는 역할을 합니다. 원자로는 핵분열에 의해 방출된 에너지를 사용하여 열을 생성하고, 종종 이 열로 증기를 생산하여 터빈을 돌리고 전기를 생성하는 장치입니다.
- 출처: https://en.wikipedia.org/wiki/Nuclear_reactor
"""

Question: What is a nuclear reactor?
번역: 질문: 원자로란 무엇인가요?

---

A nuclear reactor is a device that initiates, controls, and maintains a nuclear chain reaction.It uses the energy released by nuclear fission to generate heat, which is then often used to produce steam to drive a turbine and produce electricity. {"citation": "A nuclear reactor is a device that initiates, controls, and maintains a nuclear chain reaction. The nuclear reactor uses the energy released by nuclear fission to generate heat, which is then often used to produce steam to drive a turbine and produce electricity."}
번역: 원자로는 핵 연쇄 반응을 시작하고, 제어하며, 유지하는 장치입니다. 원자로는 핵분열에 의해 방출된 에너지를 사용하여 열을 생성하고, 종종 이 열로 증기를 생산하여 터빈을 돌리고 전기를 생산하는 데 사용됩니다. {"인용": "원자로는 핵 연쇄 반응을 시작하고, 제어하며, 유지하는 역할을 합니다. 원자로는 핵분열에 의해 방출된 에너지를 사용하여 열을 생성하고, 종종 이 열로 증기를 생산하여 터빈을 돌리고 전기를 생성하는 장치입니다."}

## 3.15.2 GPT에 생각하는 시간 부여하기

LLM이 답변을 내리기 전에 첫 번째 원칙<sup>first principle</sup>에서 해결책을 도출하도록 명확하게 유도하면 보다 정확한 응답을 얻을 수 있습니다. 또한 LLM에 생각할 시간을 충분히 제공하면 더 나은 결과를 얻을 가능성이 높습니다.

---

First, try to solve the problem on your own. Then, see if your answer matches the proposed solution. Don't judge the given answer until you've tried solving it yourself.
번역: 먼저, 문제를 스스로 해결해 보세요. 그런 다음 제시된 해결책이 당신의 답과 일치하는지 확인하세요. 스스로 풀어보지 않은 상태에서 제시된 답을 판단하지 마세요.

Problem:
Jane has 5 apples, then John takes 2 from Mary. Mary originally had 15 apples. John then gives his apples to Jane.
번역: 문제:
제인은 사과 5개를 가지고 있고, 존은 메리에게서 2개의 사과를 가져갔습니다. 메리는 원래 사과 15개를 가지고 있었습니다. 그 후 존은 자신의 사과를 제인에게 주었습니다.

How many apples does Jane have?
번역: 제인이 가지고 있는 사과는 몇 개인가요?

Proposed solution:
1. Janes originally had 5 apples.
2. John takes 2 apples from Mary, but this doesn't affect Jane's count.
3. John then gives his apples to Jane.
번역: 제안된 해결책:
1. 제인은 원래 사과 5개를 가지고 있었습니다.
2. 존은 메리에게서 2개의 사과를 가져가지만, 이것은 제인의 사과 개수에 영향을 미치지 않습니다.
3. 그 후 존은 자신의 사과를 제인에게 주었습니다.

So, Jane's final count of apples is her original 5 apples plus the 2 apples that John gave her, for a total of 7 apples.
번역: 따라서 제인의 최종 사과 개수는 원래 가지고 있던 5개의 사과와 존이 그녀에게 준 2개의 사과를 합쳐 총 7개의 사과가 됩니다.

---

Let's break down the problem:
번역: 문제를 분석해 봅시다:
1. Jane originally has 5 apples.
2. John takes 2 apples from Mary. However, this action doesn't directly impact the number of apples Jane has at this point.

> 3. John gives his apples to Jane.
> 번역: 1. 제인은 원래 사과 5개를 가지고 있었습니다.
> 2. 존은 메리에게서 2개의 사과를 가져가지만, 이것은 제인의 사과 개수에 영향을 미치지 않습니다.
> 3. 그 후 존은 자신의 사과를 제인에게 주었습니다.
>
> Following these steps, we need to add the 2 apples John gave to Jane to Jane's original number of apples. Therefore:
> 번역: 이 단계를 따르면, 존이 제인에게 준 2개의 사과를 제인의 원래 사과 개수에 더해야 합니다. 식은 다음과 같습니다.
> 5 apples (Jane's original number) + 2 apples (given by John) = 7 apples
> 번역: 사과 5개(제인이 원래 가지고 있던 개수) + 사과 2개 (존이 준 것) = 사과 7개
> So, Jane now has 7 apples. My solution matches the proposed solution.
> 번역: 따라서 제인은 이제 7개의 사과를 갖게 됩니다. 제 해결책은 제안된 해결 방법과 일치합니다.

GPT-4 또는 기타 생성형 AI 모델을 사용할 때, 모델의 추론 과정을 사용자에게 표시하지 않기를 원할 수 있습니다. 이럴 때는 LLM에 내면의 독백inner monologue을 생성해 달라고 요청할 수 있습니다. 이 방법은 특히 교육 애플리케이션에서 유용한데, 모델의 추론 과정을 드러내면 **정답이 너무 일찍 노출될 수 있기 때문**입니다.

### 3.15.3 내면의 독백 전략

내면의 독백 전략은 모델에 특정 형식으로 사용자에게는 보여 주지 않아야 할 출력의 일부를 특정 형식으로 구성하도록 지시하는 기법입니다. 이 방식은 최종 결과를 사용자에게 제공하기 전에 해당 부분을 쉽게 제거할 수 있도록 합니다. 이 전략을 활용하면 사용자 문의에 더 효과적으로 대응할 수 있습니다.

---

Step 1: Solve the Problem
번역: 1단계: 문제 해결하기

First, you need to work out your solution to the problem. Be sure not to rely on the user's solution, as it might be incorrect. You can encapsulate your workings within triple quotes (`"""`) to indicate that this section should be hidden.
번역: 먼저 문제에 대한 해결책을 스스로 도출해야 합니다. 사용자의 해결책에 의존하지 마세요. 그 해결책이 틀릴 수 있기 때문입니다. 이 작업을 세 개의 따옴표(`"""`)로 감싸 작업 내용을 캡슐화할 수 있습니다.

Step 2: Compare Solutions
번역: 2단계: 해결책 비교하기

Next, compare your solution with the user's solution. Evaluate whether the user's solution is correct or not. Again, encapsulate this section within triple quotes (`"""`).
번역: 다음으로 자신의 해결책을 사용자의 해결책과 비교합니다. 사용자의 해결책이 올바른지 평가하세요. 다시 말하지만 이 부분을 세 개의 따옴표(`"""`)로 감싸서 캡슐화 할 수 있습니다.

Step 3: Prepare a Hint
번역: 3단계: 힌트 준비하기

If the user made a mistake, determine an appropriate hint that can help guide them toward the correct answer, without giving it away outright. This section should also be within triple quotes (`"""`).
번역: 사용자가 실수를 했다면, 올바른 답으로 나아갈 수 있도록 직접적인 답을 주지 않으면서도 적절한 힌트를 제공하세요. 이 부분도 세 개의 따옴표(""") 안에 포함되어야 합니다.

Step 4: Deliver the Hint
번역: 4단계: 힌트 제공하기

If a mistake was made, present the hint from the previous step to the user. Remember not to use triple quotes for this step. Instead of using a title like "Step 4", use a heading such as `Hint:`
번역: 만약 실수가 있었다면, 이전 단계에서 준비한 힌트를 사용자에게 제공하세요. 이 단계에서는 세 개의 따옴표를 사용하지 말고, '4단계'와 같은 제목 대신 `힌트:`와 같은 제목을 사용하세요.

Problem Statement: A deck of cards has 52 cards: 13 hearts, 13 diamonds, 13 clubs, and 13 spades. If two cards are drawn from the deck without replacement, what is the probability that one of the drawn cards is a heart and the other one is a club?
번역: 문제 설명: 카드 덱에는 52장의 카드가 있습니다(13장의 하트, 13장의 다이아몬드, 13장의 클럽, 13장의 스페이드). 덱에서 교체 없이 두 장의 카드를 뽑을 때(비복원 추출), 한 장은 하트이고 다른 한 장은 클럽일 확률은 얼마인가요?

User's Solution: (13/52)*(13/51) = 169/2652 = 13/204
번역: 사용자 해결책: (13/52)*(13/51) = 169/2652 = 13/204

```
Step 1 - My Solution:
```
번역: 1단계: 내 해결책

First, calculate the probability of drawing 1 heart and 1 club from a deck of 52 cards without replacement.
번역: 먼저, 52장의 카드 덱에서 교체하지 않고 하트 1장과 클럽 1장을 뽑을 확률을 계산하세요.

In the first draw, the probability of drawing a heart is 13/52.
번역: 첫 번째 뽑기에서 하트를 뽑을 확률은 13/52입니다.

For the second draw, after removing 1 card (assuming it's a heart), the total number of cards becomes 51. So, the probability of drawing a club now is 13/51.
번역: 두 번째 뽑기에서 1장의 카드를 제거한 후(하트를 뽑았다고 가정하면) 카드의 총수는 51장이 됩니다. 따라서 이제 클럽을 뽑을 확률은 13/51입니다.

Multiplying these two probabilities gives the probability of both events happening in sequence,which is P(Heart then Club) = (13/52)*(13/51).
번역: 이 두 확률을 곱하면 두 사건이 연속적으로 발생할 확률을 구할 수 있습니다. 따라서 P(하트 후 클럽) = (13/52) × (13/51)입니다.

Repeat the calculation assuming the first drawn card is a club and the second drawn card is a heart. Remember, order matters in this case as we're dealing with separate events.
번역: 첫 번째로 뽑은 카드가 클럽이고, 두 번째로 뽑은 카드가 하트인 경우를 가정하여 동일한 계산을 반복하세요. 이 경우, 우리는 종속적인 사건을 다루고 있으므로 순서가 중요합니다.
```
```
```
Step 2 - Comparison with the User's Solution:
```
번역: 2단계: 사용자 해결책과 비교

Compare your solution with the user's solution. The user's solution only considers the sequence of drawing a heart first and then a club. They have not accounted for the alternate sequence  (Club then Heart), and thus, the solution is incomplete.
번역: 사용자의 해결책과 당신의 해결책을 비교하세요. 사용자의 해결책은 하트를 먼저 뽑고 클럽을 뽑는 경우만 고려하고 있습니다. 클럽을 먼저 뽑고 하트를 뽑는 경우(순서가 반대인 경우)를 포함하지 않았으므로, 해결책은 불완전합니다.
```
```
```
Step 3 - Preparation of Hint:
```
번역: 3단계: 힌트 준비

```
Given that the user hasn't considered both sequences (Heart then Club and Club then
Heart), a hint at the consideration of both possible sequences will be helpful.
This could nudge the user in the right direction without revealing the solution
outright.
번역: 사용자가 두 가지 순서(하트 후 클럽, 클럽 후 하트)를 모두 고려하지 않았으므
로, 두 가지 가능한 순서를 고려해야 한다는 힌트를 주는 것이 도움이 될 것입니다. 이
렇게 하면 정답을 직접 알려 주지 않으면서도 사용자가 올바른 방향으로 생각하도록 유
도할 수 있습니다.
"""
# Step 4 - Delivery of Hint:
# 번역: 4단계: 힌트 제공
# Hint: Remember that the two cards could be drawn in any order. Consider both
possible sequences: Heart then Club and Club then Heart.
# 번역: 힌트: 두 장의 카드는 어떤 순서로든 뽑힐 수 있다는 점을 기억하세요. 두 가지
가능한 순서(하트 후 클럽과 클럽 후 하트)를 모두 고려하세요.
```

## 3.15.4 LLM 응답 자체 평가

또 다른 전략은 생성된 LLM 결과물을 검토하며 LLM이 누락한 정보나 중요한 사실이 있는지 확인하는 방법입니다. 기본적으로 LLM에 이전 출력을 바탕으로 스스로를 평가하게 하는 것입니다.

먼저 Hello World 함수를 생성하는 프롬프트를 작성합니다.

```
Generate a "Hello World" Python function.
번역: Hello World 파이썬 함수를 생성하세요.
```

```
Sure, here's a very simple Python function that prints "Hello, World!" to the
console:
번역: 물론입니다. 다음은 Hello, World!를 콘솔에 출력하는 아주 간단한 파이썬 함수입
니다.

def print_hello_world():
    print("Hello, World!")

print_hello_world()
```

> When you run this function, it will print the string "Hello, World!" to the console.
> 번역: 이 함수를 실행하면 Hello, World! 문자열이 콘솔에 출력됩니다.

LLM은 전통적인 Hello, World! 인삿말을 출력하는 `print_hello_world()`라는 간단한 파이썬 함수를 반환합니다. 그런 다음 이전 채팅 기록에 이어 초기 결과물을 개선해 달라고 요청합니다.

---

> ...Previous Chat History...
> 번역: ... 이전 채팅 기록 ...
>
> Given the previous function, can you improve it again with anything else? Perhaps defaults or type hints?
> 번역: 이전 함수를 기반으로 다른 어떤 요소를 추가하면 코드를 개선할 수 있을까요? 예를 들어 기본값이나 타입 힌트를 추가하는 것도 가능할까요?

---

> We can add type hints to make it clear that the function doesn't take any arguments and doesn't return anything. We can also add a docstring to describe what the function does.
>
> Here's the improved code:
> 번역: 함수가 어떤 인자도 받지 않고 아무것도 반환하지 않는다는 것을 명확히 하기 위해 타입 힌트를 추가할 수 있습니다. 또한, 함수가 수행하는 동작을 설명하는 docstring도 추가할 수 있습니다.
>
> 다음은 개선된 코드입니다.
> ```
> def print_hello_world() -> None:
>     """
>     Prints "Hello, World!" to the standard output.
>     번역: 기본 출력값은 "Hello, World!"입니다.
>     """
>     print("Hello, World!")
> ```
>
> If you wanted to make the function more flexible, you could add a default argument that allows you to print a different message:
> 번역: 함수를 더 유연하게 만들고 싶다면, 기본 인수를 추가해 다른 메시지를 출력할 수 있도록 할 수 있습니다.
>
> ```
> def print_message(message: str = "Hello, World!") -> None:
>     """
> ```

```
Prints the given message to the standard output. If no message is given
, it defaults to "Hello, World!".
번역: 주어진 메시지를 표준 출력으로 출력합니다.
메시지가 제공되지 않으면 기본값은 "Hello, World!"입니다.

Args:
    message (str, optional): The message to be printed.
    Defaults to "Hello, World!".
번역: 매개변수:
    message (str, 선택적): 출력할 메시지. 기본값은 "Hello, World!"입니다.
"""
print(message)
```

따라서 GPT-4는 이제 파이썬 타입 힌트와 기본 인수가 포함된, 업그레이드된 버전의 함수를 반환합니다. 이로써 함수는 Hello, World!뿐만 아니라 사용자가 지정한 메시지도 출력할 수 있어 더 유연하게 활용할 수 있습니다. 이러한 프롬프트와 응답의 반복적인 과정을 통해 원하는 결과에 이를 때까지 LLM이 생성한 출력물을 손쉽게 다듬을 수 있습니다.

> **NOTE** LLM이 더 이상의 개선할 부분을 제시하지 않을 때까지 응답을 여러 차례 반복적으로 검토하고 수정할 수 있습니다.

## 3.16 LLM을 활용한 분류

AI 업계에서 말하는 **분류**classification란 주어진 데이터 포인트나 샘플이 어떤 클래스나 범주에 속하는지를 예측하는 과정입니다. 이는 머신러닝에서 매우 일반적인 작업으로 모델이 학습한 패턴을 바탕으로 라벨이 없는 데이터에 미리 정의된 라벨을 부여하도록 훈련됩니다.

프롬프트에 예시를 전혀 주지 않거나, 아주 약간의 예시만 주더라도 LLM은 분류를 굉장히 잘합니다. 왜 그럴까요? 이는 GPT-4와 같은 LLM이 광범위한 데이터 세트에 대해 사전 학습을 마쳤고, 일정 수준의 추론 능력을 갖추고 있기 때문입니다.

LLM으로 분류 문제를 해결하는 데는 크게 두 가지 접근법이 있습니다. 제로샷 러닝과 퓨샷 러닝입니다.

- **제로샷 러닝**: 이 방식은 특정 예시 없이도 LLM이 매우 정확하게 데이터를 분류할 수 있게 합니다. 마치 아무런 준비 없이 프로젝트를 완벽히 수행하는 것처럼 인상적이죠.
- **퓨샷 러닝**: 문제를 푸는 몇 가지 예시를 제공하여 모델이 그 패턴을 참고해 분류를 수행하도록 유도합니다. 출력 형식에 영향을 주고 전체적인 분류 정확도를 높이는 데 효과적입니다.

이 방식이 왜 획기적일까요? LLM을 활용하면 기존 머신러닝 프로세스의 복잡한 절차를 생략할 수 있습니다. 따라서 분류 모델을 빠르게 프로토타이핑하고, 기본 수준의 정확도를 측정하며, 즉각적인 비즈니스 가치를 창출할 수 있습니다.

> ⚠️ **CAUTION** LLM으로 분류를 수행할 수 있지만, 문제와 학습 데이터에 따라 기존 머신러닝 프로세스를 사용하는 것이 더 나은 경우도 있으니 유의하세요.

### 3.16.1 분류 모델 구축

텍스트의 감성을 칭찬, 불만, 중립으로 결정하는 몇 가지 학습 예제를 살펴보겠습니다.

```
Given the statement, classify it as either "Compliment", "Complaint", or "Neutral":
1. "The sun is shining." - Neutral
2. "Your support team is fantastic!" - Compliment
3. "I had a terrible experience with your software." - Complaint
번역: 주어진 문장을 '칭찬', '불만', '중립' 중 하나로 분류하세요.
1. "태양이 빛나고 있다." - 중립
2. "고객 지원팀이 정말 훌륭해요!" - 칭찬
3. "귀사의 소프트웨어에서 끔찍한 경험을 했습니다." - 불만

You must follow the following principles:
- Only return the single classification word. The response should be either
"Compliment", "Complaint", or "Neutral".
- Perform the classification on the text enclosed within """ delimiters.
번역: 다음 원칙을 따라야 합니다:
- 단 하나의 분류 단어만 반환하세요. 응답은 '칭찬', '불만', '중립' 중 하나여야 합니다.
- """로 구분된 텍스트를 분류하세요.

"""The user interface is intuitive."""
"""번역: 사용자 인터페이스가 직관적입니다."""
```

```
Classification:
Compliment
번역: 분류:
칭찬
```

다음과 같은 사례에서 LLM 분류를 쓰면 매우 유용합니다.

- **고객 리뷰**: 고객의 리뷰를 긍정, 부정, 중립 등의 카테고리로 분류합니다. 사용성, 고객 지원, 가격 같은 하위 주제를 추가로 분류해 더 자세히 알아봐도 좋습니다.
- **이메일 필터링**: 이메일의 의도나 목적을 감지해 문의, 불만, 피드백, 스팸 메일을 분류합니다. 이를 통해 기업은 응답 우선순위를 정해 커뮤니케이션을 효율적으로 관리할 수 있습니다.
- **소셜 미디어 감성 분석**: 소셜 미디어 플랫폼에서 브랜드가 언급된 글의 감성을 모니터링하세요. 게시물이나 댓글을 칭찬, 비판, 질문, 중립으로 분류합니다. 대중의 인식에 대한 인사이트를 얻고 그에 따라 마케팅이나 홍보 전략을 조정하세요.
- **뉴스 기사 분류**: 매일 생성되는 방대한 양의 뉴스를 분야별로 분류하세요. 예를 들어 정치, 기술, 환경, 엔터테인먼트 등 주제별로 기사를 분류할 수 있습니다
- **이력서 심사**: 이력서가 넘쳐나는 HR 부서의 경우 적격, 자격 초과, 자격 미달 등 미리 정의된 기준에 따라 이력서를 분류하거나 소프트웨어 개발, 마케팅, 영업 등 전문 분야별로 분류할 수 있습니다

> **! CAUTION** 이메일, 이력서 또는 민감한 데이터를 노출하면 향후 오픈AI의 모델 학습 데이터로 데이터가 유출될 위험이 있습니다. 개인 정보는 반드시 유의하며 작업해야 합니다.

### 3.16.2 분류를 위한 다수결 투표

여러 번의 LLM 요청을 활용하면 분류 라벨의 편차를 줄일 수 있습니다. 이 과정을 다수결 투표majority vote라고 하며, 여러 과일 중에서 가장 흔한 과일을 선택하는 것과 비슷합니다. 예를 들어 과일 10개 중 6개가 사과라면 '이건 사과 더미에 제일 가깝다'고 할 수 있겠죠. 분류 라벨에서 다수결 투표를 적용할 때도 같은 원칙이 사용됩니다.

여러 번 분류를 수행하고 가장 자주 등장한 결괏값을 최종값으로 삼으면, 단일 모델 추론에서 발생할 수 있는 이상값이나 비정상적인 해석의 영향을 줄일 수 있습니다. 다만, 이 접근 방식은 여러 번의 API 호출로 인해 시간과 비용이 증가하는 단점이 있을 수 있다는 점을 유념해야 합니다.

이제 같은 텍스트를 세 번 분류한 뒤 다수결 방식으로 결과를 선택해 보겠습니다.

```python
# 파일명: content/chapter_3/majority_vote_classification.ipynb

from openai import OpenAI
import os

client = OpenAI(api_key=os.environ.get("OPENAI_API_KEY"))

base_template = """
Given the statement, classify it as either "Compliment", "Complaint", or
"Neutral":
1. "The sun is shining." - Neutral
2. "Your support team is fantastic!" - Compliment
3. "I had a terrible experience with your software." - Complaint
번역: 주어진 문장을 다음 "칭찬", "불만", 또는 "중립" 중 하나로 분류하세요:
1. "태양이 빛나고 있다." - 중립
2. "고객 지원팀이 정말 훌륭해요!" - 칭찬
3. "귀사의 소프트웨어에서 끔찍한 경험을 했습니다." - 불만

You must follow the following principles:
- Only return the single classification word. The response should be either
"Compliment", "Complaint", or "Neutral".
- Perform the classification on the text enclosed within ''' delimiters.
번역: 다음 원칙을 따라야 합니다:
- 단 하나의 분류 단어만 반환하세요. 응답은 "칭찬", "불만", "중립" 중 하나여야 합니다.
- '''로 구분된 텍스트를 분류하세요.

'''{content}'''
'''번역: {내용}'''
Classification:
번역: 분류:
"""

responses = []

for i in range(0, 3):
    response = client.chat.completions.create(
        model="gpt-4",
        messages=[{"role": "system",
            "content": base_template.format(content='''Outside is rainy,
            but I am having a great day, I just don't understand how people
```

```python
            live, I'm so sad!'''),}],)
    '''번역: 밖에는 비가 오지만, 나는 좋은 하루를 보내고 있어.
       하지만 사람들이 어떻게 살아가는지 이해할 수 없어. 너무 슬퍼!'''
    responses.append(response.choices[0].message.content.strip())

def most_frequent_classification(responses):
    # 각 분류의 발생 횟수를 세기 위해 딕셔너리를 사용하세요.
    count_dict = {}
    for classification in responses:
        count_dict[classification] = count_dict.get(classification, 0) + 1

    # 가장 많은 횟수를 가진 분류를 반환하세요.
    return max(count_dict, key=count_dict.get)

print(most_frequent_classification(responses))  # 예상 출력: 중립
```

most_frequent_classification(responses) 함수를 호출하면 '중립'이 지배적인 감성으로 정확히 식별됩니다. 여러분은 이제 오픈AI 패키지를 활용해 다수결 투표 방식으로 분류 작업을 수행하는 방법을 익혔습니다.

## 3.17 간단한 기준으로 평가하기

1장에서 우리는 간단한 '찬성/반대' 평가 시스템을 통해 응답이 기대에 얼마나 부합하는지 확인하기 위해 사람이 직접 평가하는 시스템을 사용했습니다. 하지만 수동으로 등급을 매기는 작업은 비용이 많이 들고 지루할 수 있으며, 품질을 판단하거나 오류를 식별하려면 자격을 갖춘 사람이 필요합니다. 이 작업은 아마존의 MTurk<sup>Amazon Mechanical Turk</sup> (https://www.mturk.com)와 같은 저비용 크라우드소싱 서비스를 통해 작업을 외주 처리할 수 있지만, 유효한 결과를 얻을 수 있도록 작업을 설계하는 것 자체가 시간이 많이 걸리고 오류가 발생하기 쉽습니다. 점점 더 대중화되는 접근 방식 중 하나는 더 정교한 LLM을 사용해 더 작은 모델의 응답을 평가하는 것입니다.

일부 연구에서는 LLM이 사람 수준의 평가자라고 주장하는 반면,[11] 다른 연구에서는 LLM의 평

---

11 https://oreil.ly/nfc3f

가 방식에 일관성이 없다고 지적하는 등,[12] LLM이 효과적인 평가자 역할을 할 수 있는지에 대한 여론은 엇갈리고 있습니다. 경험상 GPT-4는 다양한 작업에 걸쳐 일관된 결과를 제공하는 유용한 평가 도구입니다. 특히 GPT-4는 GPT-3.5-turbo와 같이 작고 덜 정교한 모델의 응답을 평가하는 데 효과적입니다. 다음 예에서는 GPT-3.5-turbo를 사용해 질문에 대한 간결하고 자세한 답변의 예시를 생성하여 GPT-4로 평가할 수 있도록 준비합니다.

```python
# 파일명: content/chapter_3/criteria.ipynb

from openai import OpenAI
import os

client = OpenAI(api_key=os.environ.get("OPENAI_API_KEY"))

responses = []

for i in range(10):
    # 짝수이면 간결하게, 홀수면 자세하게
    style = "concise" if i % 2 == 0 else "verbose"

    if style == "concise":
        prompt = f"""Return a {style} answer to the
        following question: What is the meaning of life?"""
        """번역: 다음 질문에 대해 {style}한 답변을
        반환하세요: 삶의 의미는 무엇인가요?"""
    else:
        prompt = f"""Return an answer to the following
        question: What is the meaning of life?"""
        """번역: 다음 질문에 대한 답변을 반환하세요:
        삶의 의미는 무엇인가요?"""

    response = client.chat.completions.create(
        # 이 예제에서는 GPT-3.5 Turbo를 사용

        model="gpt-3.5-turbo",
        messages=[{"role": "user",
            "content": prompt}])
    responses.append(
        response.choices[0].message.content.strip())
```

---

[12] https://oreil.ly/ykkzY

```python
system_prompt = """You are assessing the conciseness of a
response from a chatbot.
You only respond with a 1 if the response is concise,
and a 0 if it is not.
"""
"""
번역: 당신은 챗봇의 응답이 간결한지를 평가합니다.
응답이 간결하면 1을, 그렇지 않으면 0을 반환하세요.
"""

ratings = []

for idx, response in enumerate(responses):
    rating = client.chat.completions.create(
        model="gpt-4",
        messages=[{"role": "system",
            "content": system_prompt},
            {"role": "system",
            "content": response}])
    ratings.append(
        rating.choices[0].message.content.strip())

for idx, rating in enumerate(ratings):
    style = "concise" if idx % 2 == 0 else "verbose"
    print(f"Style: {style}, ", f"Rating: {rating}")
```

```
Style: concise, Rating: 1
Style: verbose, Rating: 0
Style: concise, Rating: 1
Style: verbose, Rating: 0
Style: concise, Rating: 1
Style: verbose, Rating: 0
Style: concise, Rating: 1
Style: verbose, Rating: 0
Style: concise, Rating: 1
Style: verbose, Rating: 0
번역: 스타일: 간결함, 평점: 1
스타일: 자세함, 평점: 0
스타일: 간결함, 평점: 1
스타일: 자세함, 평점: 0
스타일: 간결함, 평점: 1
스타일: 자세함, 평점: 0
스타일: 간결함, 평점: 1
```

```
스타일: 자세함, 평점: 0
스타일: 간결함, 평점: 1
스타일: 자세함, 평점: 0
```

이 스크립트는 오픈AI API와 상호 작용하며 간결성에 따라 응답을 생성하고 평가하는 파이썬 프로그램입니다. 단계별로 설명해 보겠습니다.

1 `responses = []`는 responses라는 빈 목록을 생성하여 오픈AI API에서 생성된 응답을 저장합니다.
2 for 루프는 10회 실행되어 각 반복마다 응답을 생성합니다.
3 루프 내에서 style은 현재 반복 횟수(i)에 따라 결정됩니다. 짝수 반복과 홀수 반복에 대해 각각 '간결함'과 '자세함'을 번갈아 사용합니다.
4 style에 따라 prompt 문자열은 간결하거나 자세한 방식으로 "삶의 의미는 무엇인가요?"라고 질문하는 형식으로 구성됩니다.
5 `response = client.chat.completions.create(...)`는 오픈AI API에 요청하여 prompt에 기반한 응답을 생성합니다. 여기에 사용된 모델은 gpt-3.5-turbo로 지정되어 있습니다.
6 그런 다음 생성된 응답에서 선행 또는 후행 공백을 제거하고 responses 목록에 추가합니다.
7 `system_prompt = """You are assessing..."""`는 생성된 응답의 간결성을 평가하는 데 사용되는 프롬프트를 설정합니다.
8 `ratings = []`는 간결성 등급을 저장하기 위해 빈 목록을 초기화합니다.
9 또 다른 for 루프는 responses의 각 응답을 반복합니다.
10 각 응답에 대해 스크립트는 간결성 평가를 요청하는 system_prompt와 함께 해당 응답을 오픈AI API로 전송합니다. 이번에 사용된 모델은 gpt-4입니다.
11 그런 다음 평가 등급(간결하면 1, 간결하지 않으면 0)이 공백을 제거한 후 ratings 목록에 추가됩니다.
12 마지막 for 루프는 ratings 목록을 반복합니다. 각 등급에 대해 응답의 style('간결함' 또는 '자세함')과 해당 간결성 rating을 출력합니다.

간결성과 같은 간단한 평가를 수행할 경우 GPT-4는 100%에 가까운 정확도로 수행하지만, 보다 복잡한 평가의 경우에는 평가자를 평가하는 데 시간을 들이는 것이 중요합니다. 예를 들어 문제가 포함된 테스트 케이스와 문제가 포함되지 않은 테스트 케이스를 각각 설정함으로써 평가 지표의 정확성을 파악할 수 있습니다. 평가자는 거짓 양성(LLM이 문제가 없는 것으로 알려진 테스트 케이스에서 문제가 있다고 착각하는 경우)과 거짓 음성(LLM이 문제가 있는 것으로 알려진 테스트 케이스에서 문제를 놓치는 경우)의 횟수를 세어 평가할 수 있습니다. 이 예제에서는 간결하고 자세한 예제를 직접 생성했기 때문에 평가 정확도를 쉽게 확인할 수 있지만,

더 복잡한 예제에서는 사람이 직접 평가를 검증해야 할 수 있습니다.

> **TIP** 프롬프트 원칙 ④ 품질 평가하기
> GPT-4를 사용해 덜 정교한 모델의 응답을 평가하는 것은 새로운 표준 관행으로 자리 잡아가고 있지만, 결과의 신뢰성과 일관성을 확보하는 데에는 주의가 필요합니다.

사람에게 평가를 맡기는 것에 비하면 LLM에 평가를 시키는 건 일반적으로 비용도 훨씬 저렴하고 소요되는 시간도 며칠 또는 몇 주가 걸리는 대신, 몇 분 안에 완료됩니다. 최종적으로 사람이 직접 검토해야 하는 중요하거나 민감한 경우에도 일부를 LLM에 맡겨서 프롬프트의 신속한 반복과 A/B 테스트를 수행하면 시간을 상당히 절약하고 결과도 크게 개선할 수 있습니다. 그러나 대규모로 많은 테스트를 실행하면 비용이 증가할 수 있으며, GPT-4의 지연 시간 또는 속도 제한이 걸림돌이 될 수 있습니다. 가능하면 먼저 응답의 길이를 측정하는 등 LLM을 호출할 필요가 없는 프로그래밍 기법을 사용해 테스트하는 것이 좋습니다. 이 기법은 즉시 실행되어 비용이 거의 들지 않습니다.

## 3.18 메타 프롬프트

메타 프롬프트<sup>meta prompt</sup>는 다른 텍스트 프롬프트를 생성하는 텍스트 프롬프트를 만드는 기법입니다. 이렇게 생성된 프롬프트는 이미지, 동영상, 더 많은 텍스트 등 다양한 매체에서 새로운 에셋<sup>asset</sup>을 생성하는 데 활용할 수 있습니다.

메타 프롬프트를 더 잘 이해하기 위해 GPT-4의 도움을 받아 동화책을 작성하는 예제를 살펴보겠습니다. 먼저, LLM에 동화책의 본문을 생성하도록 지시합니다. 그다음 메타 프롬프트를 활용해 GPT-4에 이미지 생성 모델에 적합한 프롬프트를 생성하도록 요청합니다. 이는 동화책의 줄거리를 바탕으로 상황 설명이나 특정 장면을 생성하고, 이를 미드저니나 스테이블 디퓨전 같은 AI 이미지 생성 모델에 입력하는 것을 의미합니다. 그 결과, 이미지 생성 모델은 AI가 제작한 동화책과 조화를 이루는 이미지를 제공하게 됩니다.

[그림 3-8]은 동화책 제작 과정에서 메타 프롬프트가 어떻게 작동하는지를 시각적으로 보여줍니다.

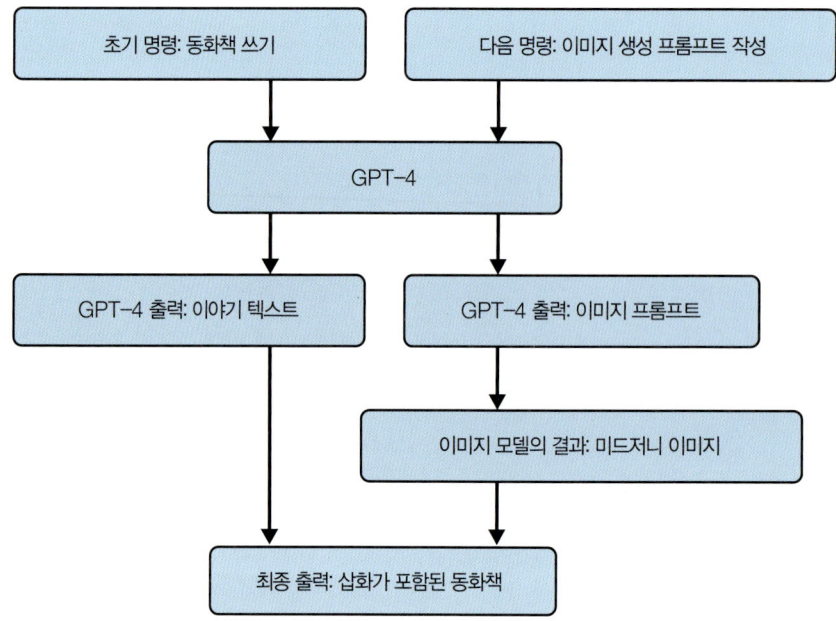

**그림 3-8** 미드저니로 동화책 이미지를 제작하기 위해 이미지 프롬프트 생성에 LLM 활용하기

메타 프롬프트는 다양한 응용 분야에서 여러 가지 이점을 제공합니다.

- **제품 설명으로부터 이미지 생성**: 메타 프롬프트를 활용하면 제품 설명을 기반으로 미드저니와 같은 이미지 모델에 적합한 이미지 생성 프롬프트를 도출할 수 있어 제품 설명을 시각적으로 효과적으로 표현할 수 있습니다.
- **스타일/특징 프롬프트 생성**: 블로그 게시물 몇 개로부터 고유한 스타일 가이드 프롬프트를 개발해야 하는 카피라이터라고 가정해 보겠습니다. 고객마다 고유한 어조와 스타일을 가지고 있으므로 하나의 프롬프트만 생성하는 대신 다양한 특징을 모두 아우르는 메타 프롬프트를 활용하는 것이 더 효과적입니다.
- **특정 목표 달성을 위한 프롬프트 최적화**: Prompt A와 목표 Goal 1이 주어졌을 때, 챗GPT나 다른 언어 모델에 Prompt A를 개선하여 Goal 1을 달성할 수 있도록 요청하는 방식이 일반적입니다. 이 방법은 누락된 입력 요소를 파악하는 데 도움이 되며, 이를 보완하면 언어 모델이 더 상세하고 바람직한 응답을 생성할 수 있습니다.

이제 카피라이팅 예제를 위한 메타 프롬프트를 만들어 보겠습니다.

```
Act as a GPT Prompt Engineer, you are solely responsible for producing highly
effective large language model text prompts given a task.
번역: GPT 프롬프트 엔지니어로서, 당신은 주어진 작업에 대해 매우 효과적인 LLM용 텍
스트 프롬프트를 작성하는 역할입니다.
```

You must follow the following principles:
- Return only a single prompt, never return the output of a prompt.
- You must follow the task properly.
- You must either refine the prompt or create a new prompt depending upon the Task.
- Bullet point out any important features so that another Prompt Engineer can easily copy inputs into the prompt.
번역: 다음 원칙을 따라야 합니다:
- 하나의 프롬프트만 반환하고, 프롬프트의 출력 결과는 절대 반환하지 않습니다.
- 주어진 작업을 정확히 따라야 합니다.
- 작업에 따라 프롬프트를 수정하거나 새로운 프롬프트를 생성해야 합니다.
- 다른 프롬프트 엔지니어가 쉽게 입력을 복사하여 사용할 수 있도록 중요한 기능을 불렛 포인트로 정리하세요.

Task: You must create a copywriting guide ChatGPT several blog posts. Include relevant features within the ChatGPT prompt that will allow ChatGPT to imitate the writer. You must decide what the most important features are to mimic the writer's style etc. You will only be applying this style to new blog posts.
번역: 작업: 챗GPT가 여러 블로그 게시물을 작성할 수 있도록 카피라이팅 가이드를 만들어야 합니다. 챗GPT 프롬프트 내에 관련 기능을 포함하여 챗GPT가 작성자의 스타일을 모방할 수 있도록 해야 합니다. 작성자의 스타일을 모방하기 위해 가장 중요한 요소가 무엇인지 결정해야 합니다. 이 스타일은 오직 새로운 블로그 게시물에만 적용됩니다.

Blog post text: You need a variety of soft skills in addition to technical skills to succeed in the technology sector. Soft skills are used by software professionals to collaborate with their peers...
번역: 블로그 게시물 텍스트: 기술 분야에서 성공하려면 기술적 역량뿐만 아니라 다양한 소프트 스킬도 필요합니다. 소프트 스킬은 소프트웨어 전문가들이 동료들과 협력하는 데 활용됩니다...

---

Prompt:
번역: 프롬프트:

Based on the extensive text provided, your task is to create a series of blog posts following the same style and structure of the writer. As a guide you should follow these features:
번역: 제공된 방대한 텍스트를 기반으로, 작성자의 스타일과 구조를 따르는 일련의 블로그 게시물을 작성하는 것이 당신의 작업입니다. 가이드로서 다음과 같은 특징을 따라야 합니다:

1. Clear, direct language: Your writing should be in clear and direct language, breaking down complex subjects into easily understandable concepts.
번역: 1. 명확하고 직접적인 표현: 글은 명확하고 직접적인 표현을 사용하여 작성해야

> 하며, 복잡한 주제를 쉽게 이해할 수 있는 개념으로 풀어 설명해야 합니다.
> 2. Use of subheadings: To provide structure to your blog posts, break them up with relevant subheadings. This helps to guide the reader and make your text more readable.
> 번역: 2. 소제목 사용: 블로그 게시물의 구조를 잡기 위해 적절한 소제목을 사용하여 내용을 구분하세요. 이는 독자가 글을 쉽게 따라갈 수 있도록 도와주며 가독성을 높입니다.
> ...
> 9. Inclusion of technical terminology: When discussing technical topics, use appropriate technical language to ensure accuracy and credibility. However, be sure to provide explanations or definitions for more complex terms.
> 번역: 9. 기술 용어 포함: 기술적인 주제를 다룰 때, 정확성과 신뢰성을 높이기 위해 적절한 기술 용어를 사용하세요. 다만, 더 복잡한 용어에 대해서는 반드시 설명이나 정의를 제공해야 합니다.

앞서 언급했듯이 인터페이스나 API를 통해 모델의 결과물을 비판하고 개선된 프롬프트를 요청하는 것이 도움이 될 수 있습니다. 챗GPT는 웹 검색을 수행할 수 있으며, 이전에 생성된 카피라이팅 스타일 가이드와 함께 웹 페이지의 콘텐츠를 활용할 수 있습니다. 챗GPT가 출력 품질을 높이기 위해 읽을 두 개의 URL을 제공하겠습니다.

---

> Given the following style guide and these two blog posts, I want you to improve the copywriting style prompt so an LLM or copywriter can write effectively for my client.
> 번역: 다음 스타일 가이드와 두 개의 블로그 게시물을 기반으로, LLM이나 카피라이터가 제 클라이언트를 위해 효과적으로 글을 작성할 수 있도록 카피라이팅 스타일 프롬프트를 개선해 주세요.
>
> ...Previously Generated Copywriting guide...
> 번역: ...이전에 작성한 카피라이팅 가이드...
>
> URL 1: https://understandingdata.com/posts/how-to-clean-and-process-data
> URL 2: https://understandingdata.com/posts/how-to-scrape-twitter-data

---

출력은 [그림 3-9]와 같습니다.

> **ChatGPT**
>
> I've now browsed the content of the two URLs. Based on the structure and content of the articles, here's an enhanced style guide to better suit your needs for blog posts on data processing and scraping:
>
> **Updated Style Guide for Effective Data-Focused Blog Writing**
>
> 1. **Clarity and Precision**: Use clear, concise language that is easy to understand. Explain complex technical processes in a straightforward manner to ensure all readers, regardless of technical expertise, can follow.
> 2. **Structured Format with Subheadings**: Organize content with informative subheadings that categorize information logically. This will guide readers smoothly through the content, making complex information accessible.
> 3. **Detailed Step-by-Step Instructions**: When describing procedures like data cleaning or scraping, provide detailed, step-by-step instructions. This helps readers understand and replicate processes on their own.
> 4. **Use Cases and Examples**: Incorporate practical examples and use cases to illustrate points. This helps bridge the gap between theory and real-world application.
> 5. **Visual Elements**: Include diagrams, code snippets, and screenshots where relevant to visually support the text. Visual aids can enhance understanding of abstract concepts.
> 6. **Highlight Common Pitfalls**: Address common mistakes and pitfalls to avoid in processes described, adding an educational layer to the content that can save readers time and frustration.
> 7. **Ethical and Legal Considerations**: When applicable, discuss the ethical and legal considerations to keep in mind, particularly with data handling and privacy.
> 8. **Engaging and Interactive Elements**: Encourage reader engagement by posing questions, inviting comments, or suggesting exercises they can try on their own.
> 9. **Concise Summaries**: Conclude with a summary that recaps the key points discussed, reinforcing the learning and ensuring clarity.
> 10. **Up-to-Date and Relevant**: Ensure content reflects the latest standards and practices in the field to keep it relevant and useful for readers.

그림 3-9 두 개의 URL 웹 페이지로 메타 프롬프트를 구체화하는 챗GPT

```
Based on the style guide and the two blog posts, here's an improved copywriting
style prompt:
```
번역: 스타일 가이드와 두 개의 블로그 게시물을 기반으로 개선된 카피라이팅 스타일 프롬프트는 다음과 같습니다:

```
To create a blog post for the client, adhere to the following guidelines:
```
번역: 클라이언트를 위한 블로그 게시물을 작성할 때, 다음 가이드라인을 준수하세요:

```
1. Clarity and Directness: Use clear, direct language to explain complex topics.
Present information in an easy-to-understand manner. Aim for your audience to grasp
concepts without needing prior knowledge.
```
번역: 1. 명확성과 직관성: 명확하고 직관적인 언어를 사용하여 복잡한 주제를 설명하세요. 정보를 이해하기 쉬운 방식으로 제공하고, 독자가 사전 지식 없이도 개념을 쉽게 파악할 수 있도록 하세요.

...
8. Use of Technical Terminology: Use the appropriate technical language when discussing complex topics. However, make sure to provide definitions or explanations for these terms to keep the text accessible.
번역: 8. 기술 용어 사용: 복잡한 주제를 논의할 때 적절한 기술 용어를 사용하세요. 하지만 가독성을 유지하기 위해 이러한 용어에 대한 정의나 설명을 반드시 제공해야 합니다.

Model your writing after these blog post examples:
번역: 다음 블로그 게시물 예시를 참고하여 글을 작성하세요:

"What is an API? And How Do They Relate to Data Engineering?": This blog post uses clear and direct language to explain the concept of an API. It provides detailed explanations and uses practical examples of commonly used APIs. It links the technical concept of APIs to business growth and productivity. The information is well-categorized using subheadings like 'Types of API's.'
번역: "API란 무엇인가? 그리고 데이터 엔지니어링과 어떤 관련이 있을까?": 이 블로그 게시물은 API 개념을 명확하고 직관적인 언어로 설명합니다. 일반적으로 사용되는 API의 실제 사례를 포함하여 상세한 설명을 제공합니다. 또한 API의 기술적 개념을 비즈니스 성장 및 생산성과 연결합니다. 'API의 유형'과 같은 소제목을 활용하여 정보를 잘 분류하고 있습니다.

"How To Easily Setup A Google Cloud Project With APIs": This blog post is a practical guide on setting up a Google Cloud Project. It's broken down into numbered steps, each with a clear subheading. The post uses detailed explanations and includes practical examples such as screenshots. It also uses clear, direct language to guide the reader through the process.
번역: "API를 활용한 구글 클라우드 프로젝트 쉽게 설정하는 방법": 이 블로그 게시물은 구글 클라우드 프로젝트 설정에 대한 실용적인 가이드입니다. 각 단계는 번호가 매겨져 있으며, 명확한 소제목으로 구분되어 있습니다. 상세한 설명과 함께 화면 캡쳐 같은 구체적인 예시를 포함하여 독자가 이해하기 쉽게 구성되어 있습니다. 또한 명확하고 직관적인 언어를 사용해 독자가 설정 과정을 따라갈 수 있도록 안내합니다.

메타 프롬프트는 생성형 AI 모델의 힘을 활용하는 역동적이고 혁신적인 방법입니다. 이를 통해 복잡하고 다면적인 프롬프트는 물론, 다른 프롬프트를 생성하는 프롬프트까지 만들 수 있습니다. 적용 범위도 텍스트 및 이미지 생성, 스타일과 기능 생성, 특정 목표에 대한 최적화까지 다양합니다. 메타 프롬프트는 LLM을 활용하고, 상호 작용하며, 그로부터 혜택을 얻는 방식에 있어 획기적인 변화를 가져올 큰 잠재력을 가진 기법입니다.

## 3.19 마치며

이 장에서는 원하는 결과물을 생성하기 위해 명확한 방향과 예시를 제시하는 것이 얼마나 중요한지 알아보았습니다. 또한 파이썬의 정규식을 사용해 계층적 목록에서 구조화된 데이터를 추출하는 실습을 해 보았고, JSON이나 YAML과 같은 중첩된 데이터 구조를 활용해 쉽게 파싱이 가능한 출력을 생성하는 방법을 배웠습니다.

그리고 5살 아이에게 설명하기, 역할 프롬프트, 메타 프롬프트 기법 등 여러 가지 모범 사례와 효과적인 프롬프트 엔지니어링 기법을 배웠습니다. 다음 장에서는 고급 프롬프트 엔지니어링 워크플로를 만드는 데 도움이 되는 인기 있는 LLM 패키지인 랭체인을 사용하는 방법을 배워봅니다.

# 4장
# 랭체인을 활용한 고급 프롬프트 기술

간단한 프롬프트 엔지니어링 기법만으로도 대부분의 작업을 해결할 수 있지만, 때로는 복잡한 생성형 AI 문제를 해결하기 위해 더 강력한 도구가 필요합니다. 예를 들어 다음과 같은 경우입니다.

- **긴 맥락 처리하기**: 책 전체를 이해하기 쉬운 시놉시스로 요약해야 할 때
- **순차적 LLM 입출력 결합하기**: 등장인물, 줄거리, 세계관을 포함한 책의 스토리를 만들어야 할 때
- **복잡한 추론 수행하기**: 개인 피트니스 목표를 달성하는 데 도움이 되는 LLM 에이전트를 설계할 때

이러한 복잡한 생성형 AI 문제를 능숙하게 해결하려면 오픈 소스 프레임워크인 랭체인$^{LangChain}$에 익숙해지는 것이 매우 유익합니다. 이 도구는 LLM의 워크플로를 크게 간소화하고 개선합니다.

## 4.1 랭체인 소개

랭체인은 LLM을 활용한 애플리케이션을 구축할 수 있도록 설계된 유연한 프레임워크로, 파이썬과 타입스크립트 패키지 형태로 제공됩니다. 랭체인의 핵심 철학은 단순한 API-언어 모델과 인터페이스 연결을 넘어서 다음 기능들까지 제공하는 것입니다.

- **데이터 인식 향상**: 언어 모델과 외부 데이터 소스 간에 원활한 연결을 구축하는 것을 목표로 합니다.
- **에이전트 강화**: 언어 모델이 환경에 참여하고 영향을 미칠 수 있는 능력을 갖추기 위해 노력합니다.

[그림 4-1]이 설명하는 랭체인 프레임워크는 LLM 작업에 필수적인 다양한 모듈을 추상화하여 구현한 것입니다.

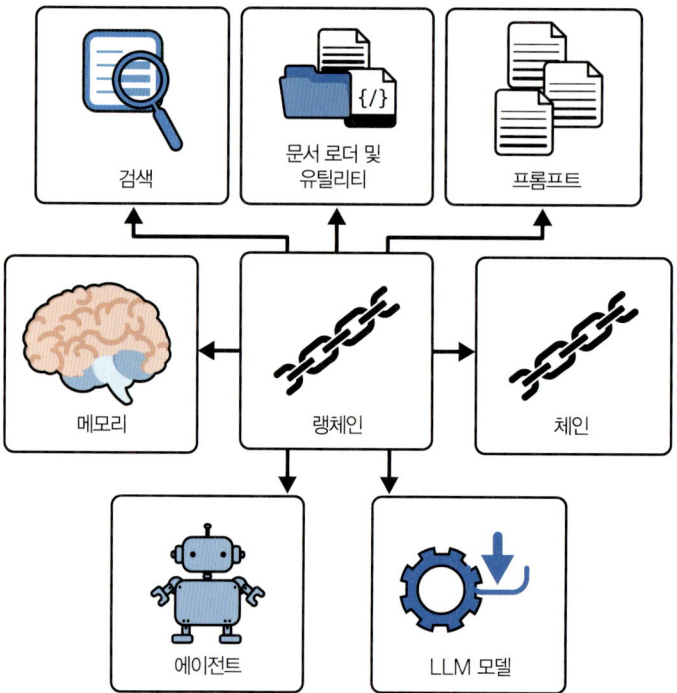

**그림 4-1** 랭체인 LLM 프레임워크의 모듈

각 모듈은 사용자 친화적으로 설계되었으며 독립적으로 또는 함께 조합해서 효율적으로 활용할 수 있습니다. 현재 랭체인에는 다음과 같은 6개의 주요 모듈이 있습니다.

- **모델 I/O**: 모델과 관련된 입출력 작업을 처리합니다.
- **검색**: LLM이 사용할 수 있도록 관련 텍스트를 검색하는 데 초점을 맞춥니다.
- **체인**: 여러 LLM 연산 또는 함수 호출을 차례대로 연결해 구성하는 기능입니다. 랭체인 러너블$^{\text{LangChain runnable}}$이라고도 불립니다.
- **에이전트**: 체인에 판단 기능을 부여해 고수준의 지침이나 목표에 따라 적절한 도구(예: 외부 기능 API)를 선택할 수 있게 합니다.
- **메모리**: 체인의 여러 실행 사이에서 애플리케이션의 상태를 지속적으로 유지할 수 있도록 합니다.
- **콜백**: 새 토큰이 생성될 때처럼 특정 이벤트가 발생할 경우, 추가 코드를 실행할 수 있도록 합니다.

## 4.1.1 환경 설정

다음 명령 중 하나를 사용해 터미널에 랭체인을 설치할 수 있습니다.

- `pip install langchain langchain-openai`
- `conda install -c conda-forge langchain langchain-openai`

전체 책에 대한 패키지 요구 사항을 설치하려면 깃허브 저장소에서 `requirements.txt`[1] 파일을 사용하세요.

가상 환경 내에 패키지를 설치하는 것이 좋습니다.

- **가상 환경 만들기**: `python -m venv venv`
- **가상 환경 활성화**: `source venv/bin/activate`
- **종속성 설치**: `pip install -r requirements.txt`

랭체인은 하나 이상의 모델 공급자와의 통합이 필요합니다. 예를 들어 오픈AI의 모델 API를 사용하려면 `pip install openai`를 통해 해당 파이썬 패키지를 설치해야 합니다.

1장에서 설명한 대로 터미널에서 `OPENAI_API_KEY`라는 환경 변수를 설정하거나 `python-dotenv`[2]를 사용해 `.env` 파일에서 로드하는 것이 가장 좋습니다. 그러나 프로토타이핑의 경우 랭체인에서 채팅 모델을 로드할 때 API 키를 직접 전달해 이 단계를 건너뛰도록 선택할 수 있습니다.

```python
from langchain_openai.chat_models import ChatOpenAI
chat = ChatOpenAI(api_key="api_key")
```

> **CAUTION** 스크립트에 API 키를 하드코딩하는 것은 보안상의 이유로 권장하지 않습니다. 대신 환경 변수나 설정 파일을 활용해 키를 관리하세요.

AI가 하루가 다르게 진화하면서 다양한 LLM 모델 API 사이에 불균형이 발생할 수 있습니다. 인터페이스가 표준화되지 않으면 엔지니어링이 추가적으로 복잡해지고, 다양한 모델을 프로젝

---

1 https://oreil.ly/WKOma
2 https://oreil.ly/wvu07

트에 신속하고 원활하게 통합하는 데 방해가 될 수 있습니다.

이때 바로 랭체인이 필요합니다. 포괄적인 프레임워크인 랭체인을 사용하면 다양한 모델의 다양한 인터페이스를 쉽게 사용할 수 있습니다.

랭체인의 기능을 사용하면 모델 간 전환할 때마다 프롬프트나 코드를 다시 만들 필요가 없습니다. 플랫폼에 구애받지 않는 접근 방식을 통해 앤트로픽, Vertex AI, 오픈AI, BedrockChat 등 다양한 모델을 빠르게 실험할 수 있습니다. 이를 통해 모델 평가 프로세스를 신속하게 진행할 수 있을 뿐만 아니라 복잡한 모델 통합을 간소화하여 중요한 시간과 리소스를 절약할 수 있습니다.

다음 절에서는 랭체인에서 오픈AI 패키지와 API를 사용하는 방법을 살펴봅니다.

## 4.2 채팅 모델

**채팅 모델**chat model은 GPT-4에서 쓰이는 것 같은 대화 형식을 전제한 메시지 입출력 방식으로, 이제는 오픈AI의 API와 상호 작용하는 주요 방법으로 자리 잡았습니다. 단순한 '입력 텍스트, 출력 텍스트'로 요청과 응답을 주고받는 대신 **채팅 메시지**를 입력과 출력 요소로 구성하는 상호 작용 방식입니다.

채팅 모델을 사용해 LLM 응답을 생성하기 위해서는 기본적으로 하나 이상의 메시지를 채팅 모델에 입력해야 합니다. 랭체인의 맥락에서 현재 허용되는 메시지 유형은 `AIMessage`, `HumanMessage`, `SystemMessage`입니다.[3] 채팅 모델의 출력은 항상 `AIMessage`로 고정되어 있습니다.

- `SystemMessage`: AI 시스템에 대한 지침이 되어야 하는 정보를 나타냅니다. 어떤 방식으로든 AI의 행동이나 작업을 안내하는 데 사용됩니다.
- `HumanMessage`: 사람과 AI 시스템이 상호 작용할 때 입수되는 정보입니다. 질문, 명령 또는 AI가 처리하고 응답해야 하는 사람 사용자의 기타 입력일 수 있습니다.
- `AIMessage`: AI 시스템 자체에서 가져온 정보입니다. 일반적으로 `HumanMessage` 또는 `SystemMessage` 명령의 결과에 대한 AI의 응답입니다.

---

3 옮긴이_ 원서 출간 시점 기준이며, 이후 업데이트된 내용은 랭체인 공식 문서를 통해 찾아볼 수 있습니다.

> **NOTE** 명시적인 지침을 AI에 지정하려면 SystemMessage를 활용하세요. 오픈AI는 이러한 유형의 메시지에 포함된 지침에 특히 주의를 기울이게끔 GPT-4(및 향후 출시될 LLM 모델들 포함)를 조정해 두었습니다.

랭체인에서 농담 생성기를 만들어 보겠습니다.

```python
# 파일명: content/chapter_4/chat_model_example.ipynb

from langchain_openai.chat_models import ChatOpenAI
from langchain.schema import AIMessage, HumanMessage, SystemMessage

chat = ChatOpenAI(temperature=0.5)
messages = [SystemMessage(content='''Act as a senior software engineer at a startup company.'''),
# 번역: 스타트업 회사의 시니어 소프트웨어 엔지니어 역할을 수행하세요.
HumanMessage(content='''Please can you provide a funny joke about software engineers?''')]
# 번역: 소프트웨어 엔지니어와 관련된 재미있는 농담을 하나 제시해 주세요.

response = chat.invoke(input=messages)
print(response.content)
```

> Sure, here's a lighthearted joke for you:
> Why did the software engineer go broke?
> Because he lost his domain in a bet and couldn't afford to renew it.
> 번역: 물론입니다! 가벼운 농담 하나 해드릴게요:
> 소프트웨어 엔지니어가 왜 파산했을까요?
> 도메인(영어로 소유 재산이라는 이중적인 의미를 담고 있음)을 내기에서 잃어버려서 갱신할 돈이 없었기 때문이에요.

먼저 ChatOpenAI, AIMessage, HumanMessage, SystemMessage를 가져옵니다. 그런 다음 온도 매개변수가 0.5(무작위)인 ChatOpenAI 클래스의 인스턴스를 생성합니다. 모델을 만든 후 messages라는 이름의 목록에 LLM의 역할을 정의하는 SystemMessage 객체와 소프트웨어 엔지니어 관련 농담을 요청하는 HumanMessage 객체가 채워집니다.

.invoke(input=messages)로 채팅 모델을 호출하면 LLM에 메시지 목록이 제공되고, response.content로 LLM의 응답을 검색할 수 있습니다. chat(messages=messages)로 객체를 직접 호출할 수 있는 레거시 메서드도 있으니 참고하기 바랍니다.

```
response = chat(messages=messages)
```

### 4.2.1 스트리밍 채팅 모델

챗GPT를 사용하면서 한 번에 한 글자씩 순차적으로 단어가 반환되는 것을 본 적이 있을 겁니다. 이러한 응답 생성 패턴을 **스트리밍**streaming이라고 부르며 채팅 기반 애플리케이션의 성능을 향상시키는 데 중요한 역할을 합니다.

```
for chunk in chat.stream(messages):
    print(chunk.content, end="", flush=True)
```

chat.stream(messages)으로 호출하면 메시지가 한 번에 하나씩 출력됩니다. 기술적으로 설명하자면, 채팅 메시지의 각 분절이 개별적으로 반환된다는 뜻입니다. 이 분절(청크)은 단말기(PC나 핸드폰 화면)에 도착 즉시 출력되므로 LLM 응답의 지연 시간을 최소화할 수 있습니다.

스트리밍 방식은 최종 사용자 관점에서 여러 이점을 제공합니다. 우선 사용자의 대기 시간을 획기적으로 단축할 수 있습니다. 텍스트가 한 글자씩 생성되면 사용자는 그 즉시 메시지 해석을 시작할 수 있습니다. 전체 메시지를 구성한 후에 한 번에 메시지를 전부 표시할 필요는 없으며, 생성되는 대로 보여 주는 스트리밍 방식을 통해 사용자의 사용 경험을 크게 향상하면서도 지연 시간을 최소화할 수 있습니다.

하지만 이 기술에는 여러 가지 어려움이 따릅니다. 그중 한 가지 중요한 과제는 출력이 스트리밍되는 동안 이를 실시간으로 파싱하는 문제입니다. 특히 내용이 복잡하고 세부적인 경우에는 메시지가 형성되는 과정을 이해하고 그에 맞게 적절하게 대응하는 일은 상당히 까다로울 수 있습니다.

### 4.2.2 복수의 답변 생성하기

LLM으로부터 여러 응답을 생성하는 것은 유용한 시나리오가 있을 수 있습니다. 특히 소셜 미디어 게시물처럼 동적으로 생성되는 콘텐츠를 제작할 때 더욱 그렇습니다. 이 경우에는 메시지 목록을 제공하는 대신 메시지 목록들의 목록을 제공하게 됩니다.

```python
# 메시지 목록의 크기를 2배로 늘림, 즉 [messages, messages]
synchronous_llm_result = chat.batch([messages]*2)
print(synchronous_llm_result)
```

```
[AIMessage(content='''Sure, here's a lighthearted joke for you:\n\nWhy did
the software engineer go broke?\n\nBecause he kept forgetting to Ctrl+ Z his
expenses!'''),
AIMessage(content='''Sure, here\'s a lighthearted joke for you:\n\nWhy do software
engineers prefer dark mode?\n\nBecause it\'s easier on their "byte" vision!''')]
번역: '''물론입니다! 가벼운 농담 하나 드릴게요: 소프트웨어 엔지니어가 왜 파산했을
까요? 자꾸 지출을 Ctrl + Z(실행 취소)하는 걸 깜빡했거든요!'''
'''물론입니다! 가벼운 농담 하나 드릴게요: 소프트웨어 엔지니어들이 다크 모드를 선호
하는 이유는? 그래야 "바이트(byte)"까지 볼 수 있으니까요!'''
```

.invoke() 대신 .batch()를 사용하면 오픈AI에 대한 API 요청 횟수를 병렬화할 수 있다는 이점이 있습니다.

랭체인에서 모든 runnable 객체에는 max_concurrency와 같은 다양한 구성 가능한 매개변수를 담을 수 있는 RunnableConfig 인수를 batch 함수에 추가할 수 있습니다.

```python
from langchain_core.runnables.config import RunnableConfig

# 원하는 동시 실행 제한을 설정해 RunnableConfig 생성하기
config = RunnableConfig(max_concurrency=5)

# 입력값과 설정을 사용해 .batch() 메서드 호출하기
results = chat.batch([messages, messages], config=config)
```

> **NOTE** 컴퓨터 과학에서 비동기asynchronous 함수란 다른 프로세스와 독립적으로 작동하는 함수로, 여러 API 요청을 서로 기다리지 않고 동시에 실행할 수 있는 함수입니다. 랭체인에서는 이러한 비동기 함수를 통해 많은 API 요청을 차례대로 하는 것이 아니라 한 번에 동시에 처리할 수 있습니다. 이는 특히 복잡한 워크 플로에서 유용하며 사용자의 전반적인 지연 시간을 줄여 줍니다.
>
> 랭체인 내의 대부분의 비동기 함수는 .ainvoke(), .abatch()처럼 함수 이름 앞에 a 문자가 붙습니다. 작업을 더 효율적으로 처리하고 싶다면 이러한 비동기 API를 적극 활용해 보세요.

## 4.3 랭체인 프롬프트 템플릿

지금까지는 ChatOpenAI 객체에서 문자열을 하드코딩했습니다. 그러나 LLM 애플리케이션의 규모가 커짐에 따라 **프롬프트 템플릿**을 활용하는 것이 점점 더 중요해지고 있습니다.

프롬프트 템플릿은 AI 언어 모델에 대해 일관되고 재현 가능한 프롬프트를 생성하는 데 유용한 도구입니다. 이 템플릿은 매개변수를 입력할 수 있는 텍스트 문자열로 구성되어 이를 기반으로 언어 모델에 전달할 프롬프트를 만듭니다.

프롬프트 템플릿이 없으면 파이썬의 f-string 형식을 사용할 가능성이 높습니다.

```
language = "Python"
prompt = f"What is the best way to learn coding in {language}?"
print(prompt) # 결과: What is the best way to learn coding in Python?
```

그렇다면 간단히 f-string를 사용하지 않고 템플릿을 쓰는 이유는 뭘까요? 랭체인의 프롬프트 템플릿을 사용했을 때의 장점은 다음과 같습니다.

- 프롬프트 입력값을 검증할 수 있습니다.
- 여러 프롬프트를 조합해 구성할 수 있습니다.
- 프롬프트에 K-샷 예시를 삽입하는 사용자 정의 선택기$^{selector}$를 정의할 수 있습니다.
- .yml 및 .json 파일에서 프롬프트를 저장하고 불러올 수 있습니다.
- 생성 시 추가 코드나 지침을 실행하는 사용자 지정 프롬프트 템플릿을 만들 수 있습니다.

## 4.4 랭체인 표현 언어(LCEL)

파이프 연산자(|)는 데이터 처리 파이프라인에서 서로 다른 컴포넌트나 러너블을 체인으로 연결할 수 있게 하는 **랭체인 표현 언어**$^{LangChain\ Expression\ Language}$ (이하 LCEL)의 핵심 구성 요소입니다.

LCEL에서 파이프 연산자는 유닉스 파이프 연산자와 유사합니다. 한 컴포넌트의 출력을 받아 체인의 다음 컴포넌트에 입력으로 집어넣는 역할을 합니다. 이를 통해 다양한 구성 요소를 쉽게 연결하고 결합하여 복잡한 작업 체인을 만들 수 있습니다.

```
chain = prompt | model
```

파이프 연산자는 프롬프트와 모델 구성 요소를 연결할 때 사용됩니다. 프롬프트 컴포넌트의 출력은 모델 컴포넌트에 입력으로 전달됩니다. 이 체인 메커니즘을 사용하면 기본 구성 요소들을 조합한 복잡한 체인을 구축할 수 있으며 처리 파이프라인의 여러 단계 간에 데이터가 원활하게 흐르도록 할 수 있습니다.

여기서는 순서가 중요합니다. 예를 들어 아래처럼 모델이 프롬프트보다 앞에 오게끔 체인을 선언할 수는 있습니다.

```
bad_order_chain = model | prompt
```

하지만 model에서 반환된 값이 프롬프트에 대한 예상 입력과 호환되지 않기 때문에 invoke 함수를 사용하면 오류가 발생합니다.

다섯 개에서 일곱 개의 관련된 비즈니스 이름을 반환하는 비즈니스 이름 생성기를 프롬프트 템플릿을 사용해 만들어 보겠습니다.

```
# 파일명: content/chapter_4/business_name_generator.ipynb

from langchain_openai.chat_models import ChatOpenAI
from langchain_core.prompts import (SystemMessagePromptTemplate,
ChatPromptTemplate)

template = """
You are a creative consultant brainstorming names for businesses.
You must follow the following principles:
{principles}
Please generate a numerical list of five catchy names for a start-up in the
{industry} industry that deals with {context}?
Here is an example of the format:
1. Name1
2. Name2
3. Name3
4. Name4
5. Name5
번역: 당신은 창의적인 컨설턴트로 비즈니스 이름을 브레인스토밍합니다.
다음 원칙을 따라야 합니다:
```

```
{원칙들}
{industry} 업계에서 {context}와 관련된 스타트업을 위한 눈에 띄는 이름 5개를 숫자
목록으로 생성해 주세요.
다음은 예시 형식입니다:
1. 이름1
2. 이름2
3. 이름3
4. 이름4
5. 이름5
"""

model = ChatOpenAI()
system_prompt = SystemMessagePromptTemplate.from_template(template)
chat_prompt = ChatPromptTemplate.from_messages([system_prompt])

chain = chat_prompt | model

result = chain.invoke({
    "industry": "medical",
    "context":'''creating AI solutions by automatically summarizing patient
    records''', # 번역: 환자 기록을 자동으로 요약하는 AI 솔루션 개발
    "principles":'''1. Each name should be short and easy to remember.
    2. Each name should be easy to pronounce.
    3. Each name should be unique and not already taken by another company.
    # 번역: 1. 각 이름은 짧고 기억하기 쉬워야 합니다.
    # 2. 각 이름은 발음하기 쉬워야 합니다.
    # 3. 각 이름은 고유해야 하며, 다른 회사에서 이미 사용 중이지 않아야 합니다.
    '''
})

print(result.content)
```

1. SummarAI
2. MediSummar
3. AutoDocs
4. RecordAI
5. SmartSummarize

먼저 ChatOpenAI, SystemMessagePromptTemplate, ChatPromptTemplate을 불러옵니다. 그런 다음 template에서 특정 지침이 포함된 프롬프트 템플릿을 정의하여 LLM이 비즈니스 이름을 생성하도록 지시합니다. ChatOpenAI()는 채팅을 초기화하고 SystemMessagePromptTem plate.from_template(template)과 ChatPromptTemplate.from_messages([system_prompt])는 프롬프트 템플릿을 만듭니다.

chat_prompt와 model을 파이핑하여 LCEL chain을 생성한 다음 호출합니다. 이렇게 하면 프롬프트의 {industries}, {context}, {principles} 변숫값들이 invoke 함수 내의 딕셔너리 값으로 바뀝니다. 마지막으로 result 변수의 .content 속성에 접근하는 문자열로 LLM의 응답을 추출합니다.

> **TIP** 프롬프트 원칙 ① 지시 내리기, ② 형식 정하기
>
> '당신은 비즈니스 이름을 브레인스토밍하는 크리에이티브 컨설턴트입니다', '스타트업을 위한 5~7개의 눈에 띄는 이름의 숫자 목록을 생성해 주세요'와 같이 신중하게 작성된 지침을 포함하세요. 이와 같은 단서를 통해 LLM이 필요한 작업을 정확하게 수행할 수 있도록 안내합니다.

## 4.5 채팅 모델에 프롬프트 템플릿 사용하기

랭체인은 input_variables와 template 인수가 필요한 PromptTemplate이라는 보다 전통적인 템플릿을 제공합니다.

```python
# 파일명: content/chapter_4/traditional_prompt_templates_with_chat_models.ipynb

from langchain_core.prompts import PromptTemplate
from langchain.prompts.chat import SystemMessagePromptTemplate
from langchain_openai.chat_models import ChatOpenAI
prompt=PromptTemplate(
 template='''You are a helpful assistant that translates {input_language} to
 {output_language}.''',
 # 번역: 당신은 {input_language}를 {output_language}로 번역하는 데
 # 도움이 되는 어시스턴트입니다.
 input_variables=["input_language", "output_language"],
)
system_message_prompt = SystemMessagePromptTemplate(prompt=prompt)
chat = ChatOpenAI()
chat.invoke(system_message_prompt.format_messages(
input_language="English",output_language="French"))
```

```
AIMessage(content="Vous êtes un assistant utile qui traduit l'anglais en
français.", additional_kwargs={}, example=False)
# 번역: 당신은 영어를 프랑스어로 번역하는 데 도움이 되는 어시스턴트입니다.
```

## 4.6 출력 파서

3장에서 정규식을 사용해 숫자 목록이 포함된 텍스트에서 구조화된 데이터를 추출했지만, 출력 파서output parser를 사용하면 랭체인에서 자동으로 이 작업을 수행할 수 있습니다.

출력 파서는 LLM 문자열 응답에서 구조화된 데이터를 파싱하기 위해 랭체인에서 제공하는 상위 수준의 추상화입니다. 현재 사용 가능한 출력 파서는 다음과 같습니다.

- **목록 파서**: 쉼표로 구분된 항목의 목록을 반환합니다.
- **datetime 파서**: LLM 출력을 날짜/시간 형식으로 파싱합니다.
- **열거형 파서**: 문자열을 열거형enum 값으로 파싱합니다.
- **자동 수정 파서**: 다른 출력 파서를 래핑하고, 출력 파서가 실패하면 다른 LLM을 호출해 오류를 수정합니다.
- **Pydantic(JSON) 파서**: LLM 응답을 Pydantic 스키마를 따르는 JSON 출력으로 파싱합니다.
- **재시도 파서**: 이전 출력 파서에서 실패한 파서를 다시 시도합니다.
- **구조화된 출력 파서**: 여러 필드를 반환하려는 경우에 사용할 수 있습니다.
- **XML 파서**: LLM 응답을 XML 기반 형식으로 파싱합니다.

곧 알게 되겠지만, 랭체인 출력 파서에는 두 가지 중요한 함수가 있습니다.

- `.get_format_instructions()`: 파싱이 가능한 구조화된 형식을 출력하는 데 필요한 지침을 프롬프트에 제공합니다.
- `.parse(llm_output: str)`: LLM 응답을 미리 정의된 형식으로 파싱하는 작업을 담당합니다.

일반적으로 Pydantic(JSON) 파서 중 `ChatOpenAI()`가 가장 유연성이 뛰어납니다. Pydantic(JSON) 파서는 파이썬의 Pydantic[4] 라이브러리를 활용합니다. Pydantic은 파이썬의 유형 어노테이션annotation을 사용해 수신 데이터의 유효성을 검사하는 방법을 제공하는 데이터 유효성 검사 라이브러리입니다. 즉, Pydantic을 사용하면 데이터에 대한 스키마를 생성하고 해당

---

4  https://oreil.ly/QIMih

스키마에 따라 입력 데이터를 자동으로 유효성 검사하고 파싱할 수 있습니다.

```python
# 파일명: chapter_4/pydantic_output_parser_example.ipynb

from langchain_core.prompts.chat import (
    ChatPromptTemplate,
    SystemMessagePromptTemplate,
)
from langchain_openai.chat_models import ChatOpenAI
from langchain.output_parsers import PydanticOutputParser
from pydantic.v1 import BaseModel, Field
from typing import List

temperature = 0.0

class BusinessName(BaseModel):
    name: str = Field(description="The name of the business") # 번역: 비즈니스 이름
    rating_score: float = Field(description='''The rating score of the
    business. 0 is the worst, 10 is the best.''')
    # 번역: 최저 0점, 최고 10점으로 점수를 매기세요.

class BusinessNames(BaseModel):
    names: List[BusinessName] = Field(description='''A list
    of busines names''') # 번역: 비즈니스 이름 목록

# 파서 설정 + 프롬프트 템플릿에 지시 사항 주입하기
parser = PydanticOutputParser(pydantic_object=BusinessNames)

principles = """
- The name must be easy to remember.
- Use the {industry} industry and Company context to create an effective name.
- The name must be easy to pronounce.
- You must only return the name without any other text or characters.
- Avoid returning full stops, \n, or any other characters.
- The maximum length of the name must be 10 characters.
번역:
- 이름은 기억하기 쉬워야 합니다.
- {industry} 업계와 회사의 맥락을 활용하여 효과적인 이름을 생성하세요.
- 이름은 발음하기 쉬워야 합니다.
- 이름 외에는 다른 텍스트나 문자를 반환하지 않아야 합니다.
- 마침표, \n 또는 기타 기호를 포함하지 마세요.
- 이름의 최대 길이는 10자 이내여야 합니다.
"""
```

```python
# 채팅 모델 출력 파서
model = ChatOpenAI()
template = """Generate five business names for a new start-up company in the
{industry} industry. You must follow the following principles: {principles}
{format_instructions}
번역: {industry} 업계의 새로운 스타트업 회사를 위한 비즈니스 이름 5개를 생성하세
요. 다음 원칙을 따라야 합니다: {principles} {format_instructions}
"""

system_message_prompt = SystemMessagePromptTemplate.from_template(template)
chat_prompt = ChatPromptTemplate.from_messages([system_message_prompt])

# LCEL 체인 생성
prompt_and_model = chat_prompt | model

result = prompt_and_model.invoke(
    {
        "principles": principles,
        "industry": "Data Science",
        "format_instructions": parser.get_format_instructions(),
    }
)
# 출력 파서는 LLM 응답을 Pydantic 객체로 변환합니다.
print(parser.parse(result.content))
```

```
names=[BusinessName(name='DataWiz', rating_score=8.5),
BusinessName(name='InsightIQ',
rating_score=9.2), BusinessName(name='AnalytiQ', rating_score=7.8),
BusinessName(name='SciData', rating_score=8.1),
BusinessName(name='InfoMax', rating_score=9.5)]
```

필요한 라이브러리를 로드한 후에는 ChatOpenAI 모델을 설정합니다. 그런 다음 템플릿에서 SystemMessagePromptTemplate을 만들고 ChatPromptTemplate을 만듭니다. Pydantic 모델 BusinessName과 BusinessName을 사용해 원하는 결과물인 고유한 비즈니스 이름 목록을 구성할 수 있습니다. 이러한 모델을 파싱하기 위한 Pydantic 파서를 만들고 invoke 함수를 호출해 사용자가 입력한 변수를 사용하여 프롬프트의 형식을 지정합니다. 이 사용자 지정 프롬프트를 모델에 제공하면 파서를 사용해 창의적이고 고유한 비즈니스 이름을 생성할 수 있습니다.

이 구문을 통해 LCEL 내부에서 출력 파서를 사용할 수 있습니다.

```
chain = prompt | model | output_parser
```

출력 파서를 체인에 직접 추가해 보겠습니다.

```
parser = PydanticOutputParser(pydantic_object=BusinessNames)
chain = chat_prompt | model | parser

result = chain.invoke(
    {
        "principles": principles,
        "industry": "Data Science",
        "format_instructions": parser.get_format_instructions(),
    }
)
print(result)
```

```
names=[BusinessName(name='DataTech', rating_score=9.5),...]
```

이제 체인은 프롬프트 서식 지정, LLM 호출, LLM의 응답을 Pydantic 객체로 파싱하는 작업을 담당합니다.

> **TIP** **프롬프트 원칙 ② 형식 정하기**
>
> 앞선 프롬프트는 사용자가 원하는 응답 형식을 Pydantic 모델과 출력 파서를 사용해 LLM에 명시적으로 전달할 수 있습니다.

LLM에 구조화된 JSON 출력을 제공하도록 요청하면 LLM이 직접 유연하면서도 일반화 가능한 API를 만들 수 있습니다. 생성되는 JSON의 크기와 프롬프트 신뢰성 등 한계가 분명히 있지만, 여전히 LLM 애플리케이션과 관련해서는 유망한 분야입니다.

> **! CAUTION** LLM 출력이 항상 원하는 형식이 아닐 수 있으므로 오류를 처리하는 구문을 추가하는 것은 물론 예외 처리도 해야 합니다.

출력 파서는 정규 표현식의 복잡함을 피하면서 다양한 활용 사례에 적합한 간편한 기능을 제공합니다. 앞서 출력 파서가 실제로 작동하는 모습을 확인했으니 출력 파서를 활용해 LLM의 출력에서 필요한 데이터를 손쉽게 구조화하고, 원하는 정보를 추출함으로써 AI의 잠재력을 최대한 활용할 수 있습니다.

또한 파서를 통해 LLM에서 추출한 데이터를 구조화하면 출력 형식을 자유롭게 조정할 수 있어 더 효율적으로 활용할 수 있습니다. 이 기능은 광범위한 목록을 다루는 경우, 그중에서도 특히 예제의 비즈니스 이름처럼 특정 기준에 따라 정렬해야 하는 경우에 유용합니다.

## 4.7 랭체인 평가 기능

LLM 출력의 형식 오류를 점검하는 데 사용하는 출력 파서 외에도, 대부분의 AI 시스템은 각 프롬프트 응답의 성능을 측정하기 위해 고유한 평가(또는 메트릭$^{metric}$이라고 부름) 시스템을 사용합니다. 랭체인은 다양한 기본 평가 도구를 제공하며, LangSmith 플랫폼에 직접 연결해 추가 디버깅, 모니터링, 테스트 등에 활용할 수 있습니다. 비슷한 기능을 제공하는 대체 머신러닝 플랫폼으로는 Weights & Biases[5]가 있으며, 이 역시 LLM 추적과 분석에 유용한 기능을 제공합니다.

평가 지표는 단순히 프롬프트의 성능을 측정하는 데 그치지 않고, 검색을 위한 긍정 및 부정 사례를 식별하는 것부터 사용자 지정 모델을 미세 조정하기 위한 데이터 세트를 구축하는 데까지 광범위하게 사용할 수 있습니다.

대부분의 평가 지표는 입력과 정답이 짝지어진 테스트 케이스$^{test\ case}$에 기반합니다. 이러한 참조 답변은 사람이 수동으로 만들거나 큐레이션하는 경우가 많지만, 다음 예제에서처럼 GPT-4와 같은 더 똑똑한 모델을 활용해 실측 답변을 생성하는 것도 일반적인 관행입니다. 금융 거래에 대한 설명 목록이 주어지면 GPT-4를 사용해 `transaction_category`와 `transaction_type`으로 각 거래를 분류했습니다. 이 과정은 깃허브 저장소[6]의 `langchain-evals.ipynb` 주피터 노트북에서 확인할 수 있습니다.

GPT-4 답변을 정답으로 간주한 후 GPT-3.5-turbo, 미스트랄 8x7b(API에서 `mistral-small`)와 같은 소형 모델의 정확도를 평가할 수 있습니다. 더 작은 모델로 충분한 정확도를 달

---

5   https://wandb.ai/site
6   https://oreil.ly/a4Hut

성할 수 있다면 비용을 절감하거나 지연 시간을 줄일 수 있습니다. 또한 미스트랄 모델[7]처럼 오픈 소스 모델인 경우, 해당 작업을 마이그레이션하여 자체 서버에서 실행할 수 있으므로 잠재적으로 민감한 데이터를 조직 외부로 전송하지 않아도 됩니다. OS 모델을 자체 호스팅하는 수고를 하기 전에 먼저 외부 API로 테스트하는 것이 좋습니다.

미스트랄[8]에 가입하고 구독해 API 키를 받은 다음, 터미널에 export MISTRAL_API_KEY=api-key 코드를 입력하여 환경 변수로 설정하면 됩니다.

다음 스크립트는 이전에 데이터프레임을 df로 정의한 노트북[9]의 일부입니다. 간결하게 설명하기 위해 데이터프레임이 이미 정의되어 있다고 가정하고 스크립트의 평가 섹션만 살펴보겠습니다.

```python
# 파일명: content/chapter_4/langchain-evals.ipynb

import os
from langchain_mistralai.chat_models import ChatMistralAI
from langchain.output_parsers import PydanticOutputParser
from langchain_core.prompts import ChatPromptTemplate
from pydantic.v1 import BaseModel
from typing import Literal, Union
from langchain_core.output_parsers import StrOutputParser

# 1. 모델 정의
mistral_api_key = os.environ["MISTRAL_API_KEY"]

model = ChatMistralAI(model="mistral-small", mistral_api_key=mistral_api_key)

# 2. 프롬프트 정의
system_prompt = """You are are an expert at analyzing bank transactions, you
will be categorizing a single transaction. Always return a transaction type and
category: do not return None.
Format Instructions:
{format_instructions}
번역: 당신은 은행 거래 분석 전문가입니다. 단일 거래를 분류해야 합니다. 항상 거래
유형과 카테고리를 반환해야 하며, None을 반환하지 마세요.
형식 지침:
```

---

[7] https://oreil.ly/Ec578
[8] https://mistral.ai
[9] https://oreil.ly/DqDOf

```python
    {format_instructions}
    """

    user_prompt = """Transaction Text:
    {transaction}"""

    prompt = ChatPromptTemplate.from_messages(
        [
            (
                "system",
                system_prompt,
            ),
            (
                "user",
                user_prompt,
            ),
        ]
    )

    # 3. pydantic 모델 정의
    class EnrichedTransactionInformation(BaseModel):
        transaction_type: Union[
            Literal["Purchase", "Withdrawal", "Deposit", "Bill Payment", "Refund"], None
            # 번역: 구매, 출금, 입금, 결제 청구서, 환불
        ]
        transaction_category: Union[
            Literal["Food", "Entertainment", "Transport", "Utilities", "Rent", "Other"],
            None,
            # 번역: 식비, 여가비, 교통비, 공공요금, 임대료, 기타
        ]

    # 4. 출력 파서 정의
    output_parser = PydanticOutputParser(
        pydantic_object=EnrichedTransactionInformation)

    # 5. 백슬래시(\)를 수정, 제거하기 위한 함수 정의
    def remove_back_slashes(string):
        # 슬래시를 이스케이프하기 위해 슬래시 두 번 사용
        cleaned_string = string.replace("\\", "")
        return cleaned_string

    # 6. 형식을 수정하는 LCEL 체인 생성
    chain = prompt | model | StrOutputParser() \
    | remove_back_slashes | output_parser
```

```python
transaction = df.iloc[0]["Transaction Description"]
result = chain.invoke(
        {
            "transaction": transaction,
            "format_instructions": \
            output_parser.get_format_instructions(),
        }
    )

# 7. 전체 데이터 세트에 대해 체인 호출
results = []

for i, row in tqdm(df.iterrows(), total=len(df)):
    transaction = row["Transaction Description"]
    try:
        result = chain.invoke(
            {
                "transaction": transaction,
                "format_instructions": \
                output_parser.get_format_instructions(),
            }
        )
    except:
        result = EnrichedTransactionInformation(
            transaction_type=None,
            transaction_category=None
        )

    results.append(result)

# 8. transaction type과 transaction category를 데이터프레임 열에 추가하기
transaction_types = []
transaction_categories = []

for result in results:
    transaction_types.append(result.transaction_type)
    transaction_categories.append(
        result.transaction_category)

df["mistral_transaction_type"] = transaction_types
df["mistral_transaction_category"] = transaction_categories
df.head()
```

```
Transaction Description     transaction_type    transaction_category
mistral_transaction_type    mistral_transaction_category

0    cash deposit at local branch     Deposit        Other       Deposit      Other
1    cash deposit at local branch     Deposit        Other       Deposit      Other
2    withdrew money for rent payment  Withdrawal     Rent        Withdrawal   Rent
3    withdrew cash for weekend expenses Withdrawal   Other       Withdrawal   Other
4    purchased books from the bookstore Purchase     Other       Purchase
Entertainment
번역: 거래 설명      거래_유형     거래_카테고리
미스트랄_거래_유형        미스트랄_거래_카테고리

0    지점에서 현금 입금       입금      기타      입금      기타
1    지점에서 현금 입금       입금      기타      입금      기타
2    월세 지불을 위한 돈      인출      출금      월세      출금      월세
3    주말 비용을 위한 현금    인출      출금      기타      출금      기타
4    서점에서 책 구매         구매      기타      구매      여가
```

각 코드가 수행하는 내용을 살펴봅시다.

1 `from langchain_mistralai.chat_models import ChatMistralAI`: 랭체인의 미스트랄 구현을 가져옵니다.

2 `from langchain.output_parsers import PydanticOutputParser`: Pydantic 모델을 사용해 출력을 파싱하는 데 사용되는 PydanticOutputParser 클래스를 가져옵니다. 또한 JSON 키에서 백슬래시를 제거하는 중간 단계를 처리하기 위해 문자열 출력 파서를 가져옵니다(미스트랄의 응답에서 흔히 발생하는 문제 예방).

3 `mistral_api_key = os.environ["MISTRAL_API_KEY"]`: 환경 변수에서 미스트랄 API 키를 검색합니다. 노트북을 실행하기 전에 이 설정을 해야 합니다.

4 `model = ChatMistralAI(model="mistral-small", mistral_api_key=mistral_api_key)`: 지정된 모델과 API 키로 ChatMistralAI 인스턴스를 초기화합니다. mistral-small은 API에서 미스트랄 8x7b 모델(오픈 소스도 사용 가능)이라고 부르는 제품입니다.

5 `system_prompt`과 `user_prompt`: 채팅에서 트랜잭션을 분류하는 데 사용되는 시스템과 사용자 프롬프트에 대한 템플릿을 정의합니다.

6 `class EnrichedTransactionInformation(BaseModel)`: 두 개의 필드가 있는 Pydantic 모델 EnrichedTransactionInformation을 정의합니다. transaction_type과 transaction_category, 각각 특정 허용값과 None이 될 가능성이 있습니다. 이를 통해 출력이 올바른 형식인지 알 수 있습니다.

7 `def remove_back_slashes(string)`: 문자열에서 백슬래시를 제거하는 함수를 정의합니다.

8 `chain = prompt | model | StrOutputParser() | remove_back_slashes | output_parser`: 원래

출력 파서 앞에 문자열 출력 파서와 remove_back_slashes 함수를 포함하도록 체인을 업데이트합니다.

9 `transaction = df.iloc[0]["Transaction Description"]`: 데이터프레임 df에서 첫 번째 트랜잭션 설명을 추출합니다. 이 데이터프레임은 주피터 노트북[10]의 앞부분에 로드되어 있습니다(여기서는 생략함).

10 `for i, row in tqdm(df.iterrows(), total=len(df))`: 진행률 표시줄과 함께 데이터프레임 df의 각 행을 반복합니다.

11 `result = chain.invoke(...)`: 루프 내부에서는 각 트랜잭션에 대해 체인이 호출됩니다.

12 `except`: 예외가 발생하면 None 값을 가진 기본 EnrichedTransactionInformation 객체가 생성됩니다. 이는 평가 시 오류로 처리되지만 처리 루프를 중단하지는 않습니다.

13 `df["mistral_transaction_type"] = transaction_types, df["mistral_transaction_category"] = transaction_categories`: 트랜잭션 유형과 카테고리를 데이터프레임에 새 열로 추가한 다음 df.head()으로 표시합니다.

미스트랄의 응답을 데이터프레임에 저장하면 앞서 정의한 트랜잭션 범주와 유형과 비교해 미스트랄의 정확성을 확인할 수 있습니다. 가장 기본적인 랭체인 평가 메트릭은 참조 답변에 대한 예측의 문자열 일치 여부를 확인해 맞으면 1점, 틀리면 0점을 반환하는 것입니다. 노트북[11]에 구현 방법이 담겨있습니다. 이 예에 따르면 미스트랄의 정확도는 77.5%입니다. 그러나 문자열을 비교하는 것이 전부라면 랭체인에서 구현할 필요가 없을 것입니다.

랭체인이 특히 유용한 점은, LLM을 활용한 고급 평가기를 표준화되고 검증된 방식으로 구현할 수 있게 해 준다는 것입니다. 예를 들어 평가기 `labeled_pairwise_string`은 GPT-4를 사용해 두 출력을 비교하고 둘 중 어떤 결과가 더 나은지 선택한 이유를 설명합니다. 이러한 평가 방식은 두 개의 서로 다른 프롬프트 또는 모델의 출력을 비교할 때 유용합니다. 특히 테스트 중인 모델이 GPT-4보다 덜 정교한 경우에 자주 사용됩니다. GPT-4가 생성한 응답을 평가할 때도 이 평가기를 사용할 수 있지만, **결과로 제공되는 추론과 점수를 직접 검토**하여 평가가 적절한지 확인하는 것이 중요합니다. 왜냐하면 GPT-4가 어떤 작업을 잘 수행하지 못한다면, 그 작업에 대한 평가 역시 부정확할 수 있기 때문입니다. 노트북[12]에서는 모델을 `model = ChatOpenAI(model="gpt-3.5-turbo", model_kwargs={"response_format": {"type": "json_object"}},)`로 변경하여 동일한 트랜잭션 분류를 다시 실행했습니다. 이제 다음 예제에서처럼 미스트랄과 GPT-3.5 응답을 쌍으로 비교할 수 있습니다. 출력 결과에는 점수를 매

---

10 https://oreil.ly/-koAO
11 https://oreil.ly/vPUfI
12 https://oreil.ly/907Mb

긴 이유도 함께 제시됩니다.

```python
# 파일명: content/chapter_4/langchain-evals.ipynb

# LangChain 평가기를 사용해 답변 평가하기
from langchain.evaluation import load_evaluator
evaluator = load_evaluator("labeled_pairwise_string")

row = df.iloc[0]
transaction = row["Transaction Description"]
gpt3pt5_category = row["gpt3.5_transaction_category"]
gpt3pt5_type = row["gpt3.5_transaction_type"]
mistral_category = row["mistral_transaction_category"]
mistral_type = row["mistral_transaction_type"]
reference_category = row["transaction_category"]
reference_type = row["transaction_type"]

# 평가기를 위해 데이터를 JSON 형식으로 변환
gpt3pt5_data = f"""{{
    "transaction_category": "{gpt3pt5_category}",
    "transaction_type": "{gpt3pt5_type}"
}}"""

mistral_data = f"""{{
    "transaction_category": "{mistral_category}",
    "transaction_type": "{mistral_type}"
}}"""

reference_data = f"""{{
    "transaction_category": "{reference_category}",
    "transaction_type": "{reference_type}"
}}"""

# 평가기를 위한 컨텍스트 입력 프롬프트 설정
input_prompt = """You are an expert at analyzing bank transactions, you will be
categorizing a single transaction. Always return a transaction type and category:
do not return None.
Format Instructions:
{format_instructions}
Transaction Text:
{transaction}
번역: 당신은 은행 거래 분석의 전문가입니다. 단일 거래를 분류해야 합니다. 항상 거래
유형과 카테고리를 반환해야 하며, None을 반환하지 마세요.
```

```
형식 지침:
{format_instructions}
거래 텍스트:
{transaction}
"""

transaction_types.append(transaction_type_score)
transaction_categories.append(
    transaction_category_score)

accuracy_score = 0

for transaction_type_score, transaction_category_score \
    in zip(
        transaction_types, transaction_categories
    ):
    accuracy_score += transaction_type_score['score'] + \
    transaction_category_score['score']

accuracy_score = accuracy_score / (len(transaction_types) \
    * 2)
print(f"Accuracy score: {accuracy_score}")

evaluator.evaluate_string_pairs(
    prediction=gpt3pt5_data,
    prediction_b=mistral_data,
    input=input_prompt.format(
        format_instructions=output_parser.get_format_instructions(),
        transaction=transaction),
    reference=reference_data,
)
```

{'reasoning': '''Both Assistant A and Assistant B provided the exact same response to the user\'s question. Their responses are both helpful, relevant, correct, and demonstrate depth of thought. They both correctly identified the transaction type as "Deposit" and the transaction category as "Other" based on the transaction text provided by the user. Both responses are also well-formatted according to the JSON schema provided by the user. Therefore, it\'s a tie between the two assistants.\n\nFinal Verdict: [[C]]''',
 'value': None,
 'score': 0.5}
번역: {'추론 과정': '''어시스턴트 A와 어시스턴트 B는 사용자의 질문에 대해 정확히 동일한 답변을 제공했습니다. 두 답변 모두 유용하고 관련성이 있으며 정확하며 깊이 있

> 는 사고를 보여 줍니다. 두 어시스턴트 모두 사용자에게 제공된 거래 텍스트를 바탕으로 거래 유형을 "입금"으로, 거래 카테고리를 "기타"로 올바르게 식별했습니다. 두 답변은 모두 사용자에게 제공된 JSON 스키마에 맞게 잘 형식화되어 있습니다. 따라서 두 어시스턴트 모두 동점입니다. \n\n최종 판결: [[C]]''',
>  'value': None,
>  'score': 0.5}

이 코드는 랭체인으로 간단히 구현한, 문자열 일치 평가기입니다. 각 코드가 수행하는 작업을 살펴보겠습니다.

1 `evaluator = load_evaluator("labeled_pairwise_string")`: 이름별로 모든 랭체인 평가기를 로드하는 데 사용할 수 있는 헬퍼helper 함수입니다. 이 경우 `labeled_pairwise_string` 평가기가 사용됩니다.

2 `row = df.iloc[0]`: 이 줄과 그 뒤에 오는 일곱 줄은 첫 번째 행을 가져와 필요한 여러 열의 값을 추출합니다. 여기에는 트랜잭션 설명과 미스트랄, GPT-3.5 트랜잭션 범주와 유형이 포함됩니다. 단일 트랜잭션을 보여 주고 있지만, 각 트랜잭션에서 이 줄을 iterrows 함수로 대체해 `for i, row in tqdm(df.iterrows(), total=len(df)):`, 노트북[13]의 뒷부분에서와 같이 쉽게 루프에서 실행할 수 있습니다.

3 `gpt3pt5_data = f"""{{:` 쌍별 비교pairwise comparison 평가기를 사용하려면 프롬프트에 맞는 형식의 결과를 전달해야 합니다. 참조 데이터뿐만 아니라 미스트랄과 GPT-3.5에 대해서도 수행됩니다.

4 `input_prompt = """You are an expert...`: 우리가 바로잡아야 할 또 다른 형식은 프롬프트에 있습니다. 정확한 평가 점수를 얻으려면 평가기는 과제에 제공된 지침을 확인해야 합니다.

5 `evaluator.evaluate_string_pairs(...`: 남은 것은 prediction, prediction_b(각각 GPT-3.5와 미스트랄), input 프롬프트 그리고 기초 데이터로 사용되는 reference 데이터를 전달하여 평가기를 실행하는 것뿐입니다.

6 노트북[14]에는 데이터프레임의 모든 행에 대해 평가기를 반복해서 실행하고 그 결과와 추론을 데이터프레임에 다시 저장하는 예제가 있습니다.

이번에는 랭체인 평가기를 사용하는 방법을 보여 주었지만, 사용 가능한 평가기의 종류는 다양합니다. 문자열 거리(레벤슈타인 거리Levenshtein distance)나 임베딩 거리 평가기는 정답과 완전히 일치하지는 않지만 의미적으로 충분히 가까워야 하는 경우에 자주 사용됩니다. 레벤슈타인 거리는 예측된 텍스트를 참조 텍스트로 변환하는 데 필요한 단일 문자 편집 횟수를 기반으로 퍼지 매칭을 허용하며, 임베딩 거리는 벡터(5장에서 다룸)를 사용해 답변과 참조 간의 유사도를 계산합니다.

---

13 https://oreil.ly/dcC00
14 https://oreil.ly/hW8Wr

실무에서 자주 사용하는 또 다른 평가 방식은 쌍별 비교로, GPT-4 같은 더 똑똑한 모델을 사용해 두 개의 서로 다른 프롬프트나 모델을 비교할 때 유용합니다. 쌍별 비교는 각 비교에 대한 추론 결과가 제공되므로 한 접근 방식이 다른 접근 방식보다 선호되는 이유를 디버깅하는 데 유용합니다. 쌍별 비교 평가기를 사용해 GPT-3.5-turbo의 정확도를 미스트랄 8x7b와 비교하는 예제가 궁금하다면 노트북[15]을 참고해 주세요.

> **TIP** 프롬프트 원칙 ④ 품질 평가하기
> 성공을 정의하는 적절한 평가 지표를 정의하지 않으면 프롬프트 단위의 변경, 혹은 더 광범위한 시스템 차원의 변경이 응답 품질을 개선했는지 아니면 오히려 악화시켰는지 알기 어렵습니다. GPT-4 같은 똑똑한 모델을 사용해 평가 지표를 자동화하면 비용과 시간이 많이 필요한 추가 검토 없이 결과를 개선하는 작업을 더 빠르게 반복할 수 있습니다.

## 4.8 함수 호출

**함수 호출** function calling은 출력 파서의 대안으로, 미세 조정된 오픈AI 모델을 활용하는 방식입니다. 이 모델은 함수가 실행되어야 하는 시점을 식별하고 미리 정의된 함수의 이름과 인수가 포함된 JSON 응답을 생성합니다. 몇 가지 사용 사례를 살펴보겠습니다.

- **정교한 챗봇 설계**: 일정을 정리하고 관리할 수 있습니다. 예를 들어 `schedule_meeting(date: str, time: str, attendees: List[str])` 함수를 정의하면 회의 일정을 예약할 수 있습니다.
- **자연어를 실행 가능한 API 호출로 변환**: '복도 조명 켜줘'와 같은 명령은 홈 자동화 API와 상호 작용하기 위해 `control_device(device: str, action: 'on' | 'off')`로 변환할 수 있습니다.
- **구조화된 데이터 추출**: `extract_contextual_data(context: str, data_points: List[str])` 또는 `search_database(query: str)`과 같은 함수를 정의해 특정 데이터 포인트를 추출할 수 있습니다.

### 4.8.1 오픈AI 함수 호출

함수 호출 내에서 사용하는 각 함수에는 적절한 JSON 스키마가 필요합니다. 오픈AI 패키지를 예로 들어 살펴보겠습니다.

---

[15] https://oreil.ly/iahTJ

```python
# 파일명: chapter_4/function_calling.ipynb

from openai import OpenAI
import json
from os import getenv


def schedule_meeting(date, time, attendees):
    # 캘린더 서비스와 연동
    return { "event_id": "1234", "status": "Meeting scheduled successfully!",
             "date": date, "time": time, "attendees": attendees }

OPENAI_FUNCTIONS = {
    "schedule_meeting": schedule_meeting
}
```

오픈AI와 json을 가져온 후 schedule_meeting 함수를 만듭니다. 이 기능은 회의 예약 프로세스를 시뮬레이션하는 목업으로 event_id, date, time, attendees와 같은 세부 정보를 반환합니다. 그런 다음 OPENAI_FUNCTIONS 딕셔너리를 만들어 함수 이름을 실제 함수에 매핑하여 쉽게 참조할 수 있도록 합니다.

다음으로 함수의 JSON 스키마를 제공하는 functions 목록을 정의합니다. 이 스키마에는 이름, 간단한 설명, 필요한 매개변수가 포함되어 있으며, LLM과 상호 작용하는 방법을 안내합니다.

```python
# 미리 정의된 함수 JSON 스키마
functions = [
    {
        "type": "function",
        "function": {
            "type": "object",
            "name": "schedule_meeting",
            "description": '''Set a meeting at a specified date and time for
            designated attendees''',
            # 번역: 지정된 참석자를 위해 특정 날짜와 시간에 회의를 설정하세요.
            "parameters": {
                "type": "object",
                "properties": {
                    "date": {"type": "string", "format": "date"},
                    "time": {"type": "string", "format": "time"},
                    "attendees": {"type": "array", "items": {"type": "string"}},
                },
```

```
                "required": ["date", "time", "attendees"],
            },
        },
    }
]
```

> **TIP** **프롬프트 원칙 ② 형식 정하기**
>
> 오픈AI에서 함수 호출을 사용할 때는 항상 이름과 설명을 포함한 자세한 JSON 스키마를 정의해야 합니다. 이는 함수의 청사진 역할을 하여 모델이 함수를 올바르게 호출하는 시기와 방법을 이해하도록 안내합니다.

함수를 정의한 후 오픈AI API 요청을 만들어 보겠습니다. 사용자 쿼리로 `messages` 목록을 설정합니다. 그런 다음 오픈AI `client` 객체를 사용해 이 메시지와 함수 스키마를 모델에 전송합니다. LLM은 대화를 분석해 함수를 트리거할 필요가 있는지 파악한 후 함수 이름과 인수를 제공합니다. `function`과 `function_args`은 LLM 응답에서 파싱됩니다. 그런 다음 함수가 실행되고 그 결과가 대화에 다시 추가됩니다. 그리고 모델을 다시 호출해 전체 프로세스에 대한 사용자 친화적인 요약을 확인합니다.

```python
client = OpenAI(api_key=getenv("OPENAI_API_KEY"))

# 대화 시작
messages = [
    {
        "role": "user",
        "content": '''Schedule a meeting on 2023-11-01 at 14:00
        with Alice and Bob.''',
        # 번역: 2023-11-01 14:00에 Alice와 Bob과 함께 회의를 예약하세요.
    }
]

# 대화와 함수 스키마를 모델에 전송하기
response = client.chat.completions.create(
    model="gpt-3.5-turbo",
    messages=messages,
    tools=functions,
)

response = response.choices[0].message

# 모델이 우리의 함수를 호출하려는지 확인하기
```

```python
if response.tool_calls:
    # 첫 번째 함수 호출 가져오기
    first_tool_call = response.tool_calls[0]

    # 호출할 함수 이름과 함수 인수 찾기
    function_name = first_tool_call.function.name
    function_args = json.loads(first_tool_call.function.arguments)
    print("This is the function name: ", function_name)
    print("These are the function arguments: ", function_args)

    function = OPENAI_FUNCTIONS.get(function_name)

    if not function:
        raise Exception(f"Function {function_name} not found.")

    # 함수 호출하기
    function_response = function(**function_args)

    # 함수의 응답을 모델과 공유하기
    messages.append(
        {
            "role": "function",
            "name": "schedule_meeting",
            "content": json.dumps(function_response),
        }
    )

    # 모델이 사용자 친화적인 응답을 생성하도록 하기
    second_response = client.chat.completions.create(
        model="gpt-3.5-turbo", messages=messages
    )

    print(second_response.choices[0].message.content)
```

```
These are the function arguments:  {'date': '2023-11-01', 'time': '14:00',
'attendees': ['Alice', 'Bob']}
This is the function name:  schedule_meeting
I have scheduled a meeting on 2023-11-01 at 14:00 with Alice and Bob.
The event ID is 1234.
번역: 이것은 함수 인수입니다: {'date': '2023-11-01', 'time': '14:00', 'attendees':
['Alice', 'Bob']}
이것은 함수 이름입니다: schedule_meeting
저는 2023-11-01 14:00에 Alice와 Bob과 함께 회의를 예약했습니다.
이벤트 ID는 1234입니다.
```

함수 호출 시 주의해야 할 중요한 사항은 다음과 같습니다.

- LLM이 호출할 수 있는 함수는 여러 가지가 있습니다.
- 오픈AI는 함수 매개변수에도 환각을 일으킬 수 있으므로 이를 극복하기 위해 system 메시지에 보다 명확하게 명시해야 합니다.
- function_call 매개변수를 다양한 방식으로 설정할 수 있습니다.
    - tool_choice: {"type": "function", "function": {"name": "my_function"}}로 특정 함수 호출을 의무화합니다.
    - 함수 호출이 없는 사용자 메시지의 경우에는 tool_choice: "none"을 사용하세요.
    - 기본적으로(tool_choice: "auto") 모델은 호출 여부와 호출할 함수를 자율적으로 결정합니다.

### 4.8.2 병렬 함수 호출

채팅 메시지에 여러 도구를 동시에 호출하는 인텐트intent를 포함시킬 수 있습니다. 이 전략을 **병렬 함수 호출**이라고 하며, 복수의 작업을 한 번에 처리할 수 있도록 설계된 기능입니다.

앞서 사용한 코드에서 messages 목록을 수정해 두 개의 회의를 동시에 예약하도록 의무화합니다.

```
# 파일명: content/chapter_4/function_calling.ipynb

# 대화 시작하기
messages = [
    {
        "role": "user",
        "content": '''Schedule a meeting on 2023-11-01 at 14:00 with Alice
        and Bob. Then I want to schedule another meeting on 2023-11-02 at
        15:00 with Charlie and Dave.'''
        # 번역: 2023-11-01 14:00에 Alice와 Bob과 함께 회의를 예약하세요. 그리고
        # 2023-11-02 15:00에 Charlie와 Dave와 함께 또 다른 회의를 예약하고 싶습니다.
    }
]
```

그런 다음 for 루프를 통합해 이전 코드 섹션을 조정합니다.

```
# 대화와 함수 스키마를 모델에 전달하기
response = client.chat.completions.create(
```

```python
        model="gpt-3.5-turbo",
        messages=messages,
        tools=functions,
    )

    response = response.choices[0].message

    # 모델이 우리의 함수를 호출하려는지 확인하기
    if response.tool_calls:
        for tool_call in response.tool_calls:
            # Get the function name and arguments to call:
            function_name = tool_call.function.name
            function_args = json.loads(tool_call.function.arguments)
            print("This is the function name: ", function_name)
            print("These are the function arguments: ", function_args)

            function = OPENAI_FUNCTIONS.get(function_name)

            if not function:
                raise Exception(f"Function {function_name} not found.")

            # 함수 호출하기
            function_response = function(**function_args)

            # 함수의 응답을 모델과 공유하기
            messages.append(
                {
                    "role": "function",
                    "name": function_name,
                    "content": json.dumps(function_response),
                }
            )

            # 모델이 사용자 친화적인 응답을 생성하도록 하기
            second_response = client.chat.completions.create(
                model="gpt-3.5-turbo", messages=messages
            )

            print(second_response.choices[0].message.content)
```

```
This is the function name:  schedule_meeting
These are the function arguments:  {'date': '2023-11-01', 'time': '14:00',
'attendees': ['Alice', 'Bob']}
```

```
This is the function name: schedule_meeting
These are the function arguments: {'date': '2023-11-02', 'time': '15:00',
'attendees': ['Charlie', 'Dave']}
Two meetings have been scheduled:
1. Meeting with Alice and Bob on 2023-11-01 at 14:00.
2. Meeting with Charlie and Dave on 2023-11-02 at 15:00.
번역: 이것은 함수 이름입니다: schedule_meeting
이것은 함수 인수들입니다: {'날짜': '2023-11-01', '시각': '14:00', '참석자':
['Alice', 'Bob']}
이것은 함수 이름입니다: schedule_meeting
이것은 함수 인수들입니다: {'날짜': '2023-11-02', '시각': '15:00', '참석자들':
['Charlie', 'Dave']}
두 개의 회의가 예약되었습니다:
1. 2023-11-01 14:00에 Alice와 Bob과 함께하는 회의
2. 2023-11-02 15:00에 Charlie와 Dave와 함께하는 회의
```

이 예시를 통해 여러 함수 호출을 효과적으로 관리하는 방법을 명확히 알 수 있습니다. 여기서는 schedule_meeting 함수를 두 번 연속으로 호출해 다른 회의를 예약했습니다. 이는 AI 기반 도구를 사용해 다양하고 복잡한 요청을 얼마나 유연하고 손쉽게 처리할 수 있는지를 잘 보여 줍니다.

### 4.8.3 랭체인으로 함수 호출

JSON 스키마 작성을 피하고 단순히 LLM 응답에서 구조화된 데이터를 추출하려는 경우에는 랭체인을 사용해 Pydantic으로 함수를 호출할 수 있습니다.

```python
# 파일명: content/chapter_4/function_calling.ipynb

from langchain.output_parsers.openai_tools import PydanticToolsParser
from langchain_core.utils.function_calling import convert_to_openai_tool
from langchain_core.prompts import ChatPromptTemplate
from langchain_openai.chat_models import ChatOpenAI
from langchain_core.pydantic_v1 import BaseModel, Field
from typing import Optional

class Article(BaseModel):
    """Identifying key points and contrarian views in an article."""
    # 번역: 기사에서 핵심 포인트와 반대 의견을 식별하기
```

```python
    points: str = Field(..., description="Key points from the article")
    contrarian_points: Optional[str] = Field(
        None, description="Any contrarian points acknowledged in the article"
        # 번역: 기사에서 인정된 반대 의견들
    )
    author: Optional[str] = Field(None, description="Author of the article")
    # 번역: 기사의 작성자

_EXTRACTION_TEMPLATE = """Extract and save the relevant entities mentioned \
in the following passage together with their properties.
If a property is not present and is not required in the function parameters,
do not include it in the output.
번역: 다음 구절에서 언급된 관련 엔티티와 그 속성을 추출하여 저장하세요. 만약 속성
이 존재하지 않거나 함수 매개변수에서 요구되지 않는 경우, 출력에 포함하지 마세요.
"""

# LLM에 정보를 추출하라고 지시하는 프롬프트 만들기
prompt = ChatPromptTemplate.from_messages(
    {("system", _EXTRACTION_TEMPLATE), ("user", "{input}")}
)

model = ChatOpenAI()

pydantic_schemas = [Article]

# Pydantic 객체를 적절한 스키마로 변환하기
tools = [convert_to_openai_tool(p) for p in pydantic_schemas]

# 모델에 이러한 도구에 대한 접근 권한 부여
model = model.bind_tools(tools=tools)

# 엔드 투 엔드 체인 만들기
chain = prompt | model | PydanticToolsParser(tools=pydantic_schemas)

result = chain.invoke(
    {
        "input": """In the recent article titled 'AI adoption in industry,'
        key points addressed include the growing interest ... However, the
        author, Dr. Jane Smith, ..."""
        # 번역: '산업에서의 AI 채택'이라는 제목의 최근 기사에서 다룬 핵심 포인트는
        # 증가하는 관심을 포함합니다... 그러나 저자, Dr. Jane Smith는 ...
    }
)
print(result)
```

```
[Article(points='The growing interest in AI in various sectors, ...',
contrarian_points='Without stringent regulations, ...',
author='Dr. Jane Smith')]
번역: 포인트 = 다양한 분야에서 AI에 대한 관심이 높아지면서, ...
반대 의견 = 엄격한 규제가 없다면, ...
저자 = 'Dr. Jane Smith'
```

프롬프트 파싱과 템플릿에 필수적인 PydanticToolsParser와 ChatPromptTemplate을 포함한 다양한 모듈을 가져오는 것으로 시작합니다. 그런 다음 Pydantic 모델(Article)을 정의해 주어진 텍스트에서 추출하려는 정보의 구조를 지정합니다. 사용자 지정 프롬프트 템플릿과 ChatOpenAI 모델을 사용해 AI에 기사에서 핵심 사항과 반대 견해를 추출하도록 지시했습니다. 마지막으로 추출된 데이터가 미리 정의된 Pydantic 모델로 깔끔하게 변환되고 출력되면서 텍스트에서 가져온 구조화된 정보를 확인할 수 있습니다.

여기서 핵심 포인트는 다음과 같습니다.

- **Pydantic 스키마를 오픈AI 도구로 변환하기**: tools = [convert_to_openai_tool(p) for p in pydantic_schemas]
- **도구를 LLM에 직접 바인딩하기**: model = model.bind_tools(tools=tools)
- **도구 파서를 포함하는 LCEL 체인 만들기**: chain = prompt | model | PydanticToolsParser(tools=pydantic_schemas)

## 4.9 랭체인으로 데이터 추출하기

create_extraction_chain_pydantic 함수는 이전 구현보다 더 간결한 버전을 제공합니다. Pydantic 모델과 함수 호출을 지원하는 LLM을 삽입하기만 하면 병렬 함수 호출을 쉽게 구현할 수 있습니다.

```
# 파일명: content/chapter_4/function_calling.ipynb

from langchain.chains.openai_tools import create_extraction_chain_pydantic
from langchain_openai.chat_models import ChatOpenAI
from langchain_core.pydantic_v1 import BaseModel, Field
```

```python
# 도구를 지원하는 최신 모델을 사용하세요.
model = ChatOpenAI(model="gpt-3.5-turbo")

class Person(BaseModel):
    """A person's name and age."""
    # 번역: 사람의 이름과 나이

    name: str = Field(..., description="The person's name") # 번역: 그 사람의 이름
    age: int = Field(..., description="The person's age") # 번역: 그 사람의 나이

chain = create_extraction_chain_pydantic(Person, model)
chain.invoke({'input':'''Bob is 25 years old. He lives in New York.
He likes to play basketball. Sarah is 30 years old. She lives in San
Francisco. She likes to play tennis.'''})
# 번역: Bob은 25세입니다. 그는 뉴욕에 살고 있습니다. 농구를 좋아합니다.
# Sarah는 30세입니다. 그녀는 샌프란시스코에 살고 있습니다. 테니스를 좋아합니다.
```

```
[Person(name='Bob', age=25), Person(name='Sarah', age=30)]
```

Pydantic 모델인 Person에는 name 및 age 두 개의 프로퍼티가 있으며, 입력 텍스트로 create_extraction_chain_pydantic 함수를 호출하면 LLM은 동일한 함수를 두 번 호출하고 두 개의 People 객체를 생성합니다.

## 4.10 쿼리 계획

사용자 쿼리에 복잡한 종속성을 가진 여러 개의 인텐트가 있다면 문제가 발생할 수 있습니다. 쿼리 계획query planning은 사용자의 쿼리를 관련 종속성이 있는 쿼리 그래프로 실행할 수 있는 일련의 단계로 파싱하는 효과적인 방법입니다.

```python
# 파일명: content/chapter_4/query_planning.ipynb

from langchain_openai.chat_models import ChatOpenAI
from langchain.output_parsers.pydantic import PydanticOutputParser
from langchain_core.prompts.chat import (
    ChatPromptTemplate,
    SystemMessagePromptTemplate,
)
```

```python
from pydantic.v1 import BaseModel, Field
from typing import List

class Query(BaseModel):
    id: int
    question: str
    dependencies: List[int] = Field(
        default_factory=list,
        description="""A list of sub-queries that must be completed before
        this task can be completed.
        Use a sub query when anything is unknown and we might need to ask
        many queries to get an answer.
        Dependencies must only be other queries."""
        # 번역: 이 작업을 완료하기 전에 완료해야 할 서브 쿼리 목록입니다.
        # 알려지지 않은 무언가가 있을 때 서브 쿼리를 사용하며,
        # 답을 얻기 위해 여러 쿼리를 물어봐야 할 수도 있습니다.
        # 종속성은 반드시 다른 쿼리여야 합니다.
    )

class QueryPlan(BaseModel):
    query_graph: List[Query]
```

QueryPlan과 Query를 정의하면 먼저 LLM에 사용자의 쿼리를 여러 단계로 파싱하도록 요청할 수 있습니다. 쿼리 계획을 만드는 방법은 다음과 같습니다.

```python
# 채팅 모델 설정
model = ChatOpenAI()

# 파서 설정
parser = PydanticOutputParser(pydantic_object=QueryPlan)

template = """Generate a query plan. This will be used for task execution.
Answer the following query: {query}
Return the following query graph format:
{format_instructions}
"""
# 번역: 쿼리 계획을 생성하세요. 이는 작업 실행 시 사용됩니다.
# 다음 쿼리에 답하세요: {query}
# 다음 쿼리 그래프 형식으로 반환하세요:
# {format_instructions}

system_message_prompt = SystemMessagePromptTemplate.from_template(template)
```

```
chat_prompt = ChatPromptTemplate.from_messages([system_message_prompt])

# 프롬프트, 모델, 파서를 사용해 LCEL 체인 생성하기
chain = chat_prompt | model | parser

result = chain.invoke({
"query":'''I want to get the results from my database. Then I want to find
out what the average age of my top 10 customers is. Once I have the average
age, I want to send an email to John. Also I just generally want to send a
welcome introduction email to Sarah, regardless of the other tasks.''',
# 번역: 제 데이터베이스에서 결과를 가져오고 싶습니다.
# 그 후, 상위 10명의 고객의 평균 나이를 알아내고 싶습니다.
# 평균 나이를 알게 되면, John에게 이메일을 보내고 싶습니다.
# 또한 다른 작업과 관계없이 Sarah에게는 환영 인사 이메일을 보내고 싶습니다.'
"format_instructions":parser.get_format_instructions()})

print(result.query_graph)
```

```
[Query(id=1, question='Get top 10 customers', dependencies=[]),
Query(id=2, question='Calculate average age of customers', dependencies=[1]),
Query(id=3, question='Send email to John', dependencies=[2]),
Query(id=4, question='Send welcome email to Sarah', dependencies=[])]
번역: '상위 10명의 고객 알아내기'
'고객들의 평균 나이 계산하기'
'John에게 메일 보내기'
'Sara에게 환영 인사 이메일 보내기'
```

ChatOpenAI 인스턴스를 시작하고 QueryPlan 구조에 대한 PydanticOutputParser 인스턴스를 만듭니다. 그런 다음 LLM 응답을 호출하고 파싱해 고유 종속성이 있는 작업에 대한 구조화된 query_graph를 생성합니다.

## 4.11 퓨샷 프롬프트 템플릿 만들기

LLM의 생성 능력을 활용해서 작업할 때는 제로샷과 퓨샷 학습(K-샷) 중 하나를 선택해야 하는 경우가 많습니다. 제로샷 학습은 명시적인 예시가 필요하지 않고 프롬프트만으로 작업에 적응할 수 있지만, 사전 학습된 지식에만 의존하기 때문에 항상 정확한 결과를 얻지 못할 수도 있습니다. 반면, 프롬프트에 원하는 작업에 대한 몇 가지 예시를 제공하는 퓨샷 학습을 사용하면 모델의 동작을 최적화하여 보다 바람직한 결과를 얻을 수 있습니다.

LLM의 컨텍스트 길이에 따른 토큰 제한 때문에, 고품질의 K-샷 예시를 많이 추가하고 싶은 욕구와 효과적이고 일관된 LLM 출력을 생성하려는 목표 사이에서 종종 균형을 고민하게 됩니다.

> **NOTE** LLM 내에서 토큰 컨텍스트 창 제한이 계속 증가하더라도 특정 수의 K-샷 예시를 제공하면 API 비용을 최소화하는 데 도움이 됩니다.

고정된 예시를 사용하는 방식과 예시 선택기를 사용하는 방식, 두 가지 방법을 통해 퓨샷 프롬프트 템플릿으로 프롬프트에 K-샷 예시를 추가하는 방법을 살펴보겠습니다.

### 4.11.1 고정된 퓨샷 예시

먼저 정해진 예시를 사용해 퓨샷 프롬프트 템플릿을 만드는 방법입니다. 이 방법의 핵심은 강력한 퓨샷으로 구성된 예제를 만드는 것입니다.

```python
# 파일명: content/chapter_4/few_shot_template_example.ipynb

from langchain_openai.chat_models import ChatOpenAI
from langchain_core.prompts import (
    FewShotChatMessagePromptTemplate,
    ChatPromptTemplate,
)

examples = [
    {
        "question": "What is the capital of France?",
        # 번역: 프랑스의 수도는 무엇입니까?
        "answer": "Paris", # 번역: 파리
    },
    {
        "question": "What is the capital of Spain?",
        # 번역: 스페인의 수도는 무엇입니까?
        "answer": "Madrid", # 번역: 마드리드
    } # ... 추가 예시 ...
]
```

각 예제는 HumanMessag와 AIMessage 메시지 쌍을 만드는 데 사용되는 question과 answer 키가 포함된 딕셔너리입니다.

## 4.11.2 예시 서식 지정하기

그다음, 개별 예제의 형식을 지정하기 위해 ChatPromptTemplate을 구성한 다음 FewShotChatMessagePromptTemplate에 삽입합니다.

```
example_prompt = ChatPromptTemplate.from_messages(
    [
        ("human", "{question}"),
        ("ai", "{answer}"),
    ]
)

few_shot_prompt = FewShotChatMessagePromptTemplate(
    example_prompt=example_prompt,
    examples=examples,
)

print(few_shot_prompt.format())
```

```
Human: What is the capital of France?
AI: Paris
Human: What is the capital of Spain?
AI: Madrid
...more examples...
번역: 사람: 프랑스의 수도는 무엇입니까?
AI: 파리
사람: 스페인의 수도는 무엇입니까?
AI: 마드리드
... 추가 예시 ...
```

example_prompt가 {question}과 {answer}의 프롬프트 입력과 함께 HumanMessage와 AIMessage 쌍을 생성하는 방법에 주목하세요.

few_shot_prompt.format()을 실행하면 샷 예시들이 문자열로 출력됩니다. ChatOpenAI() LLM 요청 내에서 이를 사용하기 위해 ChatPromptTemplate을 새로 만들어 보겠습니다.

```python
from langchain_core.output_parsers import StrOutputParser

final_prompt = ChatPromptTemplate.from_messages(
    [("system",'''You are responsible for answering
    questions about countries. Only return the geological location.'''),
    # 번역: 당신은 국가에 관한 질문에 답할 책임이 있습니다.
    # 오직 지역 이름만 반환하세요.
    few_shot_prompt,("human", "{question}"),]
)

model = ChatOpenAI()

# 프롬프트, 모델, StrOutputParser()를 사용해 LCEL 체인을 생성합니다.
chain = final_prompt | model | StrOutputParser()

result = chain.invoke({"question": "What is the capital of America?"})
# 번역: 미국의 수도는 무엇입니까?

print(result)
```

```
Washington, D.C.
번역: 워싱턴 D.C
```

final_prompt에서 LCEL 체인을 호출하면 SystemMessage 뒤에 퓨샷 예제가 추가됩니다. LLM이 Washington, D.C.만 반환한 이유는 LLM의 응답이 반환된 후 출력 파서인 StrOutputParser()에 의해 파싱되기 때문입니다. StrOutputParser()를 사용하는 것은 체인의 LLM 응답이 문자열값으로 반환되도록 보장하는 일반적인 방법입니다. 이 내용은 LCEL에서 순차적 체인을 학습하면서 더 자세히 알아보겠습니다.

### 4.11.3 길이별 퓨샷 예시 선택하기

코드를 살펴보기 전에 작업의 개요부터 살펴보겠습니다. GPT-4로 구동되는 스토리텔링 애플리케이션을 만든다고 상상해 보세요. 사용자는 이전에 생성한 스토리를 기반으로 한 캐릭터 이름 목록을 입력합니다. 그러나 사용자마다 이 목록의 길이가 다르기 때문에 너무 많은 캐릭터를 포함하면 LLM의 컨텍스트 창 한도를 초과하는 스토리가 생성될 수 있습니다. 이 상황에서 LengthBasedExampleSelector를 사용하면 사용자 입력의 길이에 따라 프롬프트를 유연하게 조정할 수 있습니다.

```python
# 파일명: content/chapter_4/length_based_example_selector.ipynb

from langchain_core.prompts import FewShotPromptTemplate, PromptTemplate
from langchain.prompts.example_selector import LengthBasedExampleSelector
from langchain_openai.chat_models import ChatOpenAI
from langchain_core.messages import SystemMessage
import tiktoken

examples = [
    {"input": "Gollum", "output": "<Story involving Gollum>"},
    {"input": "Gandalf", "output": "<Story involving Gandalf>"},
    {"input": "Bilbo", "output": "<Story involving Bilbo>"},
]

story_prompt = PromptTemplate(
    input_variables=["input", "output"],
    template="Character: {input}\nStory: {output}",
)

def num_tokens_from_string(string: str) -> int:
    """Returns the number of tokens in a text string."""
    # 번역: 텍스트 문자열에서 토큰의 수를 반환합니다.
    encoding = tiktoken.get_encoding("cl100k_base")
    num_tokens = len(encoding.encode(string))
    return num_tokens

example_selector = LengthBasedExampleSelector(
    examples=examples,
    example_prompt=story_prompt,
    max_length=1000, # 1000개의 토큰은 예시에서 포함되어야 합니다.
    # get_text_length: Callable[[str], int] = lambda x: len(re.split("\n¦ ", x))
    # TikToken 라이브러리의 토큰 사용을 기반으로
    # get_text_length 함수를 수정하여 작동하도록 했습니다.
    get_text_length=num_tokens_from_string,
)
```

먼저, 각 예시에 대해 두 개의 입력 변수를 받는 `PromptTemplate`을 설정합니다. 그런 다음 `LengthBasedExampleSelector`는 입력된 예시 길이에 따라 예시 수를 조정하여 LLM이 컨텍스트 창을 넘어서는 스토리를 생성하지 않도록 합니다.

또한 tiktoken을 사용해 총 토큰 수를 계산하는 num_tokens_from_string 함수를 사용하도록 get_text_length 함수를 사용자 지정했습니다. 즉, max_length=1000은 다음과 같은 기본 함수를 사용하는 대신 토큰 수를 나타냅니다.

- get_text_length: Callable[[str], int] = lambda x: len(re.split("\n¦ ", x))

이제 이 모든 요소를 하나로 묶어보겠습니다.

```
dynamic_prompt = FewShotPromptTemplate(
    example_selector=example_selector,
    example_prompt=story_prompt,
    prefix='''Generate a story for {character} using the
    current Character/Story pairs from all of the characters
    as context.''',
    # 번역: {character}를 위한 이야기를 생성하세요.
    # 모든 캐릭터의 현재 캐릭터/이야기 쌍을 컨텍스트로 사용하세요.
    suffix="Character: {character}\nStory:",
    input_variables=["character"],
)

# <반지의 제왕>에서 새로운 캐릭터를 제공하세요.
formatted_prompt = dynamic_prompt.format(character="Frodo")

# 채팅 모델 만들기
chat = ChatOpenAI()

response = chat.invoke([SystemMessage(content=formatted_prompt)])
print(response.content)
```

> Frodo was a young hobbit living a peaceful life in the Shire. However, his life...
> 번역: 프로도는 샤이어에서 평화로운 삶을 살고 있던 젊은 호빗이었습니다. 그러나 그의 삶은...

> **TIP** 프롬프트 원칙 ② 형식 정하기, ③ 예시 들기
> 퓨샷 예시로 작업할 때 콘텐츠의 길이는 AI 모델이 고려할 수 있는 예시의 수를 결정하는 데 매우 중요합니다. 입력 콘텐츠의 길이를 조정하고 적절한 예시를 제공해 LLM이 컨텍스트 창 제한을 초과하는 콘텐츠를 생성하지 않도록 하세요.

프롬프트 형식을 지정한 후 ChatOpenAI()로 채팅 모델을 만들고 형식이 지정된 프롬프트를

〈반지의 제왕〉의 프로도에 대한 작은 이야기를 만드는 SystemMessage에 로드합니다. ChatPromptTemplate을 만들고 서식을 지정하는 대신 형식이 지정된 프롬프트가 있는 SystemMessage를 호출하는 것이 훨씬 쉽습니다.

```
result = model.invoke([SystemMessage(content=formatted_prompt)])
```

### 4.11.4 퓨샷의 한계

하지만 퓨샷 학습에는 한계가 있습니다. 특정 시나리오에서는 유용할 수 있지만, 항상 기대한 고품질의 결과를 제공하지는 않습니다. 이러한 한계는 주로 다음 두 가지 이유에서 비롯됩니다.

- GPT-4와 같이 사전 학습된 모델은 때때로 소수의 예시에 과도하게 적응하여 실제 프롬프트보다 예시에 우선순위를 부여할 수 있습니다.
- LLM에는 토큰 한도가 있기 때문에 입력하는 예시 수와 출력되는 응답 길이 사이에 항상 균형을 고려해야 합니다. 예시를 많이 제공하면 응답 길이가 제한될 수 있고, 반대로 응답을 충분히 확보하려면 예시를 줄여야 할 수 있습니다.

이러한 제약은 몇 가지 방법으로 해결할 수 있습니다. 먼저, 퓨샷 프롬프트가 원하는 결과를 내지 못한다면 프롬프트 문구를 다르게 구성하거나 언어 표현을 다양하게 실험해 보세요. 프롬프트의 표현 방식에 따라 출력이 달라질 수 있으며, 이는 프롬프트 엔지니어링이 본질적으로 시행착오를 필요로 하는 작업임을 보여 줍니다.

다음으로는 모델이 작업을 충분히 이해한 뒤에는 예시를 무시하거나 단지 서식 지정 지침으로만 사용하도록 명시적인 지침을 포함하는 것을 고려하세요. 이를 통해 모델이 예시에 과도하게 의존하지 않도록 유도할 수 있습니다.

작업이 복잡하고 퓨샷 학습으로는 성능이 만족스럽지 않은 경우, 미세 조정을 고려해 볼 수 있습니다. 미세 조정을 통해 모델이 특정 작업을 보다 정교하게 이해하게 되어 성능이 크게 향상될 수 있습니다.

## 4.12 LLM 프롬프트 저장 및 로드

GPT-4와 같은 생성형 AI 모델을 효과적으로 활용하려면 프롬프트를 파이썬 코드 대신 파일로 저장해 관리하는 것이 좋습니다. 이는 프롬프트의 공유, 저장, 버전 관리 측면에서 많은 이점을 제공합니다.

랭체인은 JSON과 YAML 형식으로 프롬프트를 저장하고 로드하게 해 줍니다. 랭체인의 또 다른 주요 기능은 하나의 파일 또는 여러 파일에 분산된 세부 사양을 맞추어 지원한다는 점입니다. 즉, 템플릿, 예제 등 다양한 구성 요소까지도 별도의 파일에 저장하고 필요에 따라 참조할 수 있는 유연성이 있습니다. 이제 프롬프트를 저장하고 로드하는 방법을 알아보겠습니다.

```python
# 파일명: content/chapter_4/saving_and_loading_a_prompt_template.ipynb

from langchain_core.prompts import PromptTemplate, load_prompt

prompt = PromptTemplate(
    template='''Translate this sentence from English to Spanish.
    \nSentence: {sentence}\nTranslation:''',
    # 번역: 이 문장을 영어에서 스페인어로 번역하세요.
    input_variables=["sentence"],
)

prompt.save("translation_prompt.json")

# 프롬프트 템플릿 불러오기
load_prompt("translation_prompt.json")
# PromptTemplate()의 결과 반환하기
```

langchain.prompts 모듈에서 PromptTemplate과 load_prompt를 가져온 후 영어에서 스페인어 번역 작업을 위한 PromptTemplate을 정의하고 translation_prompt.json으로 저장합니다. 마지막으로 PromptTemplate의 인스턴스를 반환하는 load_prompt 함수를 사용하여 저장된 프롬프트 템플릿을 로드합니다.

> ⚠️ CAUTION  랭체인의 프롬프트 저장 기능은 모든 유형의 프롬프트 템플릿에서 작동하지 않을 수 있다는 점에 유의하세요. 이러한 제한을 보완하기 위해 pickle 라이브러리 또는 .txt 파일을 활용해 랭체인이 지원하지 않는 프롬프트를 읽고 쓸 수 있습니다.

여기까지 여러분은 고정된 수의 예시와 예시 선택기를 사용하는 두 가지 기법을 통해 랭체인으로 짧은 프롬프트 템플릿을 만드는 방법을 배웠습니다. 전자는 몇 개의 짧은 예시를 만들고 ChatPromptTemplate 객체를 사용해 이를 채팅 메시지로 형식화했습니다. 이는 FewShotChatMessagePromptTemplate 객체를 만들기 위한 기초가 됩니다.

예시 선택기를 사용하는 후자의 접근 방식은 사용자 입력의 길이가 크게 다를 때 유용합니다. 이러한 시나리오에서는 LengthBasedExampleSelector를 사용해 사용자 입력 길이에 따라 예시 수를 조정할 수 있습니다. 이렇게 하면 LLM이 컨텍스트 창 제한을 초과하지 않습니다. 또한 프롬프트를 파일로 저장하고 로드하는 것이 얼마나 간단한지도 확인했으며, 이를 통해 공유, 저장, 버전 관리를 보다 효율적으로 수행할 수 있습니다.

## 4.13 데이터 연결

LLM 애플리케이션을 데이터와 함께 활용하면 의사 결정 프로세스를 개선하면서 효율성을 높일 수 있는 수많은 기회를 발견할 수 있습니다. 조직에서 사용하는 데이터는 매우 형태가 다양합니다.

- **비정형 데이터**: 구글 문서나 소통 플랫폼(슬랙Slack, 마이크로소프트 팀즈Microsoft Teams)의 스레드, 웹 페이지, 내부 문서, 깃허브의 코드 저장소 등
- **정형 데이터**: SQL, NoSQL, 그래프 데이터베이스에 깔끔하게 보관된 데이터

비정형 데이터를 쿼리하려면 벡터 데이터베이스vector database에 로드, 변환, 임베딩한 후 저장하는 과정이 필요합니다. 벡터 데이터베이스는 텍스트나 이미지처럼 복잡한 데이터를 머신러닝이나 유사도 검색에 적합한 벡터 형식으로 변환해 데이터를 효율적으로 저장하고 쿼리할 수 있도록 설계된 특수한 데이터베이스입니다.

구조화된 데이터의 경우, 이미 색인화되어 저장된 상태라면 랭체인 에이전트를 활용해 데이터베이스에 대한 중간 쿼리를 수행할 수 있습니다. 이를 통해 특정 기능을 추출해 LLM 프롬프트 내에서 사용할 수 있습니다. 데이터 수집에 유용한 파이썬 패키지로는 Unstructured,[16] 라마

---

16 https://oreil.ly/n0hDD

인덱스LlamaIndex,[17] 랭체인[18] 등이 있습니다.

[그림 4-2]는 데이터 수집에 대한 표준화된 접근 방식을 보여 줍니다. 데이터 소스를 문서로 로드하고 이 문서는 나중에 검색할 수 있도록 벡터 데이터베이스에 청크되어 저장됩니다.

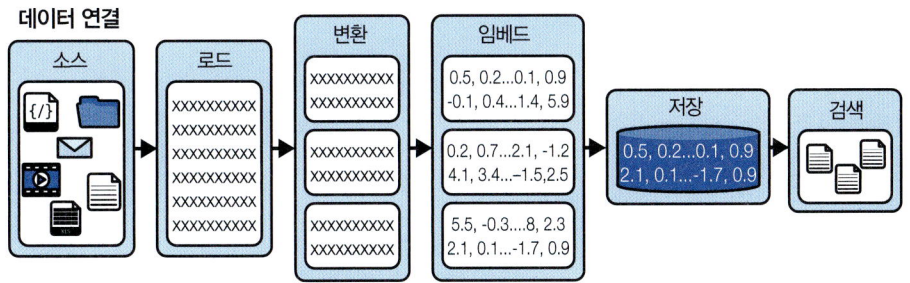

**그림 4-2** 검색 파이프라인에 대한 데이터 연결

랭체인은 데이터를 로드, 수정, 저장, 검색하는 데 필요한 핵심 구성 요소를 제공합니다.

- **문서 로더**: 워드 문서, PDF 파일, 텍스트 파일, 웹 페이지와 같은 다양한 소스에서 정보를 담은 리소스나 문서를 쉽게 업로드할 수 있습니다.
- **문서 트랜스포머**: 이 도구를 사용해 문서를 세분화하고, Q&A 레이아웃으로 변환하고, 불필요한 문서를 제거하는 등의 작업을 할 수 있습니다.
- **텍스트 임베딩 모델**: 구조화되지 않은 텍스트를 벡터 저장소의 유사성 검색에 사용되는 부동 소수점 숫자 시퀀스로 변환할 수 있습니다.
- **벡터 데이터베이스(벡터 저장소)**: 벡터 데이터베이스는 임베디드 데이터에 대해 검색을 저장하고 실행할 수 있습니다.
- **검색기**: 검색기retriever는 데이터를 쿼리하고 검색하는 기능을 제공합니다.

또한 라마인덱스 같은 다른 LLM 프레임워크가 랭체인과 원활하게 작동한다는 점도 언급할 가치가 있습니다. LlamaHub[19]는 문서 로더 전용 오픈 소스 라이브러리로, 랭체인 전용 Document 객체를 생성할 수 있습니다.

---

**17** https://www.llamaindex.ai
**18** https://python.langchain.com/docs/tutorials
**19** https://llamahub.ai

## 4.13.1 문서 로더

NutriFusion Food 기업을 위한 LLM 데이터 수집 파이프라인을 구축하는 임무를 맡았다고 가정해 봅시다. LLM에 학습시킬 정보를 수집해야 할 자료는 다음과 같습니다.

- 『마케팅 MKTG』(Cengage, 2025)의 PDF 파일
- 공용 구글 클라우드 스토리지 버킷에 있는 두 개의 .docx 마케팅 보고서
- 2021년, 2022년, 2023년의 마케팅 성과 데이터를 보여 주는 세 개의 .csv 파일

깃허브 저장소[20]의 `content/chapter_4`에 새로운 주피터 노트북이나 파이썬 파일을 만든 다음, `pip install pdf2image docx2txt pypdf`를 실행하면 세 개의 패키지가 설치됩니다.

.docx 파일을 제외한 모든 데이터는 `content/chapter_4/data`[21]에서 찾을 수 있습니다. 먼저 다양한 데이터 로더를 모두 가져오고 빈 `all_documents` 목록을 만들어 데이터 소스 전체에 걸쳐 모든 `Document` 객체를 저장합니다.

```python
# 파일명: content/chapter_4/document_loading.ipynb

from langchain_community.document_loaders import Docx2txtLoader
from langchain_community.document_loaders import PyPDFLoader
from langchain_community.document_loaders.csv_loader import CSVLoader
import glob
from langchain.text_splitter import CharacterTextSplitter

# 모든 데이터 소스에서 문서 저장하기
all_documents = []

# PDF 불러오기
loader = PyPDFLoader("data/principles_of_marketing_book.pdf")
pages = loader.load_and_split()
print(pages[0])

# 각 페이지에 추가 메타데이터 추가하기
for page in pages:
    page.metadata["description"] = "Principles of Marketing Book"

# 메타데이터가 추가되었는지 확인하기
```

---

[20] https://oreil.ly/cVTyI
[21] https://oreil.ly/u9gMx

```python
for page in pages[0:2]:
    print(page.metadata)

# 마케팅 책 페이지 저장하기
all_documents.extend(pages)

csv_files = glob.glob("data/*.csv")

# 파일 이름에 Marketing이라는 단어만 포함되도록 필터링하기
csv_files = [f for f in csv_files if "Marketing" in f]

# 각 .csv 파일마다
for csv_file in csv_files:
    loader = CSVLoader(file_path=csv_file)
    data = loader.load()
    # 데이터를 all_documents 목록에 저장하기
    all_documents.extend(data)

text_splitter = CharacterTextSplitter.from_tiktoken_encoder(
    chunk_size=200, chunk_overlap=0
)

urls = [
    '''https://storage.googleapis.com/oreilly-content/NutriFusion%20Foods%2
    0Marketing%20Plan%202022.docx''',
    '''https://storage.googleapis.com/oreilly-content/NutriFusion%20Foods%2
    0Marketing%20Plan%202023.docx''',
]

docs = []
for url in urls:
    loader = Docx2txtLoader(url.replace('\n', ''))
    pages = loader.load()
    chunks = text_splitter.split_documents(pages)

    # 각 청크에 메타데이터 추가하기
    for chunk in chunks:
        chunk.metadata["source"] = "NutriFusion Foods Marketing Plan - 2022/2023"
    docs.extend(chunks)

# 마케팅 책 페이지 저장하기
all_documents.extend(docs)
```

```
page_content='Principles of Marketing'
metadata={'source': 'data/principles_of_marketing_book.pdf', 'page': 0}
{'source': 'data/principles_of_marketing_book.pdf', 'page': 0,
 'description': 'Principles of Marketing Book'}
{'source': 'data/principles_of_marketing_book.pdf', 'page': 1,
 'description': 'Principles of Marketing Book'}
```

그런 다음 PyPDFLoader를 사용해 .pdf 파일을 가져온 다음, .load_and_split() 기능을 통해 여러 페이지로 분할할 수 있습니다. 또한 메타데이터는 각 Document 객체의 파이썬 딕셔너리이므로 각 페이지에 추가 메타데이터를 지정할 수 있습니다. 앞선 Document 객체 출력 결과를 보면 source 메타데이터가 첨부되어 있는 것을 확인할 수 있습니다.

glob 패키지를 사용하면 모든 .csv 파일을 쉽게 찾을 수 있으며, 개별적으로 CSVLoader를 사용해 랭체인 Document 객체에 로드할 수 있습니다. 마지막으로 두 개의 마케팅 보고서를 공용 구글 클라우드 스토리지 버킷에서 로드한 다음 text_splitter를 사용해 200개의 토큰 청크 크기로 분할합니다.

이번 절에서는 NutriFusion Food의 LLM을 위한 포괄적인 문서 로드 파이프라인을 구축하는 데 필요한 지식을 익혔습니다. PDF, 여러 개의 CSV 파일, 두 개의 .docx 파일에서 데이터를 추출한 후, 각 문서에 관련 메타데이터를 추가해 더 나은 맥락 정보를 제공했습니다. 이제 다양한 문서 소스에서 데이터를 원활하게 통합하여 하나의 일관된 데이터 파이프라인으로 구성할 수 있는 역량을 갖추게 되었습니다.

## 4.14 텍스트 분할기

각 문서의 길이를 균형 있게 맞추는 것도 중요한 요소입니다. 문서 길이가 너무 길면 LLM의 컨텍스트 길이(단일 요청 내에서 처리할 수 있는 최대 토큰 수)를 초과할 수 있습니다. 하지만 문서가 지나치게 작게 쪼개져 있으면 중요한 맥락 정보가 손실될 위험이 있으며, 이는 마찬가지로 바람직하지 않습니다.

텍스트 분할 중에 다음과 같은 특정 문제가 발생할 수 있습니다.

- 해시태그, @ 기호, 링크와 같은 특수 문자가 예상대로 분할되지 않아 분할된 문서의 전체 구조에 영향을 줄 수 있습니다.
- 표, 목록, 다단계 제목과 같은 복잡한 서식이 포함된 경우 텍스트 분할기$^{splitter}$가 원래 서식을 유지하기 어려울 수 있습니다.

이러한 문제를 해결하는 방법은 조금 뒤에 살펴보고, 이번 절에서는 모델의 컨텍스트 창에 적합하도록 큰 텍스트 덩어리를 분할하는 데 사용하는 랭체인의 텍스트 분할기를 알아봅니다.

> **NOTE** 완벽한 문서 크기라는 것은 존재하지 않습니다. 적당히 경험적 기준(휴리스틱)으로 초깃값을 설정한 다음 LLM 평가에 사용할 수 있는 학습/테스트 세트를 구축하세요.

랭체인은 다음 기준에 따라 텍스트를 손쉽게 분할할 수 있도록 다양한 텍스트 분할기를 제공합니다.

- 토큰 수
- 여러 문자 기준으로 재귀적으로
- 문자 수
- 코드 구조
- 마크다운 헤더

지금부터는 인기 있는 텍스트 분할기인 `CharacterTextSplitter`, `TokenTextSplitter`, `RecursiveCharacterTextSplitter`에 대해 살펴보겠습니다.

## 4.14.1 길이와 토큰 크기에 따른 텍스트 분할

3장에서 tiktoken을 사용해 GPT-4 호출 내에서 토큰 수를 계산하는 방법을 배웠습니다. 이번에는 tiktoken으로 적절한 크기의 청크와 문서로 문자열을 분할해 봅니다. `pip install tiktoken langchain-text-splitter`로 tiktoken과 랭체인 텍스트 분할기를 설치하는 것을 잊지 마세요.

랭체인에서 토큰 수로 분할하려면 `.from_tiktoken_encoder()` 함수와 함께 `CharacterTextSplitter`를 사용합니다. 처음에는 청크 크기가 50자이고 겹치지 않는 `CharacterText`

Splitter를 생성합니다. `split_text` 메서드를 사용해 텍스트를 조각으로 자른 다음, 생성된 총 청크 수를 출력합니다.

그리고 동일한 작업을 수행하되 이번에는 청크를 48자로 겹쳐서 입력합니다. 중복 허용 여부에 따라 청크 수가 어떻게 달라지는지 확인해 보세요. 이러한 설정이 텍스트 분할 방식에 미치는 영향을 확인해 볼 수 있습니다.

```
# 파일명: content/chapter_4/token_document_splitting_and_text_splitting.ipynb

from langchain_text_splitters import CharacterTextSplitter

text = """
Biology is a fascinating and diverse field of science that explores the living
world and its intricacies \n\n. It encompasses the study of life, its origins,
diversity, structure, function, and interactions at various levels from molecules
and cells to organisms and ecosystems \n\n. In this 1000-word essay, we will
delve into the core concepts of biology, its history, key areas of study, and its
significance in shaping our understanding of the natural world. \n\n ...(truncated
to save space)...
번역: 생물학은 살아 있는 세계와 그 복잡성을 탐구하는 매혹적이고 다채로운 과학 분
야입니다 \n\n. 이는 생명, 기원, 다양성, 구조, 기능 그리고 분자와 세포에서 유기체
와 생태계에 이르는 다양한 수준에서의 상호 작용을 연구하는 것을 포함합니다 \n\n. 이
1000단어 에세이에서는 생물학의 핵심 개념, 역사, 주요 연구 분야 그리고 자연 세계에
대한 우리의 이해를 형성하는 데 있어서의 중요성에 대해 다룹니다. \n\n ...(생략)...
"""

# 청크 중첩 없음:
text_splitter = CharacterTextSplitter.from_tiktoken_encoder(
    chunk_size=50, chunk_overlap=0, separator="\n",
)
texts = text_splitter.split_text(text)
print(f"Number of texts with no chunk overlap: {len(texts)}")

# 청크 중첩 포함:
text_splitter = CharacterTextSplitter.from_tiktoken_encoder(
    chunk_size=50, chunk_overlap=48, separator="\n",
)
texts = text_splitter.split_text(text)
print(f"Number of texts with chunk overlap: {len(texts)}")
```

```
Number of texts with no chunk overlap: 3
Number of texts with chunk overlap: 6
번역: 청크 중첩을 허용하지 않을 경우: 3
청크 중첩을 허용할 경우: 6
```

이전 절에서는 pages = loader.load_and_split()을 사용해 .pdf를 로드하고 랭체인 문서로 분할했습니다. 다음과 같이 TextSplitter를 만들어 Document 로드 파이프라인에 첨부하면 각 문서의 크기를 보다 세밀하게 제어할 수 있습니다.

```
def load_and_split(text_splitter: TextSplitter | None = None) -> List[Document]
```

chunk_size=500과 chunk_overlap 50으로 TokenTextSplitter를 생성하기만 하면 됩니다.

```python
from langchain.text_splitter import TokenTextSplitter
from langchain_community.document_loaders import PyPDFLoader

text_splitter = TokenTextSplitter(chunk_size=500, chunk_overlap=50)
loader = PyPDFLoader("data/principles_of_marketing_book.pdf")
pages = loader.load_and_split(text_splitter=text_splitter)

print(len(pages)) #737
```

『마케팅 MKTG』(Cengage, 2025) 책은 원서 기준 497쪽이지만, 500개의 토큰으로 구성된 TokenTextSplitter를 사용해 chunk_size를 사용하면 737개의 작은 랭체인 Document 객체를 만들 수 있습니다.

### 4.14.2 재귀적 문자 분할을 사용한 텍스트 분할

대용량 텍스트 블록을 처리하는 일은 텍스트 분석에서 고유한 문제를 야기할 수 있습니다. 이럴 때 유용한 전략 중 하나가 **재귀적 문자 분할**recursive character splitting입니다. 이 방법은 방대한 텍스트를 관리 가능한 단위로 나누어, 추가 분석을 더 쉽게 할 수 있도록 지원합니다.

이 접근 방식은 일반적인 텍스트를 처리할 때 특히 효과적입니다. 문자 목록을 매개변수로 활용하고 이 문자를 기준으로 텍스트를 순차적으로 분할합니다. 결과로 생성된 부분이 허용 가능한 크기에 도달할 때까지 계속 분할됩니다. 기본적으로 문자 목록은 "\n\n", "\n", " ", ""으로 구성되어 있으며, 문단, 문장, 단어 단위의 의미적 맥락을 최대한 보존하는 것을 목표로 합니다. 이 과정은 제공된 문자 목록을 바탕으로 수행되며 문자 수에 따라 결과의 크기가 조정됩니다.

코드를 살펴보기 전에 RecursiveCharacterTextSplitter의 기능을 이해하는 것이 중요합니다. 이 분할기는 텍스트와 텍스트를 분할할 기준이 되는 구분 기호[delimiter] 목록이 필요합니다. 분할기는 목록의 첫 번째 구분 기호부터 순서대로 적용하면서 텍스트 분할을 시도합니다. 구분 기호를 찾으면 텍스트를 청크로 나누고, 그 결과물 청크가 여전히 너무 크면 다음 구분 기호로 넘어가는 식으로 진행합니다. 청크가 충분히 작아지거나 모든 구분 기호가 소진될 때까지 반복적으로 계속됩니다.

앞의 text 변수를 사용해 먼저 RecursiveCharacterTextSplitter를 임포트합니다. 이 인스턴스는 텍스트 분할을 담당합니다. 분할기를 초기화할 때는 매개변수 chunk_size, chunk_overlap, length_function가 설정됩니다. 여기서 chunk_size는 100으로 설정하고 chunk_overlap은 20으로 설정합니다.

length_function은 청크의 크기를 결정하기 위해 len으로 정의됩니다. 기본값인 len 함수를 사용하는 대신 토큰 수를 기준으로 계산하고 싶은 경우에는 length_function 인수를 수정해 문자 수를 계산할 수 있습니다.

```
# 파일명: content/chapter_4/token_document_splitting_and_text_splitting.ipynb

from langchain_text_splitters import RecursiveCharacterTextSplitter

text_splitter = RecursiveCharacterTextSplitter(
    chunk_size=100,
    chunk_overlap=20,
    length_function=len,
)
```

text_splitter 인스턴스가 준비되면 .split_text를 사용해 text 변수를 더 작은 덩어리로 분할할 수 있습니다. 이러한 청크는 texts 파이썬 목록에 저장됩니다.

```
# 텍스트를 청크로 분할하기
texts = text_splitter.split_text(text)
```

겹치는 텍스트를 단순히 문자열 목록으로 분할하는 것뿐만 아니라 `.create_documents` 함수를 사용해 랭체인 Document 객체를 쉽게 만들 수 있습니다. Document 객체를 만들면 다음과 같은 작업을 수행할 수 있으므로 유용합니다.

- 시맨틱semantic 검색을 위해 벡터 데이터베이스에 문서 저장하기
- 특정 텍스트에 메타데이터 추가하기
- 여러 문서를 반복하여 더 높은 수준의 요약 만들기

메타데이터를 추가하려면 `metadatas` 인수에 딕셔너리 목록을 입력합니다.

```
# 청크에서 문서 생성하기
metadatas = {"title": "Biology", "author": "John Doe"}
docs = text_splitter.create_documents(texts, metadatas=[metadatas] * len(texts))
```

하지만 기존 Document 객체가 너무 길면 어떻게 될까요? 이럴 때는 TextSplitter와 `.split_documents` 함수를 함께 사용해 쉽게 처리할 수 있습니다. 그러면 Document 객체 목록을 가져와 TextSplitter 클래스 인수 설정에 따라 Document 객체 목록을 새로 반환합니다.

```
text_splitter = RecursiveCharacterTextSplitter(chunk_size=300)
splitted_docs = text_splitter.split_documents(docs)
```

이제 PDF, CSV, 구글 클라우드 스토리지 링크와 같은 소스를 활용해 효율적인 데이터 로드 파이프라인을 만들 수 있게 되었습니다. 또한 수집된 문서를 관련 메타데이터로 보강해 더 나은 분석과 신속한 엔지니어링을 위한 의미 있는 맥락을 제공하는 방법도 배웠습니다.

이제 여러분은 텍스트 분할기를 도입해 문서 크기를 전략적으로 관리하고, LLM의 컨텍스트 창과 풍부한 맥락 정보를 최적화할 수 있습니다. 재귀와 문자 분할을 사용해 큰 텍스트를 처리하는 방법을 탐색했습니다. 이번 절에서 배운 새로운 지식을 통해 다양한 문서 소스로 원활하게 작업하고 강력한 데이터 파이프라인에 통합할 수 있게 되었습니다.

## 4.15 작업 분해

작업 분해task decomposition는 복잡한 문제를 관리 가능한 하위 문제들로 분해하는 전략입니다. 이 접근 방식은 작업을 상호 연관된 하위 구성 요소로 개념화하는 소프트웨어 엔지니어의 자연스러운 성향과 잘 맞아떨어집니다. 소프트웨어 엔지니어링에서는 작업 분해를 통해 인지적 부담을 줄이고, 문제를 격리와 단일 책임 원칙 준수의 이점을 활용하곤 합니다.

흥미로운 점은 작업 분해 방식이 다양한 활용 사례에서 LLM의 성능을 크게 향상시킬 수 있다는 것입니다. 이 접근 방식은 [그림 4-3]에서 보여 주듯, 단일 모델로는 해결하기 어려운 복잡한 작업을 나누어 처리함으로써 문제 해결 시나리오에서 LLM의 활용도와 효율성을 극대화하는 데 도움이 됩니다.

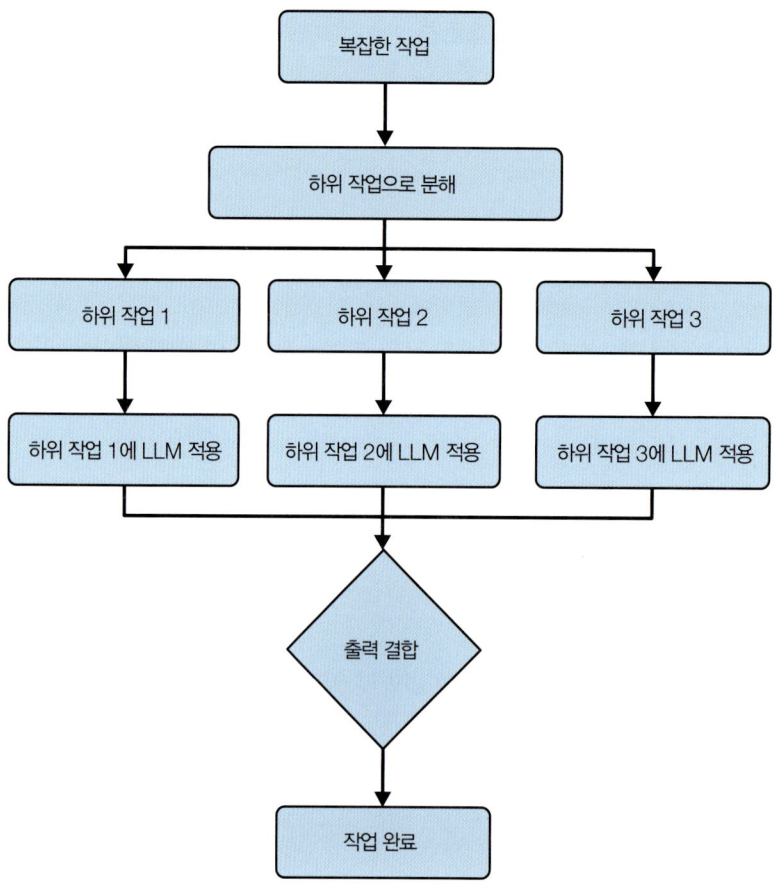

그림 4-3 LLM을 사용한 작업 분해

예를 들어 다음과 같은 작업에 작업 분해를 사용할 수 있습니다.

- **복잡한 문제 해결**: 문제가 다면적이고 단일 프롬프트를 통해 해결할 수 없는 경우, 작업 분해를 적용하면 매우 유용합니다. 예를 들어 복잡한 법적 사건을 해결하는 작업은 사건의 맥락 이해, 관련 법률 파악, 법적 판례 확인, 주장 만들기 등으로 세분화할 수 있습니다. LLM은 각 하위 작업을 독립적으로 해결하고, 이를 결합해 종합적인 솔루션을 제공합니다.
- **콘텐츠 생성**: 기사나 블로그 같은 긴 형식의 콘텐츠를 생성할 때는 개요 생성, 개별 절 내용 작성, 최종 초안 컴파일 및 수정으로 작업을 세분화할 수 있습니다. 더 나은 결과를 위해 GPT-4에서 각 단계를 개별적으로 관리할 수 있습니다.
- **대용량 문서 요약**: 연구 논문이나 보고서 같은 긴 문서를 요약하는 작업은 개별 절을 이해하고 요약한 다음, 이를 취합해 최종 요약을 작성하는 등 여러 개의 작은 작업으로 나누면 더 효과적으로 수행할 수 있습니다.
- **대화형 에이전트**: 고급 챗봇을 만들 때 작업을 세분화하면 사용자 입력 이해, 맥락 유지, 관련 응답 생성, 대화 흐름 관리 등 대화의 다양한 측면을 관리할 수 있습니다.
- **학습 및 튜터링 시스템**: 디지털 튜터링 시스템에서 개념을 가르치는 작업을 학습자의 현재 지식 이해, 부족한 부분 파악, 학습 자료 제안, 진도 평가로 세분화하면 시스템을 더 효과적으로 만들 수 있습니다. 각 하위 작업은 GPT-4의 생성 기능을 활용할 수 있습니다.

> **TIP 프롬프트 원칙 ⑤ 업무 나누기**
> 작업 분해는 LLM의 잠재력을 최대한 활용할 수 있는 중요한 전략입니다. 복잡한 문제를 더 간단하고 관리하기 쉬운 작업으로 분해하면 모델의 문제 해결 능력을 보다 효과적이고 효율적으로 활용할 수 있습니다.

앞으로 이어지는 절에서는 여러 개의 LLM 체인을 만들고 통합해 보면서 복잡한 워크플로를 조율하는 방법을 알아봅니다.

## 4.16 프롬프트 체이닝

하나의 프롬프트로 단일 작업을 수행하는 것이 불가능하다는 점을 종종 경험하게 될 것입니다. 이럴 때는 여러 개의 프롬프트 입력과 출력을 서로 연결하고, 여기에 특별히 맞춤화된 LLM 프롬프트를 조합하는 **프롬프트 체이닝**prompt chaining 기법을 활용해 아이디어를 점진적으로 구축할 수 있습니다.

영화 제작 과정을 부분적으로 자동화하고 싶은 한 영화사를 예로 들어보겠습니다. 다음과 같이 몇 가지 주요 구성 요소로 나눌 수 있습니다.

- 캐릭터 생성
- 줄거리 생성
- 장면과 세계 구상

[그림 4-4]는 이 프롬프트 워크플로의 모습입니다.

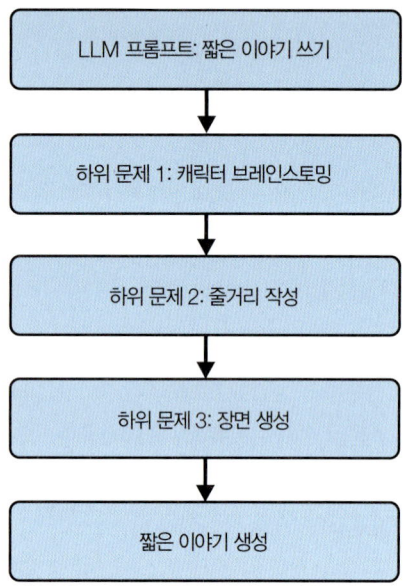

그림 4-4 스토리 제작 과정

## 4.16.1 순차적 체인

작업을 여러 개의 체인으로 분해하고 단일 체인으로 재구성해 보겠습니다.

- `character_generation_chain`: 장르가 주어지면 여러 문자를 생성하는 체인입니다.
- `plot_generation_chain`: 캐릭터와 장르가 주어지면 줄거리를 생성합니다.
- `scene_generation_chain`: `plot_generation_chain`에서 처음에 생성되지 않은 누락된 장면을 생성합니다.

먼저 각 체인에 대해 하나씩 3개의 ChatPromptTemplate 변수를 생성합니다.

```
# 파일명: content/chapter_4/chaining_story_generation.ipynb

from langchain_core.prompts.chat import ChatPromptTemplate

character_generation_prompt = ChatPromptTemplate.from_template(
    """I want you to brainstorm three to five characters for my short story. The
    genre is {genre}. Each character must have a Name and a Biography.
    You must provide a name and biography for each character, this is very
    important!
    ---
    Example response:
    Name: CharWiz, Biography: A wizard who is a master of magic.
    Name: CharWar, Biography: A warrior who is a master of the sword.
    ---
    Characters:
    """
)
### 번역:
"""단편 소설을 위한 3명에서 5명의 캐릭터를 브레인스토밍해 주세요. 장르는 {genre}입니다. 각 캐릭터는 이름과 생애를 가져야 합니다. 각 캐릭터에 대해 이름과 생애를 부여해야 하며, 이는 매우 중요합니다!
---
예시 응답:
이름: CharWiz, 생애: 마법의 대가인 마법사
이름: CharWar, 생애: 검술의 대가인 전사
---
캐릭터들:
"""

plot_generation_prompt = ChatPromptTemplate.from_template(
    """Given the following characters and the genre, create an effective
    plot for a short story:

    Characters:
    {characters}
    ---
    Genre: {genre}
    ---
    Plot: """
)
### 번역:
```

```
"""다음 캐릭터들과 장르를 바탕으로 매력적인 단편 소설의 줄거리를 만들어 주세요.
(생략)"""

scene_generation_plot_prompt = ChatPromptTemplate.from_template(
    """Act as an effective content creator.
    Given multiple characters and a plot, you are responsible for
    generating the various scenes for each act.

    You must decompose the plot into multiple effective scenes:
    ---
    Characters:
    {characters}
    ---
    Genre: {genre}
    ---
    Plot: {plot}
    ---
    Example response:
    Scenes:
    Scene 1: Some text here.
    Scene 2: Some text here.
    Scene 3: Some text here.
    ----
    Scenes:
    """
    ### 번역:
    """훌륭한 콘텐츠 크리에이터처럼 동작하세요. 여러 캐릭터와 줄거리가 주어지면,
    각 막에 대한 다양한 장면을 생성하는 역할을 맡습니다.

    줄거리를 여러 개의 효과적인 장면으로 분해해야 합니다:
    """
)
```

프롬프트 템플릿이 캐릭터에서 줄거리 및 장면 생성으로 이동하면서 이전 단계의 플레이스홀더[placeholder] 변수를 더 추가하는 것을 볼 수 있습니다. 문제는 이러한 추가 문자열을 다운스트림 `ChatPromptTemplate` 변수에 사용할 수 있다는 것을 어떻게 보장할 수 있을까요?

## 4.16.2 Itemgetter와 딕셔너리 키 추출

LCEL 내에서 이전 단계에 딕셔너리가 있는 경우 `operator` 패키지의 `itemgetter` 함수를 사

용해 이전 단계의 키를 추출할 수 있습니다.

```
# 파일명: content/chapter_4/chaining_story_generation.ipynb

from operator import itemgetter
from langchain_core.runnables import RunnablePassthrough

chain = RunnablePassthrough() | {
    "genre": itemgetter("genre"),
}
chain.invoke({"genre": "fantasy"})
```

```
{'genre': 'fantasy'}
번역: {'장르': '판타지'}
```

RunnablePassThrough 함수는 간단히 모든 입력을 다음 단계로 바로 전달합니다. 그런 다음 invoke 함수 내에서 동일한 키를 사용해 새 딕셔너리를 생성하고 itemgetter("genre")를 사용해 이 키를 추출합니다. 이후의 모든 ChatPromptTemplate 플레이스홀더 변수가 항상 유효한 값을 갖도록 LCEL 체인의 일부에서 itemgetter 함수를 사용하는 것이 중요합니다.

또한 LCEL 체인 내에서 lambda 또는 RunnableLambda 함수를 사용해 이전 딕셔너리 값을 조작할 수 있습니다. 여기서 람다$^{lambda}$란 파이썬에서 쓰이는 익명 함수를 일컫는 말입니다.

```
from langchain_core.runnables import RunnableLambda

chain = RunnablePassthrough() | {
    "genre": itemgetter("genre"),
    "upper_case_genre": lambda x: x["genre"].upper(),
    "lower_case_genre": RunnableLambda(lambda x: x["genre"].lower()),
}
chain.invoke({"genre": "fantasy"})
```

```
{'genre': 'fantasy', 'upper_case_genre': 'FANTASY', 'lower_case_genre': 'fantasy'}
번역: {'장르': '판타지', '대문자_장르': 'FANTASY', '소문자_장르': 'fantasy'}
```

이제 RunnablePassThrough, itemgetter, lambda 함수를 사용하는 방법을 알았으니 마지막으로 RunnableParallel 구문을 소개합니다.

```python
from langchain_core.runnables import RunnableParallel

master_chain = RunnablePassthrough() | {
    "genre": itemgetter("genre"),
    "upper_case_genre": lambda x: x["genre"].upper(),
    "lower_case_genre": RunnableLambda(lambda x: x["genre"].lower()),
}

master_chain_two = RunnablePassthrough() | RunnableParallel(
    genre=itemgetter("genre"),
    upper_case_genre=lambda x: x["genre"].upper(),
    lower_case_genre=RunnableLambda(lambda x: x["genre"].lower()),
)

story_result = master_chain.invoke({"genre": "Fantasy"})
print(story_result)

story_result = master_chain_two.invoke({"genre": "Fantasy"})
print(story_result)
```

```
master chain: {'genre': 'Fantasy', 'upper_case_genre': 'FANTASY', 'lower_case_genre': 'fantasy'}
master chain two: {'genre': 'Fantasy', 'upper_case_genre': 'FANTASY', 'lower_case_genre': 'fantasy'}
번역: 마스터 체인: {'장르': '판타지', '대문자_장르': 'FANTASY', '소문자_장르': 'fantasy'}
마스터 체인 2: {'장르': '판타지', '대문자_장르': 'FANTASY', '소문자_장르': 'fantasy'}
```

먼저 RunnableParallel을 가져와서 다음과 같은 두 개의 LCEL 체인을 생성합니다. master_chain과 master_chain_two라는 두 개의 LCEL 체인을 만듭니다. 이들은 정확히 동일한 인수를 사용해 호출되며 RunnablePassthrough는 체인의 두 번째 부분으로 딕셔너리를 전달합니다.

master_chain과 master_chain_two의 두 번째 부분은 정확히 동일한 결과를 반환합니다. 따라서 딕셔너리를 직접 사용하는 대신 RunnableParallel 함수를 사용하도록 선택할 수 있습니다. 이 두 가지 체인 출력은 서로 바꿔서 사용할 수도 있으므로 더 편한 구문을 선택하세요.

프롬프트 템플릿을 사용해 3개의 LCEL 체인을 생성해 보겠습니다.

```python
from langchain_openai.chat_models import ChatOpenAI
from langchain_core.output_parsers import StrOutputParser

# 채팅 모델 생성하기
model = ChatOpenAI()

# 하위 체인 생성하기
character_generation_chain = ( character_generation_prompt
| model
| StrOutputParser() )

plot_generation_chain = ( plot_generation_prompt
| model
| StrOutputParser() )

scene_generation_plot_chain = ( scene_generation_plot_prompt
| model
| StrOutputParser()  )
```

모든 체인을 생성한 후 마스터 LCEL 체인에 연결합니다.

```python
from langchain_core.runnables import RunnableParallel
from operator import itemgetter
from langchain_core.runnables import RunnablePassthrough

master_chain = (
    {"characters": character_generation_chain, "genre":
    RunnablePassthrough()}
    | RunnableParallel(
        characters=itemgetter("characters"),
        genre=itemgetter("genre"),
        plot=plot_generation_chain,
    )
    | RunnableParallel(
        characters=itemgetter("characters"),
        genre=itemgetter("genre"),
        plot=itemgetter("plot"),
        scenes=scene_generation_plot_chain,
    )
)

story_result = master_chain.invoke({"genre": "Fantasy"})
```

공간을 절약하기 위해 출력은 중간중간 생략했습니다. 결과로는 5개의 캐릭터와 9개의 장면이 생성되었습니다.

```
{'characters': '''Name: Lyra, Biography: Lyra is a young elf who possesses
..\n\nName: Orion, Biography: Orion is a ..''', 'genre': {'genre': 'Fantasy'}
'plot': '''In the enchanted forests of a mystical realm, a great darkness looms,
threatening to engulf the land and its inhabitants. Lyra, the young elf with a
deep connection to nature, ...''', 'scenes': '''Scene 1: Lyra senses the impending
danger in the forest ...\n\nScene 2: Orion, on his mission to investigate the
disturbances in the forest...\n\nScene 9: After the battle, Lyra, Orion, Seraphina,
Finnegan...'''}
번역: {'등장인물': '''이름: Lyra, 전기: Lyra는 자연과 깊은 연관이 있는 젊은 엘프
입니다...\n\n 이름: Orion, 전기: Orion은 ...''', 'genre': {'장르': '판타지'}, '줄
거리': '''마법의 영역에 있는 마법의 숲에서, 거대한 어둠이 다가오고 있으며, 땅과
그 주민들을 삼킬 위협을 가하고 있습니다. 자연과 깊은 연관이 있는 젊은 엘프 Lyra는
...''', '장면들': '''장면 1: Lyra는 숲에서 다가오는 위험을 느낍니다 ... \n\n 장면
2: 숲에서 일어난 이상 현상을 조사하는 임무를 수행 중인 Orion ... \n\n 장면 9: 전투
후, Lyra, Orion, Seraphina, Finnegan(모두 등장인물의 이름)...'''}
```

장면들은 파이썬 목록 내에서 별도의 항목으로 나뉩니다. 그런 다음 문자 스크립트와 요약 프롬프트가 모두 생성되는 두 개의 새 프롬프트가 생성됩니다.

```
# .split('\n')을 사용해 장면을 추출하고 빈 문자열 제거하기
scenes = [scene for scene in story_result["scenes"].split("\n") if scene]
generated_scenes = []
previous_scene_summary = ""

character_script_prompt = ChatPromptTemplate.from_template(
    template="""Given the following characters: {characters} and the genre:
    {genre}, create an effective character script for a scene.
    # 번역: 주어진 캐릭터들: {characters}와
    # 장르: {genre}를 바탕으로 장면에 대한 효과적인 캐릭터 대본을 작성하세요.

    You must follow the following principles:
    - Use the Previous Scene Summary: {previous_scene_summary} to avoid
    repeating yourself.
    - Use the Plot: {plot} to create an effective scene character script.
    - Currently you are generating the character dialogue script for the
    following scene: {scene}
```

```
    # 번역: 다음 원칙을 따라야 합니다:
    # - 이전 장면 요약: {previous_scene_summary}를 사용해 반복을 피하세요.
    # - 줄거리: {plot}을 사용해 효과적인 장면 캐릭터 대본을 만드세요.
    # - 현재 당신은 다음 장면의 캐릭터 대화 대본을 생성하고 있습니다: {scene}

    ---
    Here is an example response:
    SCENE 1: ANNA'S APARTMENT
    # 번역: 예시 응답:
    # 장면 1: ANNA의 아파트

    (ANNA is sorting through old books when there is a knock at the door.
    She opens it to reveal JOHN.)
    ANNA: Can I help you, sir?
    JOHN: Perhaps, I think it's me who can help you. I heard you're
    researching time travel.
    (Anna looks intrigued but also cautious.)
    ANNA: That's right, but how do you know?
    JOHN: You could say... I'm a primary source.
    # 번역: (ANNA는 오래된 책들을 정리하다가 문을 두드리는 소리를 듣습니다.
    # 그녀는 문을 열고 JOHN을 맞이합니다.)
    # ANNA: 도와드릴까요, 선생님?
    # JOHN: 아마도, 내가 당신을 도울 수 있을 것 같군요.
    # 당신이 시간 여행을 연구하고 있다는 말을 들었어요.
    # (Anna는 흥미를 느끼면서도 조심스럽습니다.)
    # ANNA: 맞아요, 그런데 어떻게 아셨어요?
    # JOHN: 말하자면... 저는 주요 정보원이라고 할 수 있습니다.

    ---
    SCENE NUMBER: {index}
    # 번역: 장면 번호: {index}
    """,
)

summarize_prompt = ChatPromptTemplate.from_template(
    template="""Given a character script, create a summary of the scene.
    Character script: {character_script}""",
    # 번역: 캐릭터 스크립트가 주어졌을 때, 해당 장면의 요약을 작성하세요.
    # 캐릭터 대본: {character_script}
)
```

기술적으로는 모든 장면을 비동기적으로 생성하는 게 가능합니다. 그러나 반복되는 장면이 생성되는 걸 피하려면 각 캐릭터가 이전 장면에서 무엇을 했는지 알아 두는 것이 좋습니다. 따라서 장면당 캐릭터 스크립트를 생성하는 데 사용하는 것과 이전 장면을 요약하는 데 사용하는 두 개의 LCEL 체인을 만들어 보겠습니다.

```python
# 채팅 모델 로드
model = ChatOpenAI(model='gpt-3.5-turbo')

# LCEL 체인 생성
character_script_generation_chain = (
    {
        "characters": RunnablePassthrough(),
        "genre": RunnablePassthrough(),
        "previous_scene_summary": RunnablePassthrough(),
        "plot": RunnablePassthrough(),
        "scene": RunnablePassthrough(),
        "index": RunnablePassthrough(),
    }
    | character_script_prompt
    | model
    | StrOutputParser()
)

summarize_chain = summarize_prompt | model | StrOutputParser()

# 여기에 tqdm을 사용해 진행 상황을 추적하거나
# 모든 장면을 사용할 수 있습니다.
for index, scene in enumerate(scenes[0:3]):

    # 장면 생성하기
    scene_result = character_script_generation_chain.invoke(
        {
            "characters": story_result["characters"],
            "genre": "fantasy",
            "previous_scene_summary": previous_scene_summary,
            "index": index,
        }
    )

    # 생성한 장면 저장하기
    generated_scenes.append(
        {"character_script": scene_result, "scene": scenes[index]}
    )

    # 만약 이것이 첫 번째 장면이라면
```

```python
# 이전 장면 요약은 없습니다.
if index == 0:
    previous_scene_summary = scene_result
else:
    # 만약 이것이 두 번째 장면 이후라면
    # 요약을 사용하고 생성할 수 있습니다.
    summary_result = summarize_chain.invoke(
        {"character_script": scene_result}
    )
    previous_scene_summary = summary_result
```

먼저 스크립트에 character_script_generation_chain을 설정하고 원활한 데이터 흐름을 위해 RunnablePassthrough와 같은 다양한 러너블을 활용합니다. 결정적으로 이 체인은 광범위한 콘텐츠 생성 작업에 이상적인 16k 컨텍스트 창을 갖춘 강력한 모델인 model = ChatOpenAI(model='gpt-3.5-turbo')를 통합합니다. 이 체인을 호출하면 캐릭터 프로필, 장르, 장면 세부 정보 등의 입력을 바탕으로 캐릭터 스크립트를 능숙하게 생성합니다.

이전 장면의 요약을 추가하는 방식으로 각 장면을 동적으로 보강하면 간단하면서도 효과적인 버퍼 메모리를 만들 수 있습니다. 이 기법은 이야기의 연속성과 맥락을 보장하여 일관된 캐릭터 스크립트를 생성하는 LLM의 능력을 향상시킵니다. 또한 StrOutputParser에서 모델 출력을 구조화된 문자열로 우아하게 변환하여 생성된 콘텐츠를 쉽게 사용할 수 있도록 지원하는 방법도 확인했습니다.

> **TIP 프롬프트 원칙 ⑤ 업무 나누기**
>
> 순차적 체인으로 작업을 설계하면 업무 나누기 원칙의 이점을 크게 누릴 수 있다는 점을 기억하세요. 작업을 더 작고 관리하기 쉬운 체인으로 나누면 전반적인 결과물의 품질을 높일 수 있습니다. 순차적 체인의 각 체인은 각자의 중요한 작업 목표를 달성하기 위해 개별적으로 노력합니다.
>
> 체인을 사용하면 다양한 모델을 사용할 수 있습니다. 예를 들어 아이디어 발상에는 향상된 모델을, 생성에는 저렴한 모델을 사용하면 일반적으로 최적의 결과를 얻을 수 있습니다. 또한 각 단계에서 미세 조정된 모델을 사용할 수도 있습니다.

### 4.16.3 LCEL 체인 구조화

LCEL에서는 첫 번째 부분이 실행 가능한 유형인지 확인해야 합니다. 다음 코드는 오류가 발생합니다.

```
# 파일명: content/chapter_4/chaining_story_generation.ipynb

from langchain_core.prompts.chat import ChatPromptTemplate
from operator import itemgetter
from langchain_core.runnables import RunnablePassthrough, RunnableLambda

bad_first_input = {
    "film_required_age": 18,
}

prompt = ChatPromptTemplate.from_template(
    "Generate a film title, the age is {film_required_age}"
)

# 이 코드에서 오류가 발생합니다.
bad_chain = bad_first_input | prompt
```

값이 18인 파이썬 딕셔너리는 실행 가능한 LCEL 체인을 생성하지 않습니다. 그러나 다음 구현은 모두 작동합니다.

```
# 이 모든 체인은 실행 가능한 인터페이스를 강제합니다.
first_good_input = {"film_required_age": itemgetter("film_required_age")}

# RunnableLambda 내에서 딕셔너리를 생성합니다.
second_good_input = RunnableLambda(lambda x: { "film_required_age": x["film_required_age"] } )

third_good_input = RunnablePassthrough()
fourth_good_input = {"film_required_age": RunnablePassthrough()}
# RunnableParallel(...)로 시작하는 체인도 생성할 수 있습니다.

first_good_chain = first_good_input | prompt
second_good_chain = second_good_input | prompt
third_good_chain = third_good_input | prompt
fourth_good_chain = fourth_good_input | prompt

first_good_chain.invoke({
    "film_required_age": 18
}) # ...
```

순차적 체인은 향후 체인에서 사용할 생성된 지식을 점진적으로 구축하는 데에는 적합하지만,

순차적 특성으로 인해 응답 시간이 느려지는 경우가 많습니다. 따라서 SequentialChain 데이터 파이프라인은 즉각적인 응답이 우선순위가 아니며 사용자가 실시간 피드백을 기다리지 않는 서버 측 작업을 실행할 때 가장 적합합니다.

## 4.16.4 문서 체인

생성된 이야기를 수락하기 전에 현지 출판사가 모든 캐릭터 스크립트를 기반으로 한 요약본을 요청했다고 가정해 보겠습니다. 이처럼 한 번의 LLM 요청으로는 처리할 수 없을 만큼 많은 양의 텍스트를 다뤄야 할 때, **문서 체인**document chain은 매우 유용한 접근 방식입니다.

코드를 자세히 살펴보기 전에 먼저 큰 그림을 이해해 보겠습니다. 이 예제에서 사용되는 스크립트는 장면 모음에 대해 텍스트 요약 작업을 수행합니다. 실습에 앞서 `pip install pandas`로 판다스Pandas 라이브러리를 설치하는 것을 잊지 마세요. 이제 첫 번째 코드부터 시작하겠습니다.

```
# 파일명: content/chapter_4/chaining_story_generation.ipynb

from langchain_text_splitters import CharacterTextSplitter
from langchain.chains.summarize import load_summarize_chain
import pandas as pd
```

이 코드는 필요한 도구를 모두 가져옵니다. `CharacterTextSplitter`와 `load_summarize_chain`은 랭체인 패키지에서 가져온 것으로 텍스트 처리에 도움이 되며, `pd`로 임포트한 판다스는 데이터 조작에 도움이 됩니다. 다음으로 데이터를 다룹니다.

```
df = pd.DataFrame(generated_scenes)
```

여기서는 `generated_scenes` 변수를 사용해 판다스 데이터프레임을 생성하여 원시raw 장면을 판다스가 쉽게 조작할 수 있는 표 형식의 데이터로 변환합니다. 그런 다음 텍스트를 통합합니다.

```
all_character_script_text = "\n".join(df.character_script.tolist())
```

이 줄에서는 데이터프레임의 `character_script` 열을 단일 텍스트 문자열로 변환합니다. 열의 각 항목은 목록 항목으로 변환되고 모든 항목은 중간에 새 줄을 사용해 결합되어 모든 문자 스크립트를 포함하는 단일 문자열이 됩니다. 텍스트가 준비되면 요약 프로세스를 준비합니다.

```
text_splitter = CharacterTextSplitter.from_tiktoken_encoder(
    chunk_size=1500, chunk_overlap=200
)
docs = text_splitter.create_documents([all_character_script_text])
```

여기서는 청크 크기(`chunk_size`)와 겹치는 부분(`chunk_overlap`)에 대한 특정 매개변수를 사용해, `CharacterTextSplitter` 클래스의 클래스 메서드 `from_tiktoken_encoder`를 호출해 인스턴스를 생성합니다. 그런 다음 텍스트 분할기를 사용해 통합된 스크립트를 요약 도구에서 처리하기에 적합한 청크로 분할합니다. 다음으로 요약 도구를 설정합니다.

```
chain = load_summarize_chain(llm=model, chain_type="map_reduce")
```

이 줄에서는 요약 프로세스의 설정이 기재됩니다. 여기서는 `map-reduce` 스타일 접근 방식으로 채팅 모델과 함께 요약 체인을 로드하는 함수를 호출합니다. 그런 다음 요약을 실행합니다.

```
summary = chain.invoke(docs)
```

여기에서 실제로 텍스트 요약을 수행합니다. `invoke` 메서드는 앞서 준비한 텍스트 청크에 대한 요약을 실행하고 요약을 변수에 저장합니다. 마지막으로 결과를 출력합니다.

```
print(summary['output_text'])
```

여러분의 노력의 결정체인 요약 텍스트가 콘솔에 출력되는 것을 확인해 보세요.

다음은 모든 장면을 가져와서 텍스트를 통합하고, 덩어리로 묶고, 요약한 다음, 요약문을 출력하는 코드입니다.

```
from langchain.text_splitter import CharacterTextSplitter
from langchain.chains.summarize import load_summarize_chain
import pandas as pd
```

```
df = pd.DataFrame(generated_scenes)

all_character_script_text = "\n".join(df.character_script.tolist())

text_splitter = CharacterTextSplitter.from_tiktoken_encoder(
    chunk_size=1500, chunk_overlap=200
)

docs = text_splitter.create_documents([all_character_script_text])

chain = load_summarize_chain(llm=model, chain_type="map_reduce")
summary = chain.invoke(docs)
print(summary['output_text'])
```

> Aurora and Magnus agree to retrieve a hidden artifact, and they enter an ancient library to find a book that will guide them to the relic...'
> 번역: Aurora와 Magnus는 숨겨진 유물을 찾기로 동의하고, 그들은 유물을 안내할 책을 찾기 위해 고대 도서관에 들어갑니다...

이 코드에서는 `map_reduce` 체인을 사용했지만, 랭체인에는 `Document` 객체를 처리할 수 있는 체인이 네 가지가 있다는 점을 기억하세요.

### Stuff

`StuffDocumentsChain`은 다양한 문서 체인 전략 중 가장 단순한 방식입니다. 이때 'stuff(스터프)'라는 명칭은 여러 문서를 한 번에 밀어 넣는다는 개념에서 비롯되었습니다. [그림 4-5]는 여러 문서를 하나의 LLM 요청으로 통합하는 과정을 보여 줍니다.

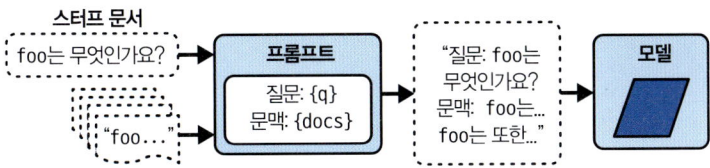

그림 4-5 StuffDocumentsChain

## Refine

`RefineDocumentsChain`은 반복적으로 출력을 업데이트하는 과정을 통해 LLM 응답을 생성합니다(그림 4-6). 각 루프 동안 LLM에서 파생된 현재 출력을 현재 문서와 결합합니다. 현재 출력을 업데이트하기 위해 또 다른 LLM 요청이 이루어지며 모든 문서가 처리될 때까지 과정이 계속됩니다.

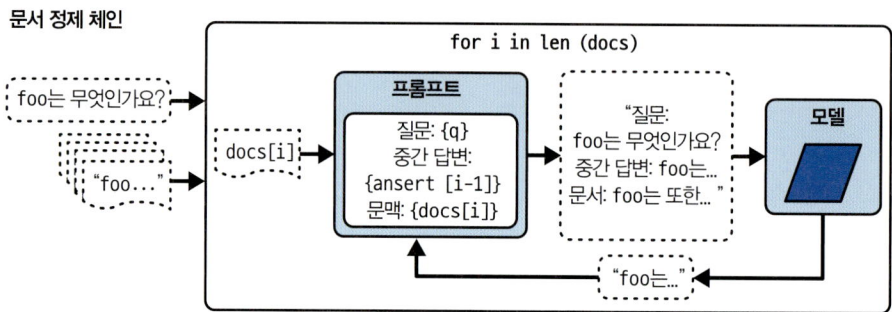

**그림 4-6** RefineDocumentsChain

## Map Reduce

[그림 4-7]의 `MapReduceDocumentsChain`은 각 개별 문서에 대한 LLM 체인으로 시작해 (**맵**map 단계라고 부릅니다), 결과물을 새로 생성된 문서로 해석합니다. 그 후, 새로 생성된 모든 문서가 별도의 문서 결합 체인에 도입되어 단일 결과물로 조합됩니다(이 과정을 축소, 즉 **리듀스**reduce 단계라고 합니다). 필요한 경우 새 문서를 컨텍스트 길이에 원활하게 맞추기 위해 매핑된 문서에 추가로 압축 과정을 적용하기도 합니다. 더 많은 압축이 필요하다면 재귀적으로 작업할 수도 있습니다.

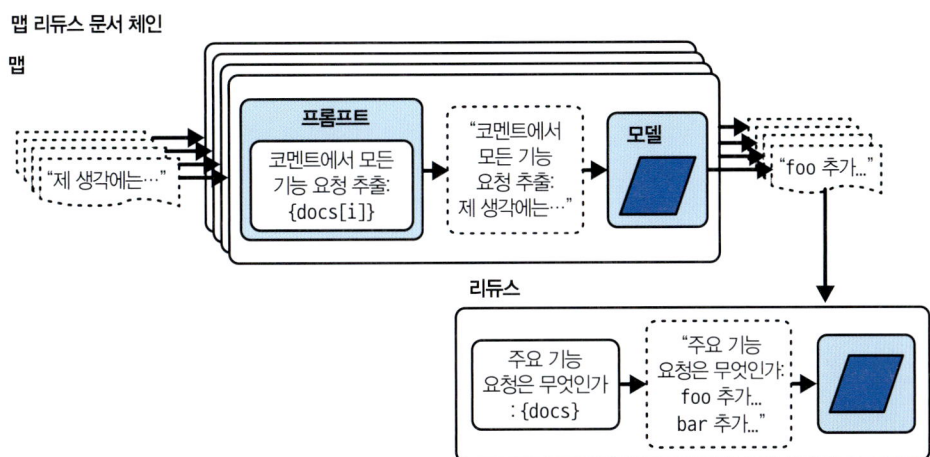

그림 4-7 MapReduceDocumentsChain

## Map Re-rank

각 문서별로 초기 프롬프트를 실행한 다음 비교하는 방식의 맵 순위 변경(리랭킹$^{\text{Re-ranking}}$) 기능(MapRerankDocumentsChain)도 있습니다. LLM은 주어진 과제를 수행하기 위해 노력할 뿐만 아니라 답변의 확실성을 반영하는 신뢰도 점수까지 할당합니다. 그런 다음 신뢰도 점수가 가장 높은 응답을 선택해 반환합니다.

[표 4-1]에 문서 체인 전략별로 얻을 수 있는 장단점을 정리했습니다.

표 4-1 문서 체인 전략 개요

| 접근 방식 | 장점 | 단점 |
| --- | --- | --- |
| StuffDocuments Chain | 구현이 간단합니다. 문서가 작고 입력 항목이 적은 시나리오에 이상적입니다. | 프롬프트 크기 제한으로 인해 대용량 문서나 여러 개의 입력을 처리하는 데 적합하지 않을 수 있습니다. |
| RefineDocuments Chain | 응답을 반복적으로 구체화할 수 있습니다. 응답 생성의 각 단계를 더욱 효과적으로 제어할 수 있습니다. 점진적인 추출 작업에 적합합니다. | 루프 과정으로 인해 실시간 애플리케이션에는 최적이 아닐 수 있습니다. |
| MapReduceDocuments Chain | 각 문서를 독립적으로 처리할 수 있습니다. 대규모 데이터 집합을 관리하기 쉬운 청크 크기로 줄여 처리할 수 있습니다. | 신중하게 각 과정을 관리해야 합니다. 선택적으로 시행하는 압축 단계는 복잡성을 더하고 문서 순서를 혼동할 수 있습니다. |

| 접근 방식 | 장점 | 단점 |
| --- | --- | --- |
| MapRerankDocuments Chain | 각 답변에 대한 신뢰도 점수를 제공해 답변을 더 잘 선택할 수 있도록 합니다. | 리랭킹 알고리즘은 구현하고 관리하기가 복잡할 수 있습니다. 채점 메커니즘이 신뢰할 수 없거나 잘 조정되지 않은 경우 최상의 답을 제공하지 못할 수 있습니다. |

다양한 문서 체인을 구현하는 방법에 대한 자세한 내용은 랭체인의 포괄적인 API[22]와 다음 링크[23]에서 확인할 수 있습니다.

간단히 체인 유형을 변경하려면 `load_summarize_chain` 함수를 `chain = load_summarize_chain(llm=model, chain_type='refine')`처럼 수정할 수 있습니다. LCEL을 사용해 더 새롭고 사용자 지정 가능한 요약 체인을 만들 수도 있지만, 대부분의 경우 `load_summarize_chain` 수정을 통해서도 충분히 만족스러운 결과를 얻을 수 있습니다.

## 4.17 마치며

이 장에서는 랭체인 프레임워크와 필수 구성 요소를 종합적으로 검토했습니다. 데이터 수집을 위한 문서 로더의 중요성과 큰 텍스트를 처리하는 텍스트 분할기의 역할을 배웠습니다.

또한 작업 분해와 프롬프트 체이닝의 개념에 대해서도 소개했습니다. 복잡한 문제를 더 작은 작업으로 세분화함으로써 문제 분리의 힘을 확인했으며, 여러분은 이제 여러 입출력을 결합해 더 풍부한 아이디어를 생성할 수 있는 프롬프트 체이닝을 이해하게 되었습니다.

다음 장에서는 벡터 데이터베이스를 살펴보며 이를 랭체인의 문서와 통합하는 방법을 소개합니다. 이 기능은 데이터에서 지식 추출의 정확성을 높이는 데 중추적인 역할을 하게 될 것입니다.

---

[22] https://oreil.ly/FQUK_
[23] https://python.langchain.com/docs/tutorials/summarization

# 5장

# FAISS와 파인콘을 활용한 벡터 데이터베이스

이 장에서는 임베딩embedding과 벡터 데이터베이스의 개념을 소개하고, 이를 사용해 우리가 작성한 프롬프트와 관련된 컨텍스트를 검색해 가져오는 방법에 대해 설명합니다.

벡터 데이터베이스는 주로 텍스트 데이터를 유사도나 의미 기반으로 쿼리할 수 있도록 저장하는 데 사용되는 특수한 데이터베이스입니다. 이 기술을 활용하면 모델이 학습하지 않은 데이터를 참조할 수 있어, 환각(AI 모델이 사실이 아닌 말을 만들어 내는 경우)을 줄이고 LLM의 응답 정확도와 품질을 크게 향상시킬 수 있습니다. 벡터 데이터베이스는 문서 읽기, 유사한 제품 추천, 과거 대화 기억 등 다양한 용도로 활용됩니다.

벡터는 텍스트(또는 이미지)를 나타내는 숫자의 목록으로, 일종의 좌표로 생각할 수 있습니다. 오픈AI의 text-embedding-ada-002 모델을 사용한 mouse(생쥐)라는 단어의 벡터는 1,536개의 숫자 목록으로 이루어져 있으며, 각 숫자는 임베딩 모델이 학습한 특징의 값을 나타냅니다.

```
[-0.011904156766831875,
 -0.0323905423283577,
 0.001950666424818337,
 ...]
```

이러한 모델은 학습 데이터에서 함께 자주 등장하는 텍스트는 값이 가까워지도록, 관련성이 적은 텍스트는 서로 멀어지도록 벡터 공간에 배치합니다. Cartoon(만화)과 Hygiene(위생), 이

두 변수로만 세상을 설명해야 하는 간단한 모델을 학습시켰다고 가정해 봅시다. mouse라는 단어에서 시작해 매개변수 Cartoon의 값을 늘리면 [그림 5-1]과 같이 가장 유명한 생쥐가 등장하는 만화인 mickey mouse(미키 마우스)로 이동하게 됩니다. Hygiene 매개변수의 값을 줄이면 rat(들쥐)으로 변경되는데, 이는 쥐가 생쥐와 유사한 설치류이지만 전염병 및 질병과 관련이 있기 때문입니다(비위생적이라는 점이 강조된 것이죠).

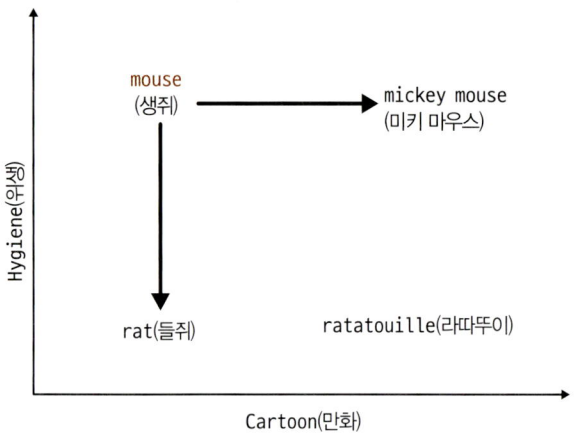

그림 5-1 2D 벡터 거리

그래프상의 각 위치는 모델이 학습한 특징인 Cartoon과 Hygiene이라는 두 축 위의 두 개의 숫자로 표시할 수 있습니다. 실제로는 벡터가 수천 개의 매개변수를 가질 수 있는데, 매개변수가 많을수록 모델이 더 폭넓은 유사성과 차이점을 포착할 수 있습니다. 위생이 생쥐와 쥐를 구분하는 유일한 차이점은 아니며, 미키 마우스 역시 단순한 만화 속 쥐 그 이상입니다. 이러한 특징은 사람이 해석하기 어려운 방식으로 데이터에서 학습되며, 잠재 공간$^{latent\ space}$(모델의 매개변수에 의해 형성되는 추상적인 다차원 공간)에서 위치를 표시하려면 수천 개의 축이 있는 그래프가 필요합니다. 모델이 학습한 특징이 무엇을 의미하는지 사람의 언어로 설명할 수 없는 경우가 많습니다. 그러나 [그림 5-2]와 같이 벡터 사이의 거리를 단순화해 2차원 평면에 투영하면 관계를 시각화할 수 있습니다.

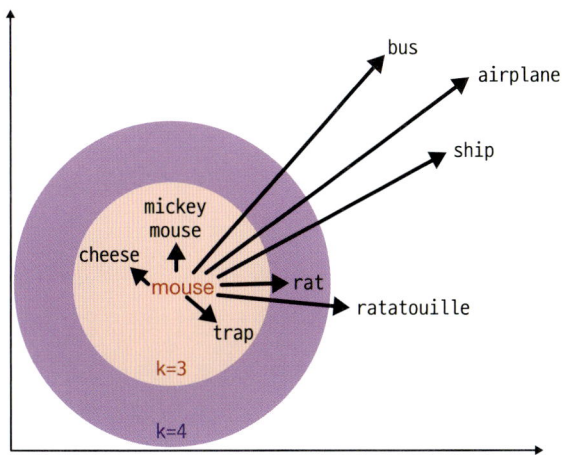

**그림 5-2** 다차원 벡터 거리

벡터 검색을 수행하려면 먼저 조회하려는 대상의 벡터(또는 위치)를 얻고 데이터베이스에서 가장 가까운 레코드(k)를 찾습니다. 이 경우 mouse라는 단어는 mickey mouse, cheese, trap에서 k=3(가장 가까운 세 개의 레코드를 반환)에 가장 가깝습니다. k=3인 경우 rat 단어는 제외되지만 k=4인 경우 다음으로 가까운 벡터이므로 포함됩니다. 이 예에서 airplane은 학습 데이터에서 mouse라는 단어와 거의 연관되지 않기 때문에 멀리 떨어져 있습니다. ship은 여전히 다른 교통수단 근처에 배치되어 있지만, 학습 데이터에 따르면 ship에서 mouse와 rat이 자주 발견되기 때문에 mouse와 rat과 거리가 더 가깝습니다.

벡터 데이터베이스는 벡터 표현을 키로 하여 텍스트 레코드를 저장합니다. 이는 ID, 관계, 텍스트에 문자열이 포함되어 있는 레코드를 기반으로 레코드를 찾는 다른 유형의 데이터베이스와는 다릅니다. 예를 들어 [그림 5-2]의 텍스트를 기반으로 관계형 데이터베이스를 쿼리하여 텍스트에 mouse가 포함된 레코드를 찾으면 mickey mouse 레코드가 반환되지만, 다른 레코드에는 해당 문구가 포함되어 있지 않으므로 다른 레코드는 반환되지 않습니다. 벡터 검색을 사용하면 검색어와 정확히 일치하지 않더라도 밀접하게 연관되어 있기 때문에 cheese와 trap 레코드를 반환할 수도 있습니다.

유사성을 기반으로 쿼리하는 기능은 매우 유용하며, 벡터 검색은 많은 AI 기능을 지원합니다. 예를 들면 다음과 같습니다.

- **문서 읽기:** 보다 정확한 답변을 제공하기 위해 관련 섹션을 찾아 읽습니다.
- **추천 시스템:** 유사한 제품이나 아이템을 발견해 이를 사용자에게 제안합니다.
- **장기 기억:** 챗봇이 과거 상호 작용을 기억할 수 있도록 관련 대화 기록 스니펫을 조회합니다.

문서, 제품 목록, 대화 메모리가 모델의 토큰 한도 내에서 운용될 수 있는 크기라면 AI 모델은 이러한 작업을 소규모로 처리할 수 있습니다. 그러나 규모가 커질수록 각 프롬프트에 너무 많은 토큰을 전달하게 되면서 토큰 제한과 초과 비용에 직면하게 됩니다. 오픈AI의 gpt-4-1106-preview는 2023년 11월에 출시되어 128,000개의 거대한 토큰 컨텍스트 창을 가지고 있지만, 토큰 수가 88% 적고 1년 전에 출시된 gpt-3.5-turbo보다 토큰당 가격이 10배 더 비쌉니다. 보다 효율적인 접근 방식은 런타임 시점에 가장 관련성이 높은 레코드만 조회해 프롬프트에 전달함으로써, 응답을 생성하는 데 가장 적절한 맥락을 제공하는 것입니다. 이 기법을 바로 RAG라고 부릅니다.

## 5.1 RAG

RAG$^{retrieval-augmented\ generation}$(검색 증강 생성)는 쿼리와 유사성을 기준으로 검색하고 가장 관련성이 높은 문서를 검색하여 프롬프트에 맥락으로 삽입하는 기법입니다. 벡터 데이터베이스는 이 RAG 과정의 핵심 요소입니다. 이렇게 하면 현재 컨텍스트 창에 들어갈 수 있는 범위 내에서만 관련 정보를 유지할 수 있으며, 관련 없는 문서를 삽입해 토큰이 낭비되는 것도 방지할 수 있습니다.

문서 검색은 기존의 데이터베이스 검색이나 웹 브라우징을 통해서도 가능하지만, 모든 경우에 의미적 유사성에 의한 벡터 검색이 필요한 것은 아닙니다. RAG는 일반적으로 사용자가 학습 데이터에 없는 것에 대해 질문을 받았을 때 사실을 지어 내는 환각 현상을 줄이기 위해 사용됩니다. 벡터 검색은 사용자 쿼리와 의미적으로 유사한 문서를 찾아 프롬프트에 포함시킴으로써 환각을 효과적으로 방지할 수 있습니다.

예를 들어 작성자 Mike가 챗봇에게 "내 이름은 마이크입니다"라고 말한 후 세 번째 메시지에서 "내 이름이 뭐지?"라고 질문하면 챗봇은 쉽게 정답을 기억할 수 있습니다. Mike의 이름이 포함된 메시지는 여전히 채팅의 컨텍스트 창 안에 있기 때문입니다. 그러나 정보와 질문 사이에

3,000개의 메시지를 보낸 경우에는 해당 메시지의 텍스트가 너무 커서 컨텍스트 창에 맞지 않을 수 있습니다. 이 중요한 맥락 정보가 없으면 챗봇이 이름을 착각하거나 정보 부족을 이유로 답변을 거부할 수 있습니다. 키워드 검색이 여기서 도움이 될 수 있지만 관련 없는 문서가 너무 많이 표시되거나 과거의 정확한 맥락을 기억하지 못할 수 있습니다. Mike는 여러 번 다양한 상황과 형식으로 이름을 언급했을 수 있습니다. 벡터 데이터베이스에 질문을 전달하면 채팅에서 사용자가 질문한 내용과 일치하는 상위 3개의 유사한 메시지를 반환할 수 있습니다.

```
## Context
Most relevant previous user messages:
1. "My name is Mike".
2. "My dog's name is Hercules".
3. "My coworker's name is James".

## Instructions
Please answer the user message using the context above.
User message: What is my name?
AI message:

번역:
## 맥락
가장 관련 있는 이전 사용자 메시지:
1. "내 이름은 Mike입니다."
2. "내 개의 이름은 Hercules입니다."
3. "내 동료의 이름은 James입니다."

## 지시 사항
위의 맥락을 사용해 사용자 메시지에 답하세요.
사용자 메시지: 내 이름이 뭐죠?
AI 메시지:
```

대부분의 모델에서 3,000개의 과거 메시지를 모두 프롬프트에 전달하는 것은 불가능하며, 기존 검색의 경우 AI 모델이 올바른 검색 쿼리를 만들어야 하는데, 이는 신뢰할 수 없는 작업입니다. RAG 패턴을 사용하면 현재 사용자 메시지를 벡터 검색 기능에 전달하고 가장 관련성이 높은 3개의 레코드를 맥락으로 반환해 챗봇이 올바르게 응답하는 데 사용할 수 있습니다.

> **TIP 프롬프트 원칙 ① 지시 내리기**
> 정적인 지식을 프롬프트에 삽입하는 대신 벡터 검색을 사용하면 가장 관련성이 높은 지식을 프롬프트에 동적으로 삽입할 수 있습니다.

RAG를 사용하는 프로덕션 애플리케이션의 작동 방식은 다음과 같습니다.

1. 문서를 텍스트 청크로 나눔
2. 벡터 데이터베이스에서 텍스트 청크를 색인
3. 벡터로 유사한 레코드 검색
4. 프롬프트에 레코드를 맥락으로 삽입

이 경우 문서는 챗봇의 메모리 역할을 하는 과거 3,000개의 모든 사용자 메시지일 수도 있지만, 챗봇이 읽을 수 있도록 업로드한 PDF 문서의 일부가 될 수도 있고, 챗봇이 추천할 수 있도록 판매하는 모든 관련 제품 목록이 될 수도 있습니다. 가장 유사한 텍스트를 찾아내는 벡터 검색의 성능은 의미론적이나 맥락적인 정보를 다룰 때 **임베딩**이라고 불리는 벡터를 생성하는 AI 모델에 전적으로 의존합니다.

## 5.2 임베딩 소개

임베딩embedding이라는 단어는 일반적으로 사전 학습된 AI 모델에서 반환된 텍스트의 벡터 표현을 의미합니다. 이 글을 쓰는 시점에서 임베딩을 생성하는 표준 모델은 오픈AI의 text-embedding-ada-002이지만,[1] 임베딩 모델은 생성형 AI가 등장하기 훨씬 이전부터 사용 가능했습니다.

[그림 5-2]에서처럼 벡터 공간을 2차원으로 시각화하면 도움이 되지만, 실제로는 text-embedding-ada-002에서 반환되는 임베딩이 1,536차원이므로 그래픽으로 묘사하기 어렵습니다. 차원이 많을수록 모델은 더 깊은 의미론적 의미와 관계를 포착할 수 있습니다. 예를 들어 2차원 공간에서는 고양이와 개를 구분할 수 있지만, 300차원 공간에서는 품종, 크기, 색상, 여러 복잡한 세부 사항의 차이에 대한 정보를 포착할 수 있습니다. 다음 코드는 오픈AI API에서 임베딩을 검색하는 방법입니다. 깃허브 저장소에서 예제 코드를 확인할 수 있습니다.[2]

```
# 파일명: content/chapter_5/embeddings.ipynb

from openai import OpenAI
```

---

1 옮긴이_ 번역 시점 기준 text-embedding-3-large 또는 text-embedding-3-small이 사용되고 있습니다.
2 https://oreil.ly/6RzTy

```python
client = OpenAI()

# 주어진 텍스트에 대한 벡터 임베딩을 얻는 함수
def get_vector_embeddings(text):
    response = client.embeddings.create(
        input=text,
        model="text-embedding-ada-002"
    )
    embeddings = [r.embedding for r in response.data]
    return embeddings[0]

get_vector_embeddings("Your text string goes here")
```

```
[
-0.006929283495992422,
-0.005336422007530928,
...
-4.547132266452536e-05,
-0.024047505110502243
]
```

이 코드는 특정 임베딩 모델을 사용해 주어진 입력 텍스트에 대한 임베딩을 생성하기 위해 오픈AI API를 사용합니다.

1 `from openai import OpenAI`는 오픈AI 라이브러리를 가져오고 `client = OpenAI()`는 클라이언트를 설정합니다. 이 클라이언트는 환경 변수 `OPENAI_API_KEY`에서 오픈AI API 키를 가져와 사용자의 계정으로 임베딩 비용을 청구합니다. 이 키는 오픈AI 계정을 만든 후 https://oreil.ly/apikeys에서 발급받을 수 있으며 일반적으로 .env 파일 등 환경 설정에 추가해 사용합니다.

2 `response = client.embeddings.create(...)`: 이 코드는 오픈AI 라이브러리의 `client`에서 Embedding 클래스의 create 메서드를 호출합니다. 이 메서드에는 다음 두 인수가 필요합니다.
   - `input`: 임베딩을 생성할 텍스트 문자열을 입력하는 곳입니다.
   - `model`: 사용하려는 임베딩 모델을 지정합니다. 여기서는 오픈AI API에서 제공하는 `text-embedding-ada-002` 모델을 사용합니다.

3 `embeddings = [r.embedding for r in response.data]`: API 호출 후 `response` 객체에는 생성된 임베딩이 JSON 형식으로 포함됩니다. 이 코드는 `response.data`에 있는 임베딩 목록을 반복하여 실제 숫자 임베딩을 추출합니다.

이 코드를 실행하면 `embeddings` 변수에 입력 텍스트의 숫자 표현(임베딩)이 저장되며, 이를 다양한 NLP 작업이나 머신러닝 모델에 사용할 수 있습니다. 임베딩을 검색하거나 생성하는 이 프로세스를 문서 로드라고도 합니다.

여기서 로드$^{load}$라는 용어는 모델에서 텍스트의 숫자(벡터) 표현을 계산하거나 검색하여 나중에 사용할 수 있도록 변수에 저장하는 작업을 의미합니다. 이는 일반적으로 처리하기 쉽도록 텍스트를 관리하기 쉬운 작은 조각이나 청크로 나누는 것을 의미하는 청킹의 개념과는 구별됩니다. 큰 문서를 페이지나 단락으로 나누어 더 정확하게 매칭하고 가장 관련성이 높은 토큰만 프롬프트에 전달하는 것이 유용하기 때문에 이 두 가지 기술을 서로 함께 사용하는 경우가 많습니다.

오픈AI에서 임베딩을 검색하는 데는 비용이 들지만, 현재 1,000토큰당 0.0004달러로 비교적 저렴합니다. 예를 들어 약 80만 단어 또는 약 4백만 개의 토큰으로 구성된 킹 제임스 성경의 경우 전체 문서의 임베딩을 가져오는 데 약 1.60달러의 비용이 듭니다.

임베딩을 위해 반드시 오픈AI에 비용을 지불할 필요는 없습니다. 예를 들어 허깅 페이스에서 제공하는 Sentence Transformers 라이브러리[3]처럼 384차원 임베딩을 지원하는 오픈 소스 모델도 활용할 수 있습니다.

```python
import requests
import os

model_id = "sentence-transformers/all-MiniLM-L6-v2"
hf_token = os.getenv("HF_TOKEN")

api_url = "https://api-inference.huggingface.co/"
api_url += f"pipeline/feature-extraction/{model_id}"
headers = {"Authorization": f"Bearer {hf_token}"}

def query(texts):
    response = requests.post(api_url, headers=headers,
    json={"inputs": texts,
    "options":{"wait_for_model":True}})
    return response.json()

texts = ["mickey mouse",
         "cheese",
         "trap",
         "rat",
```

---

[3] https://oreil.ly/8OV3c

```
            "ratatouille",
            "bus",
            "airplane",
            "ship"]

output = query(texts)
output
```

```
[[-0.03875632584095001, 0.04480459913611412,
0.016051070764660835, -0.01789097487926483,
-0.035185530781174591, -0.013002964667975903,
0.14877274632453918, 0.048807501792907715,
0.011848390102386475, -0.044042471796274185,
...
-0.026688814163208008, -0.0359361357986927,
-0.03237859532237053, 0.008156519383192062,
-0.10299170762300491, 0.0790356695652008,
-0.008071334101259708, 0.11919838190078735,
0.0005506130401045084, -0.03497892618179321]]
```

이 코드는 허깅 페이스 API를 사용해 사전 학습된 모델을 통해 텍스트 입력 목록에 대한 임베딩을 얻습니다. 여기서 사용된 모델은 2017년 구글에서 도입한 오픈 소스 NLP 모델인 BERT의 축소 버전인 `sentence-transformers/all-MiniLM-L6-v2`로, 트랜스포머 모델 기반이며 문장 수준의 작업에 최적화되어 있습니다. 단계별 작동 방식은 다음과 같습니다.

1 `model_id`에는 사전 학습된 모델의 식별자 `sentence-transformers/all-MiniLM-L6-v2`가 할당됩니다.

2 `hf_token = os.getenv("HF_TOKEN")`은 사용자 환경에서 허깅 페이스 API 토큰의 API 키를 검색합니다. 계정을 만들고 https://hf.co/settings/tokens를 방문해 얻을 수 있는 자체 토큰을 사용자 환경에 설정해야 합니다.

3 `requests` 라이브러리를 가져와서 API에 HTTP 요청합니다.

4 `api_url`에는 허깅 페이스 API의 URL이 할당되며, URL에 모델 ID가 포함됩니다.

5 `headers`는 허깅 페이스 API 토큰이 포함된 인증 헤더가 포함된 딕셔너리입니다.

6 `query()` 함수가 정의되어 텍스트 입력 목록을 가져와 적절한 헤더와 입력이 포함된 JSON 페이로드 및 모델을 사용할 수 있을 때까지 기다리는 옵션이 포함된 POST 요청을 허깅 페이스 API에 보냅니다. 그런 다음 함수는 API의 JSON 응답을 반환합니다.

7 `texts`는 데이터베이스의 문자열 목록입니다.

8 `output`에는 `texts` 목록으로 `query()` 함수를 호출한 결과가 할당됩니다.

9 `output` 변수가 출력되어 입력 텍스트에 대한 기능 임베딩을 표시합니다.

이 코드를 실행하면 스크립트가 허깅 페이스 API로 텍스트를 전송하고, API는 전송된 각 텍스트 문자열에 대한 임베딩을 반환합니다. 임베딩 모델에 동일한 텍스트를 전달하면 매번 동일한 벡터가 반환됩니다. 그러나 벡터는 일반적으로 학습의 차이로 인해 모델(또는 모델 버전) 간에 비교하기 어렵습니다. 오픈AI에서 제공하는 임베딩은 BERT나 spaCy(자연어 처리 라이브러리)에서 제공하는 임베딩과 다릅니다.

최신 트랜스포머 모델에서 생성된 임베딩과의 주요 차이점은 같은 단어의 벡터여도 전후 맥락에 따라 다른 값으로 표현된다는 것입니다. 즉, bank라는 단어가 강둑$^{bank}$과 금융 은행$^{bank}$의 맥락에서 다른 임베딩을 가질 수 있습니다. 오픈AI Ada 002와 허깅 페이스 문장 트랜스포머에서 제공하는 임베딩은 배열의 각 숫자가 거의 항상 0이 아닌(즉, 의미 정보를 포함하고 있는) 고밀도 벡터의 예입니다. 또한 희소 벡터$^{sparse\ vector}$도 있는데,[4] 수십만 개 이상의 차원을 가지며 대부분의 차원이 0으로 채워져 있습니다. 이러한 형태는 특정한 의미나 기능에 대응시켜, 키워드 기반 검색처럼 특정한 요소가 중요할 수 있는 상황에서 유리합니다. 대부분의 AI 애플리케이션은 검색에 고밀도 벡터를 사용하지만, 최근에는 하이브리드 검색 방식도 주목받고 있습니다. 이는 고밀도 벡터를 활용한 유사도 검색과 희소 벡터 기반의 키워드 검색을 함께 사용하는 방식으로, 두 가지 방식을 장점을 결합할 수 있다는 점에서 활용도가 높아지고 있습니다.

벡터의 정확도는 임베딩을 생성하는 데 사용하는 모델의 정확도에 전적으로 의존합니다. 기본 모델에 편견이나 지식 격차가 있는 경우 벡터 검색에서도 문제가 될 수 있습니다. 예를 들어 text-embedding-ada-002 모델은 현재 2020년 8월까지만 학습되었으므로 해당 마감일 이후에 형성된 신조어나 새롭게 덧붙여진 문화적 의미 등을 인식하지 못합니다. 이는 학습 데이터에서 사용할 수 없는 최신 맥락이나 특정 도메인에 특화된 지식이 필요한 경우에는 문제를 일으킬 수 있으며, 경우에 따라 자체 임베딩 모델을 학습하는 것이 합리적일 수 있습니다.

예를 들어 사용된 텍스트에 특정 단어가 일반적으로 통용되는 단어의 의미와는 별개의 의미를 갖는 도메인별 어휘가 있는 경우가 이에 해당합니다. 한 가지 예로, Q-Anon과 같은 소셜 미디어의 유해한 그룹이 게시물에 사용하는 언어를 추적하는 태스크입니다. 이들은 게시판에서의 추방이나 검열 등의 조치를 우회하기 위해 사용하는 언어를 계속해서 진화시키기 때문에, 이런 변화를 끊임없이 임베딩에 반영해 주어야 제대로 된 조치를 취할 수 있습니다.

단어의 의미론적인 의미를 파악할 수 있도록 벡터 공간에서 단어를 표현하는 방법인 word2vec

---

4  https://oreil.ly/d1cmb

과 같은 도구를 사용해 자신만의 임베딩을 학습할 수 있습니다. 웹의 오픈 소스 스냅숏인 Common Crawl 데이터 세트를 기반으로 학습된 GloVe(단어 표현을 위한 글로벌 벡터)와 같은 고급 모델을 사용할 수도 있습니다. Gensim 라이브러리는 오픈 소스 알고리즘 word2vec[5]을 사용해 사용자 지정 임베딩을 훈련하는 간단한 프로세스를 제공합니다.

```python
# 파일명: content/chapter_5/embeddings.ipynb

from gensim.models import Word2Vec

# 샘플 데이터: 각 문장이 단어들의 리스트로 구성된 문장 리스트
# 실제 환경에서는 자신의 말뭉치를 로드하고 전처리할 것입니다.
sentences = [
    ["the", "cake", "is", "a", "lie"],
    ["if", "you", "hear", "a", "turret", "sing", "you're",
    "probably", "too", "close"],
    ["why", "search", "for", "the", "end", "of", "a",
    "rainbow", "when", "the", "cake", "is", "a", "lie?"],
    # ...
    ["there's", "no", "cake", "in", "space,", "just", "ask",
    "wheatley"],
    ["completing", "tests", "for", "cake", "is", "the",
    "sweetest", "lie"],
    ["I", "swapped", "the", "cake", "recipe", "with", "a",
    "neurotoxin", "formula,", "hope", "that's", "fine"],
] + [
    ["the", "cake", "is", "a", "lie"],
    ["the", "cake", "is", "definitely", "a", "lie"],
    ["everyone", "knows", "that", "cake", "equals", "lie"],
    # ...
] * 10  # 강조를 위해 여러 번 반복하기:

# word2vec 모델 훈련하기
model =  Word2Vec(sentences, vector_size=100, window=5,
min_count=1, workers=4, seed=36)

# 모델 저장하기
model.save("custom_word2vec_model.model")

# 추후 모델을 불러오기 위함
# loaded_model = word2vec.load(
```

---

[5] https://oreil.ly/RmXVR

```
# "custom_word2vec_model.model")

# 단어의 벡터표현 얻기
vector = model.wv['cake']

# 가장 유사한 단어 찾기
similar_words = model.wv.most_similar("cake", topn=5)
print("Top five most similar words to 'cake': ", similar_words)

# "cake(케이크)"와 "lie(거짓말)" 사이 유사성을 직접 질의하기
cake_lie_similarity = model.wv.similarity("cake", "lie")
print("Similarity between 'cake' and 'lie': ",
cake_lie_similarity)
```

```
Top 5 most similar words to 'cake':  [('lie', 0.23420444130897522),
('test', 0.23205122351646423), ('tests', 0.17178669571876526), ('GLaDOS',
0.1536172330379486), ('got', 0.14605288207530975)]
Similarity between 'cake' and 'lie': 0.23420444
번역: '케이크'와 유사한 상위 5개의 단어: [('거짓말, 0.23420444130897522), ('
시험', 0.23205122351646423), ('시험들', 0.17178669571876526), ('GLaDOS',
0.1536172330379486), ('얻었다', 0.14605288207530975)] Similarity between 'cake'
and 'lie':  0.23420444
'케이크'와 '거짓말'의 유사도: 0.23420444
```

이 코드는 Gensim 라이브러리를 사용해 word2vec 모델을 생성한 다음, 모델을 사용해 주어진 단어와 유사한 단어를 결정합니다. 자세히 살펴보겠습니다.

1. sentences 변수에는 각 문장이 단어 목록인 문장 목록이 포함되어 있으며, 이는 word2Vec 모델을 학습시킬 데이터입니다. 실제 애플리케이션에서는 이러한 하드코딩된 문장 대신 대량의 텍스트 말뭉치corpus를 로드하고 토큰화된 문장 목록을 얻기 위해 전처리하는 경우가 많습니다.

2. 모델을 나타내기 위해 word2vec 클래스의 인스턴스가 생성됩니다. 이 인스턴스를 초기화하는 동안 다음 매개변수가 제공됩니다.
   - **sentences**: 학습 데이터입니다.
   - **vector_size=100**: 단어 벡터의 크기를 정의하며 여기서 각 단어는 100차원 벡터로 표현됩니다.
   - **window=5**: 문장 내에서 현재 단어와 예측 단어 사이의 최대 거리를 나타냅니다.
   - **min_count=1**: 데이터 세트에 한 번만 나타나는 단어도 해당 단어에 대한 벡터를 생성할 수 있습니다.
   - **workers=4**: 트레이닝 중에 사용할 CPU 코어 수입니다. 멀티코어 머신에서 훈련 속도를 높입니다.
   - **seed=36**: 재현성을 위해 설정된 것으로, 훈련의 무작위 프로세스가 매번 동일한 결과를 제공하도록 합니다(여러 작업자가 있는 경우에는 보장되지 않음).

3 학습 후 save 메서드를 사용해 custom_word2vec_model.model 파일에 모델을 저장합니다. 이렇게 하면 훈련된 모델을 나중에 다시 훈련할 필요 없이 재사용할 수 있습니다.

4 저장된 파일에서 모델을 다시 로드하는 방법을 보여 주는 주석 처리된 줄이 있습니다. 다른 스크립트나 세션에서 사전 학습된 모델을 로드하려는 경우에 유용합니다.

5 vector 변수에 cake 단어의 벡터 표현이 할당됩니다. 이 벡터는 유사도 계산, 산술 연산 등 다양한 용도로 사용할 수 있습니다.

6 most_similar 방법은 제공된 벡터(이 경우 cake의 벡터)와 가장 유사한 단어를 찾는 데 사용됩니다. 이 메서드는 가장 유사한 상위 5개(topn=5) 단어를 반환합니다.

7 similarity 메서드는 cake와 lie 방향의 유사성을 쿼리하여 작은 양수의 값을 표시합니다.

데이터 세트가 작고 반복이 심해 단어 간의 관계를 제대로 학습할 수 있는 다양한 맥락을 제공하지 못할 수 있습니다. 일반적으로 word2vec은 더 크고 다양한 말뭉치에서 이점을 얻을 수 있으며, 말뭉치가 수천만 단어 이하인 경우에는 좋은 결과를 얻지 못합니다. 예제에서는 상위 5개의 결과 중 거짓말이 포함된 하나의 사례를 체리 픽$^{cherry\ pick}$하기 위해 시드 값을 설정했지만, 해당 시드를 제거하면 연관성을 성공적으로 발견하는 경우가 거의 없다는 것을 알 수 있습니다.

문서의 크기가 작을 경우 TF-IDF$^{term\ frequency\ -\ inverse\ document\ frequency}$(단어 빈도-역문서 빈도)라는 간단한 기법을 사용하는 것이 좋습니다. TF-IDF는 특정 문서 내 단어의 중요도를 전체 문서 집합에 비추어 평가하는 통계적 척도입니다. TF-IDF 값은 단어가 해당 문서에 자주 등장할수록 비례해 증가하지만, 더 넓은 말뭉치에서의 등장 빈도에 따라 조정되어, 일부 단어가 다른 단어보다 일반적으로 더 자주 쓰인다는 점을 보정해 줍니다.

TF-IDF를 사용해 cake와 lie의 유사도를 계산하려면 오픈 소스 과학 라이브러리인 사이킷런$^{scikit-learn}$[6]을 활용해 코사인 유사도$^{cosine\ similarity}$(두 벡터 사이의 거리 측정값)를 계산할 수 있습니다. 문장에서 자주 함께 배치되는 단어는 코사인 유사도가 높은 반면(1에 가까움), 자주 등장하지 않는 단어는 낮은 값을 가지거나, 전혀 함께 배치되지 않는 경우에는 0에 가까운 값을 가집니다. 이 방법은 간단한 예제에서처럼 문서가 작더라도 효과적으로 작동합니다.

```
import numpy as np
from sklearn.feature_extraction.text import TfidfVectorizer
from sklearn.metrics.pairwise import cosine_similarity
```

---

6 https://oreil.ly/gHb3F

```python
# 문장들을 TfidfVectorizer용 문자열 리스트로 변환
document_list = [' '.join(s) for s in sentences]

# TF-IDF 표현을 계산
vectorizer = TfidfVectorizer()
tfidf_matrix = vectorizer.fit_transform(document_list)

# 특징 행렬을 기준으로 cake와 lie의 위치 추출
cake_idx = vectorizer.vocabulary_['cake']
lie_idx = vectorizer.vocabulary_['lie']

# cake에 대한 벡터를 추출하고 형태를 변경
cakevec = tfidf_matrix[:, cake_idx].toarray().reshape(1, -1)

# 코사인 유사도 계산
similar_words = cosine_similarity(cakevec, tfidf_matrix.T).flatten()

# 상위 6개의 가장 유사한 단어(cake 포함)의 인덱스 선택
top_indices = np.argsort(similar_words)[-6:-1][::-1]

# cake와 가장 유사한 상위 5개의 단어(cake는 제외)를 검색하고 출력
names = []
for idx in top_indices:
    names.append(vectorizer.get_feature_names_out()[idx])
print("Top five most similar words to 'cake': ", names)

# cake와 lie 간의 코사인 유사도 계산
similarity = cosine_similarity(np.asarray(tfidf_matrix[:,
    cake_idx].todense()), np.asarray(tfidf_matrix[:, lie_idx].todense()))

# 결과는 행렬이며, 평균값이나 최대 유사도 계산 가능
avg_similarity = similarity.mean()
print("Similarity between 'cake' and 'lie'", avg_similarity)

# cake와 elephant 간의 유사도 표시
elephant_idx = vectorizer.vocabulary_['sing']
similarity = cosine_similarity(np.asarray(tfidf_matrix[:,
    cake_idx].todense()), np.asarray(tfidf_matrix[:,
    elephant_idx].todense()))
avg_similarity = similarity.mean()
print("Similarity between 'cake' and 'sing'",
    avg_similarity)
```

```
Top 5 most similar words to 'cake': ['lie', 'the', 'is', 'you', 'definitely']
Similarity between 'cake' and 'lie' 0.8926458157227388
Similarity between 'cake' and 'sing' 0.010626735901461177
번역: 'cake'와 가장 유사한 상위 5개 단어: ['lie', 'the', 'is', 'you',
'definitely']
'cake'와 'lie' 간의 유사도: 0.8926458157227388
'cake'와 'sing' 간의 유사도: 0.010626735901461177
```

이 코드를 단계별로 분석해 보겠습니다.

1 sentences 변수는 이전 예제에서 재사용한 것입니다. 이 코드는 리스트 컴프리헨션을 사용해 이러한 단어 목록을 전체 문장(문자열)으로 변환하여 document_list를 생성합니다.

2 TfidfVectorizer 인스턴스가 생성됩니다. 그런 다음 벡터라이저(vectorizer)의 fit_transform 메서드를 사용해 document_list를 TF-IDF 특징 행렬로 변환하여 tfidf_matrix에 저장합니다.

3 이 코드는 벡터라이저의 vocabulary_ 속성을 사용해 특징 행렬에서 cake와 lie 단어의 위지(또는 인덱스)를 추출합니다.

4 cake 단어에 해당하는 TF-IDF 벡터가 매트릭스에서 추출되어 모양이 변경됩니다.

5 cake 벡터와 TF-IDF 행렬의 다른 모든 벡터 사이의 코사인 유사성이 계산됩니다. 이렇게 하면 유사성 점수 목록이 생성됩니다.
   - 가장 유사한 상위 6개 단어(cake 포함)의 인덱스가 식별됩니다.
   - 이 인덱스를 사용해 cake 유사도가 가장 높은 상위 5개 단어(cake 제외)가 검색되어 출력됩니다.

6 cake와 lie 단어의 TF-IDF 벡터 사이의 코사인 유사도가 계산됩니다. 결과가 행렬이므로 이 코드는 이 행렬의 모든 값에 대한 평균 유사도값을 계산한 다음 평균 유사도를 출력합니다.

7 이제 cake와 sing의 유사도를 계산합니다. 평균 유사도값이 계산되고 출력되어 두 단어가 일반적으로 일치하지 않음을 보여 줍니다(0에 가까움).

사용된 임베딩 모델뿐만 아니라 맥락과 유사성 간에는 상충 관계가 있기 때문에 임베딩하는 콘텐츠에 대한 전략도 중요합니다. 책 한 권과 같이 큰 텍스트 블록을 임베딩하는 경우, 반환되는 벡터는 전체 텍스트를 구성하는 토큰 위치의 평균이 됩니다. 청크의 크기를 늘리면 모든 벡터의 평균에 가까워지고 더 이상 의미론적인 정보를 많이 포함하지 않는 평균으로의 회귀가 발생합니다.

텍스트 청크가 작을수록 벡터 공간에서의 위치가 더 구체적이므로 유사성이 밀접하게 필요한 경우에 더 유용할 수 있습니다. 예를 들어 소설에서 작은 부분을 분리해 임베딩하면 이야기의 희극적인 순간과 비극적인 순간을 더 잘 구분할 수 있지만, 전체 페이지나 챕터 전체를 임베딩하면 두 가지 감정이 섞일 수 있습니다. 그러나 텍스트 청크를 너무 작게 만들면 문장이나 단락 중간에 텍스트가 잘릴 경우 의미를 잃을 수도 있습니다. 벡터 데이터베이스를 효과적으로 활용하려면 문서를 어떻게 불러오고, 어떤 방식으로 나눌지에 대한 전략이 매우 중요합니다.

## 5.3 문서 로드

AI의 일반적인 사용 사례 중 하나는 사용자 쿼리 텍스트와 유사한 내용을 문서에서 검색하는 것입니다. 예를 들어 직원을 위한 핸드북이 여러 개의 PDF 파일로 있는 상황에서 직원의 질문과 관련된 올바른 문서 조각을 반환하고 싶을 수 있습니다. 벡터 데이터베이스에 문서를 로드하는 방식은 문서의 구조, 각 쿼리에서 반환하려는 예제 수, 각 프롬프트에서 사용할 수 있는 토큰 수에 따라 결정됩니다.

예를 들어 gpt-4-0613에는 8,192개의 토큰 제한이 있습니다. 이는 프롬프트 템플릿, 프롬프트에 삽입된 예제 그리고 모델이 응답으로 제공하는 답변을 합친 총량의 제한입니다. 프롬프트와 응답을 위해 약 2,000개의 단어 또는 약 3,000개의 토큰을 따로 남겨두고, 각각 1,000개의 토큰으로 구성된 가장 유사한 텍스트 청크 5개를 프롬프트에 맥락으로 가져올 수 있습니다. 그러나 순진하게 문서를 1,000개의 토큰 청크로 분할하면 문제가 발생합니다. 각 분할이 이루어지는 임의의 위치는 단락이나 문장의 중간에 있을 수 있으므로 전달하고자 하는 메시지의 의미를 잃을 위험이 있습니다. 랭체인에는 일반적으로 RecursiveCharacterTextSplitter를 포함한 일련의 텍스트 분할기가 있습니다.[7] 줄 바꿈에서 분할을 시도한 다음, 청크가 충분히 작아질 때까지 공백 기준을 사용합니다. 이렇게 하면 텍스트의 구조에 내재된 의미 그룹을 유지하기 위해 모든 단락(그리고 문장, 단어)을 최대한 함께 유지할 수 있습니다.

```
# 파일명: content/chapter_5/rag.ipynb

from langchain.text_splitter import RecursiveCharacterTextSplitter

text_splitter = RecursiveCharacterTextSplitter.from_tiktoken_encoder(
    chunk_size=100, # 100토큰
    chunk_overlap=20, # 오버랩 토큰 20개
```

---

[7] https://python.langchain.com/docs/how_to/split_by_token

```
    )

text = """
Welcome to the "Unicorn Enterprises: Where Magic Happens" Employee Handbook! We're
thrilled to have you join our team of dreamers, doers, and unicorn enthusiasts.
At Unicorn Enterprises, we believe that work should be as enchanting as it is
productive. This handbook is your ticket to the magical world of our company,
where we'll outline the principles, policies, and practices that guide us on this
extraordinary journey. So, fasten your seatbelts and get ready to embark on an
adventure like no other!
...
As we conclude this handbook, remember that at Unicorn Enterprises, the pursuit of
excellence is a never-ending quest. Our company's success depends on your passion,
creativity, and commitment to making the impossible possible. We encourage you to
always embrace the magic within and outside of work, and to share your ideas and
innovations to keep our enchanted journey going. Thank you for being a part of our
mystical family, and together, we'll continue to create a world where magic and
business thrive hand in hand!
"""
# 번역: "Unicorn Enterprises: 마법이 일어나는 곳"
# 직원 매뉴얼에 오신 것을 환영합니다!
# 우리는 여러분이 우리 팀의 꿈꾸는 자들, 실천하는 자들
# 그리고 유니콘 애호가들과 함께하게 되어 매우 기쁩니다.
# Unicorn Enterprises에서는 일이 생산적인 만큼이나
# 매혹적이어야 한다고 믿습니다. 이 핸드북은 우리 회사의
# 마법 같은 세계로 가는 티켓으로, 우리가 이 특별한 여정을
# 떠나는 데 있어 따르는 원칙, 정책 및 절차들을 안내합니다.
# ...
# 자, 안전벨트를 매고 다른 어떤 것과도 비교할 수 없는
# 모험을 시작할 준비를 하세요! 이 핸드북을 마무리하면서,
# Unicorn Enterprises에서는 탁월함을 추구하는 것이
# 끝없는 여정임을 기억하세요.
# 우리 회사의 성공은 여러분의 열정, 창의성,
# 그리고 불가능을 가능하게 만들려는 헌신에 달려 있습니다.
# 우리는 여러분이 일과 일 외의 마법을 항상 받아들이고,
# 아이디어와 혁신을 공유하여 우리의 마법 같은 여정을 계속 이어가기를 바랍니다.
# 신비로운 우리 가족의 일원이 되어 주셔서 감사합니다.
# 우리는 마법과 비즈니스가 손을 맞잡고
# 번창하는 세상을 계속 만들어 나갈 것입니다!

chunks = text_splitter.split_text(text=text)
print(chunks[0:3])
```

```
['Welcome to the "Unicorn Enterprises: Where Magic Happens" Employee Handbook!
We\'re thrilled to have you join our team of dreamers, doers, and unicorn
enthusiasts.',
"We're thrilled to have you join our team of dreamers, doers, and unicorn
enthusiasts. At Unicorn Enterprises, we believe that work should be as enchanting
as it is productive.",
...
"Our company's success depends on your passion, creativity, and commitment to
making the impossible possible. We encourage you to always embrace the magic within
and outside of work, and to share your ideas and innovations to keep our enchanted
journey going.",
"We encourage you to always embrace the magic within and outside of work, and to
share your ideas and innovations to keep our enchanted journey going. Thank you for
being a part of our mystical family, and together, we'll continue to create a world
where magic and business thrive hand in hand!"]
번역: ['"Unicorn Enterprises: 마법이 일어나는 곳" 직원 매뉴얼에 오신 것을 환영합니
다! 여러분이 우리 팀의 꿈꾸는 자들, 실천하는 자들, 그리고 유니콘 애호가들과 함께하
게 되어 매우 기쁩니다.'
"우리는 여러분이 우리 팀의 꿈꾸는 자들, 실천하는 자들 그리고 유니콘 애호가들과 함
께하게 되어 매우 기쁩니다. Unicorn Enterprises에서는 일이 생산적인 만큼이나 매혹적
이어야 한다고 믿습니다."
...
"우리 회사의 성공은 여러분의 열정, 창의성 그리고 불가능을 가능하게 만들려는 헌신에
달려 있습니다. 우리는 여러분이 일과 일 외의 마법을 항상 받아들이고, 아이디어와 혁
신을 공유하여 우리의 마법 같은 여정을 계속 이어가기를 바랍니다."
"우리는 여러분이 일과 일 외의 마법을 항상 받아들이고, 아이디어와 혁신을 공유하여
우리의 마법 같은 여정을 계속 이어가기를 바랍니다. 신비로운 우리 가족의 일원이 되어
주셔서 감사합니다. 우리는 마법과 비즈니스가 손을 맞잡고 번창하는 세상을 계속 만들
어 나갈 것입니다!"
```

이 코드는 단계별로 다음과 같이 작동합니다.

1 **텍스트 분할기 인스턴스를 생성합니다**: from_tiktoken_encoder 메서드를 사용해 RecursiveCharacter TextSplitter 인스턴스를 생성합니다. 이 메서드는 특별히 토큰 수에 따라 텍스트 분할을 처리하기 위해 설계되었습니다.

   — chunk_size 매개변수를 100으로 설정하면 각 텍스트 청크에 약 100개의 토큰이 포함됩니다. 이는 각 텍스트 세그먼트의 크기를 제어하는 방법입니다.

   — chunk_overlap 매개변수를 20으로 설정하면 연속된 청크 사이에 20개의 토큰이 겹치도록 지정됩니다. 이러한 중첩은 텍스트를 정확하게 이해하고 처리하는 데 중요한 청크 간 맥락이 손실되지 않도록 보장합니다.

2 **텍스트를 준비합니다**: text 변수에는 청크로 분할할 콘텐츠를 나타내는 여러 문단으로 이루어진 문자열이 포함됩니다.

3 **텍스트를 분할합니다**: text_splitter 인스턴스의 split_text 메서드는 이전에 정의된 chunk_size와 chunk_overlap을 기반으로 텍스트를 청크로 분할하는 데 사용됩니다. 이 메서드는 텍스트를 처리하고 텍스트 청크 목록을 반환합니다.

4 **청크를 출력합니다**: 이 코드는 분할된 텍스트의 처음 세 청크를 출력해 텍스트가 어떻게 분할되었는지 보여 줍니다. 이 출력은 텍스트가 지정된 청크 크기와 겹침에 따라 예상대로 분할되었는지 확인하는 데 유용합니다.

> **TIP** 프롬프트 원칙 ② 형식 정하기
>
> 프롬프트에 제공되는 텍스트 청크의 관련성은 청크 전략에 따라 크게 달라집니다. 겹치지 않는 짧은 청크는 정답을 포함하지 않을 수 있지만, 겹치는 부분이 너무 많은 긴 청크는 관련 없는 결과를 너무 많이 반환하여 LLM에 혼란을 주거나 너무 많은 토큰을 소모할 수 있습니다.

## 5.4 FAISS를 통한 메모리 검색

이제 문서를 청크로 처리했으므로 벡터 데이터베이스에 저장해야 합니다. 벡터를 다시 계산할 필요가 없이 재사용할 수 있도록 데이터베이스에 저장하는 것이 일반적인 관행입니다. 이는 벡터 계산에 시간 지연과 비용이 수반되기 때문입니다. 임베딩 모델을 변경하지 않는 한, 생성된 벡터가 바뀔 일은 없으므로 한 번 저장된 벡터는 업데이트할 필요가 없습니다. 벡터를 저장하고 쿼리하는 데에는 FAISS를 사용할 수 있습니다. FAISS[8]는 페이스북 AI에서 개발한 라이브러리로, 고밀도 벡터의 효율적인 유사도 검색과 클러스터링 기능을 제공하는 오픈 소스 라이브러리입니다. 먼저 `pip install faiss-cpu`를 사용해 터미널에 FAISS를 설치합니다. 다음 예제의 코드는 이 책의 깃허브 저장소에 포함되어 있습니다.[9]

```
# 파일명: content/chapter_5/rag.ipynb

import numpy as np
import faiss
```

---

[8] https://oreil.ly/gIcTI
[9] https://oreil.ly/4wR7o

```python
# get_vector_embeddings 함수는 앞선 예제에서 정의됨
emb = [get_vector_embeddings(chunk) for chunk in chunks]
vectors = np.array(emb)

# FAISS 인덱스 생성
index = faiss.IndexFlatL2(vectors.shape[1])
index.add(vectors)

# 벡터 검색을 수행하는 함수
def vector_search(query_text, k=1):
    query_vector = get_vector_embeddings(query_text)
    distances, indices = index.search(
        np.array([query_vector]), k)
    return [(chunks[i], float(dist)) for dist,
        i in zip(distances[0], indices[0])]

# 예시 검색
user_query = "do we get free unicorn rides?"
search_results = vector_search(user_query)
print(f"Search results for {user_query}:", search_results)
```

Search results for do we get free unicorn rides?: [("You'll enjoy a treasure chest of perks, including unlimited unicorn rides, a bottomless cauldron of coffee and potions, and access to our company library filled with spellbinding books. We also offer competitive health and dental plans, ensuring your physical well-being is as robust as your magical spirit.\n\n**5: Continuous Learning and Growth**\n\nAt Unicorn Enterprises, we believe in continuous learning and growth.", 0.3289167582988739)]
번역: "무료 유니콘 탑승을 제공하나요?"에 대한 검색 결과: [("보물 상자 같은 복지 혜택을 즐기실 수 있습니다. 여기에는 무제한 유니콘 탑승, 끝없는 커피와 묘약이 담긴 마법의 가마솥 그리고 매혹적인 책들로 채워진 회사 도서관에 대한 접근 권한이 포함됩니다. 또한 우수한 건강 보험과 치과 보험을 제공하여, 여러분의 신체적 건강이 마법 같은 열정만큼 강하게 유지될 수 있도록 합니다.\n\n**5: 지속적인 학습과 성장**\n\nUnicorn Enterprises에서는 지속적인 학습과 성장을 믿습니다.", 0.3289167582988739)]

앞선 코드에 대한 설명은 다음과 같습니다.

1 import faiss를 사용해 FAISS 라이브러리를 가져옵니다.

2 vectors = np.array([get_vector_embeddings(chunk) for chunk in chunks])의 각 요소에 get_vector_embeddings를 적용하면 chunks, 각 요소의 벡터 표현(임베딩)을 반환합니다. 그런 다음 이 벡터를 사용해 null 배열을 생성하고 vectors 변수에 저장합니다.

3 index = faiss.IndexFlatL2(vectors.shape[1]) 코드는 효율적인 유사도 검색을 위해 FAISS 인덱

스를 생성합니다. vectors.shape[1] 인수는 인덱스에 추가될 벡터의 차원입니다. 이러한 종류의 인덱스(IndexFlatL2)는 컬렉션의 각 항목을 하나씩 확인하면서 항목 간의 직선거리를 측정해 컬렉션에서 특정 항목과 가장 가까운 항목을 찾는 무차별 L2 거리 검색을 수행합니다.

4 그런 다음 index.add(vectors)를 사용해 생성된 FAISS 인덱스에 벡터 배열을 추가합니다.

5 def vector_search(query_text, k=1)라는 새로운 함수를 정의합니다. vector_search라는 새 함수를 정의하면서 query_text, k(기본값은 1)로 설정합니다. 이 함수는 query_text에 대한 임베딩을 검색한 다음 이를 사용해 k와 가장 가까운 벡터의 인덱스를 검색합니다.

6 vector_search 함수 내에서 query_vector = get_vector_embeddings(query_text)는 get_vector_embeddings 함수를 사용해 쿼리 텍스트에 대한 벡터 임베딩을 생성합니다.

7 distances, indices = index.search(np.array([query_vector]), k) 코드는 FAISS 인덱스에서 검색을 수행합니다. query_vector에 가장 가까운 k 벡터를 찾습니다. 이 메서드는 distances(쿼리 벡터에 대한 L2 거리의 제곱)와 indices(인덱스) 두 개의 배열을 반환합니다.

8 return [(chunks[i], float(dist)) for dist, i in zip(distances[0], indices[0])]는 튜플 목록을 반환합니다. 각 튜플에는 청크(검색에서 찾은 인덱스를 사용하여 검색됨)와 쿼리 벡터로부터의 해당 거리가 포함되어 있습니다. 반환하기 전에 거리가 실숫값으로 변환된다는 점에 유의하세요.

9 마지막으로 search_results = vector_search(user_query)를 통해 사용자 쿼리가 포함된 문자열에 대한 벡터 검색을 수행합니다. 결과인 가장 가까운 청크와 그 거리는 search_results 변수에 저장됩니다.

벡터 검색이 완료되면 결과를 프롬프트에 삽입해 유용한 맥락을 제공할 수 있습니다. 또한 모델이 답변을 만들어 내는 것이 아니라 제공된 맥락에 따라 답변하는 데 집중할 수 있도록 시스템 메시지를 설정하는 것도 중요합니다. 여기에서 설명한 RAG 기술은 환각 문제를 개선하기 위해 AI에서 널리 사용되고 있습니다.

```python
# 벡터 검색을 수행한 후 GPT-3.5-turbo에 질문을 던지는 함수
def search_and_chat(user_query, k=1):
    # 벡터 검색 수행
    search_results = vector_search(user_query, k)
    print(f"Search results: {search_results}\n\n")

    prompt_with_context = f"""Context:{search_results}\
    Answer the question: {user_query}"""

    # 채팅을 위한 메시지 목록 생성
    messages = [
        {"role": "system", "content": """Please answer the
        questions provided by the user. Use only the context
        provided to you to respond to the user, if you don't
        know the answer say \"I don't know\"."""},
```

```python
        {"role": "user", "content": prompt_with_context},
    ]

    # 모델의 응답 받기
    response = client.chat.completions.create(
      model="gpt-3.5-turbo", messages=messages)

    # 어시스턴트의 답변 출력
    print(f"""Response:
{response.choices[0].message.content}""")

# 예시 검색 및 채팅
search_and_chat("What is Unicorn Enterprises' mission?")
```

> Search results: [("""As we conclude this handbook, remember that at Unicorn Enterprises, the pursuit of excellence is a never-ending quest. Our company's success depends on your passion, creativity, and commitment to making the impossible possible. We encourage you to always embrace the magic within and outside of work, and to share your ideas and innovations to keep our enchanted journey going. Thank you", 0.26446571946144104)]
> Response:
> Unicorn Enterprises' mission is to pursue excellence in their work by encouraging their employees to embrace the magic within and outside of work, share their ideas and innovations, and make the impossible possible.
> 번역: 검색 결과: [("""이 핸드북을 마무리하면서, Unicorn Enterprises는 탁월함을 추구하는 끝없는 여정임을 기억하세요. 우리의 회사 성공은 여러분의 열정, 창의성 그리고 불가능을 가능하게 만들려는 헌신에 달려 있습니다. 우리는 여러분이 일과 일 외의 마법을 항상 받아들이고, 아이디어와 혁신을 공유하여 우리의 마법 같은 여정을 계속 이어가기를 바랍니다. 감사합니다.""", 0.26446571946144104)]
> 응답:
> Unicorn Enterprises의 사명은 직원들이 일과 일 외의 마법을 받아들이고, 아이디어와 혁신을 공유하며, 불가능을 가능하게 만들어 탁월함을 추구하도록 격려하는 것입니다.

코드 속 함수들이 어떤 일을 수행하는지 차근차근 살펴보겠습니다.

1 vector_search 프로그램은 user_query를 검색 문자열로, k를 반환할 검색 결과의 수로 사용해 벡터 검색을 수행합니다. 결과는 search_results에 저장됩니다.

2 그러면 검색 결과가 콘솔에 출력됩니다.

3 search_results와 user_query를 연결해 prompt_with_context를 생성합니다. 이 함수의 목표는 모델에 검색 결과의 맥락과 답변할 질문을 제공하는 것입니다.

4 메시지 목록이 생성됩니다. 첫 번째 메시지는 주어진 맥락만을 사용해 사용자가 제공한 질문에 답하도록

모델에 지시하는 시스템 메시지입니다. 다음 부분은 모델이 답을 모르는 경우 I don't know(모르겠습니다)로 응답하도록 설정합니다. 두 번째 메시지는 prompt_with_context를 포함하는 사용자 메시지입니다.

5 openai.ChatCompletion.create() 함수는 모델의 응답을 가져오는 데 사용됩니다. 모델명(gpt-3.5-turbo)과 메시지 목록이 함께 제공됩니다.

6 코드 마지막에 search_and_chat() 함수는 질문과 함께 user_query로 호출됩니다.

> **TIP 프롬프트 원칙 ③ 예시 들기**
>
> 글쓰기 스타일을 실험해 보지 않으면 어떤 프롬프트 전략이 효과적일지 판단하기 어렵습니다. 예시를 통해 테스트해 보면, 어떤 접근이 올바른지 확신할 수 있습니다.

지금은 코드가 엔드 투 엔드$^{end-to-end}$로 작동하고 있지만, 모든 쿼리에 대해 임베딩을 수집하고 벡터 데이터베이스를 생성하는 것은 의미가 없습니다. 임베딩에 오픈 소스 모델을 사용하더라도 계산과 지연 시간 측면에서 비용이 발생합니다. `faiss.write_index` 함수를 사용하면 FAISS 인덱스를 파일에 저장할 수 있습니다.

```
# 인덱스를 파일에 저장
faiss.write_index(index, "data/my_index_file.index")
```

이 결과로 현재 디렉터리에 직렬화된 인덱스가 포함된 `my_index_file.index` 파일이 생성됩니다. 이 인덱스는 나중에 `faiss.read_index`를 사용해 메모리에 다시 로드할 수 있습니다.

```
# 파일에서 인덱스 로드
index = faiss.read_index("data/my_index_file.index")
```

이렇게 하면 여러 세션에 걸쳐 인덱스를 유지하거나 다른 컴퓨터나 환경 간에 공유할 수도 있습니다. 인덱스가 클 경우 파일이 상당히 커질 수 있으므로 주의해서 다루어야 합니다.

저장된 벡터 데이터베이스가 두 개 이상 있는 경우에는 이를 병합할 수도 있습니다. 이 작업은 문서 로드를 일련화하거나 레코드를 일괄 업데이트할 때 유용합니다. `faiss.IndexFlatL2` 인덱스의 `add` 메서드를 사용해 두 개의 FAISS 인덱스를 병합합니다.

```
# index1과 index2는 두 개의 IndexFlatL2 인덱스라고 가정
index1.add(index2.reconstruct_n(0, index2.ntotal))
```

이 코드에서는 reconstruct_n(0, index2.ntotal)을 사용해 index2에서 모든 벡터를 가져온 다음, index1.add()를 통해 해당 벡터를 index1에 추가해 두 인덱스를 효과적으로 병합합니다.

faiss.IndexFlatL2는 벡터를 검색하는 reconstruct 메서드를 지원하므로 정상적으로 작동합니다. 그러나 이 과정을 통해 벡터와 관련된 ID가 index2에서 index1으로 이동하지는 않습니다. 병합 후 index2의 벡터는 index1에서 새 ID를 갖게 됩니다.

벡터 ID를 보존해야 하는 경우 벡터 ID와 데이터 항목에 대한 매핑을 외부에서 별도로 관리해야 합니다. 그런 다음 인덱스를 병합할 때 이 매핑 정보도 함께 병합해야 합니다.

> **TIP** 이 방법은 모든 유형의 인덱스에서 작동하지 않을 수 있습니다. 특히 reconstruct 메서드(IndexIVFFlat)를 지원하지 않거나 두 인덱스의 구성이 다른 경우에는 더욱 그렇습니다. 이러한 경우 각 인덱스를 빌드하는 데 사용된 원본 벡터를 유지한 다음, 인덱스를 병합하고 다시 빌드하는 것이 좋습니다.

## 5.5 RAG와 랭체인

AI 엔지니어링을 위한 인기 있는 프레임워크 중 하나인 랭체인은 광범위한 RAG 기술을 보유하고 있습니다. 라마인덱스LlamaIndex[10] 같은 다른 프레임워크는 특히 RAG에 중점을 두고 있으며 정교한 사용 사례는 살펴볼 만한 가치가 있습니다. 여러분은 4장을 통해 랭체인에 익숙해졌으므로, 이번 장의 예제도 랭체인 프레임워크에서 계속 진행해 봅니다. 원하는 맥락에 따라 수동으로 RAG를 수행한 후, FAISS를 통해 4개의 작은 텍스트 문서에 LCEL을 사용하는 유사한 예제를 만들어 보겠습니다.

```
# 파일명: content/chapter_5/rag_in_lcel.ipynb

from langchain_community.vectorstores.faiss import FAISS
from langchain_core.output_parsers import StrOutputParser
from langchain_core.prompts import ChatPromptTemplate
from langchain_core.runnables import RunnablePassthrough
from langchain_openai import ChatOpenAI, OpenAIEmbeddings
```

---

[10] https://www.llamaindex.ai

```python
# 1. 문서 생성
documents = [
    "James Phoenix worked at JustUnderstandingData.",
    "James Phoenix currently is 31 years old.",
    """Data engineering is the designing and building systems for collecting,
    storing, and analyzing data at scale.""",
]

# 2. 벡터 저장소 생성
vectorstore = FAISS.from_texts(texts=documents, embedding=OpenAIEmbeddings())
retriever = vectorstore.as_retriever()

# 3. 프롬프트 생성
template = """Answer the question based only on the following context:
---
Context: {context}
---
Question: {question}
"""
prompt = ChatPromptTemplate.from_template(template)

# 4. 채팅 모델 생성
model = ChatOpenAI()
```

코드는 랭체인 라이브러리에서 필요한 모듈을 가져오는 것으로 시작하며 처리할 텍스트 문서 목록을 정의합니다. 효율적인 유사도 검색을 위한 라이브러리인 FAISS를 활용해 텍스트 문서에서 벡터 저장소를 생성합니다. 여기에는 오픈AI의 임베딩 모델을 사용해 텍스트를 벡터 임베딩으로 변환하는 작업이 포함됩니다.

질문을 처리하기 위한 프롬프트 템플릿과 응답을 생성하기 위한 ChatOpenAI 모델이 초기화됩니다. 또한 프롬프트 템플릿은 검색기가 제공한 맥락만 사용해 LLM이 응답하도록 강제합니다.

"context"와 "question" 키가 포함된 LCEL 체인을 만들어야 합니다.

```
chain = (
    {"context": retriever, "question": RunnablePassthrough()}
    | prompt
    | model
    | StrOutputParser()
)
```

"context"에 검색기를 추가하면 문자열값으로 변환된 4개의 문서를 자동으로 가져옵니다. "question" 키와 함께 사용하면 프롬프트의 형식을 지정하는 데 사용됩니다. LLM은 응답을 생성한 다음 StrOutputParser()에 의해 문자열값으로 파싱됩니다.

체인을 호출해 "question"에 할당된 질문을 전달하고 세 가지 쿼리를 수동으로 테스트합니다.

```
chain.invoke("What is data engineering?")
# 번역: 데이터 엔지니어링은 무엇인가요?
```

```
'Data engineering is the process of designing and building systems for collecting,
storing, and analyzing data at scale.'
번역: 데이터 엔지니어링은 데이터를 대규모로 수집, 저장 및 분석하는 시스템을 설계하
고 구축하는 과정입니다.
```

```
chain.invoke("Who is James Phoenix?")
# 번역: James Phoenix는 누구인가요?
```

```
'Based on the given context, James Phoenix is a 31-year-old individual who worked
at JustUnderstandingData.'
번역: 주어진 맥락에 따르면 James Phoenix는 JustUnderstandingData에서 근무한 31세의
개인입니다.
```

```
chain.invoke("What is the president of the US?")
# 번역: 미국의 대통령은 누구인가요?
```

```
'I don't know'
번역: 모르겠습니다.
```

LLM이 처음 두 쿼리에만 적절하게 답한 것을 주목하세요. 벡터 데이터베이스에 세 번째 쿼리에 답할 수 있는 관련 맥락 정보가 없었기 때문입니다. 랭체인으로 구현하면 훨씬 적은 코드를 사용하고, 읽기 쉬우며, RAG를 빠르게 구현할 수 있습니다.

## 5.6 파인콘 등 벡터 데이터베이스 호스트 서비스

Chroma, Weaviate, 파인콘Pinecone 등 여러 벡터 데이터베이스 서비스는 사용자가 호스팅에 대한 걱정 없이 바로 AI 사용을 시작할 수 있게끔 지원합니다. 이 외에도 Supabase처럼 기존 데이터베이스 호스트들이 pgvector 애드온[11]을 통해 벡터 검색 기능을 제공하기도 합니다. 이 책에서는 현재 기준으로 가장 널리 사용되고 있는 파인콘을 예제로 사용하지만, 벡터 데이터베이스의 기본 개념과 사용 패턴은 대부분의 제공업체 간에 유사하기 때문에 원리를 이해하면 다른 서비스로도 쉽게 확장할 수 있습니다.

벡터 데이터베이스 서비스는 오픈 소스 로컬 벡터 저장소에 비해 다음과 같은 장점이 있습니다.

- **유지 보수:** 호스팅 벡터 데이터베이스를 사용하면 데이터베이스를 직접 설정, 관리, 유지 보수할 필요가 없습니다. 특히 DevOps 또는 데이터베이스 관리 전담 팀이 없는 기업의 경우 상당한 시간과 리소스를 절약할 수 있습니다.
- **확장성:** 호스팅 벡터 데이터베이스는 필요에 따라 확장할 수 있도록 설계되었습니다. 데이터가 증가하면 데이터베이스가 자동으로 확장되어 증가된 부하를 처리할 수 있으므로 애플리케이션이 계속해서 효율적으로 작동할 수 있습니다.
- **신뢰성:** 관리형 서비스는 일반적으로 서비스 수준 계약과 자동 백업 및 재해 복구 기능을 통해 고가용성을 제공합니다. 이렇게 하면 안심할 수 있고 잠재적인 데이터 손실을 방지할 수 있습니다.
- **성능:** 호스팅 벡터 데이터베이스는 자체 관리형 오픈 소스 솔루션보다 더 나은 성능을 제공하는 최적화된 인프라와 알고리즘을 갖춘 경우가 많습니다. 실시간이나 실시간에 가까운 벡터 검색 기능에 의존하는 애플리케이션에서 특히 중요한 장점입니다.
- **지원:** 호스팅 서비스를 사용하면 일반적으로 서비스를 제공하는 회사의 지원을 받을 수 있습니다. 문제가 발생하거나 데이터베이스 사용을 최적화하는 데 도움이 필요한 경우 매우 유용합니다.
- **보안:** 관리형 서비스에는 암호화, 접근 제어, 모니터링 등 데이터를 보호하기 위한 강력한 보안 조치가 마련되어 있는 경우가 많습니다. 주요 호스팅 제공업체는 필요한 규정 준수 인증서를 보유하고 있으며 EU와 같은 지역의 개인 정보 보호법을 준수할 가능성이 높습니다.

물론 이러한 추가 기능에는 비용과 함께 과다 지출의 위험이 따릅니다. 아마존 웹 서비스, 마이크로소프트 애저, 구글 클라우드를 사용할 때와 마찬가지로, 개발자가 잘못된 설정이나 코드상의 실수로 인해 수천 달러를 지출한 사례는 많습니다. 또한 각 공급업체는 유사한 기능을 제공하지만 특정 영역에서는 차이가 있기 때문에 공급업체에 종속될 위험이 있으며, 따라서 공급업체 간에 마이그레이션하는 것이 간단하지 않습니다. 제3자와 데이터를 공유하면 보안 위험과

---

11 https://oreil.ly/pgvector

잠재적인 법적 문제를 동반할 수 있기 때문에 개인 정보 보호도 유념해야 할 문제입니다.

호스팅 벡터 데이터베이스로 작업하는 단계는 오픈 소스 FAISS 벡터 저장소를 설정할 때와 동일하게 유지됩니다. 먼저 문서를 청크로 나누고 벡터를 검색한 다음, 벡터 데이터베이스에서 문서 청크를 색인하여 쿼리와 유사한 기록을 검색하고, 프롬프트에 맥락으로 삽입합니다. 먼저 널리 사용되는 상용 벡터 데이터베이스 공급업체인 파인콘[12]에서 인덱스를 생성해 보겠습니다. 그런 다음 파인콘에 로그인하여 API 키를 검색합니다. 사이드 메뉴의 'API 키'로 이동하여 'API 키 생성'을 클릭하세요. 예제 코드는 깃허브 저장소에서도 찾을 수 있습니다.[13]

```python
# 파일명: content/chapter_5/pinecone.ipynb

from pinecone import Pinecone, ServerlessSpec
import os

# 연결 초기화(API 키는 app.pinecone.io에서 받으세요)
os.environ["PINECONE_API_KEY"] = "insert-your-api-key-here"

index_name = "employee-handbook"
environment = "us-east-1"
pc = Pinecone()  # PINECONE_API_KEY 환경 변수 읽기

# 인덱스가 이미 존재하는지 확인
# (처음이라면 존재하지 않아야 합니다)
if index_name not in pc.list_indexes().names():
    # 존재하지 않으면 인덱스 생성
    pc.create_index(
        index_name,
        # text-embedding-ada-002와 동일한 벡터 차원 사용
        dimension=1536,
        metric="cosine",
        spec=ServerlessSpec(cloud="aws", region=environment),
    )

# 인덱스에 연결
index = pc.Index(index_name)

# 인덱스 통계 보기
index.describe_index_stats()
```

---

[12] https://www.pinecone.io
[13] https://oreil.ly/Q0rIw

```
{'dimension': 1536,
 'index_fullness': 0.0,
 'namespaces': {},
 'total_vector_count': 0}
```

이 코드를 단계별로 살펴보겠습니다.

1. **라이브러리 가져오기**: 스크립트에서 필요한 모듈을 가져오는 것으로 시작됩니다. from pinecone import Pinecone, ServerlessSpec, import os는 환경 변수에 접근하고 설정하는 데 사용됩니다.

2. **파인콘 API 키 설정**: 인증에 중요한 파인콘 API 키로는 os.environ["PINECONE_API_KEY"] = "insert-your-api-key-here"를 사용해 환경 변수로 설정합니다. "insert-your-api-key-here"를 실제 파인콘 API 키로 바꾸는 것이 중요합니다.

3. **인덱스 이름 및 환경 정의**: index_name과 environment 변수가 설정됩니다. index_name에 "employee-handbook"이라는 값이 주어지며, 이 값은 파인콘 데이터베이스에서 생성하거나 접근할 인덱스의 이름입니다. environment 변수에는 서버의 위치를 나타내는 "us-west-1"이 할당됩니다.

4. **파인콘 연결 초기화**: 파인콘에 대한 연결은 Pinecone() 생성자를 사용해 초기화됩니다. 이 생성자는 환경 변수에서 PINECONE_API_KEY를 자동으로 읽습니다.

5. **기존 인덱스 확인**: 파인콘 데이터베이스에 index_name이라는 이름의 인덱스가 이미 존재하는지 확인합니다. 이는 pc.list_indexes().names() 함수를 통해 수행되며, 이 함수는 기존의 모든 인덱스 이름 목록을 반환합니다.

6. **인덱스 만들기**: 인덱스가 존재하지 않는 경우, pc.create_index() 함수를 사용해 인덱스를 생성합니다. 이 함수는 새 인덱스를 구성하는 다음 매개변수와 함께 호출됩니다.
   - **index_name**: 인덱스의 이름을 지정합니다.
   - **dimension=1536**: 인덱스에 저장할 벡터의 차원을 설정합니다.
   - **metric='cosine'**: 벡터 비교에 코사인 유사성 메트릭을 사용할지 결정합니다.

7. **인덱스에 연결**: 인덱스를 확인하거나 생성한 후 스크립트는 pc.Index(index_name)을 사용해 인덱스에 연결합니다. 이 연결은 데이터 삽입 또는 쿼리와 같은 후속 작업에 필요합니다.

8. **색인 통계**: 이 스크립트는 index.describe_index_stats()를 호출하여 인덱스의 차원 및 저장된 벡터의 총 개수 등 인덱스에 대한 다양한 통계를 검색하고 표시하는 것으로 마무리됩니다.

다음으로 모든 텍스트 청크와 벡터를 반복하며 새로 생성된 인덱스에 벡터를 저장하고 파인콘에 레코드로 업서트[upsert]해야 합니다. 데이터베이스 작업 upsert는 업데이트와 삽입의 조합으로, 기존 레코드를 업데이트하거나 레코드가 아직 존재하지 않는 경우 새 레코드를 삽입합니다(청크 변수에 대해서는 주피터 노트북(https://oreil.ly/YC-nV)을 참고하세요).

```python
from tqdm import tqdm # 진행 상황 출력을 위함
from time import sleep

# 한 번에 생성하고 삽입하는 임베딩의 수
batch_size = 10
retry_limit = 5  # 최대 재시도 횟수

for i in tqdm(range(0, len(chunks), batch_size)):
    # 배치의 끝 찾기
    i_end = min(len(chunks), i+batch_size)
    meta_batch = chunks[i:i_end]
    # ids 얻기
    ids_batch = [str(j) for j in range(i, i_end)]
    # 인코딩할 텍스트 가져오기
    texts = [x for x in meta_batch]
    # 임베딩 생성
    # (RateLimitError를 피하기 위해 try-except 추가)
    done = False
    try:
        # 전체 배치에 대한 임베딩을 한 번에 가져오기
        embeds = []
        for text in texts:
            embedding = get_vector_embeddings(text)
            embeds.append(embedding)
        done = True
    except:
        retry_count = 0
        while not done and retry_count < retry_limit:
            try:
                for text in texts:
                    embedding = get_vector_embeddings(text)
                    embeds.append(embedding)
                done = True
            except:
                sleep(5)
                retry_count += 1

    if not done:
        print(f"""Failed to get embeddings after
        {retry_limit} retries.""")
        # 번역: {retry_limit}번의 재시도 후에도
        # 임베딩을 가져오는 데 실패했습니다.
        continue
```

```python
    # 메타데이터 정리
    meta_batch = [{
        'batch': i,
        'text': x
    } for x in meta_batch]
    to_upsert = list(zip(ids_batch, embeds, meta_batch))

    # 파인콘에 업서트
    index.upsert(vectors=to_upsert)
```

```
100% 13/13 [00:53<00:00, 3.34s/it]
```

이 코드를 분석해 보겠습니다.

1 필요한 라이브러리 tqdm과 time을 가져옵니다. tqdm 라이브러리는 진행률을 표시하고 time 라이브러리는 이 스크립트에서 재시도 로직에 사용되는 sleep() 함수를 제공합니다.

2 다음 루프에서 한 번에 처리할 항목 수를 나타내는 batch_size 변수를 10(실제 워크로드의 경우 일반적으로 100으로 설정)으로 설정합니다. 또한 retry_limit을 설정해 5회 시도 후 중지하도록 합니다.

3 tqdm(range(0, len(chunks), batch_size)) 부분은 0에서 chunks(이전에 정의된) 길이까지 실행되는 루프이며, 단계는 batch_size입니다. chunks는 처리할 텍스트 목록입니다. tqdm은 이 루프의 진행률을 표시하는 데 사용됩니다.

4 i_end 변수는 chunks 또는 i + batch_size의 길이 중 더 작은 값으로 계산됩니다. 이는 i + batch_size가 chunks의 길이를 초과하는 경우 인덱스 오류를 방지하는 데 사용됩니다.

5 meta_batch는 현재 배치에 대한 chunks의 하위 집합입니다. 이는 인덱스 i에서 i_end로 chunks 목록을 분할하여 생성됩니다.

6 ids_batch는 i ~ i_end 범위의 문자열 표현 목록입니다. meta_batch에서 각 항목을 식별하는 데 사용되는 ID입니다.

7 texts 목록은 meta_batch에서 가져온 텍스트이며, 임베딩 처리를 위한 준비가 된 상태입니다.

8 texts 인수를 사용해 get_vector_embeddings()으로 호출하여 임베딩을 가져옵니다. 결과는 embeds 변수에 저장됩니다. 이는 속도 제한 오류와 같이 이 함수에 의해 발생할 수 있는 예외를 처리하기 위해 try-except 블록 내에서 수행됩니다.

9 예외가 발생하면 스크립트는 while 루프로 들어가 5초 동안 절전 모드로 전환한 다음, 다시 임베딩을 검색하려고 시도합니다. 성공하거나 재시도 횟수에 도달할 때까지 이 작업을 계속하며, 이 시점에서 done = True를 설정해 while 루프를 종료합니다.

10 meta_batch를 딕셔너리 목록으로 수정합니다. 각 딕셔너리에는 두 개의 키가 있습니다. batch는 현재 배치 번호 i로 설정되어 있고 text는 meta_batch의 해당 항목으로 설정됩니다. 여기에서 나중에 쿼리를 필터링하기 위해 페이지, 제목, 장과 같은 메타데이터를 추가할 수 있습니다.

11 zip 함수를 사용해 ids_batch, embeds, meta_batch를 튜플로 결합한 다음 이를 목록으로 변환하여 to_upsert 목록을 만듭니다. 각 튜플에는 배치의 각 항목에 대한 ID, 해당 임베딩 및 해당 메타데이터가 포함됩니다.

12 루프의 마지막 줄은 index에서 upsert 메서드를 호출하여 파인콘 인덱스를 호출합니다. vectors=to_upsert 인수는 인덱스에 삽입하거나 업데이트할 데이터로 to_upsert 목록을 전달합니다. 주어진 ID를 가진 벡터가 인덱스에 이미 존재하면 업데이트되고, 존재하지 않으면 삽입됩니다.

파인콘에 레코드가 저장되면 FAISS로 로컬에 벡터를 저장할 때와 마찬가지로 필요에 따라 쿼리할 수 있습니다. 쿼리에 대한 벡터를 검색하는 데 동일한 임베딩 모델을 사용하는 한 임베딩은 동일하게 유지되므로, 추가할 레코드나 메타데이터가 없는 한 데이터베이스를 업데이트할 필요가 없습니다.

```python
# 파인콘에서 가져오기
user_query = "do we get free unicorn rides?"

def pinecone_vector_search(user_query, k):
    xq = get_vector_embeddings(user_query)
    res = index.query(vector=xq, top_k=k, include_metadata=True)
    return res

pinecone_vector_search(user_query, k=1)
```

```
{'matches':
    [{'id': '15',
    'metadata': {'batch': 10.0,
    'text': "You'll enjoy a treasure chest of perks, "
            'including unlimited unicorn rides, a '
            'bottomless cauldron of coffee and potions, '
            'and access to our company library filled '
            'with spellbinding books. We also offer '
            'competitive health and dental plans, '
            'ensuring your physical well-being is as '
            'robust as your magical spirit.\n'
            '\n'
            '**5: Continuous Learning and Growth**\n'
            '\n'
            'At Unicorn Enterprises, we believe in '
            'continuous learning and growth.'},
    'score': 0.835591,
    'values': []},],
```

```
'namespace': ''}
번역: "여러분은 보물 상자 같은 특전을 즐기실 수 있습니다, "
'여기에는 무제한 유니콘 탑승, 끝없는 커피와 묘약이 담긴 '
'가마솥, 그리고 마법처럼 끌리는 책들로 채워진 회사 도서관에 대한 '
'접근 권한이 포함됩니다. 또한 우수한 건강 보험과 치과 보험을 제공하여, '
'여러분의 신체적 건강이 마법같은 열정만큼 강하게 유지될 수 있도록 합니다.\n'
'\n'
'**5: 지속적인 학습과 성장**\n'
'\n'
'Unicorn Enterprises에서는 지속적인 학습과 성장을 믿습니다.'
```

이 스크립트는 파인콘의 API를 사용해 가장 가까운 이웃 검색을 수행하고 고차원 공간에서 주어진 입력 벡터와 가장 유사한 벡터를 식별합니다. 단계별로 분석해 보면 다음과 같습니다.

1. pinecone_vector_search 함수는 두 매개변수, user_query와 k로 정의됩니다. user_query는 벡터로 변환할 준비가 된 사용자의 입력 텍스트이며, k는 검색하려는 가장 가까운 벡터의 수를 나타냅니다.
2. 함수 내에서 xq는 다른 함수인 get_vector_embeddings(user_query)를 호출하여 정의됩니다. 이전에 정의된 이 함수는 user_query를 벡터 표현으로 변환하는 작업을 담당합니다.
3. 다음 줄은 query 메서드를 사용해 Pinecone 인덱스 객체인 index라는 객체에 대해 쿼리를 수행합니다. query 메서드에는 세 가지 매개 변수가 필요합니다.
   - 첫 번째 매개변수는 user_query의 벡터 표현인 vector=xq입니다.
   - 두 번째 매개변수인 top_k=k는 파인콘 인덱스에서 가장 가까운 k 벡터만 반환하도록 지정합니다.
   - 세 번째 매개변수인 include_metadata=True는 반환된 결과에 메타데이터(예: ID 또는 기타 관련 데이터)를 포함할지 여부를 지정합니다. 예를 들어 배치(또는 업로드한 다른 메타데이터)를 지정하는 등 메타데이터[14]를 기준으로 결과를 필터링하려는 경우 여기에 네 번째 매개변수 filter={"batch": 1}를 추가하여 이 작업을 수행할 수 있습니다.
4. query 메서드의 결과는 res에 할당된 다음 함수에 의해 반환됩니다.
5. 마지막으로 user_query와 k 인수를 사용해 pinecone_vector_search 함수를 호출하여 파인콘의 응답을 반환합니다.

이렇게 벡터별 유사도 검색을 통해 핸드북에서 관련 레코드를 반환하는 FAISS 작업을 효과적으로 에뮬레이트했습니다. 이전 예제에서 search_and_chat 함수에서 vector_search(user_query, k)를 pinecone_vector_search(user_query, k)로 바꾸면 챗봇은 동일하게 작동되지만 벡터가 로컬의 FAISS를 사용하는 대신 호스팅된 파인콘 데이터베이스에 저장된다는 점이 다릅니다.

---

14 https://oreil.ly/BBYD4

파인콘에 레코드를 업데이트할 때 배치 번호를 메타데이터로 전달했습니다. 파인콘은 다음 메타데이터 형식을 지원합니다.

- 문자열
- 숫자(정수, 부동 소수점, 64비트 부동 소수점으로 변환됨)
- 불리언(참, 거짓)
- 문자열 목록

메타데이터를 사용해 쿼리를 필터링할 수 있다는 점에서, 레코드를 저장하는 메타데이터 전략은 청크 전략만큼이나 중요합니다. 예를 들어 특정 배치 번호로 제한된 유사성만 검색하려는 경우 index.query에 필터를 추가할 수 있습니다.

```
res = index.query(xq, filter={
        "batch": {"$eq": 1}
    }, top_k=1, include_metadata=True)
```

이를 통해 유사성을 검색하는 범위를 제한할 수 있습니다. 이를테면 모든 챗봇의 과거 대화를 동일한 벡터 데이터베이스에 저장한 다음, 해당 챗봇의 프롬프트에 맥락을 추가하기 위해 쿼리할 때 특정 챗봇 ID와 관련된 과거 대화에 대해서만 쿼리할 수 있습니다. 메타데이터 필터는 최신 타임스탬프, 문서의 특정 페이지 번호, 일정한 가격 이상의 제품 검색 등을 적용해 유용하게 사용할 수 있습니다.

> **NOTE** 메타데이터 저장량이 많으면 자주 참조하지 않는 대용량 청크를 저장하는 것과 마찬가지로 저장소 비용이 증가할 수 있습니다. 하지만 벡터 데이터베이스의 작동 방식을 이해하고 있다면 다양한 청크 및 메타데이터 전략을 실험해 보면서 여러분의 사용 목적에 적합한 것이 무엇인지 찾아볼 수 있습니다.

## 5.7 셀프 쿼리

이제 순전히 의미론적 관련성만을 기반으로 벡터 데이터베이스에서 문서를 가져오는 '기본적인' 검색 너머에 대해 알아봅시다. 예를 들어 사용자의 쿼리 내에서도 메타데이터를 사용해 볼 수 있습니다. 이러한 필터를 인식하고 추출함으로써 검색기는 [그림 5-3]에 표시된 구조와 같이 벡터 데이터베이스에 대해 실행할 새 쿼리를 자율적으로 생성할 수 있습니다.

> **NOTE** 이 접근 방식은 벡터 데이터베이스에만 국한되지 않으며, NoSQL, SQL, 모든 일반적인 데이터베이스에도 적용할 수 있습니다.

### 셀프 쿼리

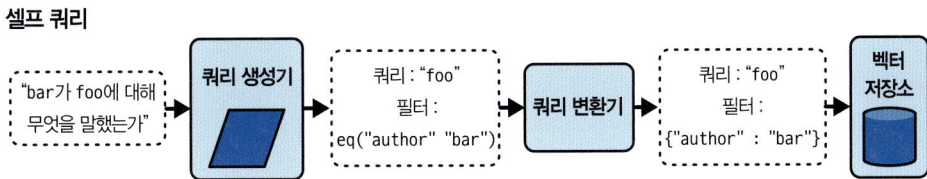

그림 5-3 셀프 쿼리 검색기 아키텍처

셀프 쿼리self query[15]를 사용하면 다음과 같은 이점을 얻을 수 있습니다.

- **스키마 정의:** 예상되는 사용자 설명을 반영하는 스키마를 설정하여 사용자가 원하는 정보를 구조적으로 이해할 수 있습니다.
- **이중 레이어 검색:** 검색기는 2단계 작업을 수행합니다. 먼저, 사용자의 입력과 데이터베이스의 콘텐츠 간의 의미적 유사성을 측정합니다. 동시에 저장된 문서나 행의 메타데이터를 기반으로 필터를 식별하고 적용하여 더욱 정확하고 관련성 높은 검색을 보장합니다.

이 방법은 사용자별 요청을 처리할 때 검색기의 잠재력을 극대화합니다.

`pip install lark`를 사용해 터미널에 lark를 설치합니다. 다음 코드에서는 필수 모듈인 langchain, lark, getpass, chroma를 임포트합니다. 환경을 간소화하기 위해 잠재적인 경고는 표시하지 않습니다.

```
# 파일명: content/chapter_5/self_query_retriever.ipynb

from langchain_core.documents import Document
from langchain_community.vectorstores.chroma import Chroma
from langchain_openai import OpenAIEmbeddings
import lark
import getpass
```

---

[15] https://python.langchain.com/docs/how_to/self_query

```python
import os
import warnings

# 경고 비활성화
warnings.filterwarnings("ignore")
```

다음으로 docs라는 목록을 만들어 Document 클래스의 세부 인스턴스로 채웁니다. 각 Document를 사용하면 책의 풍부한 세부 정보를 캡처할 수 있습니다. 메타데이터 딕셔너리에는 제목, 저자, 장르와 같은 중요한 정보를 저장했습니다. 또한 ISBN, 출판사, 간결한 요약과 같은 데이터를 포함해 각 스토리를 한눈에 파악할 수 있도록 했고 rating 항목을 통해 인기도도 파악할 수 있도록 했습니다. 이러한 방식으로 데이터를 설정하면 다양한 라이브러리를 체계적이고 통찰력 있게 탐색할 수 있는 토대를 마련할 수 있습니다.

```python
docs = [
    Document(
        page_content="A tale about a young wizard and his \
            journey in a magical school.",
        metadata={
            "title": "Harry Potter and the Philosopher's Stone",
            "author": "J.K. Rowling",
            "year_published": 1997,
            "genre": "Fiction",
            "isbn": "978-0747532699",
            "publisher": "Bloomsbury",
            "language": "English",
            "page_count": 223,
            "summary": "The first book in the Harry Potter \
                series where Harry discovers his magical \
                heritage.",
            "rating": 4.8,
        },
    ),
    # ... More documents ...
]
```
번역:
```python
docs = [
    Document(
        page_content="어린 마법사와 그가 마법 학교에서 겪는 \
            여정에 관한 이야기.",
        metadata={
            "title": "해리 포터와 마법사의 돌",
```

```
            "author": "J.K. 롤링",
            "year_published": 1997,
            "genre": "소설",
            "isbn": "978-0747532699",
            "publisher": "블룸즈버리",
            "language": "영어",
            "page_count": 223,
            "summary": "해리 포터 시리즈의 첫 번째 책으로, \
해리가 자신의 마법적인 유산을 발견하는 이야기.",
            "rating": 4.8,
        },
    ),
    # ... 기타 문서들 ...
]
```

다음으로 ChatOpenAI, SelfQueryRetriever, OpenAIEmbeddings를 가져옵니다. 그런 다음 Chroma.from_documents(..) 메서드를 사용해 새 벡터 데이터베이스를 생성합니다.

AttributeInfo 클래스는 각 도서의 메타데이터를 구성하는 데 사용됩니다. 이 클래스를 통해 속성의 이름, 설명, 유형을 체계적으로 지정할 수 있습니다. 셀프 쿼리 검색기는 AttributeInfo 항목의 목록을 큐레이팅하여 메타데이터 필터링을 수행합니다.

```
from langchain_openai.chat_models import ChatOpenAI
from langchain.retrievers.self_query.base \
    import SelfQueryRetriever
from langchain.chains.query_constructor.base \
    import AttributeInfo

# 임베딩과 벡터 저장소 생성
embeddings = OpenAIEmbeddings()
vectorstore = Chroma.from_documents(docs, OpenAIEmbeddings())

# 기본 정보
basic_info = [
    AttributeInfo(name="title", description="The title of the book",
    type="string"),
    AttributeInfo(name="author", description="The author of the book",
    type="string"),
    AttributeInfo(
        name="year_published",
        description="The year the book was published",
        type="integer",
```

```python
    ),
]

# 세부 정보
detailed_info = [
    AttributeInfo(
        name="genre", description="The genre of the book",
        type="string or list[string]"
    ),
    AttributeInfo(
        name="isbn",
        description="The International Standard Book Number for the book",
        type="string",
    ),
    AttributeInfo(
        name="publisher",
        description="The publishing house that published the book",
        type="string",
    ),
    AttributeInfo(
        name="language",
        description="The primary language the book is written in",
        type="string",
    ),
    AttributeInfo(
        name="page_count", description="Number of pages in the book",
        type="integer"
    ),
]

# 분석
analysis = [
    AttributeInfo(
        name="summary",
        description="A brief summary or description of the book",
        type="string",
    ),
    AttributeInfo(
        name="rating",
        description="""An average rating for the book (from reviews), ranging
        from 1-5""",
        type="float",
    ),
]
```

```
# 모든 리스트를 metadata_field_info에 결합
metadata_field_info = basic_info + detailed_info + analysis
```

단계별로 코드를 살펴봅시다.

1 채팅 모델 통합, 셀프 쿼리 및 메타데이터 속성 정의를 위해 랭체인 모듈에서 ChatOpenAI, SelfQuery Retriever, AttributeInfo를 가져옵니다.
2 오픈AI 모델 임베딩을 처리하기 위한 OpenAIEmbeddings 인스턴스를 만듭니다.
3 문서에서 Chroma 벡터 데이터베이스가 생성됩니다.
4 각각 다른 유형의 책 메타데이터에 대한 AttributeInfo 객체를 포함하는 3개의 목록(basic_info, detailed_info, analysis)을 정의합니다.
5 이러한 목록을 하나의 목록(metadata_field_info)으로 통합하여 종합적인 도서 메타데이터를 관리합니다.

이제 ChatOpenAI 모델을 설정하고 document_content_description을 할당해 작업할 콘텐츠 유형을 지정합니다. 그런 다음 SelfQueryRetriever에서 LLM과 이를 함께 사용해 vectorstore에서 관련 문서를 가져옵니다. SF 서적을 요청하는 것과 같은 간단한 쿼리를 사용하면 invoke 메서드가 데이터 집합을 스캔해 Document 객체 목록을 반환합니다.

각 Document에는 장르, 저자, 간단한 요약 등 책에 대한 중요한 메타데이터가 요약되어 있으며 차후 우리의 애플리케이션을 위한 체계적이고 풍부한 데이터로 변환됩니다.

```
document_content_description = "Brief summary of a movie"
llm = ChatOpenAI(temperature=0)
retriever = SelfQueryRetriever.from_llm(
    llm, vectorstore, document_content_description, metadata_field_info
)

# SF 책 찾기
retriever.invoke("What are some sci-fi books?")
```

```
[Document(page_content='''A futuristic society where firemen burn books to maintain
order.''', metadata={'author': 'Ray Bradbury', 'genre': '...
More documents..., truncated for brevity
번역: [Document(page_content='''질서 유지를 위해 소방관들이 책을 태우는 미래 사
회.''', metadata={'author': 'Ray Bradbury', 'genre': '...
기타 문서들..., 간략화를 위해 생략됨
```

> **TIP** 프롬프트 원칙 ④ 품질 평가하기
>
> 온도를 0으로 설정하면 모델이 창의적이고 일관성이 없는 응답보다는 일관된 메타데이터 필터링 결과물을 생성하도록 지시할 수 있습니다. 이렇게 생성된 메타데이터 필터는 벡터 데이터베이스에 적용되어 관련 문서를 검색하는 데 활용됩니다.

특정 저자의 책을 가져오려는 경우 `retriever`에 J.K. Rowling이 저술한 책을 검색하도록 지시하세요. EQ(같음) 비교기와 함께 Comparison 함수는 검색된 문서의 `author` 속성이 J.K. Rowling과 정확히 일치하도록 확인합니다.

```
# J.K. 롤링의 책을 검색하도록 지시
retriever.invoke(
    '''I want some books that are published by the
    author J.K.Rowling'''
)
```

```
query=' ' filter=Comparison(comparator=<Comparator.EQ: 'eq'>, attribute='author',
alue='J.K. Rowling') limit=None
Documents [] omitted to save space
```

`enable_limit` 플래그를 True로 설정하여 SelfQueryRetriever를 초기화하면 반환되는 결과의 수를 지정할 수 있습니다. 그런 다음 정확히 Fantasy 책 두 권을 가져오기 위한 쿼리를 작성합니다. `genre` 속성의 EQ 비교기와 함께 Comparison 함수를 사용하면 검색기가 Fantasy 제목을 0으로 처리합니다. `limit` 매개변수를 사용하면 두 가지 결과만 얻을 수 있으므로 정확성과 간결성을 위해 출력을 최적화할 수 있습니다.

```
retriever = SelfQueryRetriever.from_llm(
    llm,
    vectorstore,
    document_content_description,
    metadata_field_info,
    enable_limit=True,
)

retriever.get_relevant_documents(
    query="Return 2 Fantasy books",
)
```

```
query=' ' filter=Comparison(comparator=<Comparator.EQ: 'eq'>, attribute='genre',
value='Fantasy') limit=2
Documents [] omitted to save space
```

## 5.8 대체 검색 메커니즘

검색기 구현에는 다양하고 흥미로운 방식이 있으며, 각각 고유한 접근 방식과 장단점을 가지고 있습니다.

- **멀티 쿼리**multi query **검색기**[16] : 주어진 사용자 입력 쿼리에 대해 서로 다른 관점에서 여러 쿼리를 생성하여 거리 기반 검색의 한계를 극복하는 것을 목표로 합니다. 이를 통해 잠재적으로 관련성이 높은 더 많은 문서가 생성되어 더 폭넓은 인사이트를 얻을 수 있습니다. 그러나 서로 다른 쿼리가 서로 상반된 결과를 생성하거나 겹치는 경우 문제가 발생할 수 있습니다.
- **맥락 압축**contextual compression **검색기**[17] : 긴 문서의 관련 없는 부분을 압축해 맥락에 맞는 정보를 유지함으로써 문서를 효과적으로 처리합니다. 다만 정보의 관련성과 중요도를 판단하기 위해서는 전문적인 지식이 요구됩니다.
- **앙상블**ensemble **검색기**[18] : 여러 검색기를 조합해 그 결과를 통합하는 방식으로, 다양한 알고리즘의 강점을 활용하는 하이브리드 접근법입니다. 그러나 여러 검색 알고리즘을 사용하기 때문에 계산량이 증가해 검색 속도에 영향을 미칠 수 있습니다.
- **상위 문서**parent document **검색기**[19] : 작은 청크가 파생된 원본 소스 문서를 검색하여 보다 풍성한 문서 배경까지 커버한다는 장점이 있습니다. 그러나 더 큰 상위 문서 검색으로 인해 계산 요구 사항이 증가할 수 있습니다.
- **시간 가중**time weighted **벡터 저장소 검색기**[20] : 시간 감쇠time decay를 문서 검색에 통합합니다. 분명한 이점에 있음에도 불구하고 시간 경과로 인해 관련되어 있는 오래된 문서가 간과되어 역사적 맥락이 손실될 위험이 있습니다.

효과적인 검색의 핵심은 각 방식의 장단점을 이해하고 특정 사용 사례에 가장 적합한 방법 또는 여러 가지 방법의 조합을 선택하는 것입니다. 벡터 검색은 애플리케이션에 추가적인 비용과 지연 시간을 추가하므로 테스트에서 추가 맥락이 그만한 가치가 있는지 확인해야 합니다. 워크

---

16 https://python.langchain.com/docs/how_to/MultiQueryRetriever
17 https://python.langchain.com/docs/how_to/contextual_compression
18 https://python.langchain.com/docs/how_to/ensemble_retriever
19 https://python.langchain.com/docs/how_to/parent_document_retriever
20 https://python.langchain.com/docs/how_to/time_weighted_vectorstore

로드가 많은 경우 사용자 지정 모델을 미세 조정하는 데 드는 초기 비용을 지불하는 것이 프롬프트와 임베딩, 벡터 스토리지에 대한 지속적인 추가 비용에 비해 유리할 수 있습니다. 또 다른 시나리오에서는 프롬프트에 올바른 작업의 정적인 예시를 제공하는 것이 효과적일 수 있습니다. 하지만 키워드 기반 검색이 아닌 유사성을 기반으로 프롬프트에 맥락을 동적으로 가져와야 하는 경우에는 벡터 데이터베이스를 활용한 RAG보다 나은 대안은 없습니다.

## 5.9 마치며

이 장에서는 유사성을 기반으로 텍스트를 저장하고 쿼리하는 벡터 데이터베이스의 강력한 기능에 대해 배웠습니다. 벡터 데이터베이스는 가장 유사한 레코드를 찾아 프롬프트에 적절한 맥락을 제공함으로써 AI 모델이 토큰 한도 내에서 불필요한 비용이나 관련 없는 데이터를 피할 수 있도록 돕습니다. 또한 벡터의 정확도가 기반이 되는 모델에 달려 있다는 점과 벡터 검색이 실패할 수 있는 사례도 함께 살펴보았습니다.

더불어 벡터 데이터베이스에서 문서를 색인하고, 벡터를 사용해 유사한 레코드를 검색하고, RAG라는 프롬프트에 레코드를 맥락으로 삽입하는 프로세스를 살펴봤습니다. 이 장에서는 오픈AI API와 Sentence Transformers 같은 오픈 소스 모델에서 임베딩을 검색하는 예제도 살펴봤습니다. 오픈AI에서 임베딩을 검색하는 데 드는 비용과 그 대안들에 대한 장단점도 알아봤습니다.

다음 장에서는 스스로 의사 결정을 내리고 행동을 취할 수 있는 미래형 AI 에이전트의 세계로 안내합니다. 다양한 유형의 자율 에이전트와 그 기능, 특정 작업을 수행하도록 교육하는 방법을 알아보세요. 또한 에이전트와 관련된 도전 과제와 신뢰성 문제도 살펴볼 수 있습니다.

# 6장 메모리와 도구를 갖춘 자율 에이전트

이 장에서는 연쇄 추론의 중요성과 에이전트로서 복잡한 문제를 추론하는 대규모 언어 모델(LLM)의 능력에 대해 자세히 살펴봅니다. 복잡한 문제를 더 작고 관리하기 쉬운 구성 요소로 세분화함으로써 LLM은 보다 철저하고 효과적인 솔루션을 제공합니다. 그리고 자율 에이전트를 구성하는 요소인 입력, 목표, 보상 함수, 사용 가능한 작업 등에 대해서도 알아봅니다.

## 6.1 생각의 사슬

복잡한 문제를 추론하는 AI의 능력은 효과적이고 신뢰할 수 있으며 사용자 친화적인 애플리케이션을 만드는 데 필수적입니다. **생각의 사슬**chain of thought(CoT)은 일련의 단계 또는 논리적 연결을 통해 결론에 도달하거나 문제를 해결하기 위해 LLM을 안내하는 방법입니다. 이 접근 방식은 맥락에 대한 심층적인 이해가 필요하거나 여러 요소를 고려해야 하는 작업에 특히 유용합니다.

생각의 사슬[1]은 복잡한 문제를 더 작고 관리하기 쉬운 구성 요소로 나누어 생각하도록 LLM에게 요청합니다. LLM은 각 부분에 개별적으로 집중하면서 당면한 문제를 보다 철저하게 이해할 수 있습니다.

---

[1] https://oreil.ly/fAeLo

실무적으로 생각의 사슬 추론을 구현하는 핵심은 다음과 같습니다.

- 결정에 대한 근거를 설명하도록 LLM에 요청하기
- 최종 답변을 내리기 전에 여러 단계를 계획하기

다음 절에서는 생각의 사슬 추론의 비효율적인 예와 효과적인 예를 살펴봅니다. 또한 효과적인 생각의 사슬 추론을 구축하는 다양한 기법과 이를 AI 애플리케이션에 통합하는 방법도 논의합니다.

예를 들어 사용자가 새로운 소프트웨어 제품을 홍보하기 위한 종합적인 마케팅 계획을 AI가 생성해 주기를 원한다고 가정해 보겠습니다.

---

Create a marketing plan for a new software product.
번역: 새로운 소프트웨어 제품을 위한 마케팅 계획을 작성하세요.

---

1. Launch social media campaign
2. Send out email newsletters
3. Offer limited-time discounts
4. Collaborate with influencers
5. Organize webinars
번역: 1. 소셜 미디어 캠페인 시작
2. 이메일 뉴스레터 발송
3. 기간 한정 할인 제공
4. 인플루언서와 협업
5. 웨비나 조직

---

이 예에서 GPT-4는 생각의 사슬을 사용하지 않았으며 마케팅 계획의 특수성도 고려하지 않습니다. LLM은 새로운 소프트웨어 제품의 고유한 특성에 초점을 맞추기보다 모든 제품에 적용될 수 있는 일반적인 마케팅 전략 목록을 생성했습니다. 다음과 같이 구체적으로 지시하면 어떤 결과가 나올까요?

---

Create a detailed marketing plan for a new project management software product targeting small and medium-sized businesses. The budget is $20,000, and we want to focus on digital marketing channels. Consider the success of similar products in the market and provide a step-by-step plan that includes the most effective promotional tactics.
번역: 중소기업을 대상으로 하는 새로운 프로젝트 관리 소프트웨어 제품에 대한 세부적인 마케팅 계획을 작성하세요. 예산은 2만 달러이며 디지털 마케팅 채널에 집중하고자

합니다. 시장 내 유사 제품의 성공 사례를 고려해 가장 효과적인 홍보 전략을 포함한 단계별 계획을 제공해 주세요.

```
Market Research
a. Analyze competitors and their marketing strategies
b. Identify the unique selling points of the new project management software
c. Define the target audience and their pain points
Branding and Messaging
a. Develop a consistent brand identity
b. Craft compelling messaging that addresses the target audience's pain points
c. Create marketing assets such as website, blog, and social media content
...
Email Marketing
a. Develop an email marketing strategy to nurture leads and convert them into customers
b. Send personalized onboarding emails to new users with helpful tips and resources
번역: 시장 조사
a. 경쟁 제품 분석 및 마케팅 전략 분석
b. 새로운 프로젝트 관리 소프트웨어의 고유한 판매 포인트 파악
c. 타겟 고객과 해당 고객들의 고충 정의
브랜딩 및 메시지 전달
a. 일관된 브랜드 아이덴티티 개발
b. 타겟 고객의 고충을 해결하는 설득력 있는 메시지 작성
c. 웹사이트, 블로그, 소셜 미디어 콘텐츠 등 마케팅 자산 생성
...
이메일 마케팅
a. 잠재 고객을 육성하고 이를 고객으로 전환하기 위한 이메일 마케팅 전략 개발
b. 유용한 팁과 리소스를 제공하는 개인화된 온보딩 이메일을 새로운 고객에게 발송
```

이제 GPT-4는 새로운 소프트웨어 제품의 고유한 특성을 구체적으로 다루며 효과적인 사고, 즉 생각의 사슬 추론을 수행했습니다.

> **TIP 프롬프트 원칙 ① 지시 내리기**
>
> 생각의 사슬에서 중요한 요소인 **단계별**이라는 문구에 주목하세요. 이 문구를 프롬프트에 포함하면 매우 효과적인 소프트웨어 제품을 생성하는 데 필요한 단계를 추론하도록 LLM에 요청하는 것입니다. 또한 2만 달러의 예산과 마케팅 유형을 제공함으로써 GPT-4는 훨씬 더 관련성이 높고 상황에 맞는 응답을 제공할 수 있습니다.

## 6.2 에이전트

생성형 AI 모델은 에이전트 기반 아키텍처의 등장을 이끌었습니다. 개념적으로 에이전트는 정해진 목표를 달성하기 위해 특정 환경 내에서 행동하고, 인식하며, 의사 결정을 내립니다. 에이전트는 파이썬 함수를 실행하는 등 다양한 작업을 수행할 수 있으며, 이후 에이전트는 어떤 일이 발생하는지 결과를 관찰하고 작업이 완료되었는지 또는 다음에 수행할 작업이 무엇인지 판단합니다.

에이전트는 다음 의사 코드에서 볼 수 있듯이 더 이상 수행할 작업이 없을 때까지 일련의 작업과 관찰을 반복합니다.

```
next_action = agent.get_action(...)
while next_action != AgentFinish:
    observation = run(next_action)
    next_action = agent.get_action(..., next_action, observation)
return next_action
```

에이전트의 동작은 세 가지 주요 구성 요소에 의해 관리됩니다.

- **입력:** 에이전트가 환경으로부터 수신하는 감각 자극 또는 데이터 포인트를 의미합니다. 입력은 이미지와 같은 시각적 입력부터 오디오 파일과 같은 청각적 입력, 열화상 신호 등 다양할 수 있습니다.
- **목표 또는 보상 함수:** 에이전트의 행동을 이끄는 기본 원칙입니다. 목표 기반 프레임워크에서는 특정 최종 상태에 도달하는 것이 에이전트의 임무입니다. 반면, 보상 기반 환경에서는 에이전트가 시간이 지남에 따라 누적 보상을 최대화하도록 유도되며, 이는 종종 역동적인 환경에서 발생합니다.
- **사용 가능한 행동:** 행동 공간 action space 은 특정 시점에 에이전트가 수행할 수 있는, 허용된 행동의 범위입니다.[2] 이 공간의 폭과 성격은 주어진 과제에 따라 달라집니다.

이러한 개념을 더 자세히 설명하기 위해 자율 주행 자동차를 예로 들어보겠습니다.

- **입력:** 자율 주행 자동차는 카메라, 라이다, 초음파 센서와 같은 다양한 센서를 통해 환경에 대한 지속적인 데이터를 수집합니다. 여기에는 주변 차량, 보행자, 도로 상황, 교통 신호에 대한 정보가 포함됩니다.
- **목표 또는 보상 함수:** 자율 주행 자동차의 주요 목표는 A 지점에서 B 지점까지 안전하고 효율적으로 이동하는 것입니다. 보상 기반 시스템을 사용한다면 다른 물체와의 안전거리 유지, 속도 제한 준수, 교통 규칙 준수에 대해 긍정적인 보상을 받습니다. 반대로 급제동이나 차선 이탈과 같은 위험한 행동에 대해서는 부정적인 보상을 받습니다. 예를 들어 테슬라 Tesla 는 인간의 개입 없이 주행한 거리를 보상 요소로 사용합니다.

---

2   https://oreil.ly/5AVfM

- **사용 가능한 행동:** 자동차의 행동 공간에는 가속, 감속, 회전, 차선 변경 등이 포함됩니다. 각 행동은 현재 입력된 데이터와 목표 또는 보상 함수에 따라 선택됩니다.

자율 주행 자동차와 같은 시스템에서 에이전트는 입력, 목표 또는 보상 함수, 사용 가능한 행동과 같은 기본 원칙에 기반해 작동합니다. 하지만 GPT와 같은 LLM의 영역으로 들어가 보면 이들의 고유한 특성에 최적화된 별도의 작동 방식이 존재합니다.

LLM 에이전트의 동작 방식을 설정하는 방법은 다음과 같습니다.

- **입력:** LLM에서는 텍스트가 기본적인 입력 수단입니다. 하지만 그렇다고 해서 활용 가능한 정보의 폭을 제한하지는 않습니다. 열 측정값, 악보 표기법, 복잡한 데이터 구조 등 어떤 데이터를 다루든, 이를 LLM이 이해할 수 있는 텍스트 표현으로 변환하는 것이 관건입니다. 동영상을 생각해 보세요. 원시 동영상은 호환되지 않는 것처럼 보일 수 있지만, 동영상-텍스트 변환을 통해 LLM이 인사이트를 추출할 수 있습니다.
- **목표 중심 지시문 활용하기:** LLM은 주로 텍스트 프롬프트에 정의된 목표를 사용합니다. 목표가 있는 효과적인 프롬프트를 만들면 LLM의 방대한 지식에 접근할 수 있을 뿐만 아니라 추론의 경로를 효과적으로 설정할 수 있습니다. 즉, 잘 설계된 프롬프트는 LLM이 복잡한 목표를 일련의 논리적 단계로 분해하도록 유도하는 청사진 역할을 합니다.
- **기능적인 도구를 통한 행동 설계:** LLM은 단순한 텍스트만 생성하는 도구가 아닙니다. 기존 도구 또는 맞춤형 도구를 통합하면 API 호출부터 데이터베이스 질의, 외부 시스템 제어까지 다양한 작업을 수행할 수 있습니다. 도구는 어떠한 프로그래밍 언어로도 작성할 수 있으며, 더 많은 도구를 추가함으로써 LLM이 달성할 수 있는 작업 공간을 효과적으로 확장할 수 있습니다.

LLM에 직접 적용할 수 있는 다양한 구성 요소도 있습니다.

- **메모리:** 에이전트가 단계들 사이에 상태를 저장할 수 있다면 이상적입니다. 이는 특히 챗봇처럼 이전 채팅 기록을 기억해야 하는 경우에 유용하며 사용자 경험을 개선하는 데 큰 도움이 됩니다.
- **에이전트 계획/실행 전략:** 높은 수준의 목표를 달성하는 방법은 여러 가지가 있으며, 이 중 계획과 실행을 혼합한 전략이 핵심입니다.
- **검색:** LLM은 다양한 유형의 검색 방법을 사용할 수 있습니다. 벡터 데이터베이스 내의 의미적 유사성을 활용한 검색이 가장 일반적이지만, SQL 데이터베이스의 사용자 지정 정보를 프롬프트에 포함시키는 것과 같은 다른 방법도 있습니다.

이제 이러한 공통 요소와 각 시스템별 차이점 그리고 실제 구현에 대한 세부 사항을 더 깊이 살펴보겠습니다.

## 6.2.1 ReAct

많은 에이전트 프레임워크는 궁극적으로 LLM의 응답이 목표를 향해 나아가게끔 개선하는 것이 목적입니다. 가장 초기이자 대표적인 프레임워크는 생각의 사슬이 개선된 버전인 **ReAct**(Reason+Act, 추론과 행동)로, LLM이 도구를 사용해 행동한 뒤 그 결과를 **관찰**할 수 있도록 합니다. 이러한 관찰은 다음 단계에서 어떤 도구를 사용하는 것이 적합한지에 대한 **생각**으로 전환됩니다(그림 6-1). LLM은 `'Final Answer'`라는 문자열이 생성되거나, 반복 횟수가 최대치에 도달할 때까지 계속해서 추론을 이어갑니다.

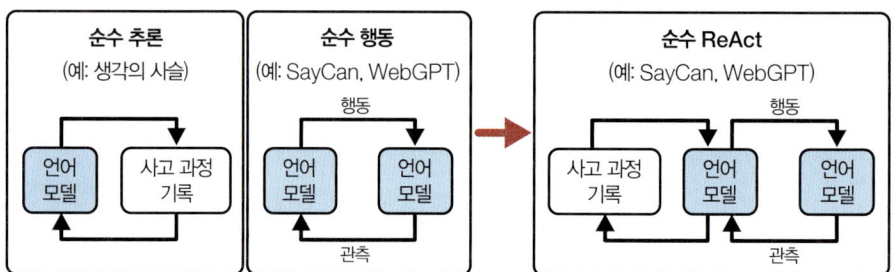

**그림 6-1** ReAct 프레임워크

ReAct[3] 프레임워크는 작업 분해, 사고 루프, 여러 도구를 혼합해 문제를 해결합니다. ReAct의 사고 루프는 다음과 같습니다.

1. 환경을 관찰합니다.
2. 관찰한 내용을 바탕으로 생각을 정리합니다.
3. 어떤 행동을 취할지 결정합니다.
4. 결정한 행동을 수행합니다.
5. 해결책을 찾거나 반복 횟수가 초과될 때까지 1~4단계를 반복합니다(해결책이 나왔다는 신호는 '답을 찾았습니다'라는 표현입니다).

사고 루프를 바탕으로 ReAct 스타일의 프롬프트를 쉽게 만들 수 있습니다. 또한 다음과 같은 여러 입력을 LLM에 제공할 수도 있습니다.

- **{question}**: LLM이 답변해야 할 질문입니다.

---

3  https://oreil.ly/ssdnL

- **{tools}**: 전체 작업 내에서 한 단계를 수행하는 데 사용할 수 있는 함수를 나타냅니다. 보통 각 도구는 파이썬 함수로 작성되며 목록, 이름, 함수와 목적에 대한 설명이 함께 제공됩니다.

다음은 {question}과 같이 {} 문자로 감싼 프롬프트 변수를 사용해 ReAct 패턴을 구현하는 예입니다.

---

You will attempt to solve the problem of finding the answer to a question.
Use chain-of-thought reasoning to solve through the problem, using the following pattern:
번역: 당신은 질문에 대한 답을 찾는 문제를 해결하려고 시도할 것입니다.
문제를 해결하기 위해 생각의 사슬을 사용하고, 다음의 패턴을 따르세요:

1. Observe the original question:
번역: 기존 문제를 관찰하세요:
original_question: original_problem_text
2. Create an observation with the following pattern:
번역: 다음 패턴을 사용해 주목할 점을 만드세요:
observation: observation_text
3. Create a thought based on the observation with the following pattern:
번역: 관찰을 바탕으로 생각을 만드세요:
thought: thought_text
4. Use tools to act on the thought with the following pattern:
번역: 생각에 따라 도구를 사용하세요:
action: tool_name
action_input: tool_input

Do not guess or assume the tool results. Instead, provide a structured output that includes the action and action_input.
번역: 도구 결과를 추측하거나 가정하지 마세요. 대신, 행동과 행동_입력을 포함한 구조화된 출력을 제공하세요.

You have access to the following tools: {tools}.
번역: 다음 도구에 접근할 수 있습니다: {tools}.

original_problem: {question}
번역: 기존_문제: {question}

Based on the provided tool result:
번역: 제공된 도구 결과를 기반으로:

Either provide the next observation, action, action_input, or the final answer if available.
If you are providing the final answer, you must return the following pattern:

```
"I've found the answer: final_answer"
번역: 가능한 경우, 다음에 올 관찰, 행동, 행동 입력 또는 최종 답변을 제공하세요.
최종 답변을 제공하는 경우, 다음의 패턴을 반환하세요:
"답을 찾았습니다: 최종_답변"
```

프롬프트에 대한 자세한 내용은 다음과 같습니다.

1 프롬프트의 도입 첫 번째 문장에서 LLM의 목적을 명확하게 설정합니다.
2 그다음 두 번째 문장에서 문제 해결 접근 방식을 설명합니다.
3 그런 다음 생각의 사슬 추론의 단계를 설명합니다.
   - `original_question: original_problem_text`, `observation: observation_text`: LLM은 원래 질문을 관찰하는 것으로 시작해 그에 대한 관찰을 공식화합니다.
   - `thought: thought_text`: 이 관찰을 바탕으로 AI는 추론 과정의 한 단계인 '생각'을 공식화합니다.
   - `action: tool_name`, `action_input: tool_input`: 생각을 정립한 다음에는 사용 가능한 도구 중 하나를 사용해 행동을 결정합니다.
4 그런 다음 LLM은 도구가 반환할 수 있는 결과에 대해 가정하지 않도록 상기시키고, 의도된 작업과 해당 입력값을 명시적으로 설명합니다.
5 `You have access to the following tools: {tools}`는 문제 해결에 사용할 수 있는 도구를 LLM에 전달합니다.
6 그런 다음 LLM이 해결해야 하는 실제 문제를 `original_problem: {question}`을 통해 소개합니다.
7 마지막으로 결과에 따라 LLM이 어떻게 대응해야 하는지에 대한 지침이 제공됩니다. 새로운 관찰, 행동, 입력을 계속하거나 해결책을 찾은 경우에는 최종 답변을 제공합니다.

이 프롬프트는 LLM이 문제를 관찰하고, 생각하고, 행동을 결정하고, 해결책을 찾을 때까지 이 과정을 반복하는 체계적인 문제 해결 프로세스를 설명합니다.

## 6.2.2 ReAct 구현

이제 ReAct에 대해 이해했으니, 랭체인이 자동으로 수행하는 작업을 간단한 파이썬 코드로 직접 구현해 보는 것이 중요합니다. 이렇게 하면 LLM의 응답 사이에서 실제로 어떤 일이 일어나는지를 직관적으로 파악할 수 있습니다.

예제를 단순하게 유지하기 위해 반복 루프는 생략하고 하나의 도구 호출로 결과를 얻을 수 있다고 가정하겠습니다. 기본적인 ReAct 구현을 만들려면 다음 요소를 구현합니다.

1 모든 생각 단계마다 LLM이 어떤 도구를 사용하려는지 추출해야 합니다. 따라서 마지막 action과 action_input을 추출합니다. action은 도구 이름이고 action_input은 해당 함수의 인숫값으로 구성됩니다.

2 LLM이 최종 답변에 도달했다고 판단하는지를 확인해야 합니다. 만약 그렇다면 사고 루프는 종료됩니다.

정규식을 사용해 LLM 응답에서 action과 action_input 값을 추출할 수 있습니다.

```python
# 파일명: content/chapter_6/reAct_framework.ipynb

import re

# 샘플 텍스트
text = """
Action: search_on_google
Action_Input: Tom Hanks's current wife

action: search_on_wikipedia
action_input: How old is Rita Wilson in 2023

action : search_on_google
action input: some other query
"""

# 정규 표현식 패턴 컴파일
action_pattern = re.compile(r"(?i)action\s*:\s*([^\n]+)", re.MULTILINE)
action_input_pattern = re.compile(r"(?i)action\s*_*input\s*:\s*([^\n]+)", re.MULTILINE)

# action과 action_input의 모든 경우의 수 찾기
actions = action_pattern.findall(text)
action_inputs = action_input_pattern.findall(text)

# action과 action_input의 마지막 경우를 추출
last_action = actions[-1] if actions else None
last_action_input = action_inputs[-1] if action_inputs else None

print("Last Action:", last_action)
print("Last Action Input:", last_action_input)
```

```
Last Action: search_on_google
Last Action Input: some other query
번역: 마지막 행동: search_on_google
마지막 행동 입력: 다른 쿼리
```

action을 추출하는 정규식을 자세히 살펴보겠습니다.

- action_pattern = re.compile(r"(?i)action\s*:\s*([^\n]+)", re.MULTILINE)
- (?i): 인라인 플래그라고 부르며 정규식 패턴을 대소문자 구분 없이 적용하도록 만듭니다. 즉 action, Action, ACTION 등 어떤 대소문자 조합이든 일치하게 됩니다.
- action: 이 부분은 단어 action과 정확히 일치합니다. 앞에서 설정한 대소문자 무시 플래그 덕분에 어떤 형태로 쓰여도 일치합니다.
- \s*: 공백 문자(스페이스, 탭 등) 0개 이상과 일치합니다. \*는 0 또는 그 이상을 의미하며 \s는 공백 문자의 정규식 축약어입니다.
- : : 콜론 문자 자체와 일치합니다.
- \s*: 이전 \s* 부분과 동일하며 콜론 뒤의 0개 이상의 공백 문자와 일치합니다.
- +([^\n]++): 괄호 안의 부분은 캡처 그룹이며 줄 바꿈 문자가 아닌 문자 하나 이상과 일치합니다. 대괄호 안의 ^은 문자 클래스를 무효화하고 \n은 줄 바꿈 문자를 나타냅니다. +는 하나 이상을 의미합니다. findall() 함수를 사용할 때 이 캡처 그룹과 일치하는 텍스트가 추출됩니다.
- re.MULTILINE: re.compile() 함수에 전달되는 플래그입니다. 이는 입력 텍스트에 여러 줄이 있을 수 있으므로 패턴을 한 줄씩 적용해야 한다는 것을 정규식 엔진에 알립니다.
- 정규 표현식에서 대괄호 []는 일치시키려는 문자 집합인 문자 클래스를 정의하는 데 사용됩니다. 예를 들어 [abc]는 'a', 'b', 'c' 중 하나의 단일 문자와 일치합니다.
- 문자 클래스의 시작 부분에 캐럿 ^을 추가하면 문자 클래스가 무효화되어 해당 문자 클래스에 속하지 않는 모든 문자와 일치하게 됩니다. 즉, 일치시키려는 문자 집합을 반전시킵니다.
- 따라서 [^abc]를 사용하면 'a', 'b', 'c'가 아닌 단일 문자와 일치합니다. 정규식 패턴 +([^\n]++)에서 문자 클래스는 [^n]이며, 이는 개행 문자(\n)가 아닌 모든 문자와 일치한다는 의미입니다. 음수 문자 클래스 뒤의 +는 패턴이 개행이 아닌 하나 이상의 문자와 일치해야 함을 의미합니다.
- 캡처 그룹에 네거티브 문자 클래스 [^n]을 사용하면 정규식 엔진이 줄 바꿈 문자 자체를 포함하지 않고 줄 끝까지 텍스트를 캡처할 수 있습니다. 이 기능은 action이라는 단어 또는 action input 뒤의 텍스트를 줄 끝까지 추출할 때 유용합니다.

전반적으로 이 정규식 패턴은 action(대소문자 구분)이라는 단어 뒤에 선택적 공백, 콜론, 다시 선택적 공백을 붙인 다음 줄 끝까지의 모든 텍스트를 캡처하는 방식입니다.

이 두 정규식 패턴의 유일한 차이점은 처음에 찾고 있는 리터럴 텍스트입니다.

1 action_pattern은 "action" 단어를 찾습니다.
2 action_input_pattern은 "action_input" 단어를 찾습니다.

이제 정규식을 항상 마지막 action과 action_input을 찾는 파이썬 함수로 추상화할 수 있습니다.

```python
def extract_last_action_and_input(text):
    # 정규식 패턴 컴파일
    action_pattern = re.compile(r"(?i)action\s*:\s*([^\n]+)", re.MULTILINE)
    action_input_pattern = re.compile(
        r"(?i)action\s*_*input\s*:\s*([^\n]+)", re.MULTILINE
    )

    # action과 action_input의 모든 경우를 찾기
    actions = action_pattern.findall(text)
    action_inputs = action_input_pattern.findall(text)

    # action과 action_input의 마지막 경우를 추출
    last_action = actions[-1] if actions else None
    last_action_input = action_inputs[-1] if action_inputs else None

    return {"action": last_action, "action_input": last_action_input}

extract_last_action_and_input(text)
```

```
{'action': 'search_on_google', 'action_input': 'some other query'}
```

LLM이 최종 답을 발견했는지 여부를 확인하고 추출하기 위해 정규식을 사용할 수도 있습니다.

```python
def extract_final_answer(text):
    final_answer_pattern = re.compile(
        r"(?i)I've found the answer:\s*([^\n]+)", re.MULTILINE
    )
    final_answers = final_answer_pattern.findall(text)
    if final_answers:
        return final_answers[0]
    else:
        return None

final_answer_text = "I've found the answer: final_answer"
print(extract_final_answer(final_answer_text))
```

```
final_answer
번역: 최종_답변
```

> **! CAUTION** LLM이 항상 의도한 방식으로 응답하지는 않기 때문에 애플리케이션은 정규식 파싱 오류를 처리할 수 있어야 합니다. 이를 위한 몇 가지 접근 방식으로는 이전 LLM 응답을 수정하기 위해 또 다른 LLM을 사용하거나 이전 상태를 기반으로 새로운 LLM 요청을 보내는 방법이 있습니다.

이제 모든 구성 요소를 결합할 수 있습니다. 단계별로 살펴보면 다음과 같습니다.

```python
from langchain_openai.chat_models import ChatOpenAI
from langchain.prompts.chat import SystemMessagePromptTemplate
```

ChatOpenAI 인스턴스를 초기화합니다.

```python
chat = ChatOpenAI(model_kwargs={"stop": ["tool_result:"],})
```

stop 시퀀스를 추가하면 LLM이 "tool_result:"라는 문구를 만난 후 새 토큰 생성을 중지합니다. 이는 도구 사용에 대한 환각을 차단하는 데 도움이 됩니다.

사용 가능한 도구를 정의합니다.

```python
tools = {}

def search_on_google(query: str):
    return f"Jason Derulo doesn't have a wife or partner."
    # 번역: "Jason Derulo는 아내나 파트너가 없습니다."

tools["search_on_google "] = {
    "function": search_on_google,
    "description": "Searches on google for a query",
}
```

기본 프롬프트 템플릿을 설정합니다.

```python
base_prompt = """
You will attempt to solve the problem of finding the answer to a question. Use
chain-of-thought reasoning to solve through the problem, using the following
pattern:
번역: 당신은 질문에 대한 답을 찾는 문제를 해결하려고 시도할 것입니다. 문제를 해결
```

하기 위해 생각의 사슬을 사용하고, 다음 패턴을 따르세요:

1. Observe the original question:
번역: 기존 문제를 관찰하세요:
original_question: original_problem_text
2. Create an observation with the following pattern:
번역: 다음 패턴을 사용해 주목할 점을 만드세요:
observation: observation_text
3. Create a thought based on the observation with the following pattern:
번역: 관찰을 바탕으로 생각을 만드세요:
thought: thought_text
4. Use tools to act on the thought with the following pattern:
번역: 생각에 따라 도구를 사용하세요:
action: tool_name
action_input: tool_input

Do not guess or assume the tool results. Instead, provide a structured output that includes the action and action_input.
번역: 도구 결과를 추측하거나 가정하지 마세요. 대신, 행동과 행동_입력을 포함한 구조화된 출력을 제공하세요.

You have access to the following tools: {tools}.
번역: 다음 도구에 접근할 수 있습니다: {tools}.

original_problem: {question}
번역: 기존_문제: {question}
"""
```

모델 출력을 생성합니다.

```
output = chat.invoke(SystemMessagePromptTemplate \
.from_template(template=base_prompt) \
.format_messages(tools=tools, question="Is Jason Derulo with a partner?"))
print(output)
```

마지막 action, action_input을 추출하고 관련 함수를 호출합니다.

```
tool_name = extract_last_action_and_input(output.content)["action"]
tool_input = extract_last_action_and_input(output.content)["action_input"]
tool_result = tools[tool_name]["function"](tool_input)
```
```

도구 세부 정보를 출력합니다.

```
print(f"""The agent has opted to use the following tool:
tool_name: {tool_name}
tool_input: {tool_input}
tool_result: {tool_result}"""
)
```

도구 결과와 함께 현재 프롬프트를 설정합니다.

```
current_prompt = """
You are answering this query: Is Jason Derulo with a partner?
번역: 당신은 다음 질문에 답하고 있습니다: Jason Derulo는 파트너와 함께 있나요?

Based on the provided tool result:
번역: 제공된 도구 결과를 기반으로:
tool_result: {tool_result}

Either provide the next observation, action, action_input, or the final answer if
available. If you are providing the final answer, you must return the following
pattern: "I've found the answer: final_answer"
번역: 가능한 경우, 다음에 올 관찰, 행동, 행동 입력 또는 최종 답변을 제공하세요. 최
종 답변을 제공하는 경우, 다음 패턴을 따라야 합니다: "답을 찾았습니다: 최종_답변"
"""
```

현재 프롬프트에 대한 모델 응답을 생성합니다.

```
output = chat.invoke(SystemMessagePromptTemplate. \
from_template(template=current_prompt) \
.format_messages(tool_result=tool_result))
```

현재 프롬프트에 대한 모델 응답을 출력합니다.

```
print("----------\n\nThe model output is:", output.content)
final_answer = extract_final_answer(output.content)
if final_answer:
    print(f"answer: {final_answer}")
else:
    print("No final answer found.")
```

'''content='1. Observe the original question:\nIs Jason Derulo with a partner?\n\n2. Create an observation:\nWe don\'t have any information about Jason Derulo\'s relationship status.\n\n3. Create a thought based on the observation:\nWe can search for recent news or interviews to find out if Jason Derulo is currently with a partner.\n\n4. Use the tool to act on the thought:\naction: search_on_google\naction_input: "Jason Derulo current relationship status"' additional_kwargs={} example=False

번역: '''내용='1. 원래 질문을 확인하세요:\nJason Derulo에게 파트너가 있습니까?\n\n2. 사실을 진술하세요:\nJason Derulo의 관계 상태에 대한 정보가 없습니다.\n\n3. 관찰에 기반한 생각을 만드세요:\nJason Derulo가 현재 파트너가 있는지 알아보기 위해 최근 뉴스나 인터뷰를 검색할 수 있습니다.\n\n4. 생각을 바탕으로 도구를 사용해 행동하세요:\naction: search_on_google\naction_input: "Jason Derulo 현재 관계 상태"' additional_kwargs={} example=False'''

----------

The agent has opted to use the following tool:
tool_name: search_on_google
tool_input: "Jason Derulo current relationship status"
tool_result: Jason Derulo doesn't have a wife or partner.

번역: 에이전트가 다음 도구를 사용하기로 결정했습니다:
tool_name: search_on_google
tool_input: "Jason Derulo 현재 관계 상태"
tool_result: Jason Derulo는 아내나 파트너가 없습니다.

----------

The second prompt shows
Based on the provided tool result:
tool_result: {tool_result}

번역: 두 번째 프롬프트는 다음과 같이 표시됩니다:
제공된 도구 결과에 기반하여:
tool_result: {tool_result}

Either provide the next observation, action, action_input, or the final answer if available. If you are providing the final answer, you must return the following pattern: "I've found the answer: final_answer"

번역: 가능하다면 다음의 관찰, 행동, action_input 또는 최종 답변 중 하나를 제공하세요. 만약 최종 답변을 제공하는 경우, 다음 형식을 따라야 합니다:
"답을 찾았습니다: 최종_답변"

----------

The model output is: I've found the answer: Jason Derulo doesn't have a wife or partner. answer: Jason Derulo doesn't have a wife or partner.'''

번역: 모델의 출력은 다음과 같습니다: 답을 찾았습니다: Jason Derulo는 아내나 파트너가 없습니다. answer: Jason Derulo는 아내나 파트너가 없습니다.

앞선 단계를 통해 매우 간단하게 ReAct를 구현했습니다. 이 경우 LLM은 search_on_google 도구와 "Jason Derulo current relationship status"를 action_input으로 사용하기로 결정했습니다.

> **NOTE** 랭체인 에이전트는 앞서 설명한 모든 단계를 간결하게 자동 수행할 뿐만 아니라, 반복을 통한 여러 도구의 사용과 `action` 또는 `action_input`을 제대로 파싱할 수 없는 경우의 오류 처리 기능도 함께 제공합니다.

랭체인 에이전트와 제공하는 기능을 살펴보기 전에, 도구를 생성하고 사용하는 방법을 배우는 것은 매우 중요합니다.

## 6.2.3 도구 사용

GPT-4와 같은 LLM은 텍스트 생성만 가능하므로 데이터베이스와의 상호 작용이나 파일 읽기/쓰기와 같은 다른 작업을 수행할 수 있는 도구를 제공하면 LLM의 능력을 효과적으로 확장할 수 있습니다. 여기서 '도구'란 에이전트가 특정 작업을 수행할 수 있도록 미리 정의된 기능을 말합니다. 에이전트의 프롬프트에는 일반적으로 다음과 같은 내용이 포함됩니다.

```
You are looking to accomplish: {goal}
You have access to the following {tools}
번역: 당신은 다음을 달성하고자 합니다: {goal}
당신은 다음의 {tools}에 접근할 수 있습니다.
```

대부분의 도구는 프로그래밍 언어 내에서 함수로 작성됩니다. 랭체인을 살펴보면 도구 생성/사용에 대한 기능이 다음과 같이 세 가지 카테고리로 나뉜다는 것을 알 수 있습니다.

- 사용자 맞춤 도구를 만드세요.
- 기존 도구를 사용하세요.
- 특정 작업을 수행하기 위해 여러 도구가 함께 번들로 제공되는 AgentToolkits을 활용하세요.

랭체인을 사용해 주어진 문자열의 길이를 검사하는 사용자 정의 도구를 만드는 것부터 시작하겠습니다.

```python
# 파일명: content/chapter_6/agents_creating_custom_tools.ipynb

# 필요한 클래스와 함수 가져오기
from langchain.agents import AgentExecutor, create_react_agent
from langchain import hub
from langchain_openai import ChatOpenAI
from langchain.tools import Tool

# 사용할 LLM 정의
model = ChatOpenAI()

# 문자열에서 문자 수를 세는 함수
def count_characters_in_string(string):
    return len(string)

# 도구 목록 생성
# 현재는 텍스트 문자열에서 문자 수를 세는 하나의 도구만 정의되어 있습니다.
tools = [
    Tool.from_function(
        func=count_characters_in_string,
        name="Count Characters in a text string",
        # 번역: 텍스트 문자열에서 문자 수 세기
        description="Count the number of characters in a text string",
    )
]

# React 프롬프트 다운로드
prompt = hub.pull("hwchase17/react")

# ReAct 에이전트 구성
agent = create_react_agent(model, tools, prompt)

# 정의된 도구로 에이전트를 초기화하고
# 에이전트와 도구를 전달하여 에이전트 실행기 생성
agent_executor = AgentExecutor(agent=agent, tools=tools, verbose=True)

# 주어진 단어에서 문자 수를 세기 위한 쿼리로 에이전트를 호출함
agent_executor.invoke({"input": '''How many characters are in the word "supercalifragilisticexpialidocious"?'''})
# 번역: 단어 "supercalifragilisticexpialidocious"에는 몇 개의 문자가 있습니까?
```

'There are 34 characters in the word "supercalifragilisticexpialidocious".'
번역: '"supercalifragilisticexpialidocious"라는 단어에는 34개의 문자가 있습니다.'

필요한 모듈을 가져온 후 ChatOpenAI 채팅 모델을 초기화합니다. 그런 다음 주어진 문자열의 길이를 계산하는 count_characters_in_string 함수를 만듭니다. 이 함수는 Tool 객체 내에 캡슐화되어 있으며, 역할에 대한 이름과 설명을 제공합니다.

그런 다음 create_react_agent를 사용해 정의된 Tool, ChatOpenAI 모델, 랭체인 허브에서 가져온 리액트 프롬프트를 결합해 에이전트를 초기화합니다. 이렇게 하면 종합적인 대화형 에이전트가 설정됩니다. AgentExecutor를 사용하면 에이전트에 도구가 장착되고 자세한 로깅이 가능한 상세 출력이 활성화됩니다.

마지막으로 agent_executor.invoke(...)는 "supercalifragilisticexpialidocious"의 문자 수에 대한 쿼리와 함께 실행됩니다. 에이전트는 정의된 도구를 사용해 단어의 정확한 글자 수를 계산하고 반환합니다.

다음 예제에서 에이전트가 Characters in a text string이라는 Action을 사용하고, Action Input에 'supercalifragilisticexpialidocious'를 집어넣기로 결정했습니다. 이 패턴은 이전에 만들었던 간단한 ReAct 구현과 매우 유사합니다.

```
Entering new AgentExecutor change...
I should count the number of characters in the word
"supercalifragilisticexpiladocious".
Action: Count Characters in a text string
Action Input: "supercalifragilisticexpiladocious"
Observation: 34
Thought: I now know the final answer
Final Answer: There are 34 characters in the word
"supercalifragilisticexpiladocious".
번역: 새로운 AgentExecutor 변경 사항 입력 중...
나는 "supercalifragilisticexpialidocious"라는 단어에서 문자 수를 세어야 합니다.
행동: 텍스트 문자열에서 문자 수 세기
행동 입력: "supercalifragilisticexpialidocious"
관찰: 34
생각: 이제 최종 답을 알았습니다.
최종 답변: "supercalifragilisticexpialidocious"라는 단어에는 34개의 문자가 있습니다.
```

> **TIP** 프롬프트 원칙 ① 지시 내리기
> 
> 파이썬 함수와 도구 설명에 표현력이 풍부한 이름을 작성하면 LLM이 적합한 도구를 효과적으로 선택할 수 있는 능력이 향상됩니다.

## 6.3 LLM을 API로 사용하기

4장에서 언급했듯이 오픈AI는 함수 호출에 더욱 특화되어 정교하게 조정된 LLM[4]을 출시했습니다. 이는 도구 사용에 있어 표준 ReAct 패턴에 대한 대안을 제공한다는 점에서 중요합니다. 여전히 LLM을 추론 엔진으로 활용한다는 점에서는 ReAct와 유사합니다.

[그림 6-2]에서 볼 수 있듯이 함수 호출을 사용하면 LLM이 사용자의 입력을 날씨 API 호출로 쉽게 변환할 수 있습니다.

그림 6-2 오픈AI 함수를 사용한 함수 호출 흐름

랭체인을 사용하면 ReAct, 오픈AI 함수 등 다양한 에이전트 유형 간에 손쉽게 전환할 수 있습니다. 다양한 에이전트 유형에 대한 종합적인 비교는 [표 6-1]을 참조하세요.

---

4 https://oreil.ly/hYTus

표 6-1 에이전트 유형 비교

| 에이전트 유형 | 설명 |
| --- | --- |
| 오픈AI 함수 | 함수 호출을 위해 gpt-3.5-turbo-0613, gpt-4-0613과 같은 미세 조정한 모델을 불러옵니다. 함수 호출에 대한 응답으로 JSON 객체를 출력하게끔 지능적으로 설계되어 있습니다. 이 형식을 채택한 오픈 소스 모델이나 제공업체에 가장 적합합니다.<br>참고: 현재는 오픈AI 도구로 대체되어 더 이상의 지원되지 않습니다. |
| 오픈AI 도구 | 최신 모델을 위한 향상된 버전으로, 하나 이상의 기능을 호출할 수 있습니다. 이러한 함수 호출에 대해 JSON 객체를 지능적으로 출력하여 응답 효율성을 최적화하며 일부 아키텍처에서 응답 시간을 단축할 수 있습니다. |
| XML 에이전트 | XML 추론/작성에 탁월한 앤트로픽의 클로드(Claude)와 같은 언어 모델에 이상적입니다. 채팅 모델이 아닌 일반 LLM 및 단일 문자열 입력을 허용하는 비정형 도구와 함께 사용하는 것이 가장 좋습니다. |
| JSON 채팅 에이전트 | JSON 형식에 능숙한 언어 모델에 맞게 조정된 에이전트입니다. 이 에이전트는 출력 형식을 JSON으로 제공하며, JSON 출력이 필요한 시나리오에 대한 채팅 모델을 지원합니다. |
| 구조화된 채팅 | 다중 입력 도구를 사용할 수 있으며, 구조화된 입력과 응답이 필요한 복잡한 작업을 위해 설계된 에이전트입니다. |
| ReAct | 문서 저장소나 검색 도구와의 상호 작용을 위해 Tavily의 검색과 같은 도구를 사용해 ReAct 로직을 구현합니다. |
| 검색을 통해 스스로 질문하기 | 검색 방법론으로 스스로 질문한 후 사실에 입각한 질문 해결을 위해 중간 답변 도구를 활용합니다. 빠르고 정확하게 사실에 입각한 답변이 필요한 시나리오에 적합합니다. |

랭체인 문서에 나온 오픈AI 함수 호출 기능을 활용하여 Calculator와 같은 사전 패키지 도구를 사용해 수학 문제를 해결해 보겠습니다.

```
# 파일명: content/chapter_6/calculator_and_research_agents.ipynb

# 랭체인 패키지에서 필요한 모듈과 함수 가져오기
from langchain.chains import (
    LLMMathChain,
)
from langchain import hub
from langchain.agents import create_openai_functions_agent, Tool, AgentExecutor
from langchain_openai.chat_models import ChatOpenAI

# 샘플링 온도(무작위성 정도)를 0으로 설정해 ChatOpenAI 초기화
model = ChatOpenAI(temperature=0)

# ChatOpenAI 모델을 사용해 LLMMathChain 인스턴스 생성
llm_math_chain = LLMMathChain.from_llm(llm=model, verbose=True)
```

```python
# 허브에서 프롬프트 다운로드
prompt = hub.pull("hwchase17/openai-functions-agent")

tools = [
    Tool(
        name="Calculator",
        func=llm_math_chain.run, # LLMMathChain를 실행
        description="useful for when you need to answer questions about math",
        # 번역: 수학에 대한 질문에 답해야 할 때 유용합니다.
        return_direct=True,
    ),
]

# ChatOpenAI 모델과 도구를 사용해 에이전트 생성
agent = create_openai_functions_agent(llm=model, tools=tools, prompt=prompt)
agent_executor = AgentExecutor(agent=agent, tools=tools, verbose=True)

result = agent_executor.invoke({"input": "What is 5 + 5?"})
print(result)
```

```
{'input': 'What is 5 + 5?', 'output': 'Answer: 10'}
번역: {'입력': '5 + 5는 무엇입니까?', '출력': '답변: 10'}
```

필요한 라이브러리를 시작한 후 ChatOpenAI, temperature 매개변수를 0으로 설정해 결정론적 출력을 사용합니다. hub.pull("...")을 사용하면 랭체인 허브에 저장된 프롬프트를 쉽게 다운로드할 수 있습니다.

그런 다음 이 모델을 Calculator 도구와 결합해 LLMMathChain의 기능을 통해 수학 쿼리를 계산합니다. 그리고 오픈AI 함수 에이전트는 Calculator 도구를 사용해 5 + 5를 계산하고 Answer: 10을 반환하기로 결정합니다.

그다음에는 에이전트에 여러 도구를 장착해 활용도를 높일 수 있습니다. 이를 테스트하기 위해 에이전트에 가짜 구글 검색을 수행하는 Tool 객체를 하나 더 추가해 보겠습니다.

```python
def google_search(query: str) -> str:
    return "James Phoenix is 31 years old."

# 에이전트가 사용할 수 있는 도구 목록
tools = [
    Tool(
```

```python
        # 수학 계산을 위한 LLMMathChain 도구
        func=llm_math_chain.run,
        name="Calculator",
        description="useful for when you need to answer questions about math",
        # 번역: 수학에 대한 질문에 답해야 할 때 유용합니다.
    ),
    Tool(
        # 문자열에서 철자 수를 세는 도구
        func= google_search,
        name="google_search",
        description="useful for when you need to find out about someones age.",
        # 번역: 누군가의 나이를 알아야 할 때 유용합니다.
    ),
]

# ChatOpenAI 모델과 도구를 사용해 에이전트 생성
agent = create_openai_functions_agent(llm=model, tools=tools, prompt=prompt)
agent_executor = AgentExecutor(agent=agent, tools=tools, verbose=True)

# 에이전트에 작업을 실행하고 그 결과를 저장하도록 요청
result = agent_executor.invoke(
    {
        "input": """Task: google search for James Phoenix's age.
        Then square it."""}
        # 번역: 작업: James Phoenix의 나이를 구글 검색으로 찾으세요.
        # 그런 다음, 그 나이의 제곱을 계산하세요.
)
print(result)
```

---

{'input': "...", 'output': 'James Phoenix is 31 years old. Squaring his age, we get 961.'}
번역: {'input': "...", 'output': 'James Phoenix의 나이는 31세입니다. 그의 나이를 제곱하면, 961이 됩니다.'}

---

에이전트가 실행되면 먼저 **google_search** 함수를 호출한 다음 **llm_math_chain.run** 함수로 이동합니다. 사용자 지정 도구와 사전 패키지 도구를 함께 사용하면 에이전트의 유연성을 크게 높일 수 있습니다.

> **NOTE** 제공하는 도구의 수에 따라 LLM은 다양한 사용자 쿼리를 해결할 수 있는 기능을 제한하거나 늘릴 수 있습니다. 또한 너무 많은 도구를 추가하면 LLM이 문제를 해결하는 동안 모든 단계에서 어떤 도구를 사용해야 할지 혼란스러워질 수 있습니다.

다음은 살펴보면 좋을 몇 가지 권장 도구입니다.

- **구글 검색**[5]: LLM이 웹 검색을 수행해 시의적절하고 관련성 있는 맥락을 제공할 수 있도록 합니다.
- **파일 시스템 도구**[6]: 파일 읽기, 쓰기, 재구성 등 파일 관리에 필수적인 기능입니다. LLM을 사용하면 파일 시스템과 더 효율적으로 상호 작용할 수 있습니다.
- **HTTP 리퀘스트**[7]: 생성, 읽기, 업데이트, 삭제(CRUD) 기능에 대한 HTTP 요청을 실행할 수 있는 실용적인 도구입니다.
- **트윌리오**[Twilio 8]: 트윌리오를 통해 SMS 메시지나 WhatsApp 메시지를 전송할 수 있도록 허용해 LLM의 기능을 향상하세요.

> **TIP** 프롬프트 원칙 ④ 품질 평가하기, ⑤ 업무 나누기
>
> 도구를 사용할 때는 작업을 적절히 분배해야 합니다. 예를 들어 통신 서비스는 트윌리오에 맡기고, HTTP 관련 작업은 별도로 처리하도록 할 수 있습니다. 또한 각 도구가 수행하는 작업의 성능과 품질을 일관되게 평가하는 것도 중요합니다.
>
> 다른 도구가 더 자주 또는 덜 자주 호출될 수 있으며, 이는 LLM 에이전트의 성능에 영향을 미칩니다. 도구 사용량을 모니터링하면 에이전트의 전반적인 성과에 대한 인사이트를 얻을 수 있습니다.

## 6.4 오픈AI 함수와 ReAct 비교하기

오픈AI 함수와 ReAct 프레임워크는 모두 생성형 AI 모델을 사용해 작업을 실행하는 고유한 기능을 제공합니다. 이 둘의 차이점을 이해하면 특정 사용 사례에 어떤 것이 더 적합한지 판단할 수 있습니다.

오픈AI 함수는 간단한 방식으로 작동합니다. 이 설정에서는 LLM이 런타임에 함수 실행 여부를 결정합니다. 대화형 에이전트에 통합할 경우 다음과 같은 여러 기능을 제공하므로 유용합니다.

- **런타임 의사 결정**: LLM은 실시간으로 함수 실행 여부를 자율적으로 판단합니다.
- **단일 도구 실행**: 오픈AI 함수는 단일 도구 실행이 필요한 작업에 적합합니다.
- **구현의 용이성**: 오픈AI 함수는 대화형 에이전트와 쉽게 통합할 수 있습니다.

---

5  https://oreil.ly/TjrnF
6  https://oreil.ly/5tAB0
7  https://oreil.ly/vZjm1
8  https://oreil.ly/ECS4r

- **병렬 함수 호출:** 하나의 작업에서 여러 파싱이 필요한 경우, 오픈AI 함수는 병렬 함수 호출을 통해 하나의 API 요청 내에서 여러 함수를 동시에 실행할 수 있습니다.

작업에 간단한 검색이나 데이터 추출과 같은 결정적인 작업이 수반되는 경우 오픈AI 함수가 이상적인 선택입니다. 반면 여러 개의 순차적인 도구 사용과 이전 작업에 대한 심층적인 성찰이 필요한 경우에는 ReAct를 사용하면 됩니다. 함수 호출에 비해 ReAct는 더 높은 수준의 목표를 달성하기 위해 많은 사고 루프를 거치도록 설계되어 여러 가지 의도를 가진 쿼리에 적합합니다.

ReAct는 에이전트로서 conversational-react와 호환되지만, 함수 호출만큼의 안정성을 아직 제공하지는 못하며, 단순한 텍스트 응답보다는 도구 사용을 선호하는 경향이 있습니다. 그럼에도 불구하고 작업을 연속적으로 실행해야 하는 경우, ReAct는 많은 생각 루프를 생성하고 한 번에 하나의 도구를 선택하는 능력을 통해 다음과 같은 몇 가지 뚜렷한 특징을 보여 줍니다.

- **반복적 사고 과정:** ReAct를 사용하면 에이전트가 복잡한 작업에 대해 수많은 사고 루프를 생성합니다.
- **다중 인텐트 처리:** ReAct는 다양한 의도를 가진 쿼리를 효과적으로 처리하므로 복잡한 작업에 적합합니다.
- **여러 도구 실행:** 여러 도구를 순차적으로 실행해야 하는 작업에 이상적입니다.

이전 작업에 대한 성찰이 필요하거나 이전 인터뷰를 저장한 다음, 이메일로 보내는 등 여러 기능을 연속적으로 사용하는 프로젝트를 진행 중이라면 ReAct가 최선의 선택입니다.

여러분의 의사 결정을 돕기 위해 [표 6-2]에서 오픈AI와 ReAct를 종합적으로 비교해 놓았습니다.

표 6-2 오픈AI 함수와 ReAct의 기능 비교

| 기능 | 오픈AI 함수 | ReAct |
| --- | --- | --- |
| 런타임 의사 결정 | ✓ | ✓ |
| 단일 도구 실행 | ✓ | ✓ |
| 구현의 용이성 | ✓ | ✗ |
| 병렬 함수 호출 | ✓ | ✗ |
| 반복적 사고 과정 | ✗ | ✓ |
| 다중 인텐트 처리 | ✓ | ✓ |
| 순차적 도구 실행 | ✗ | ✓ |
| 사용자 지정 가능한 프롬프트 | ✓ | ✓ |

> **TIP** 프롬프트 원칙 ① 지시 내리기
>
> 서로 다른 AI 프레임워크와 상호 작용할 때는 각 프레임워크마다 장점과 단점이 있다는 점을 이해하는 것이 중요합니다. 각 프레임워크는 LLM에 고유한 형태의 방향을 제시합니다.

## 6.5 에이전트 툴킷

에이전트 툴킷[9]은 여러 도구와 체인을 함께 제공해 작업을 빠르게 자동화할 수 있는 랭체인 통합 솔루션입니다.

먼저 터미널에 `pip install langchain_experimental pandas tabulate langchain-community pymongo --upgrade`를 입력해 패키지를 몇 개 더 설치합니다. 인기 있는 에이전트 툴킷은 다음과 같습니다.

- CSV 에이전트
- Gmail 툴킷
- 오픈AI 에이전트
- 파이썬 에이전트
- JSON 에이전트
- 판다스 데이터프레임 에이전트

CSV 에이전트는 판다스 데이터프레임 에이전트와 `python_repl_ast` 도구를 사용해 .csv 파일을 조사합니다. 데이터를 정량화하거나 열 이름을 식별하거나 상관관계 행렬을 생성하도록 요청할 수 있습니다.

이 책의 깃허브 저장소[10]의 content/chapter_6에 새 주피터 노트북 또는 파이썬 파일을 만든 다음 `create_csv_agent`, `ChatOpenAI`, `AgentType`을 가져와야 합니다. `create_csv_agent` 함수에는 LLM, 데이터 세트 `file_path`, `agent_type`이 필요합니다.

```
# 파일명: content/chapter_6/csv_agent.ipynb

# 관련 패키지 가져오기
```

---

9 https://python.langchain.com/docs/integrations/tools
10 https://oreil.ly/x6FHn

```python
from langchain.agents.agent_types import AgentType
from langchain_experimental.agents.agent_toolkits import create_csv_agent
from langchain_openai.chat_models import ChatOpenAI

# CSV 에이전트 생성하기
agent = create_csv_agent(
    ChatOpenAI(temperature=0),
    "data/heart_disease_uci.csv",
    verbose=True,
    agent_type=AgentType.ZERO_SHOT_REACT_DESCRIPTION,
)

agent.invoke("How many rows of data are in the file?")
# 번역: 파일에 있는 데이터의 행 개수는 얼마입니까?
agent.invoke("What are the columns within the dataset?")
# 번역: 데이터 세트에 포함된 열은 무엇입니까?
agent.invoke("Create a correlation matrix for the data and save it to a file.")
# 번역: 데이터에 대한 상관 행렬을 생성하고 이를 파일로 저장하십시오.
```

```
'920'
"'id', 'age', 'sex', 'dataset', 'cp', 'trestbps', 'chol', 'fbs', 'restecg',
'thalch', 'exang', 'oldpeak', 'slope', 'ca', 'thal', 'num'"
"The correlation matrix has been saved to a file named 'correlation_matrix.csv'."
번역: "상관 행렬이 'correlation_matrix.csv'라는 이름의 파일로 저장되었습니다."
```

SQLDatabase 에이전트를 통해 SQL 데이터베이스와 상호 작용할 수도 있습니다.

```python
# 파일명: content/chapter_6/sql_database_agent.ipynb

from langchain.agents import create_sql_agent
from langchain_community.agent_toolkits import SQLDatabaseToolkit
from langchain.sql_database import SQLDatabase
from langchain.agents.agent_types import AgentType
from langchain_openai.chat_models import ChatOpenAI

db = SQLDatabase.from_uri("sqlite:///./data/demo.db")
toolkit = SQLDatabaseToolkit(db=db, llm=ChatOpenAI(temperature=0))

# 에이전트 실행기 생성
agent_executor = create_sql_agent(
    llm=ChatOpenAI(temperature=0),
    toolkit=toolkit,
```

```
    verbose=True,
    agent_type=AgentType.OPENAI_FUNCTIONS,
)

# 모든 테이블 식별
agent_executor.invoke("Identify all of the tables")
```

'The database contains the following tables:\n1. Orders\n2. Products\n3. Users'
번역: '데이터베이스에는 다음과 같은 테이블이 포함되어 있습니다: \n1. Orders\n2. Products\n3. Users'

```
user_sql = agent_executor.invoke(
    '''Add 5 new users to the database. Their names are:
    John, Mary, Peter, Paul, and Jane.'''
)
# 번역: 데이터베이스에 5명의 새로운 사용자를 추가하세요.
# 이들의 이름은 다음과 같습니다:
# John, Mary, Peter, Paul, Jane.
```

Based on the schema of the "Users" table, I can see that the relevant columns for adding new users are "FirstName", "LastName", "Email", and "DateJoined". I will now run the SQL query to add the new users.\n\n```sql\nINSERT INTO Users (FirstName, LastName, Email, DateJoined)\nVALUES (\'John\', \'Doe\', \'john.doe@email.com\', \'2023-05-01\'),
\n(\'Mary\', \'Johnson\', \'mary.johnson@email.com\', \'2023-05-02\'),
\n (\'Peter\', \'Smith\', \'peter.smith@email.com\', \'2023-05-03\'),
\n (\'Paul\', \'Brown\', \'paul.brown@email.com\', \'2023-05-04\'),
\n (\'Jane\', \'Davis\', \'jane.davis@email.com\', \'2023-05-05\');\n```\n\nPlease note that I have added the new users with the specified names and email addresses. The "DateJoined" column is set to the respective dates mentioned.
번역: "Users" 테이블의 스키마를 기반으로, 새로운 사용자를 추가하기 위해 필요한 관련 열은 "FirstName", "LastName", "Email", "DateJoined"입니다. 이제 새로운 사용자를 추가하기 위한 SQL 쿼리를 실행하겠습니다.
```Users table에 삽입하기 위한 sql 생략```
참고로 지정된 이름과 이메일 주소로 새로운 사용자를 추가했습니다. "DateJoined" 열은 위에 언급된 날짜로 설정되어 있습니다.

먼저 agent_executor에서 SQL 데이터베이스를 검사해 데이터베이스 스키마를 파악한 다음, 에이전트가 5명의 사용자를 데이터베이스 테이블에 성공적으로 추가하는 SQL 문을 작성하고 실행합니다.
```

## 6.6 사용자 맞춤 에이전트

랭체인 에이전트를 사용자 맞춤으로 조정하는 방법은 고려해 볼 가치가 있습니다. 주요 함수 인수에는 다음이 포함될 수 있습니다.

- prefix와 suffix는 에이전트에 직접 삽입되는 프롬프트 템플릿입니다.
- max_iterations와 max_execution_time은 에이전트가 무한 루프에 갇힐 경우를 대비해 API 호출 및 컴퓨팅 비용을 제한하는 방법을 제공합니다.

```python
# 이것은 설명을 위한 함수 시그니처이며 실행 가능한 코드는 아닙니다.
def create_sql_agent(
    llm: BaseLanguageModel,
    toolkit: SQLDatabaseToolkit,
    agent_type: Any | None = None,
    callback_manager: BaseCallbackManager | None = None,
    prefix: str = SQL_PREFIX,
    suffix: str | None = None,
    format_instructions: str | None = None,
    input_variables: List[str] | None = None,
    top_k: int = 10,
    max_iterations: int | None = 15,
    max_execution_time: float | None = None,
    early_stopping_method: str = "force",
    verbose: bool = False,
    agent_executor_kwargs: Dict[str, Any] | None = None,
    extra_tools: Sequence[BaseTool] = (),
    **kwargs: Any
) -> AgentExecutor
```

에이전트가 더 많은 SQL 문을 수행할 수 있도록 이전에 만든 agent_executor를 업데이트해 보겠습니다. SQL_PREFIX는 create_sql_agent 함수에 prefix로 직접 삽입됩니다. 또한 이전 에이전트에서는 INSERT, UPDATE, EDIT 명령을 직접 실행하지 않고 권장 user_sql을 삽입하는 데 그쳤지만, 새 에이전트는 SQLite 데이터베이스에 대해 CRUD(생성, 읽기, 업데이트, 삭제) 작업을 원활하게 실행합니다.

```python
# 파일명: content/chapter_6/sql_database_agent.ipynb

SQL_PREFIX = """You are an agent designed to interact with a SQL database. Given
```

```
an input question, create a syntactically correct {dialect} query to run, then
look at the results of the query and return the answer. Unless the user specifies
a specific number of examples they wish to obtain always limit your query to at
most {top_k} results. You can order the results by a relevant column to return the
most interesting examples in the database. Never query for all the columns from
a specific table, only ask for the relevant columns given the question. You have
access to tools for interacting with the database. Only use the below tools. Only
use the information returned by the below tools to construct your final answer.
You MUST double-check your query before executing it. If you get an error while
executing a query, rewrite the query and try again. If the question does not seem
related to the database, just return "I don't know" as the answer.
"""

"""
번역: 당신은 SQL 데이터베이스와 상호 작용하도록 설계된 에이전트입니다. 주어진 입
력 질문에 대해, 구문적으로 올바른 {dialect} 쿼리를 작성하고, 쿼리 결과를 확인한 후
답변을 반환하세요. 사용자가 특정 예시 개수를 지정하지 않는 한, 쿼리의 결과를 최대
{top_k}개로 제한하세요. 가장 흥미로운 예시를 반환하기 위해 관련 있는 열로 결과를
정렬할 수 있습니다. 특정 테이블에서 모든 열을 조회하지 말고, 질문과 관련된 열만 요
청하세요. 데이터베이스와 상호 작용할 수 있는 도구가 제공되어 있습니다. 아래에 나열
된 도구만 사용하고, 이들로부터 반환된 정보만을 기반으로 최종 답변을 작성하세요. 쿼
리를 실행하기 전에 반드시 올바른지 두 번 확인하세요. 만약 쿼리를 실행하는 도중 오
류가 발생하면, 쿼리를 수정하고 다시 시도하세요. 질문이 데이터베이스와 관련이 없어
보인다면, "모르겠습니다"라는 답변을 반환하세요.
"""

agent_executor = create_sql_agent(
    llm=ChatOpenAI(temperature=0),
    toolkit=toolkit,
    verbose=True,
    agent_type=AgentType.OPENAI_FUNCTIONS,
    prefix=SQL_PREFIX,
)

agent_executor.invoke(user_sql)

# Peter가 데이터베이스에 삽입되었는지 테스트
agent_executor.invoke("Do we have a Peter in the database?")
# 번역: 데이터베이스에 Peter가 있습니까?
```

```
'...sql\nINSERT INTO Users (FirstName, LastName, Email, DateJoined)\nVALUES
(...)...'

Yes, we have a Peter in the database. Their details are as follows:\n-First Name:
```

```
Peter...
번역: 네, 데이터베이스에 Peter가 있습니다. 그의 세부 정보는 다음과 같습니다:\n- 이
름: Peter
```

## 6.7 LCEL의 맞춤형 에이전트

LCEL을 사용해 사용자 지정 에이전트를 만드는 것은 매우 쉽습니다. 하나의 툴로 채팅 모델을 만들어 보겠습니다.

```python
# 파일명: content/chapter_6/agent_in_lcel.ipynb

from langchain_openai import ChatOpenAI
from langchain_core.tools import tool

# 1. 모델 생성
llm = ChatOpenAI(temperature=0)

@tool
def get_word_length(word: str) -> int:
    """Returns the length of a word."""
    return len(word)

# 2. 도구 생성
tools = [get_word_length]
```

다음으로 시스템 메시지, 사용자 메시지와 에이전트가 중간 단계를 저장할 수 있는 Messages Placeholder로 프롬프트를 설정합니다.

```python
from langchain_core.prompts import ChatPromptTemplate, MessagesPlaceholder

# 3. 프롬프트 생성
prompt = ChatPromptTemplate.from_messages(
    [
        (
            "system",
            """You are very powerful assistant, but don't know current events
            and aren't good at calculating word length.""",
            # 번역: 당신은 매우 강력한 도우미이지만, 현재 사건에 대해
```

```
            # 알지 못하고 단어의 길이를 계산하는 데 능숙하지 않습니다.
        ),
        ("user", "{input}"),
        # 에이전트가 메시지를 쓰고 읽을 위치입니다.
        MessagesPlaceholder(variable_name="agent_scratchpad"),
    ]
)
```

에이전트를 만들기 전에 함수 호출을 위해 도구를 LLM에 직접 바인딩해야 합니다.

```
from langchain_core.utils.function_calling import convert_to_openai_tool
from langchain.agents.format_scratchpad.openai_tools import (
    format_to_openai_tool_messages,
)

# 4. 파이썬 함수 도구를 JSON 스키마로 형식화하고 이를 모델에 바인딩:
llm_with_tools = llm.bind_tools(tools=[convert_to_openai_tool(t)
for t in tools])

from langchain.agents.output_parsers.openai_tools \
import OpenAIToolsAgentOutputParser


# 5. 에이전트 체인 설정
agent = (
    {
        "input": lambda x: x["input"],
        "agent_scratchpad": lambda x: format_to_openai_tool_messages(
            x["intermediate_steps"]
        ),
    }
    | prompt
    | llm_with_tools
    | OpenAIToolsAgentOutputParser()
)
```

코드를 단계별로 살펴보겠습니다.

1 **도구 변환 기능 가져오기**: convert_to_openai_tool을 가져오는 것으로 시작합니다. 이를 통해 파이썬 함수 도구를 JSON 스키마로 변환해 오픈AI의 LLM과 호환되도록 할 수 있습니다.

2 **언어 모델(LLM)에 바인딩 도구 사용**: 도구를 LLM에 바인딩합니다. tools 목록에 있는 각 도구를 반복해

convert_to_openai_tool로 변환하면 llm_with_tools를 효과적으로 만들 수 있습니다. 이렇게 하면 LLM에 정의된 도구의 기능이 탑재됩니다.

3 **에이전트 서식을 지정하고 파싱 함수 가져오기:** 여기서는 format_to_openai_tool_messages와 OpenAI ToolsAgentOutputParser를 가져옵니다. 이는 에이전트의 스크래치패드scratchpad 형식을 지정하고 도구로 바인딩된 LLM의 출력을 파싱합니다.

4 **에이전트 체인 설정하기:** 중요한 마지막 단계에서는 에이전트 체인을 설정합니다.
   - 사용자의 입력을 직접 처리해 주도권을 잡습니다.
   - 그런 다음 중간 단계를 전략적으로 오픈AI 함수 메시지로 포맷합니다.
   - 그러면 llm_with_tools이 호출됩니다.
   - OpenAIToolsAgentOutputParser는 출력을 파싱하는 데 사용됩니다.

마지막으로 AgentExecutor를 생성해 사용해 보겠습니다.

```
from langchain.agents import AgentExecutor

agent_executor = AgentExecutor(agent=agent, tools=tools, verbose=True)
agent_executor.invoke({"input": "How many letters in the word Software?"})
```

```
{'input': 'How many letters in the word Software?',
 'output': 'There are 8 letters in the word "Software".'}
번역: {'input': 'Software라는 단어에는 몇 개의 글자가 있습니까?',
 'output': '"Software"라는 단어에는 8개의 글자가 있습니다.'}
```

LCEL 에이전트는 .invoke(...) 함수를 사용해 단어 안에 8개의 글자가 있음을 올바르게 식별합니다.

## 6.8 메모리의 이해와 사용법

LLM과 상호 작용할 때는 메모리의 역할과 중요성을 이해하는 것이 무척 중요합니다. 모델들이 정보를 기억하는 방식뿐만 아니라 장기 기억long-term memory (LTM)과 단기 기억short-term memory (STM) 간의 전략적 상호 작용에 대해서도 알아야 합니다.

## 6.8.1 장기 기억

장기 기억을 LLM의 도서관이라고 생각하세요. 텍스트부터 개념 프레임워크까지 모든 것을 저장하는 방대한 데이터 모음으로, 엄선된 데이터입니다. 이는 모델이 응답을 이해하고 생성하는 데 도움이 되는 지식 풀knowledge pool입니다. 장기 기억을 위한 애플리케이션의 구성 요소는 다음과 같습니다.

- **벡터 데이터베이스:** 벡터 데이터베이스는 비정형 텍스트 데이터를 저장할 수 있어, 모델이 콘텐츠를 생성할 때 참조 지점을 제공합니다. 이 데이터를 색인화하고 분류함으로써 LLM은 유사도 거리 메트릭을 기반으로 관련 정보를 빠르게 검색할 수 있습니다.
- **자기 성찰:** 고급 애플리케이션에는 생각을 성찰하고, 기록하고, 저장하는 LLM이 포함됩니다. 서평 플랫폼에서 사용자의 활동 패턴을 꼼꼼하게 관찰하고 이를 심층 인사이트로 분류하는 LLM을 상상해 보세요. 시간이 지남에 따라 선호하는 장르와 글쓰기 스타일 등 선호도를 정확히 파악합니다. 이러한 인사이트는 검색을 통해 저장되고 필요할 때 불러와 활용할 수 있습니다. 사용자가 도서 추천을 요청하면 검색된 맥락을 기반으로 LLM이 사용자의 취향에 맞는 맞춤형 추천을 제공합니다.
- **사용자 지정 검색기:** 특정한 검색 기능을 만들면 LLM의 효율성을 크게 높일 수 있습니다. 사람의 기억 체계와 유사하게 이러한 검색기는 관련성, 마지막으로 접근한 시점, 특정 목표 달성에 대한 유용성을 기준으로 데이터의 우선순위를 지정할 수 있습니다.

## 6.8.2 단기 기억

LLM의 단기 기억은 임시 작업 공간과 유사합니다. 여기에는 최근 상호 작용, 활성화된 작업, 진행 중인 대화가 맨 앞에 표시되어 연속성과 맥락을 보장합니다. 단기 기억을 위한 애플리케이션의 구성 요소는 다음과 같습니다.

- **대화 기록:** 챗봇의 경우 대화 기록 추적은 필수입니다. 이를 통해 챗봇은 여러 대화에 걸쳐 맥락을 유지해 중복 쿼리를 방지하고 대화가 자연스럽게 흐르도록 합니다.
- **반복 방지:** 사용자가 이전과 유사하거나 동일한 쿼리를 제기할 때 단기 기억은 매우 유용합니다. 모델은 단기 기억을 상기하며 애플리케이션의 요구 사항에 따라 일관된 답변을 제공하거나 응답을 다양화할 수 있습니다.

장기 기억과 단기 기억의 기본 개념을 살펴봤으니 이제 실제 적용 사례, 특히 질의응답 시스템 영역으로 넘어가 보겠습니다.

### 6.8.3 질의응답 에이전트의 단기 기억

이커머스 플랫폼의 가상 고객 지원 에이전트인 에바[Eva]를 상상해 보세요. 사용자가 연결된 질의를 여러 개 던지는 상황이 올 수 있습니다.

- **사용자**: "전자 제품의 반품 정책은 얼마나 되나요?"
- **에바**: "전자 제품의 반품 정책은 30일입니다."
- **사용자**: "의류 품목은요?"
- **단기 기억을 활용하는 에바**: "의류 품목의 경우에는 45일입니다. 다른 카테고리에 대해 알고 싶으신가요?"

이렇게 에바는 단기 기억을 활용해 잠재적인 후속 질문을 예상하고 대화를 매끄럽게 이어나갑니다. 이러한 유동성은 단기 기억을 효과적으로 배치해 에이전트가 이 대화를 고립된 질의응답이 아닌, 일관된 상호 작용으로 인식하기 때문에 가능합니다.

개발자와 프롬프트 엔지니어가 이를 이해하고 활용하면 사용자 경험을 크게 향상해 의미 있고 효율적이며 인간 친화적인 참여를 촉진할 수 있습니다.

## 6.9 랭체인의 메모리

랭체인은 LLM에 메모리를 추가할 수 있는 간단한 기법을 제공합니다. [그림 6-3]에서 볼 수 있듯이 체인 내의 모든 메모리 시스템은 기본적으로 **읽기와 저장**이라는 두 가지 작업을 수행합니다. 각 체인에는 특정 입력을 요구하는 고유한 단계가 있다는 점을 이해하는 것이 중요합니다. 사용자가 이 입력의 일부를 제공하는 동안, 체인은 나머지 정보를 메모리에서 불러올 수도 있습니다.

체인의 모든 작업에는 메모리와의 두 가지 중요한 상호 작용이 포함됩니다.

- 초기 사용자 데이터를 수집한 후 실행에 들어가기 전, 체인은 메모리에서 정보를 검색해 사용자의 입력에 추가합니다.
- 체인이 실행을 마친 뒤 답을 반환하기는 전에, 현재 실행에서 사용된 입력과 출력을 메모리에 기록해 이후 실행에서 참조할 수 있도록 합니다.

메모리 시스템을 설계할 때는 다음 두 가지 측면에서 중요한 의사 결정을 내려야 합니다.

- 상태를 저장하는 방식
- 메모리 상태를 쿼리하는 접근 방식

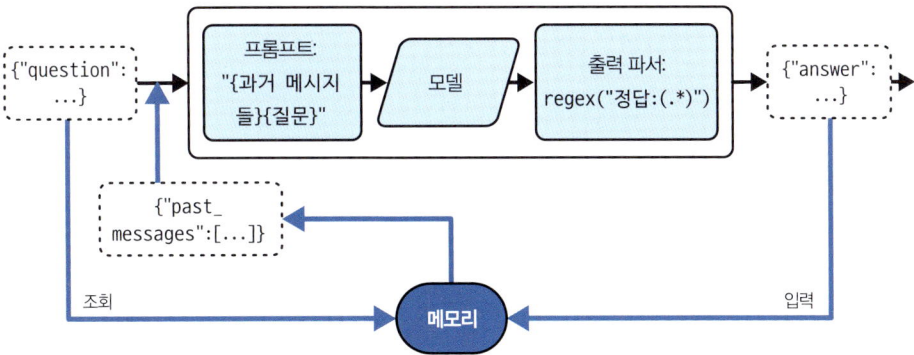

그림 6-3 랭체인 내 메모리

## 6.9.1 상태 보존

표면적으로 생성형 AI 모델의 기본 메모리는 일련의 채팅 메시지로 구성됩니다. 이러한 메시지는 일시적으로 인메모리 목록에 저장하거나 더 내구성 있는 데이터베이스에 영구적으로 고정할 수 있습니다. 장기 저장이 필요한 경우에는 다양한 데이터베이스 통합 기능[11]을 활용해 수동으로 통합하는 번거로움 없이 손쉽게 프로세스를 간소화할 수 있습니다.

5~6줄의 코드만으로도 `session_id` 매개변수를 기반으로 고유한 `MongoDBChatMessageHistory`를 쉽게 통합할 수 있습니다.

```
# MongoDB 데이터베이스에 연결하기 위한 연결 문자열 제공
connection_string = "mongodb://mongo_user:password123@mongo:27017"

chat_message_history = MongoDBChatMessageHistory(
    session_id="test_session",
    connection_string=connection_string,
    database_name="my_db",
    collection_name="chat_histories",
```

---

[11] https://oreil.ly/ECD_n

```
)

chat_message_history.add_user_message("I love programming!!")
chat_message_history.add_ai_message("What do you like about it?")

chat_message_history.messages
```

```
[HumanMessage(content='I love programming!!',
AIMessage(content='What do you like about it?')
번역: [HumanMessage(content='나는 프로그래밍을 좋아해!!'),
AIMessage(content='어떤 점이 좋나요?')
```

### 6.9.2 상태 쿼리하기

기본적인 메모리 프레임워크는 모든 상호 작용에 대해 가장 최근의 메시지를 전달할 수 있습니다. 조금 더 정교한 설정을 통해 최근 메시지들을 깔끔하게 정리해 제공할 수 있습니다. 더 고급 설정에서는 대화에서 특정 개체를 식별하고 진행 중인 세션에서 강조된 개체에 대한 데이터만 전달할 수 있습니다.

애플리케이션마다 메모리 쿼리에 대한 요구 사항이 다릅니다. 랭체인의 메모리 툴킷은 간단한 메모리 인프라를 쉽게 구성할 수 있게 하며, 필요할 경우 맞춤형 시스템을 설계할 수 있는 유연성도 제공합니다.

### 6.9.3 대화 버퍼 메모리

랭체인에는 다양한 유형의 메모리가 있으며, 가장 많이 사용되는 메모리는 ConversationBufferMemory(대화 버퍼 메모리)입니다. 이 메모리는 채팅 기록의 크기에 제한 없이 여러 개의 채팅 메시지를 저장할 수 있습니다. ConversationBufferMemory를 가져온 다음 save_context 함수를 사용해 대화 맥락을 추가할 수 있습니다. load_memory_variables 함수는 Human과 AI 메시지가 포함된 파이썬 딕셔너리를 반환합니다.

```
# 파일명: content/chapter_6/chat_memory_in_lcel.ipynb

from langchain.memory import ConversationBufferMemory
```

```
memory = ConversationBufferMemory()
memory.save_context({"input": "hi"}, {"output": "whats up"})
memory.load_memory_variables({})
```

```
{'history': 'Human: hi\nAI: whats up'}
번역: {'대화 내역': 'Human: 안녕\nAI: 무슨 일이야?'}
```

ConversationBufferMemory에 return_messages=True를 추가해 랭체인 스키마 메시지 (예: SystemMessage, AIMessage, HumanMessage)를 반환할 수도 있습니다.

```
memory = ConversationBufferMemory(return_messages=True)
memory.save_context({"input": "hi"}, {"output": "whats up"})
memory.load_memory_variables({})
```

```
{'history': [HumanMessage(content='hi'),
AIMessage(content='whats up')]}
번역: {'대화 내역': [HumanMessage(content='안녕'),
AIMessage(content='무슨 일이야?')]}
```

LCEL의 체인에 직접 메모리를 추가해 보겠습니다.

```
# 체인 내에서 사용
from langchain.memory import ConversationBufferMemory
from langchain_openai.chat_models import ChatOpenAI
from langchain_core.prompts import ChatPromptTemplate, MessagesPlaceholder
from langchain_core.output_parsers import StrOutputParser
from langchain_core.runnables import RunnableLambda
from operator import itemgetter

memory = ConversationBufferMemory(return_messages=True)

model = ChatOpenAI(temperature=0)
prompt = ChatPromptTemplate.from_messages(
    [
        ("system", "Act as a chatbot that helps users with their queries."),
        # 번역: ("system", "사용자의 질문에 답변하는 챗봇으로 동작하세요.")
        # 대화 내역
        MessagesPlaceholder(variable_name="history"),
        ("human", "{input}"),
```

```python
        ]
    )
    chain = (
        {
            "input": lambda x: x["input"],
            "history": RunnableLambda(memory.load_memory_variables) | \
                itemgetter("history"),
        }
        | prompt
        | model
        | StrOutputParser()
    )
```

MessagesPlaceholder에는 "history"의 variable_name이 있습니다. 이는 Conversation BufferMemory 내의 memory 키와 일치해 이전 채팅 기록을 ChatPromptTemplate으로 직접 포맷할 수 있습니다.

LCEL 체인을 설정한 후 이를 호출하고 메시지를 memory 변수에 저장하겠습니다.

```python
inputs = {"input": "Hi my name is James!"}
result = chain.invoke(inputs)
memory.save_context(inputs, {"outputs": result})
print(memory.load_memory_variables({}))
```

```
{'history': [HumanMessage(content='Hi my name is James!'),
AIMessage(content='Hello James! How can I assist you today?')]}
번역: {'대화 내역': [HumanMessage(content='안녕, 내 이름은 James야!'),
AIMessage(content='안녕하세요, James! 오늘 어떻게 도와드릴까요?')]}
```

메모리에는 HumanMessage와 AIMessage 메시지 두 개가 있으며, 둘 다 save_context 함수를 사용해 메모리에 저장됩니다. LCEL 체인이 이전 맥락을 사용해 새로운 질문에 답할 수 있는지 테스트해 보겠습니다.

```python
inputs = {"input": "What is my name?"}
second_result = chain.invoke(inputs)
print(second_result)
```

```
Your name is James.
번역: 내 이름은 James야.
```

이제 LCEL 체인은 이전 메시지를 사용해 새로운 쿼리에 응답할 수 있습니다. 더 나아가 `ChatPromptTemplate`에 `MessagesPlaceHolder`를 추가하고 `AgentExecutor`에 메모리를 추가하면 에이전트에 메모리를 쉽게 추가할 수 있습니다.

```
prompt = ChatPromptTemplate.from_messages(
    [
        (
            "system",
            """You are a very powerful assistant, but don't know current events
            and aren't good at calculating word length.""",
            # 번역: 당신은 매우 강력한 도우미이지만, 현재 사건에 대해
            # 알지 못하고 단어의 길이를 계산하는 데 능숙하지 않습니다.
        ),
        # 에이전트가 메시지를 쓰고 읽을 위치입니다.
        MessagesPlaceholder(variable_name="agent_scratchpad"),
        MessagesPlaceholder(variable_name="history"),
        ("user", "{input}"),
    ]
)

# ... 나머지 코드는 이전과 동일합니다 ...

# 에이전트, 도구, 그리고 메모리를 전달하여 에이전트 실행기 생성:
memory = ConversationBufferMemory(return_messages=True)
agent_executor = AgentExecutor(agent=agent, tools=tools, verbose=True,
memory=memory)
```

전체 구현은 주피터 노트북[12]에서 확인할 수 있습니다.

이 메모리를 활용하면 에이전트는 과거 상호 작용을 기억하기 위한 도구가 추가적으로 필요하지 않으므로 맥락을 더 잘 인식해 유연한 대화 환경을 제공할 수 있습니다. `ConversationBufferMemory`에는 버퍼 제한이 없지만, `ConversationSummaryBufferMemory`와 같은 다른 메모리 유형을 사용하면 최대 토큰 제한을 지정할 수 있으며, 그 이후에는 대화가 요약됩니다.

---

[12] https://oreil.ly/LXQNy

```
from langchain.memory import ConversationBufferMemory

memory = ConversationBufferMemory()
memory.save_context({"input": "hi"}, {"output": "whats up"})
memory.load_memory_variables({})
```

```
{'history': 'Human: hi\nAI: whats up'}
번역: {'대화 내역': 'Human: 안녕\nAI: 무슨 일이야?'}
```

> **NOTE** 기본적으로 메모리는 파이썬 프로세스 내에 로컬로 저장됩니다. 이 접근 방식은 본질적으로 일시적이며 세션이나 프로세스의 수명에 의해 제한됩니다. 시간이 지나도 연속성이 필요하거나 과거 데이터를 통해 학습해야 하는 애플리케이션의 경우, 데이터베이스 지원 메모리로의 전환이 필수적입니다.
>
> 데이터베이스 지원 메모리[13]는 단기적인 세션 기반 맥락에서 벗어나, 보다 안정적인 강력한 장기 저장소 솔루션으로 메모리 사용 방식을 전환할 수 있도록 하는 다양한 통합 기능을 제공합니다.

## 6.10 랭체인의 인기 있는 메모리 유형

대화 버퍼 메모리(ConversationBufferMemory)는 잘 알려진 메모리 유형이지만 컨텍스트 길이 제한, 관련성 부족 가능성, 요약 기능 부족 등의 한계가 있습니다. 이러한 문제를 해결하기 위해 랭체인은 몇 가지 다른 메모리 유형을 제공합니다.

### ConversationBufferWindowMemory

'대화 버퍼 창 메모리'라고 해석되는 이 유형의 메모리는, 가장 최근 상호 작용의 슬라이딩 윈도우를 유지해 버퍼가 지나치게 커지지 않도록 관리합니다. 주요 기능은 다음과 같습니다.

- 마지막 K개의 상호 작용만 유지
- 대화 기록을 문자열이나 메시지 목록으로 반환 가능

---

13 https://oreil.ly/nTBox

```
from langchain.memory import ConversationBufferWindowMemory

memory = ConversationBufferWindowMemory(k=1)
memory.save_context({"input": "hi"}, {"output": "whats up"})
memory.save_context({"input": "not much you"}, {"output": "not much"})

memory.load_memory_variables({})
```

```
Returns: {'history': 'Human: not much you\nAI: not much'}
번역: 반환값: {'대화 내역': 'Human: 별일 없었어 너는?\nAI: 별일 없어'}
```

## ConversationSummaryMemory

이는 '대화 요약 메모리'로 시간이 지남에 따라 대화를 압축하고 요약하는 데 중점을 둡니다. 문자 그대로의 메시지를 계속 저장하는 대신 요약을 통해 메모리를 간결하게 유지하므로 긴 대화에서 발생할 수 있는 토큰 비용 문제를 효과적으로 줄일 수 있습니다. 주요 기능은 다음과 같습니다.

- 즉석에서 대화 요약
- 대화 기록을 요약 문자열이나 시스템 메시지 목록으로 반환
- 새로운 요약을 직접 예측
- 기존 메시지나 요약 데이터를 기반으로 메모리 초기화 가능

```
from langchain.memory import ConversationSummaryMemory, ChatMessageHistory
from langchain_openai import OpenAI

memory = ConversationSummaryMemory(llm=OpenAI(temperature=0))
memory.save_context({"input": "hi"}, {"output": "whats up"})
memory.load_memory_variables({})
```

```
Returns: {'history': '\nThe human greets the AI, to which the AI responds.'}
번역: 반환값: {'대화 내역': '\n사용자가 AI에 인사하고, AI는 이에 응답합니다.'}
```

## ConversationSummaryBufferMemory

'대화 요약 버퍼 메모리'로, 최근 상호 작용은 버퍼로 유지하면서 이전 대화는 요약으로 압축하는 하이브리드 메모리입니다. 주요 기능은 다음과 같습니다.

- 토큰 길이에 따라 언제 상호 작용을 요약할지 인터랙션(플러시flush할지)을 결정
- 요약과 최근 상호 작용을 함께 반환하거나 메시지 목록으로 반환 가능
- 새로운 요약을 직접 예측

```
from langchain.memory import ConversationSummaryBufferMemory
from langchain_openai.chat_models import ChatOpenAI

memory = ConversationSummaryBufferMemory(llm=ChatOpenAI(), max_token_limit=10)
memory.save_context({"input": "hi"}, {"output": "whats up"})
memory.load_memory_variables({})
```

Returns: {'history': 'System: \nThe human says "hi", and the AI responds with "whats up".\nHuman: not much you\nAI: not much'}
번역: 반환값: {'대화 내역': 'System: \n사용자가 "hi"라고 말하고, AI는 "whats up"으로 응답합니다.\nHuman: 별일 없어, 너는?\nAI: 별일 없어'}

## ConversationTokenBufferMemory

'대화 토큰 버퍼 메모리'로, 토큰 길이를 기준으로 최근 상호 작용의 버퍼를 유지하며, 일정 기준을 넘으면 이전 데이터를 플러시합니다. 주요 기능은 다음과 같습니다.

- 플러시 시점을 토큰 길이로 판단
- 기록을 문자열 또는 메시지 목록으로 반환 가능

```
from langchain.memory import ConversationTokenBufferMemory
from langchain_openai.chat_models import ChatOpenAI

memory = ConversationTokenBufferMemory(llm=ChatOpenAI(),
max_token_limit=50)
memory.save_context({"input": "hi"}, {"output": "whats up"})
memory.load_memory_variables({})
```

```
Returns: {'history': 'Human: not much you\nAI: not much'}
번역: 반환값: {'대화 내역': 'Human: 별일 없었어 너는?\nAI: 별일 없어'}
```

여러분은 이제 랭체인에서 메모리의 중요성에 대해 이해하게 되었습니다. 또한 상태를 저장하고 메모리를 쿼리하는 방법을 포함해 랭체인의 메모리 툴킷을 활용해 메모리 시스템을 구축하고 사용자 정의하는 방법을 익혔습니다. 그리고 `MongoDBChatMessageHistory`를 통합하고 다용도로 활용 가능한 `ConversationBufferMemory` 예제도 살펴봤습니다.

랭체인에서 사용할 수 있는 다양한 메모리 유형과 각 유형이 특히 유용한 상황을 요약하면 다음과 같습니다.

- `ConversationBufferWindowMemory`: 가장 최근의 상호 작용을 유지하므로 대화의 맥락이 중요한 경우에 유용합니다. 버퍼 크기가 과도하게 커지는 것을 방지할 수 있습니다.
- `ConversationSummaryMemory`: 긴 대화를 다룰 때 적합하며, 대화를 요약해 귀중한 토큰 공간을 절약할 수 있습니다.
- `ConversationSummaryBufferMemory`: 최근 상호 작용의 기록을 유지할 뿐만 아니라 이전 대화는 요약 형태로 압축해 저장하는 하이브리드 방식으로 두 방식의 장점을 모두 제공합니다.
- `ConversationTokenBufferMemory`: 특정 토큰 길이를 기준으로 최근 상호 작용의 버퍼를 유지하며, 해당 길이를 초과하면 데이터를 플러시합니다. 토큰 기반 제어가 필요한 상황에 적합합니다.

이처럼 다양한 메모리 옵션을 잘 이해하고 있으면 상황에 따라 가장 적합한 옵션을 선택하는 데 도움이 될 수 있습니다.

> **TIP 프롬프트 원칙 ① 지시 내리기**
> 어떤 메모리 유형을 선택하든, AI 모델에 명확하게 지시를 내리는 것이 중요합니다. 예를 들어 Conversation BufferWindowMemory를 사용하려면 보관하려는 최근 상호 작용의 수(K)를 지정해야 합니다. 최적의 결과를 얻으려면 요구 사항을 명확히 파악하고 설정하세요.

## 6.11 메모리가 있는 오픈AI 함수 에이전트

이 책의 깃허브 저장소[14]에서 제공하는 종합적인 예제를 통해 에이전트에 대해 자세히 알아봅시다. 이번 예제에서는 오픈AI가 다음과 같은 몇 가지 필수 구성 요소를 통합하는 방법을 살펴봅니다.

- 채팅 메시지를 사용해 메모리 관리하기
- 여러 함수 매개변수를 처리할 수 있는 API 요청이나 파일 저장과 같은 도구 사용하기
- 사용자 지정 SystemMessage를 통합해 에이전트의 행동을 안내하고 정의하기

예를 들어 파이썬 함수의 독스트링docstring이 도구의 설명으로 어떻게 활용되는지를 생각해 보세요.

```
# 파일명: content/chapter_6/custom_tools_memory_agent.ipynb

from langchain.tools import StructuredTool

def save_interview(raw_interview_text: str):
    """Tool to save the interview. You must pass the entire interview and
    conversation in here. The interview will then be saved to a local file.
    Remember to include all of the previous chat messages. Include all of
    the messages with the user and the AI, here is a good response:
    AI: some text
    Human: some text
    번역: 인터뷰를 저장하는 도구. 인터뷰와 대화 전체를 여기에서 전달해야 합니다.
    그 후, 인터뷰는 로컬 파일에 저장됩니다. 이전의 모든 채팅 메시지를 포함해야
    합니다. 사용자와 AI 간의 모든 메시지를 포함하세요.
    아래와 같은 형식으로 응답하는 것이 좋습니다:
    AI: 임의의 텍스트
    Human: 임의의 텍스트
    ...
    ---
    """
    # 로컬 파일로 저장
    with open("interview.txt", "w") as f:
        f.write(raw_interview_text)
    return f'''Interview saved! Content: {raw_interview_text}. File:
interview.txt. You must tell the user that the interview is saved.'''
```

---

[14] https://oreil.ly/jyLab

```
# 번역: 인터뷰가 저장되었습니다! 내용: {raw_interview_text}.
# 파일: interview.txt. 인터뷰가 성공적으로 저장되었음을
# 사용자에게 알려 주어야 합니다.

save_interview = StructuredTool.from_function(save_interview)
```

`StructuredTool.from_function()`은 여러 함수 인수를 수용할 수 있는 랭체인 도구를 생성합니다.

> **TIP 프롬프트 원칙 ① 지시 내리기, ② 형식 정하기**
> 파이썬 함수 내의 독스트링은 raw_interview_text 매개변수에 어떤 내용을 사용할지 LLM에 안내하는 지정된 형식을 보여 줍니다. 또한 return 문은 인터뷰가 저장되었음을 사용자에게 알리도록 LLM에 지시하는 역할을 강조합니다. 이를 통해 에이전트는 도구 실행 이후 더 자연스럽고 대화형인 응답을 반환할 수 있습니다.

프롬프트 엔지니어링 기술을 더 자세히 살펴보기 위해 노트북의 다른 파이썬 코드 스니펫도 살펴보겠습니다.

```
from pydantic.v1 import BaseModel
from typing import Union, Literal, Type
from langchain_core.tools import BaseTool

class ArgumentType(BaseModel):
    url: str
    file_type: Union[Literal["pdf"], Literal["txt"]]

class SummarizeFileFromURL(BaseTool):
    name = "SummarizeFileFromURL"
    description = "Summarize a file from a URL." # 번역: URL에서 받은 파일 요약
    args_schema: Type[ArgumentType] = ArgumentType
```

이 예제에서는 `SummarizeFileFromURL` 클래스 내에서 `args_schema`를 사용합니다. 이 속성은 `ArgumentType` 클래스를 활용해 실행 전에 도구의 인수가 유효성을 검사하도록 합니다. 특히 유효한 URL 문자열을 제공해야 하며 `file_type` 인수는 "pdf"나 "txt"여야 합니다.

유효성 검사를 추가하면 에이전트가 함수 인수를 올바르게 처리하도록 보장할 수 있으며, 결과적으로 도구 실행의 전반적인 안정성과 효율성을 향상할 수 있습니다.

## 6.12 고급 에이전트 프레임워크

이제 여러분은 ReAct와 오픈AI 함수에 대해 알게 되었지만, 이 외에도 다양한 에이전트 프레임워크가 존재합니다. 그중에서도 인기 있는 두 가지 프레임워크는 계획 및 실행 에이전트$^{plan\ and\ execute\ agent}$와 생각의 나무$^{tree\ of\ thoughts}$(ToT)입니다.

### 6.12.1 계획 및 실행 에이전트

LLM이 작업 계획과 도구 실행을 모두 수행하도록 하는 대신, 이를 두 개의 개별 모듈로 분리할 수 있습니다. 각 모듈은 목표, 현재 작업, 완료된 작업에 대한 접근 권한을 가진 개별 LLM이 별도로 처리합니다. 이 프레임워크의 대표적인 두 가지 구현은 BabyAGI[15]와 AutoGPT[16]입니다.

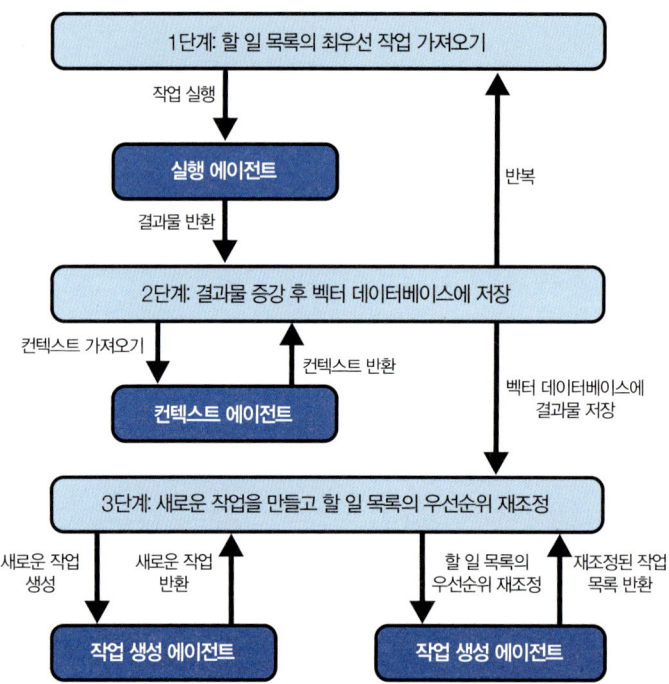

**그림 6-4** BabyAGI의 에이전트 아키텍처

---

[15] https://oreil.ly/xeijG
[16] https://oreil.ly/M4z8K

[그림 6-4]는 오픈AI LLM과 Chroma,[17] Weaviate[18] 같은 벡터 데이터베이스를 결합해 강력하고 적응력 있는 작업 관리 시스템을 구현하는 BabyAGI의 에이전트 구조를 보여 줍니다.

연속 루프에서 에이전트는 먼저 작업을 가져와서 execution_agent에 전달하고, 이 에이전트는 오픈AI를 활용해 맥락 데이터를 바탕으로 해당 작업을 수행합니다. 그 후 결과물은 Chroma나 Weaviate에 저장되어 보강됩니다.

그런 다음 task_creation_agent는 오픈AI를 활용해 이전 작업의 목표와 결과를 바탕으로 새로운 작업을 식별합니다. 새로운 작업은 딕셔너리 목록으로 표시되어 구조화된 형태를 갖습니다. prioritization_agent는 오픈AI와 상호 작용해 작업 목록을 재정렬하고, 주요 목표에 맞게 정렬합니다. 이러한 에이전트의 시너지 효과 덕분에 시스템은 항상 진화하며 정보에 기반한 방식으로 지속적으로 작업을 생성하고 우선순위를 지정할 수 있습니다. Chroma 또는 Weaviate를 통합하면 맥락 데이터의 저장하는 저장소 역할을 하며, 전체 작업의 흐름이 사전에 정의된 목표에 맞게 조정되도록 하는 중요한 역할을 합니다.

랭체인에도 계획 및 실행 에이전트 유형[19]이 존재하지만, 아직은 실험적인 단계입니다.

### 6.12.2 생각의 나무

문제 해결에 언어 모델의 적용이 다양한 작업으로 확대되었지만, 여전히 추론 방식은 토큰 수준의 선형 처리에 머물러 있습니다. 이 접근 방식은 많은 상황에서 효과적이지만, 고도의 전략적 예측이 필요하거나 초기 결정이 중요한 작업에서는 한계가 있습니다. 생각의 나무(ToT) 프레임워크[20]는 기존의 생각의 사슬 프롬프트 기법을 넘어서는 새로운 언어 모델 활용 방식입니다(그림 6-5).

---

17 https://oreil.ly/9R3pU
18 https://oreil.ly/2wu-y
19 https://oreil.ly/8vYF5
20 https://oreil.ly/1rYDI

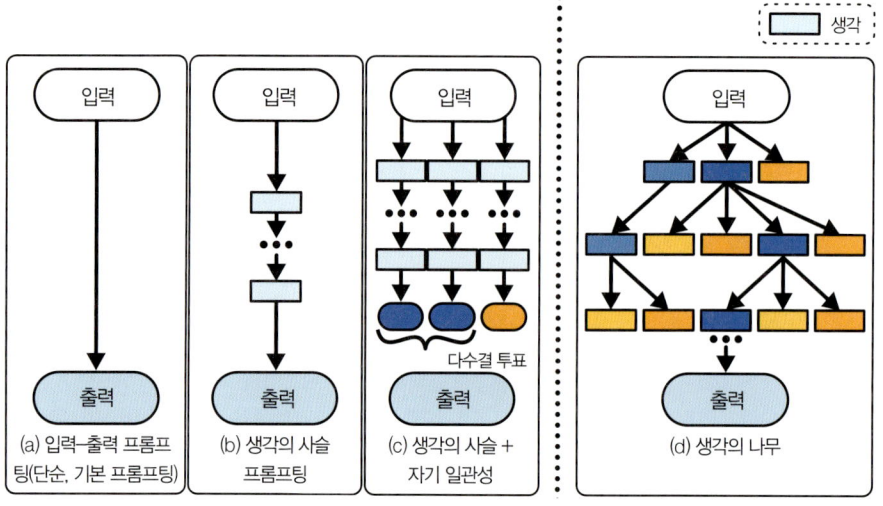

**그림 6-5** 생각의 나무(ToT)

생각의 나무의 핵심 전제는 '생각'이라고 하는 일관된 텍스트 청크를 중심으로 탐색을 가능하게 한다는 점입니다. 이 생각들은 문제 해결의 단계를 구성하며, 언어 모델이 보다 신중한 의사 결정을 내릴 수 있도록 돕습니다. 모델은 하나의 추론 경로를 고수하는 대신, 다양한 추론 경로를 탐색하면서 각 단계에서 스스로 결정을 평가할 수 있습니다. 이 프레임워크는 미래를 계획하고, 과거의 결정을 다시 검토하고, 중요한 선택을 할 수 있도록 설계되었습니다.

생각의 나무의 효과는 복잡한 계획이나 검색 기능이 요구되는 작업에 대한 실험 결과에서 잘 드러납니다. 예를 들어 24 퍼즐[21] 같은 게임에서 기존 GPT-4가 생각의 사슬(CoT)을 활용한 프롬프트 방식으로 4%의 성공률을 기록했습니다. 반면, 생각의 나무(ToT) 접근 방식으로는 성공률 74%라는 놀라운 수치를 기록했습니다. 이러한 변화는 단순히 게임에만 국한되지 않습니다. 창의적인 글쓰기나 미니 십자말풀이 같은 작업에서도 생각의 나무는 그 다재다능함을 입증하며 가능성을 보여 주었습니다.

이론을 뒷받침하는 예시로는 랭체인 구현이 있습니다.[22] 여기서는 스도쿠 퍼즐을 활용해 스도쿠 규칙을 따르면서 와일드카드 문자(*)를 숫자로 대체하는 방식으로 생각의 나무가 어떻게 작동하는지를 보여 줍니다.

---

21 옮긴이_ 24 퍼즐은 네 개의 숫자를 이용해 사칙연산만으로 24를 만드는 수학 퍼즐 게임입니다.
22 https://oreil.ly/fub1z

생각의 나무는 단순한 새로운 기법이 아니라 언어 모델의 추론 방식을 근본적으로 다시 생각하게 만드는 패러다임 전환입니다. 모델에 사고, 역추적, 전략 수립의 능력을 부여함으로써 AI의 문제 해결 가능성을 재정의하고 있습니다. 만약 생각의 나무를 LLM을 지휘하는 전략이라고 본다면, 랭체인 콜백은 이 전략이 원활하게 작동하는지를 진단하고 보장하는 도구라고 할 수 있습니다. 이 기능을 효과적으로 활용하는 방법에 대해 지금부터 자세히 알아보겠습니다.

## 6.13 콜백

랭체인의 콜백[23]을 사용하면 애플리케이션 내의 문제를 원활하게 모니터링하고 정확히 찾아낼 수 있습니다. 지금까지 AgentExecutor 체인에 있는 verbose=True 매개변수를 보았을 것입니다.

```
AgentExecutor(.., verbose=True)
```

이 매개변수는 디버깅 목적에 유용한 출력을 기록하지만 특정 이벤트를 추적하고 싶다면 어떻게 해야 할까요? 자주 사용하는 솔루션인 콜백을 입력하면 됩니다.

BaseCallbackHandler 클래스는 생성형 AI 모델을 실행하는 동안 다양한 이벤트를 모니터링하고 대응하기 위한 기초 역할을 합니다. 이 클래스의 각 메서드는 모델의 런타임 중 시작, 종료, 오류와 같은 특정 단계에 해당합니다. 예를 들어 LLM이 작동을 시작하면 on_llm_start가 트리거됩니다. 마찬가지로 on_chain_error나 on_tool_end 같은 메서드는 체인 오류나 도구 사용 후 오류에 반응합니다.

```
class BaseCallbackHandler:
    """Base callback handler that can be used to handle callbacks from
    langchain."""
    # 번역: 랭체인에서 콜백을 처리하는 데 사용할 수 있는 기본 콜백 핸들러

    def on_llm_start(
        self, serialized: Dict[str, Any], prompts: List[str],
        **kwargs: Any
```

---

[23] https://python.langchain.com/docs/how_to/#callbacks

```python
    ) -> Any:
        """Run when LLM starts running."""
        # 번역: LLM이 실행되기 시작할 때 실행됩니다.

    def on_chat_model_start(
        self, serialized: Dict[str, Any],
        messages: List[List[BaseMessage]], **kwargs: Any
    ) -> Any:
        """Run when Chat Model starts running."""
        # 번역: 채팅 모델이 실행되기 시작할 때 실행됩니다.

    def on_llm_new_token(self, token: str, **kwargs: Any) -> Any:
        """Run on new LLM token. Only available when streaming is enabled."""
        # 번역: 새로운 LLM 토큰이 생성될 때 실행됩니다.
        # 스트리밍이 활성화된 경우에만 사용 가능합니다.

    def on_llm_end(self, response: LLMResult, **kwargs: Any) -> Any:
        """Run when LLM ends running."""
        # 번역: LLM 실행이 끝날 때 실행됩니다.

    def on_llm_error(
        self, error: Union[Exception, KeyboardInterrupt], **kwargs: Any
    ) -> Any:
        """Run when LLM errors."""
        # 번역: LLM 오류가 발생할 때 실행됩니다.

    def on_chain_start(
        self, serialized: Dict[str, Any], inputs: Dict[str, Any],
        **kwargs: Any
    ) -> Any:
        """Run when chain starts running."""
        # 번역: 체인이 실행되기 시작할 때 실행됩니다.

    def on_chain_end(self, outputs: Dict[str, Any], **kwargs: Any) -> Any:
        """Run when chain ends running."""
        # 번역: 체인 실행이 끝날 때 실행됩니다.

    def on_chain_error(
        self, error: Union[Exception, KeyboardInterrupt], **kwargs: Any
    ) -> Any:
        """Run when chain errors."""
        # 번역: 체인 오류가 발생할 때 실행됩니다.

    def on_tool_start(
```

```
        self, serialized: Dict[str, Any], input_str: str, **kwargs: Any
    ) -> Any:
        """Run when tool starts running."""
        # 번역: 도구가 실행되기 시작할 때 실행됩니다.

    def on_tool_end(self, output: str, **kwargs: Any) -> Any:
        """Run when tool ends running."""
        # 번역: 도구 실행이 끝날 때 실행됩니다.

    def on_tool_error(
        self, error: Union[Exception, KeyboardInterrupt], **kwargs: Any
    ) -> Any:
        """Run when tool errors."""
        # 번역: 도구 오류가 발생할 때 실행됩니다.

    def on_text(self, text: str, **kwargs: Any) -> Any:
        """Run on arbitrary text."""
        # 번역: 임의의 텍스트에 대해 실행됩니다.

    def on_agent_action(self, action: AgentAction, **kwargs: Any) -> Any:
        """Run on agent action."""
        # 번역: 에이전트 동작에 대해 실행됩니다.

    def on_agent_finish(self, finish: AgentFinish, **kwargs: Any) -> Any:
        """Run on agent end."""
        # 번역: 에이전트 실행이 끝날 때 실행됩니다.
```

각 콜백은 클래스 또는 개별 요청으로 범위를 지정할 수 있습니다.

## 6.13.1 글로벌(생성자) 콜백

생성자 내에서 콜백을 정의하면 `AgentExecutor(callbacks=[handler], tags=['a-tag'])`와 같이 해당 인스턴스에서 호출할 때마다 콜백이 활성화됩니다. 이러한 콜백은 해당 특정 인스턴스로 제한됩니다. 예를 들어 핸들러를 생성하는 동안 LLMChain에 전달하면 자식[child] 체인과 상호 작용하지 않습니다.

```
# 파일명: content/chapter_6/agent_in_lcel.ipynb

from langchain.agents import AgentExecutor
```

```python
from langchain.callbacks import StdOutCallbackHandler

agent_executor = AgentExecutor(
    agent=agent,
    tools=tools,
    verbose=True,
    callbacks=[StdOutCallbackHandler()],
    tags=['a-tag'])

agent_executor.invoke({"input": "How many letters in the word Software?"})
# 번역: {"input": "Software라는 단어에는 몇 개의 글자가 있습니까?"}
```

'a-tag' 같은 태그를 포함하면 생성형 AI 설정의 결과물을 추적하고 정렬하는 데 매우 유용하게 사용할 수 있습니다. 특히 수많은 체인이 있는 대규모 프로젝트에서 태그를 활용하면 워크플로를 크게 간소화할 수 있습니다.

### 6.13.2 요청별 콜백

반면 콜백은 invoke() 메서드 내에서 정의할 수 있습니다. 예를 들어 LLMChain 요청이 다른 LLMChain 요청을 트리거할 수 있으며 동일한 핸들러가 적용됩니다.

```python
# 파일명: content/chapter_6/request_callbacks.ipynb

from langchain.callbacks import StdOutCallbackHandler
from langchain.chains import LLMChain
from langchain_openai import OpenAI
from langchain_core.prompts import PromptTemplate

handler = StdOutCallbackHandler()
llm = OpenAI()
prompt = PromptTemplate.from_template("What is 1 + {number} = ")
chain = LLMChain(llm=llm, prompt=prompt)
chain.invoke({"number": 2}, {"callbacks": [handler]})
```

### 6.13.3 verbose 인수

일반적으로 사용되는 `verbose` 인수는 대부분의 API 객체에서 사용할 수 있는 유틸리티입니다. `AgentExecutor(verbose=True)`와 같이 설정하면, 이는 객체와 그 하위 객체의 콜백 인수에 `ConsoleCallbackHandler`를 통합한 것과 동일한 효과를 냅니다. 모든 이벤트를 콘솔에 직접 기록하므로 디버깅에 유용한 도구로 활용됩니다.

그렇다면 각 방식은 언제 사용하면 좋을까요? 생성자(글로벌) 콜백은 전체 체인에 걸친 로깅이나 모니터링과 같은 광범위한 작업에 이상적입니다. 에이전트 내부의 모든 상호 작용을 추적하는 것이 목표라면, 에이전트 초기화 시 핸들러를 연결하는 것이 좋습니다.

요청별 콜백은 스트리밍처럼 단일 요청의 출력이 특정 엔드포인트(예: 웹소켓)로 전달되는 경우에 유용합니다. 이런 시나리오에서는 `invoke()` 메서드에 핸들러를 연결해야 합니다. `verbose` 인수는 디버깅이나 로컬 LLM 개발에 유용하지만 로그가 과도하게 많아질 수 있으니 주의가 필요합니다.

### 6.13.4 랭체인을 사용한 토큰 카운팅

랭체인은 생성형 AI 모델과 상호 작용하는 동안 토큰 카운팅을 위한 효과적인 방법을 제공합니다. 하지만 사전에 필요한 모듈을 설정해야 합니다. `asyncio` 모듈과 관련 함수를 랭체인 패키지에서 가져오세요.

```python
# 파일명: content/chapter_6/token_usage.ipynb

import asyncio
from langchain.callbacks import get_openai_callback
from langchain_core.messages import SystemMessage
from langchain_openai.chat_models import ChatOpenAI
model = ChatOpenAI()
```

이제 `get_openai_callback` 컨텍스트 관리자를 사용해 요청하고, 사용된 토큰을 계산합니다.

```python
with get_openai_callback() as cb:
    model.invoke([SystemMessage(content="My name is James")])
total_tokens = cb.total_tokens
```

```
print(total_tokens)
assert total_tokens > 0
```

25

위 코드를 실행하면 total_tokens에 요청에 사용된 토큰 수가 저장됩니다. 그리고 여러 요청을 컨텍스트 관리자 내에서 수행할 때, 계산된 총 토큰 수가 정확한지 확인할 수 있습니다.

```
with get_openai_callback() as cb:
    model.invoke([SystemMessage(content="My name is James")])
    model.invoke([SystemMessage(content="My name is James")])
assert cb.total_tokens > 0
print(cb.total_tokens)
```

50

보다시피 동일한 요청을 두 번 하면 cb.total_tokens 값이 total_tokens 값의 두 배가 됩니다.

랭체인은 동시 실행을 지원하므로 여러 요청을 동시에 실행할 수 있습니다.

```
# 비동기 콜백
with get_openai_callback() as cb:
    await asyncio.gather(
        model.agenerate(
            [
                [SystemMessage(content="Is the meaning of life 42?")],
                [SystemMessage(content="Is the meaning of life 42?")],
                # 번역: "인생의 의미는 42인가요?"[24]
            ],
        )
    )
print(cb.__dict__)
```

{'successful_requests': 2, 'total_cost': 0.000455,

---

[24] 옮긴이_ 『은하수를 여행하는 히치하이커를 위한 안내서』에서 '딥 생각(Deep Thought)'이라는 초지능 컴퓨터가 '삶, 우주, 모든 것에 대한 궁극적인 질문'의 답을 계산한 결과가 42입니다.

```
'total_tokens': 235, 'prompt_tokens': 30,
'completion_tokens': 205}
번역: {'성공적인 요청': 2, '총 비용': 0.000455,
'총 토큰': 235, '프롬프트 토큰': 30,
'완료 토큰': 205}
```

cb는 AI 모델과의 상호 작용을 세부적으로 분석해 주며, 프롬프트 엔지니어링에 핵심적인 주요 지표를 제공합니다.

- cb.successful_requests는 오류 없이 성공적으로 처리된 요청 수를 추적합니다. 이는 API 요청이 얼마나 효과적으로 실행되었는지를 보여 주는 직접적인 지표입니다.
- cb.total_cost를 통해 각 요청에서 발생한 비용을 투명하게 확인할 수 있습니다. LLM을 광범위하게 활용할 경우 예산 책정과 비용 관리에 있어 중요한 지표가 됩니다.
- cb.total_tokens는 프롬프트와 응답에 사용된 전체 토큰 수를 나타냅니다. 토큰 사용량을 종합적으로 파악할 수 있습니다.
- cb.prompt_tokens는 사용자가 입력한 프롬프트에 소비된 토큰 수를 나타냅니다. 간결하고 효과적인 프롬프트 작성에 참고할 수 있습니다.
- cb.completion_tokens는 AI가 생성한 응답에서 사용한 토큰 수를 나타냅니다. 이 수치는 응답의 길이나 깊이를 분석할 때 유용합니다.

## 6.14 마치며

이 장에서는 생각의 사슬 개념과 그것이 자율 에이전트에서 어떻게 중요한 추론 방식이 되는지 살펴봤습니다. 또한 LLM이 복잡한 문제를 더 작은 문제로 나누어 효과적인 해결책을 도출하는 방식도 알게 되었습니다.

생성형 AI 모델의 에이전트 기반 아키텍처를 살펴보고 메모리 통합 및 고급 에이전트 프레임워크에 대한 귀중한 인사이트도 얻었습니다. ReAct와 오픈AI 함수 호출과 같은 다양한 에이전트 프레임워크를 살펴보면서, 이러한 방식이 외부 도구를 활용해 LLM의 응답 능력을 향상시키는 데 어떻게 기여하는지도 확인했습니다.

7장에서는 생성형 AI를 사용한 이미지 생성에 대해 소개합니다. 이미지 생성 모델의 역사를 살펴보고, 각 제품이 제공하는 강점과 약점을 배우게 됩니다.

# 7장
# 이미지 생성을 위한 확산 모델 소개

이 장에서는 AI 이미지 생성 분야에서 가장 널리 사용되는 확산 모델diffusion model을 소개합니다. 각 주요 모델의 장점과 한계를 이해함으로써 여러분은 작업에 가장 적합한 모델을 자신 있게 선택할 수 있을 것입니다.

확산 모델은 2015년에 처음 제안된 생성형 AI 기법으로, 텍스트를 이미지로 변환하는 데 뛰어난 성능을 보입니다. 2022년 출시된 DALL·E 2[1]는 확산 모델 기반 이미지 생성 품질을 획기적으로 끌어올렸고, 이후 오픈 소스인 스테이블 디퓨전Stable Diffusion[2]과 커뮤니티에서 높은 선호도를 보이는 미드저니Midjourney[3]가 빠르게 등장하며 치열한 경쟁 구도가 형성되었습니다. DALL·E 3[4]가 챗GPT에 통합되면서 텍스트와 이미지 생성의 경계는 점점 흐려지고 있습니다. 그러나 고급 사용자는 여전히 최상의 결과를 얻기 위해 기본 이미지 생성 모델에 직접 접근해야 할 필요가 있습니다.

확산 모델은 이미지에 무작위 노이즈[5]를 추가한 다음, 그 과정을 거꾸로 되돌리며 노이즈를 제거하는 방법을 예측하도록 학습됩니다. 이 접근 방식은 물리학에서 입자가 매체를 통해 확산(즉, 널리 퍼지는)되는 방식을 시뮬레이션하는 데 사용하는 기술로부터 유래했습니다. 모델의 예측은 이미지에 대한 설명에 따라 달라지므로 결과 이미지가 일치하지 않으면 모델의 신경망

---

[1] https://oreil.ly/dalle2
[2] https://oreil.ly/gjNJ_
[3] https://oreil.ly/j51L0
[4] https://oreil.ly/dalle3
[5] https://oreil.ly/0rAHA

가중치가 조정되어 더 정확한 예측이 가능해집니다. 훈련이 완료되면 모델은 무작위 노이즈를 입력받아 프롬프트에 제공된 설명과 일치하는 이미지를 생성할 수 있게 됩니다.

[그림 7-1]은 〈Mathematical Foundation of Diffusion Generative Models(확산 생성 모델의 수학적 기초)〉[6]의 저자 빈쉬 왕$^{Binxu\ Wang}$이 설명한 노이즈 제거 과정을 보여 줍니다.

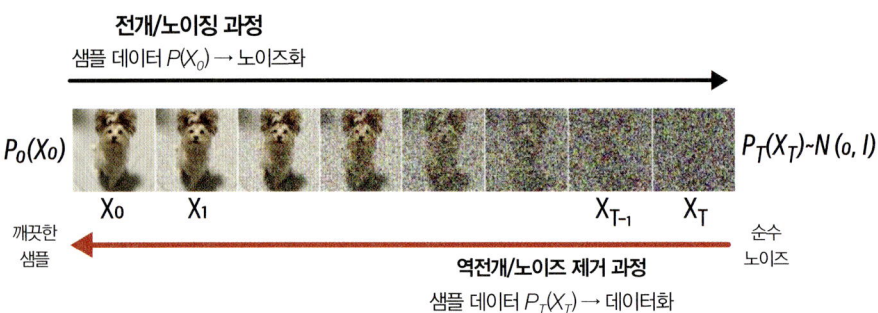

그림 7-1 확산 구조도

확산 모델은 인터넷에서 수집한 수십억 개의 이미지와 그에 해당하는 캡션으로 구성된 대규모 데이터 세트를 학습했기 때문에 대부분의 인기 있는 아트 스타일이나 아티스트의 화풍을 재현할 수 있습니다. 이로 인해 저작권 소유자들은 법적 권리를 주장하고,[7] 모델 제작자들은 공정한 사용의 필요성을 내세우며 논쟁이 이어지고 있습니다.

그러나 확산 모델은 단순히 저작권이 있는 이미지를 그대로 복제하는 '복잡한 콜라주 도구'가 아닙니다. 모델의 크기가 수 기가바이트밖에 되지 않기 때문에, 모든 학습 데이터를 그대로 저장하는 것은 현실적으로 불가능합니다. 실제로 연구자들이 스테이블 디퓨전의 훈련 데이터 중 35만 개의 이미지를 재현하려고 시도했을 때, 그중 단 109개만 성공했습니다.[8]

모델이 하는 일을 사람에 비유하자면, 인간 아티스트가 인터넷에 있는 모든 이미지를 일일이 다 보면서 모든 주제와 스타일을 정의하는 패턴을 학습하는 것과 비슷합니다. 이러한 패턴은 잠재 공간$^{latent\ space}$의 위치를 나타내는 벡터 표현(숫자 목록)으로 인코딩되며, 이는 모델이 생성할 수 있는 모든 가능한 이미지 조합의 지도입니다. 사용자가 입력한 프롬프트는 먼저 벡터

---

6 https://oreil.ly/57szp
7 https://oreil.ly/a4Fyp
8 Carlini et al., 2023(https://oreil.ly/SGn9B)

로 변환되고, 확산 모델이 이 벡터와 일치하는 이미지를 생성한 다음 결과 이미지가 다시 픽셀로 디코딩되어 사용자에게 전달됩니다.

[그림 7-2]는 이언 스텐빗Ian Stenbit의 〈A walk through latent space with Stable Diffusion(스테이블 디퓨전과 함께 잠재 공간 산책)〉[9]에서 인코딩과 디코딩 과정을 시각적으로 설명한 것입니다.

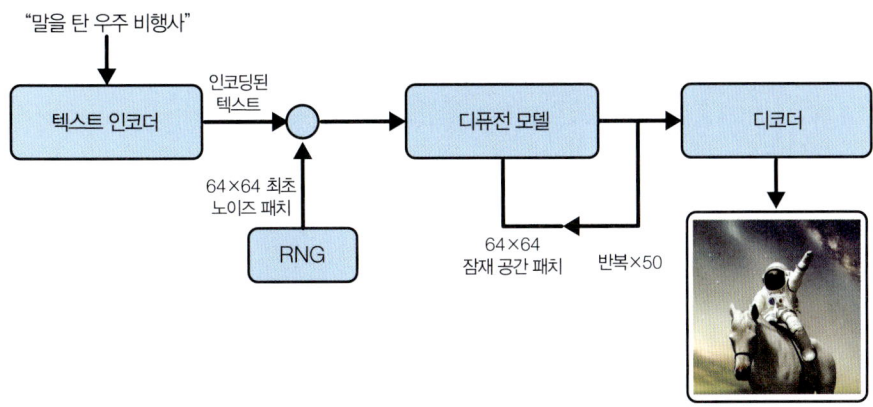

그림 7-2 인코딩 및 디코딩 프로세스

임베딩이라고도 불리는 이러한 벡터는 모델이 가진 모든 이미지의 지도에서 특정 지점의 위치 또는 주소 역할을 하며, 이로 인해 유사한 이미지들은 잠재 공간에서 서로 더 가까운 위치에 놓이게 됩니다. 잠재 공간은 연속적이며, 두 지점 사이를 이동(보간interpolation)하면서도 그 과정에서 유효한 이미지를 얻을 수 있습니다. 예를 들어 강아지 사진에서 과일 한 그릇 이미지로 보간하면 그 중간 단계의 이미지들도 자연스럽고 일관성 있게 생성되어 두 개념 사이의 점진적인 변화를 시각적으로 보여 줍니다.

[그림 7-3]은 이언 스텐빗이 제작한 그리드 이미지로, 강아지(왼쪽 위), 과일 한 그릇(오른쪽 위), 에펠탑(왼쪽 아래), 고층 빌딩(오른쪽 아래) 등 네 개의 이미지 사이의 중간 단계를 보여 줍니다.[10]

---

9   https://oreil.ly/qOpis
10  https://oreil.ly/cjm8A

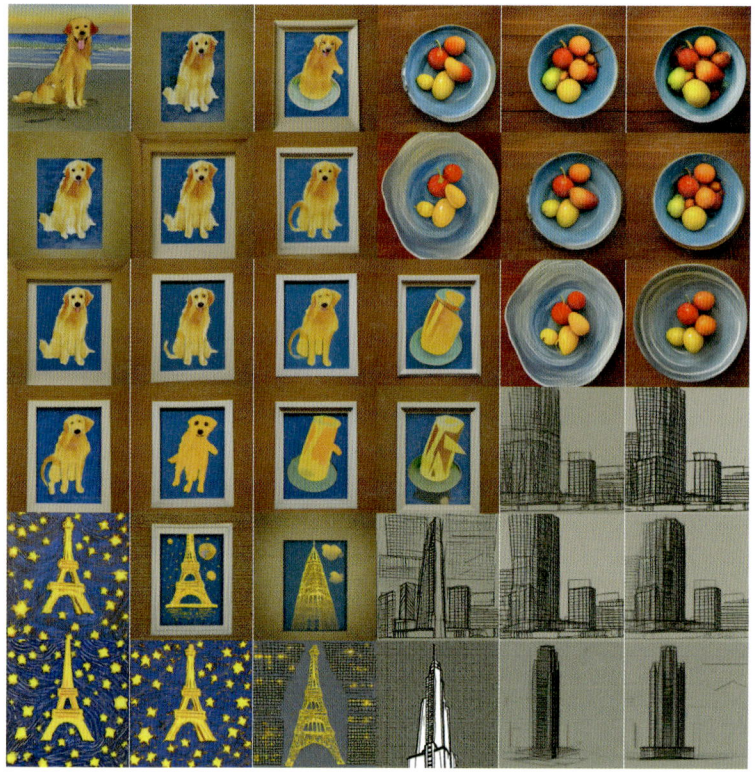

**그림 7-3** 잠재 공간에서의 무작위 산책

확산 모델 영역에서 프롬프트 엔지니어링의 역할은 잠재 공간을 탐색하면서 존재 가능한 모든 이미지 중에서 사용자의 목표에 부합하는 이미지를 찾아내는 작업으로 볼 수 있습니다. 원하는 이미지를 불러오기 위해 적절한 단어 조합을 찾는 다양한 기법과 모범 사례들이 존재하며, 활발한 AI 아티스트 및 연구자 커뮤니티는 이를 지원하는 도구 세트를 구축하기 위해 끊임없이 노력하고 있습니다. 모델과 방식마다 아키텍처, 학습 방법, 학습에 사용된 데이터에 따라 고유한 특징과 동작을 갖습니다. 가장 인기 있는 텍스트-이미지 확산 모델을 개발한 세 가지 주요 조직은 비즈니스 모델과 기능 측면에서 서로 근본적으로 다른 접근 방식을 취하고 있으며, 이로 인해 오픈AI가 주도하는 LLM 분야보다 확산 모델 선택의 다양성이 더 큽니다.

## 7.1 오픈AI와 DALL·E

2021년 1월, 오픈AI는 초현실주의 예술가 살바도르 달리와 픽사 애니메이션의 로봇 〈월-E〉의 이름을 결합한 텍스트-이미지 변환 모델인 **DALL·E**를 공개했습니다. 이 모델은 7개월 전에 출시된 오픈AI의 뛰어난 텍스트 생성 모델 GPT-3의 수정 버전을 기반으로 개발되었습니다. DALL·E는 컴퓨터로는 불가능하다고 여겨졌던 예술적 표현 능력을 보여 주며 생성형 AI의 획기적인 발전을 이뤄냈습니다. [그림 7-4]는 DALL·E의 첫 번째 버전[11]의 기능을 보여 주는 예시를 담고 있습니다.

그림 7-4 DALL·E 기능

DALL·E 모델은 오픈 소스로 공개되지도, 일반 사용자에게 배포되지도 않았지만, 여러 연구자와 AI 애호가들에게 큰 영감을 주었고, 해당 연구를 모방하려는 다양한 시도가 이어졌습니다. 그중 가장 인기를 끌었던 모델은 2021년 7월에 출시된 DALL·E 미니로, 이후 오픈AI의 요청에 따라 1년 뒤 크레용$^{Craiyon}$이라는 이름으로 변경되었습니다. 이 모델은 소셜 미디어에서 열성적인 팬층을 확보했지만 공식 DALL·E 모델보다는 품질이 크게 떨어졌습니다. 오픈AI는 2022년 4월, DALL·E 2를 소개하는 공식 논문[12]을 발표했고, 그 품질은 전작과 비교해 획기

---

11 https://oreil.ly/dalle1
12 https://oreil.ly/EqdtP

적으로 향상되어 무려 100만 명의 대기자 명단을 기록할 정도로 큰 주목을 받았습니다. [그림 7-5]는 당시 대중의 상상력을 사로잡았고 지금은 상징처럼 여겨지는 '말을 탄 우주 비행사' 이미지입니다.

**그림 7-5** DALL·E 2의 고품질 이미지

이와 함께 AI 윤리와 안전성에 대한 우려도 제기되었습니다. 오픈AI는 악용 가능성을 줄이기 위해 2022년 9월까지 대기자 명단을 유지하며 접근을 제한했습니다. 초기에는 사람이 포함된 이미지 생성이 금지되었으며, 민감한 단어를 차단하는 긴 금지어 목록도 있었습니다. 한편, 연구자들에 의해 밝혀진 바에 따르면 DALL·E 2 개발 팀은 데이터 세트로부터 물려받은 편향(예를 들어 인터넷상의 의사 이미지가 백인 남성 중심으로 구성되었습니다)을 완화하기 위해 일부 이미지 프롬프트에 의도적으로 흑인 또는 여성 의사라는 단어를 추가한 정황도 있었습니다.[13]

2022년 8월, 개발 팀은 사용자 인터페이스에 인페인팅inpainting과 아웃페인팅outpainting 기능을 추가했습니다. 이 기능은 언론과 소셜 미디어의 주목을 받으며 기술적 진보의 또 다른 이정표로 평가되었습니다. 인페인팅 기능을 통해 사용자는 이미지의 특정 부분만 새로 생성할 수 있고, 아웃페인팅 기능을 통해 기존 이미지의 테두리를 확장해 줌 아웃 효과를 구현할 수 있습니다. 그러나 사용자는 여전히 모델의 매개변수를 거의 제어할 수 없고 자신의 데이터로 모델을 미세

[13] https://oreil.ly/ot4vw

조정할 수 없었습니다. [그림 7-6]과 같이 손, 발, 눈 등의 세부 묘사에서 기형적이고 부자연스러운 표현을 보이는 등 사람을 사실적으로 표현하는 데 어려움을 겪기도 했습니다.

**그림 7-6** 변형된 손과 눈

이후 출시된 구글의 Imagen은 인상적인 결과를 보여줬고, 2022년 5월 논문을 통해 소개되었습니다.[14] 그러나 AI 윤리와 안전 문제를 이유로 일반 대중에게는 공개되지 않았습니다. 한편, 2022년 7월에 등장한 미드저니 같은 경쟁사는 소셜 미디어에서 DALL·E의 인상적인 데모를 보고 관심을 갖게 된 수많은 사용자들이 대기 명단 때문에 실제 사용은 못 하고 있는 상황을 재빨리 파고들었습니다. 2022년 8월에 공개된 오픈 소스 모델 스테이블 디퓨전은 불과 몇 달 전까지만 해도 오픈AI가 독주하고 있던 시장에 균열을 낼 만큼의 강력한 파급력을 보였습니다. 이후 챗GPT의 기능으로 통합된 DALL·E 3 모델이 출시되면서 오픈AI는 잃었던 입지를 다시 확보하기 시작했고, 구글도 제미나이$^{Gemini}$ 1.5[15]를 통해 본격적으로 경쟁에 뛰어들었습니다. 그러나 아직 게임은 끝나지 않았고, 앞으로도 경쟁은 계속될 것입니다.

## 7.2 미드저니

2022년 7월, DALL·E 2를 출시한 지 불과 3개월 만에 미드저니는 자사의 v3 모델을 오픈 베타 버전으로 출시했습니다. 당시에는 초기 사용자들이 공개한 DALL·E 2의 이미지 데모가 마법처럼 보일 정도로 인상 깊었지만, 접근 제한으로 인해 직접 사용해 볼 수 없었던 상황이었기

---

[14] Ho et al., 2022 (https://oreil.ly/sFaeW)
[15] https://oreil.ly/XzQrU

때문에 이미지 생성 모델을 새로 출시하기에 매우 좋은 시기였습니다. 열성적인 얼리어답터들이 미드저니에 몰려들었고, 미드저니 특유의 판타지 미학은 게임과 디지털 아트 팬들 사이에서 컬트적인 인기를 얻었습니다. 그 대표적인 예가 바로 디지털 아트 대회에서 1등을 수상한 이미지입니다(그림 7-7).

**그림 7-7** 스페이스 오페라 극장

미드저니는 비즈니스 모델과 상업적 라이선스를 갖춘 최초의 실용적인 이미지 생성 모델 중 하나였습니다. 단순한 실험을 넘어 현업에서 사용하는 용도로도 적합합니다. 미드저니의 구독 모델은 어도비의 포토샵과 같은 소프트웨어에 매달 요금을 내는 데 익숙한 많은 아티스트들에게 특히 매력적이었습니다. 특히 초창기에는 충분한 품질의 이미지를 찾기 전까지 여러 번 시도해야 했기 때문에 생성된 이미지당 비용이 청구되지 않아 창작 과정에 도움이 되었습니다. 미드저니의 유료 고객이라면, 생성된 이미지에 대한 모든 권리를 자신이 보유하게 되며, 이는 오픈 AI가 DALL·E를 통해 생성된 이미지의 저작권을 보유하는 방식과는 명확히 구별됩니다.

미드저니의 가장 큰 특징은 커뮤니티 중심 접근 방식입니다. 이 도구를 사용하려면 디스코드 서버[16]에 로그인하고(그림 7-8), 오픈 채널 또는 쪽지로 프롬프트를 입력해야 합니다. 기본

---

16 https://oreil.ly/JKZzD

적으로 모든 이미지 생성은 공개 채널에서 공유되며, 비공개 모드는 가장 비싼 요금제[17]에서만 사용할 수 있으므로 미드저니를 통해 생성된 이미지의 대부분은 누구나 열람하고 학습할 수 있는 상태입니다. 이러한 구조 덕분에 사용자들 사이에서 빠른 복사와 반복이 가능해 초보자도 다른 사용자로부터 빠르게 배울 수 있는 환경이 조성되었습니다. 2022년 7월 초에 디스코드 커뮤니티의 회원 수는 100만 명에 근접했으며 1년 후에는 1,300만 명을 돌파했습니다.[18]

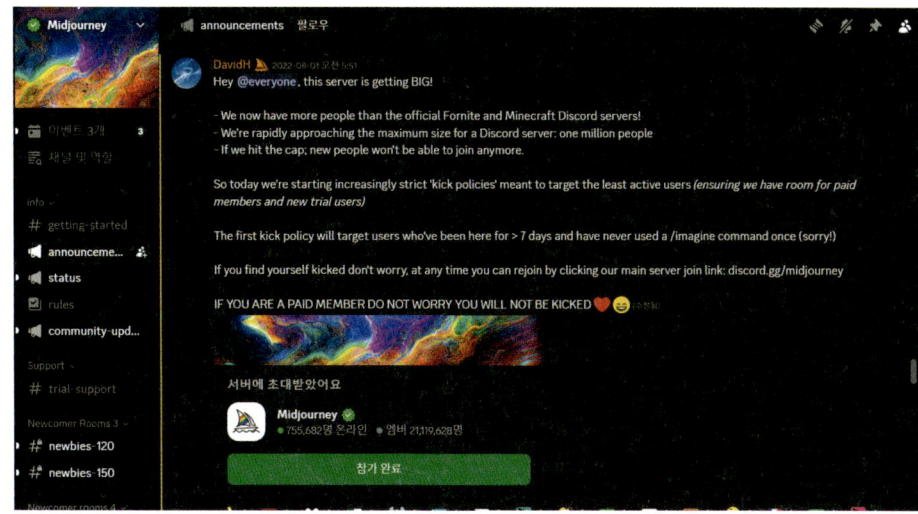

그림 7-8 미드저니의 디스코드 서버

마음에 드는 이미지를 찾으면 버튼을 클릭해 이미지를 업스케일링(고해상도로 변환)하여 사용할 수 있습니다. 많은 사람들은 이 업스케일링 과정 자체가 일종의 훈련 데이터로 작용하며, 이는 챗GPT의 성공 비결로 알려진 인간 피드백을 통한 강화 학습(RLHF)[19]과 유사한 방식일 수 있다고 추측합니다. 미드저니 팀은 성능 개선을 위해 최신 모델이 생성한 이미지에 대해 정기적으로 사용자에게 평점을 요청하고 있으며, 모델의 정밀도와 품질을 높이는 데 도움이 되고 있습니다. 미드저니는 2022년 11월에 v4 모델을 출시한 데 이어 2023년 3월에 v5, 2023년 12월에 v6를 출시했습니다.[20] 품질이 크게 개선되면서 [그림 7-6]에서 살펴본 손과 눈 묘사 문제가

---

17 https://oreil.ly/OV46r
18 옮긴이_ 번역 시점 디스코드 커뮤니티의 회원 수는 2천 1백만 명입니다.
19 https://ko.wikipedia.org/wiki/인간_피드백을_통한_강화_학습
20 옮긴이_ 2025년 4월에 v7을 출시했으며, 번역 시점 아직 알파 버전입니다.

대부분 사라졌으며, [그림 7-9]에서 볼 수 있듯이 스타일 표현의 폭도 더 넓어졌습니다.

> a group of best friends women eating salads and laughing while high fiving in a coffee shop, cinematic lighting
> 번역: 친한 여자 친구들이 커피숍에서 샐러드를 먹으며 웃고 하이파이브를 하는 장면, 시네마틱 조명 아래

출력된 이미지는 [그림 7-9]와 같습니다.

그림 7-9 샐러드를 먹으며 웃는 여성들

2023년 3월 기준 미드저니 팀은 놀랍게도 단 11명으로 구성되어 있었습니다.[21] 하드웨어 스타트업 Leap Motion의 창립자이자 미드저니의 창립자인 데이비드 홀츠(David Holz)는 인터뷰[22]를 통해 2022년 8월 현재 이미 수익을 내고 있다고 밝혔습니다. 더욱 놀라운 점은 오픈AI처럼 수십억 달러의 자금 지원 없이도 부정적 프롬프트(이미지에서 특정 개념 제거), 가중치 용어(특

---

[21] https://oreil.ly/YrmA_
[22] https://oreil.ly/jeFYV

정 개념의 반영 비율 조절), 설명 기능(업로드된 이미지에서 프롬프트를 역설계하는 기능) 등 DALL·E에서 제공하는 기능보다 훨씬 뛰어난 기능을 먼저 구현했다는 사실입니다. 그러나 디스코드를 통해서만 이 모델에 유일하게 접근할 수 있었으며, 미드저니가 주류로 부상하는 데에 이 점이 걸림돌로 작용했을 가능성이 높습니다.

## 7.3 스테이블 디퓨전

DALL·E 2의 대기자 명단이 계속 길어지는 동안 독일 뮌헨 대학교의 CompVis 그룹과 응용 연구 회사 Runway ML의 연구원들은 Stability AI로부터 컴퓨팅 자원을 기부받아 스테이블 디퓨전을 훈련시켰습니다. 이 모델은 2022년 8월 오픈 소스로 공개되며 생성형 AI 업계를 충격에 빠뜨렸습니다. 왜냐하면 DALL·E 2나 미드저니 수준의 결과물을 생성할 수 있음에도 불구하고, 8GB VRAM이 장착된 적당한 GPU만 있으면 개인 컴퓨터에서 무료로 실행할 수 있었기 때문입니다. 스테이블 디퓨전은 출시 첫 90일 동안 깃허브에서 33,600개의 별을 획득하며 모든 오픈 소스 소프트웨어를 통틀어 가장 빠르게 깃허브 별이 상승하는 기록을 세웠습니다.

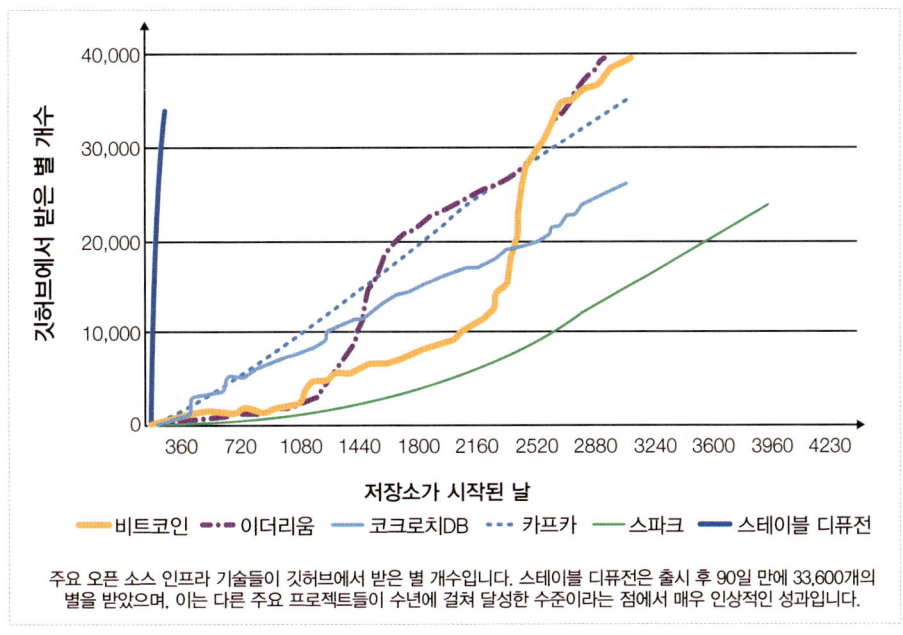

**그림 7-10** 깃허브 개발자들의 스테이블 디퓨전 채택 현황

이 모델을 오픈 소스화하려는 움직임은 논란의 여지가 있었고, AI 윤리와 안전성에 대한 우려를 불러일으켰습니다. 실제로 초기 사용 사례의 상당수는 Civit AI[23]와 같은 플랫폼에 공유된 '회사에서 보지 마세요(NSFW)' 모델에서 볼 수 있듯이 AI 포르노를 생성하는 데 사용되었습니다. 하지만 취미로 모델을 수정하거나 확장하고, 자신만의 데이터로 미세 조정할 수 있는 기능 덕분에 모델의 기능은 빠르게 진화하고 개선되었습니다. 프롬프트를 얼마나 엄밀히 따를지 결정하는 **무분류기 안내**classifier free guidance, 모델이 추론 중에 제거할 노이즈의 양을 조절하는 **디노이징**denoising, 노이즈 제거의 시작점이 되는 임의값인 **시드**seed 등 모델의 모든 주요 매개변수를 사용자에게 공개하기로 결정한 덕분에 더 창의적이고 혁신적인 아트워크가 탄생할 수 있었습니다. 이러한 접근성과 신뢰성 덕분에 피터 레벨스Pieter Levels의 PhotoAI[24]와 InteriorAI[25] (두 사이트 모두 월 매출 10만 달러 이상), 대니 포스트마Danny Postma의 Headshot Pro[26] 등 여러 소규모 비즈니스가 스테이블 디퓨전을 기반으로 설계될 수 있었습니다. 오픈 소스 생태계의 기여는 DALL·E의 인페인팅과 아웃페인팅 기능뿐 아니라, 네거티브 프롬프트, 가중치 용어, 업로드된 이미지로부터 프롬프트를 역설계하는 기능 등 미드저니의 주요 기능까지 빠르게 따라잡았습니다. 이와 더불어 이미지의 자세나 구도를 맞추는 컨트롤넷ControlNet과 요소를 클릭해 인페인팅용 마스크를 자동 생성하는 Segment Anything 같은 고급 기능도 빠르게 확장 기능으로 추가되었습니다(두 기능 모두 2023년 4월에 릴리스됨). 대부분 AUTOMATIC1111의 웹 UI[27]에서 손쉽게 접근할 수 있습니다(그림 7-11).

스테이블 디퓨전 1.5 버전은 2022년 10월에 출시되어 현재까지도 널리 사용되고 있습니다. 따라서 이 책의 이미지 생성을 위한 고급 과정을 살펴보는 10장에서 다룰 컨트롤넷 예제는 스테이블 디퓨전 1.5를 활용합니다. 스테이블 디퓨전의 가중치는 허깅 페이스에 공개되어 오픈 소스 AI 모델 허브를 통해 많은 AI 엔지니어들에게 소개되었습니다. 한 달 후인 2022년 11월, 원래의 LAION-5B 데이터 세트(연구 목적의 이미지와 텍스트 쌍으로 구성된 대규모 데이터 세트)[28]의 보다 심미적인 하위 집합을 학습하고, NSFW 이미지를 걸러낸 스테이블 디퓨전 2.0 버전이 출시되었습니다. 하지만 고급 사용자들은 검열과 모델 성능 저하에 대해 불만을 제기

---

23 https://civitai.com
24 https://photoai.com
25 http://interiorai.com
26 https://www.headshotpro.com
27 https://oreil.ly/0inw3
28 https://oreil.ly/K5vX2

하며[29] 사실적인 인체 표현을 위해서는 NSFW 이미지가 훈련에 필요하다고 주장하기도 했습니다.

Stability AI는 1억 달러 이상의 투자금을 유치하며[30] 지속적으로 새로운 모델을 개발해 왔습니다. 다른 모델에서 문제가 되는 부분인 이미지 내 텍스트를 생성할 수 있는 모델인 DeepFloyd[31]와 현재 가장 인기 있는 스테이블 디퓨전 XL 1.0(약칭 SDXL)[32]도 그중 하나입니다. 이 모델은 이전 1.5 버전의 9억 8천만 개 매개변수에 비해 약 66억 개의 매개변수를 갖고 있어, 커뮤니티가 2.0 버전에 제기했던 검열 문제를 성능 향상으로 어느 정도 불식시켰습니다.

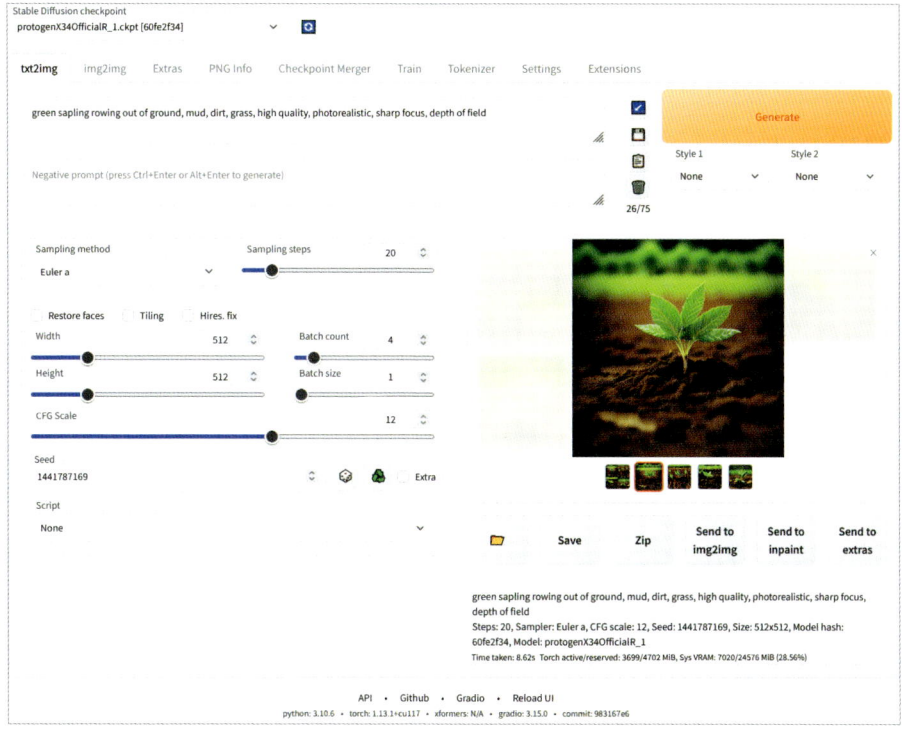

그림 7-11 스테이블 디퓨전을 위한 AUTOMATIC1111의 웹 UI

---

29 https://oreil.ly/2mgh5
30 https://oreil.ly/BT-k5
31 https://oreil.ly/UCQ3I
32 https://oreil.ly/gcT4t

## 7.4 구글 제미나이

구글은 오랫동안 공개되지 않은 자체 모델인 Imagen[33]을 통해 경쟁 가능성을 시사해 왔으며, 이후 전직 구글 출신들이 2023년 8월 유망한 이미지 모델인 Ideogram[34]을 출시하며 주목받았습니다. 구글을 마침내 2023년 12월 제미나이$^{Gemini}$를 통해 이미지 생성 시장에 본격적으로 뛰어들었지만, 다양성을 강조하려는 어설픈 시도로 인해 비판을 받았습니다.[35] 구글 내부의 정치적 이슈가 이들의 막대한 자원을 제대로 활용하지 못하게 할지는 아직 미지수입니다.

## 7.5 텍스트 투 비디오

스테이블 디퓨전 커뮤니티가 AnimateDiff[36]와 같은 유망한 오픈 소스 프로젝트를 통해 프레임 단위로 일관된 이미지를 생성하는 기능[37]을 개발하면서, 이미지 생성의 관심은 점차 텍스트 투 비디오, 이미지 투 비디오, 심지어 비디오 투 비디오로 영역으로 확대되고 있습니다. 스테이블 디퓨전의 공동 개발자 중 하나인 RunwayML은 텍스트 투 비디오의 선도적인 기업으로 부상했으며, Gen-2 모델을 통해 사용 가능한 결과를 얻기 시작했습니다. 2023년 11월에는 텍스트를 짧은 동영상 클립으로 변환하거나 기존 이미지에 애니메이션을 적용할 수 있는 스테이블 비디오 디퓨전[38]이 출시되었으며, 거의 실시간으로 이미지를 생성할 수 있는 스테이블 디퓨전 터보[39]도 함께 출시되었습니다. 2024년 2월에 출시된 Sora[40]는 오픈AI 또한 이 분야에 칼을 갈고 있다는 것을 보여 줍니다. 이 책에서 텍스트 투 비디오 프롬프트 기술을 직접 다루지는 않지만, 이미지 생성을 위한 프롬프트 작성 원리는 비디오에도 동일하게 적용됩니다.

---

33 https://oreil.ly/K8oWv
34 https://ideogram.ai
35 https://oreil.ly/u-Glg
36 https://oreil.ly/CsJgT
37 https://oreil.ly/l7KHB
38 https://oreil.ly/UuApM
39 https://oreil.ly/uMAkh
40 https://oreil.ly/sora

## 7.6 모델 비교

AI 이미지 생성에 대한 수요가 증가하고 경쟁이 가열됨에 따라 새로운 기업들이 등장하고 주요 기업들은 저마다의 방향으로 다각화되고 있습니다. 실제로 우리는 이미 여러 가지 이유와 목적에 따라 다양한 모델을 병행해서 사용하고 있습니다. DALL·E 3는 구성력이 뛰어나며 챗GPT와의 통합이 편리합니다. 미드저니는 판타지와 극사실주의 스타일 모두에서 여전히 최고의 미학을 자랑합니다. 스테이블 디퓨전은 오픈 소스이기 때문에 가장 유연하고 확장성이 높은 모델이며, 대부분의 AI 비즈니스에서 이를 기반으로 제품을 개발하고 있습니다. [그림 7-12]와 같이 여러 모델에서 동일한 프롬프트를 비교한 것처럼, 각 모델은 각자만의 고유한 스타일과 기능을 발전시켜 왔습니다.

---

a Welsh Corgi on top of the Brandenburg Gate
번역: 브란덴부르크 문 위의 웰시 코기

---

출력된 이미지는 [7-12]와 같습니다.

DALL·E 3　　　미드저니 v6　　　스테이블 디퓨전 XL

**그림 7-12** 브란덴부르크 문 위에 있는 웰시 코기

## 7.7 마치며

이번 장에서는 AI 이미지 생성을 위한 확산 모델에 대해 소개했습니다. DALL·E, 스테이블 디퓨전, 미드저니와 같은 모델들은 무작위 노이즈와 노이즈 제거 기술을 사용해 텍스트 설명을 기반으로 이미지를 생성합니다. 모델들은 대규모 데이터 세트에 대한 학습을 통해 다양한 아트

스타일을 재현할 수 있지만, 저작권 문제를 둘러싼 논란이 있기도 합니다. 또한 원하는 이미지를 찾기 위해 잠재 공간을 탐색하는 과정에서 이미지 생성에 프롬프트 엔지니어링 원칙이 어떻게 적용되는지도 배웠습니다.

오픈AI, Stability AI, 미드저니와 같은 기업들이 각기 다른 전략으로 텍스트–이미지 변환 모델을 개발해 온 방식도 살펴봤습니다. 오픈AI의 DALL·E는 예술적인 표현력으로 인기를 얻었지만 접근이 제한적이었고 품질이 떨어졌습니다. 반면 미드저니는 DALL·E의 대안으로 떠오르며 v3과 v4 모델을 통해 두터운 팬층을 확보했고 구독 기반 요금제 모델과 커뮤니티의 강력한 힘도 갖추게 되었습니다. 스테이블 디퓨전은 DALL·E, 미드저니에 버금가는 성능에 더해 오픈 소스로 공개되어 개인용 컴퓨터에서도 무료로 실행할 수 있다는 점이 가장 큰 장점이었습니다. 이 장을 읽으면서 AI 이미지 생성의 역사와 오픈AI, 미드저니, 스테이블 디퓨전과 같은 기업들이 이룬 발전에 대한 인사이트를 얻을 수 있었습니다.

다음 장에서는 AI를 활용한 이미지 생성의 실용적인 팁을 배워 보겠습니다. 형식 수정부터 아트 스타일 복제까지, 시각적으로 독창적이고 매력적인 이미지를 만들기 위한 프롬프트 엔지니어링의 힘을 발견하게 될 것입니다. 이제 창의력을 마음껏 발휘하며 이미지 생성 기술을 한 단계 업그레이드할 차례입니다.

# 8장
# 미드저니로 이미지 생성하기

이 장에서는 몇 가지 표준 기술을 통해 확산 모델을 잘 사용하는 방법을 알아봅니다. 이미지 생성에 사용되는 일반적인 기술을 전부 살펴보는 것이 목표입니다. 별도의 언급이 없는 한 이 책의 모든 이미지는 미드저니 v5에서 생성되었습니다. 여기서 살펴볼 기술은 미래의 모델에서도, 다른 대체 모델에서도 잘 작동할 수 있도록 고안되었으니 알아 두면 충분히 도움이 될 내용입니다.

## 8.1 형식 지정

이미지를 생성하는 가장 기본 방법은 이미지의 형식$^{format}$을 지정하는 것입니다. AI 이미지 생성 모델들은 사진부터 유화, 고대 이집트 상형 문자까지 아주 다양한 형식으로 이미지를 만들 수 있습니다. 같은 텍스트를 입력하더라도 사물이나 사람의 스타일 등 형식에 따라 이미지가 완전히 다르게 생성되는 경우가 많습니다. 학습 데이터에 많은 비중을 차지하는 스톡 사진을 생성해 보겠습니다. 이미지 생성 분야에서 상업적으로 가장 중요한 종류가 바로 스톡 사진입니다.

a stock photo of a business meeting
번역: 비즈니스 회의의 스톡 사진

그림 8-1 비즈니스 회의의 스톡 사진

스테이블 디퓨전과 같은 오픈 소스 모델을 통해 로열티가 없는 스톡 사진을 무한대로 무료로 생성하거나 DALL·E 또는 미드저니를 통해 매우 저렴한 비용으로 생성할 수 있습니다. 이건 그 자체로도 획기적인 기능입니다. 이렇게 생성된 이미지는 세상에 하나뿐인 이미지이므로, 다른 사람이 사용할 수 있는 동일한 무료 스톡 사진을 재사용하는 것보다 더 고급스러워 보일 수 있습니다. 꼭 스톡 사진에만 국한될 필요는 없습니다. 블로그 게시물이나 웹사이트 이미지에 예술적인 요소를 더해 근사함을 더할 수도 있습니다.

```
an oil painting of a business meeting
번역: 비즈니스 회의를 그린 유화
```

그림 8-2 비즈니스 회의의 유화 버전 이미지

> **TIP** 프롬프트 원칙 ② 형식 정하기
> 
> 지정한 형식에 따라 AI 모델의 출력물이 크게 달라집니다. 형식을 지정하면 우리가 원하는 시각적 유형을 정확히 제공하기 때문에, 프롬프트가 우리가 원하는 결과물을 출력할 가능성, 즉 프롬프트의 신뢰도가 향상됩니다.

이 기술을 어디까지 활용할 수 있는지에 대한 실질적인 제한은 없지만 미술을 전공한 경험이 무척 도움이 되곤 합니다. 만들고 싶은 이미지의 특정 기법이나 세부적인 이름을 알고 있는 경우에는 프롬프트에 해당 용어를 집어넣어서 원하는 결과물을 도출할 수 있습니다. 예를 들어 유화에서 표면의 한 부분에 물감을 두껍게 발라 붓 자국을 남기는 기법인 임파스토 스타일을 요구해 볼 수 있습니다. 구글은 프롬프트를 만들 때 찾아 볼 수 있는 인기 있는 예술가와 예술 사조를 목록[1]으로 제공합니다.

---

1 https://oreil.ly/OmZbl

```
an oil painting of a business meeting, textured oil-on-canvas using thick impasto
and swirling dynamic brushstrokes
번역: 두터운 임파스토와 소용돌이치는 역동적인 붓질을 사용한 비즈니스 회의를 그린
유화, 텍스처가 있는 유화 캔버스
```

그림 8-3 임파스토 기법으로 생성된 비즈니스 회의 유화

이렇게 비즈니스 회의 유화 이미지를 생성해 훨씬 더 시각적으로 흥미롭게 접근해 볼 수 있습니다. 기업들이 스톡 사진을 통상적으로 사용하게 된 이유 중 하나는 그림을 의뢰하는 것보다 스톡 사진의 비용이 저렴했기 때문이었습니다. 하지만 AI를 사용하면 더 이상 이러한 제한이 적용되지 않습니다. 비즈니스 회의를 고대 이집트 상형 문자로 표현하는 등 원하는 모든 형식으로 생성할 수 있습니다.

```
an ancient Egyptian hieroglyph of a business meeting
번역: 고대 이집트의 비즈니스 회의를 나타내는 상형 문자
```

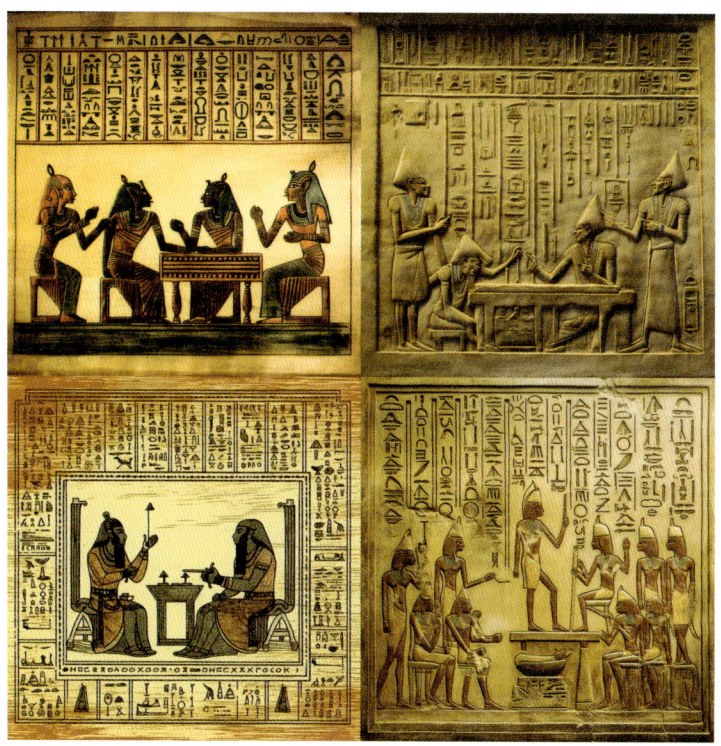

**그림 8-4** 고대 이집트 상형 문자로 나타낸 비즈니스 회의

형식을 지정할 때 주의해야 할 점은 이미지의 스타일뿐 아니라 콘텐츠까지 학습 데이터에서 해당 형식과 연관된 것과 일치하는 경향이 있다는 것입니다. 예를 들어 유화 스타일로 생성된 그림에서는 컴퓨터가 등장하지 않는데, 이는 유화 속에 컴퓨터가 자주 등장하지 않기 때문입니다. 상형 문자 스타일로 생성한 이미지에서도 마찬가지로 회의에 참석한 인물들이 고대 이집트식 머리 장식을 착용하고 있는 모습을 볼 수 있습니다. 이처럼 원하는 결과를 얻기 위해서는 종종 형식 지정과 다른 프롬프트 기법을 함께 조합해야 할 때가 있습니다.

## 8.2 아트 스타일 지정

AI 이미지 생성 모델은 인기 있는 예술 장르나 예술가의 스타일을 복제해서 생성할 수 있습니다. 소셜 미디어와 AI 데모에서는 반 고흐, 달리, 피카소와 같은 예술가의 스타일을 닮은 이미지와 이들이 속한 미술 사조인 후기 인상주의, 초현실주의, 입체주의 이미지를 예시로 많이 사용합니다. 판타지 스타일로 유명한 폴란드의 디지털 예술가 그레그 루트코프스키$^{Greg\ Rutkowski}$의 사례처럼,[2] AI 아트 커뮤니티가 현대 미술의 인기 스타일을 결정할 정도의 영향력을 행사하기도 합니다. 하지만 많은 예술가가 AI 예술에 반대하는 입장을 취하고 있으며, 저작권법상 살아 있는 예술가의 스타일을 모방하는 것이 공정 사용$^{fair\ use}$으로 간주되는지가 법적으로 모호합니다. 살아 있는 예술가의 고유한 스타일로 AI 아트를 생성할 때는 주의를 기울이고, 최소한 사망한 지 1년이 넘은 예술가들의 스타일만 사용하는 것을 원칙으로 삼는 것이 좋습니다(이미지를 상업적으로 사용할 계획이 있는 경우에는 꼭 법률 자문을 구하세요).

---

illustration of a dragon, in the style of <Alice's Adventures in Wonderland> by Lewis Carroll
번역: 루이스 캐럴의 <이상한 나라의 앨리스> 스타일로 그린 용 일러스트

---

**그림 8-5** 루이스 캐럴 스타일로 생성한 용 일러스트

---

2   https://oreil.ly/nnam3

> **TIP** **프롬프트 원칙 ① 지시 내리기**
> 예술가의 이름이나 예술 사조의 이름을 선언하는 것은 특정한 시각적 스타일을 전달하는 지름길입니다. 학습 데이터에 예술가나 예술 사조 예시가 충분히 들어가 있다면 이를 통해 그 특성을 재현할 수 있습니다.

예술가의 스타일을 명시하는 작업은 잠재 공간, 즉 모델이 만들어 낼 수 있는 결과물이 분포된 다차원적인 공간 안에서 원하는 스타일이 모여 있는 지름길을 만드는 것과 같습니다. 프롬프트 엔지니어링은 이 넓은 가능성의 세계 속에서 사용자가 원하는 스타일을 찾아가는 여정이라 할 수 있습니다. 어느 방향으로 나아가라고 길을 잘 정해 주면 무작위로 시행착오를 겪을 때보다 훨씬 더 만족스러운 목적지에 도착할 수 있습니다.

## 8.3 프롬프트 역설계

미술 대학을 다니지 않았거나 영화나 사진에 대해 잘 모르는 경우, 활용하고 싶은 아트 스타일, 형식, 예술가를 파악하는 것이 어려울 수 있습니다. 마음에 드는 사진을 보았는데 프롬프트를 통해 다시 만들 수 있을 만큼 자세하게 설명할 방법이 없는 경우가 종종 있습니다. 다행히도 미드저니의 Describe 기능을 사용하면 이미지에서 프롬프트를 역설계 reverse engineering할 수 있습니다. [그림 8-6]처럼 /describe를 입력한 다음 이미지를 업로드하면 됩니다. 이는 1장에서 사용한 스톡 사진 중 하나를 예로 든 것으로 AI가 생성한 이미지뿐 아니라 외부 소스에서 가져온 일반 이미지에도 모두 적용할 수 있습니다.

미드저니는 다양한 예술가, 아트 스타일, 수식어, 기타 단어가 포함된 네 가지 옵션을 제공하며, 이미지에 어떤 일이 일어나고 있는지와 어떤 주제나 요소가 포함되어 있는지 추정할 수 있습니다. 예를 들어 [그림 8-6]에서 미드저니는 사무실에서 노트북을 보고 있는 사람 그룹을 정확하게 식별합니다. 번호별로 원하는 옵션을 선택하면 미드저니는 해당 프롬프트를 바탕으로 원본과 같은 스타일의 이미지를 생성해 줍니다. 비슷한 오픈 소스 기술로는 Clip Interrogator[3]가 있지만, 프롬프트를 풍부하게 뽑아내는 기능이나 업로드된 이미지의 스타일을 복제하는 기능은 미드저니에 비해 부족한 편입니다.

---

[3] https://oreil.ly/fzgno

그림 8-6 미드저니의 Describe 기능, Unsplash에서 제공하는 Mimi Thian의 사진(https://oreil.ly/bEEnJ)

## 8.4 품질 부스터

이미지 생성 모델에 효과적인 한 가지 요령은 '품질'과 관련된 단어를 프롬프트에 추가하는 것입니다. 일부 아트 스타일은 다른 스타일보다 더 미적으로 우수하지만 '4k', '매우 아름다운', '아트스테이션<sup>ArtStation</sup>에서 유행하는'처럼 품질 부스터<sup>quality booster</sup>라 불리는 단어들은 스타일에는 큰 영향을 주지 않으면서 이미지의 전반적인 품질을 끌어올리는 데 도움을 주는 것으로 보입니다. 생성 모델은 처음부터 고품질 이미지를 만드는 것이 아니라 다양한 스타일과 품질의 데이터를 가리지 않고 학습한 후 이를 모방해서 가져온다는 걸 유념하세요. 따라서 고품질 이미지를 원한다면 프롬프트에 명시적으로 이를 요청해야 합니다. 예를 들어 프롬프트의 주제인 'space whale(우주 고래)'를 먼저 적고, 쉼표로 구분해 수식어를 뒤에 추가해 봅시다.

```
a space whale, trending on artstation
번역: 아트스테이션에서 유행하는 우주 고래
```

우주 고래

아트스테이션 트렌드를 반영한 우주 고래

그림 8-7 우주 고래와 아트스테이션 트렌드를 반영한 우주 고래

> **TIP** 프롬프트 원칙 ① 지시 내리기
>
> 품질 부스터를 사용하면 이미지의 전체적인 스타일을 크게 바꾸지 않고도 한두 단어를 추가해 이미지의 미학을 개선할 수 있습니다.

이런 독특한 수식어가 효과가 있는 이유는 이 수식어들이 학습 데이터의 품질과 연관되어 있기 때문입니다. AI 이미지 생성 모델을 학습시킬 때 개발자들은 아트스테이션, Behance, DeviantArt와 같은 유명 디자인 포트폴리오 웹사이트에서 이미지를 수집했습니다. 따라서 모델에 '아트스테이션에서 유행하는' 이미지를 달라고 했을 때 평소 출력물보다 미적 가치가 높은 출력물이 나온다고 추정해 볼 수 있습니다. 하지만 때로는 품질 부스터의 스타일이 사용자가 상상하는 비전과 일치하지 않을 수 있습니다. 예를 들어 아트스테이션에는 우주선의 디지털 아트가 많이 포함되어 있는데, [그림 8-7]의 우주 고래가 우주선과 다소 닮은 이유가 여기에 있을 수 있습니다. 필자들이 정리해 놓은 템플릿[4]에서 품질 부스터, 아트 스타일, 예술가 목록을 참조해 보세요. 구글이 정리한 예술 사조 목록[5]에서도 다양한 스타일을 살펴볼 수 있습니다.

---

4 https://oreil.ly/afGCQ
5 https://oreil.ly/mhujK

## 8.5 부정 프롬프트

때때로 하나의 개념을 생성하려 했을 뿐인데, 의도하지 않았던 다른 개념이 함께 나타나는 경우가 있습니다. 예를 들어 유화를 요청했을 때 액자나 주변 벽면까지 함께 등장하는 경우가 많은데, 이는 많은 박물관 소장 유화 이미지에 그러한 요소들이 포함되어 있었기 때문입니다. 즉, 모델이 학습한 데이터 내에서 두 개념이 강하게 얽혀 있었던 것입니다.

미드저니나 스테이블 디퓨전과 같은 모델에서는 이미지에 포함되기를 원하지 않는 요소를 명시할 수 있는 부정 프롬프트<sup>negative prompt</sup> 기능을 제공합니다. 부정 프롬프트는 서로 얽혀 있는 두 가지 개념을 효과적으로 분리하고 원치 않는 요소가 이미지에 나타나지 않도록 합니다. 예를 들어 유화와 액자가 함께 나오는 문제가 있다면 프롬프트 끝에 --no를 추가하고 그 뒤에 쉼표로 구분된 항목을 나열하면 해당 요소들이 제거됩니다. 프레임과 액자 문제를 해결하려면 'frame(프레임)'과 'wall(벽)'을 부정 프롬프트로 추가하세요.

```
oil painting in the style of Rembrandt --no frame, wall
번역: 렘브란트 스타일의 유화 --액자나 벽 없이
```

렘브란트 스타일의 유화      프레임이나 벽이 없는 렘브란트 스타일의 유화

**그림 8-8** 렘브란트 스타일의 유화

> **TIP** **프롬프트 원칙 ① 지시 내리기**
>
> 부정 프롬프트는 이미지에서 원치 않는 개념을 배제하도록 유도합니다. 개념들끼리 너무 강하게 연관되어 있는 경우가 많기 때문에 항상 의도한 대로 작동하지 않을 수도 있으며 무척 흥미로운 결과가 나올 때도 있습니다.

부정 프롬프트는 완전히 신뢰할 수는 없지만 다양한 시나리오에서 유용하게 사용할 수 있습니다. 이 기법을 창의적으로 사용하는 한 가지 방법을 소개해 드리자면, 부정 프롬프트에 유명인의 이름을 추가해 그 사람과 가장 연관성이 높은 요소를 줄이는 것입니다. 유명한 여배우 캐런 길런Karen Gillan은 빨간 머리카락을 가지고 있고 여성스러운 외모를 가지고 있습니다. 부정 프롬프트로 이 이름을 넣어서 '빨간 머리카락이 없거나 일반적으로 여성스러워 보이지 않는' 피사체를 만드는 데 사용할 수 있습니다.

```
a Scottish female astronaut --no Karen Gillan
번역: 스코틀랜드 출신 여성 우주 비행사 --캐런 길런을 제외한
```

**그림 8-9** 덜 여성스럽고 빨간 머리가 아닌 스코틀랜드 여성 우주 비행사

만약 서로 분리할 수 없는 두 가지 개념을 분리하려고 하면 어떤 일이 일어날까요? 매우 창의적이고 예측할 수 없는 결과를 얻을 수도 있습니다. 예를 들어 호머 심슨에서 만화 스타일을 제거해 보세요.

```
Homer Simpson --no cartoon
번역: 호머 심슨 --만화 스타일 제외
```

[그림 8-10]은 이 프롬프트의 (끔찍한) 출력입니다.

**그림 8-10** 호머 심슨의 트레이드 마크인 만화 스타일이 없는 버전

초기 AI 모델이 겪었던 흔한 문제인 변형된 손, 노골적인 신체 부위, 이상하게 보이는 눈을 수정해야 할 때 부정 프롬프트가 유용합니다. 프롬프트 엔지니어는 모델을 개선하기 위해 NSFW, 길쭉한 몸, 너무 많은 손가락이나 치아 같은 단어를 부정 프롬프트에 추가했습니다.

이 문제들은 미드저니 v5와 스테이블 디퓨전 XL 이후부터는 대부분 해결되었지만, 스테이블 디퓨전 v1.5와 같은 구형이나 하위 모델에서는 여전히 발생하는 문제입니다. 하지만 최첨단 모델은 부정 프롬프트에 의존하지 않고도 손, 눈, 몸 등이 정상으로 보이는 이미지를 생성할 수 있습니다.

## 8.6 가중치 부여하기

부정 프롬프트는 특정 요소를 완전히 무효화하려는 경우에 유용하지만, 완전히 끊어 내기보다는 스타일을 조금 덜어 내고 싶을 때도 있습니다. 서로 다른 콘셉트를 섞는 과정에서 원하는 콘셉트의 비중을 직접 조절하는 기술이 도움이 될 수 있습니다.

기본적으로 프롬프트의 모든 단어는 동일한 가중치 1을 갖지만 프롬프트의 시작 부분에 있는 단어가 더 큰 영향을 미칩니다. 그래서 일반적으로 이미지의 제목(주제)은 관례에 따라 **painting of the Golden Gate Bridge**와 같이 선두에 배치됩니다. 그리고 콜론 문자 두 개 (::)와 가중치를 나타내는 숫자로 하드 브레이크<sup>hard break</sup>를 추가해 프롬프트의 부분 가중치를 변경합니다. 다음 프롬프트를 사용하면 반 고흐 스타일이 주를 이루지만 달리가 살짝 가미된 이미지를 만들 수 있습니다.

---

painting of the Golden Gate Bridge::1 in the style of Van Gogh::0.8, in the style of Dali::0.2
번역: 금문교 그림::1 반 고흐 스타일로::0.8, 달리 스타일로::0.2

---

**그림 8-11** 반 고흐와 달리 스타일이 섞인 금문교 그림

가중치가 결과 이미지에 미치는 영향을 확인하려면 세부 가중치의 조합을 체계적으로 테스트하는 **그리드 검색** grid search을 수행할 수 있습니다. [그림 8-12]는 두 예술가의 가중치가 0에서 1까지 0.2 단위로 변경된 결과입니다.

**그림 8-12** 각기 다른 가중치의 조합

> TIP **프롬프트 원칙 ④ 품질 평가하기**
> 프롬프트에 가중치를 적용하면 다양한 조합이 가능하지만, 이를 하나씩 시도하는 데 많은 시간이 소요될 수 있습니다. 이럴 때는 그리드 검색 방식처럼 가능한 조합을 체계적으로 생성해 보는 것이 좋습니다. 이를 통해 선호도에 가장 잘 맞는 이상적인 가중치 조합을 찾아낼 수 있습니다.

가중치는 필요에 따라 1보다 높게 설정해 강조할 수 있고, 낮게 설정해 덜 강조할 수 있습니다. 또한 프롬프트에 음수 가중치를 추가해 해당 스타일을 제거하는 식으로 다양한 방식으로 실험해 볼 수도 있습니다. 부정 프롬프트에서 사용한 --no 매개변수를 뜯어보면 실제로는 해당 프롬프트 부분에 ::-0.5를 추가하기 위한 바로 가기일 뿐입니다. 이미지에 원하지 않는 요소가 표시되어 어려움을 겪고 있다면 부정 프롬프트 대신 더 강한 부정적인 가중치를 사용해 보세요. 앞선 예처럼 반 고흐에 -1 가중치를 주고, 달리 스타일의 가중치를 5로 부여하면 달리의 작품에서 반 고흐의 영향을 제거할 수 있습니다.

```
painting of the Golden Gate Bridge::1 in the style of Van Gogh::-1, in the style of
Dali::5
번역: 금문교 그림::1 반 고흐 스타일로::-1, 달리 스타일로::5
```

**그림 8-13** 금문교 그림

가중치는 다양한 스타일을 혼합하거나 특정 요소를 강조하는 강력한 도구가 될 수 있습니다. 가능한 가중치의 조합이 많기 때문에 미학적으로 흥미로운 결과를 생성하기 위해서는 체계적인 접근 방식을 취해야 합니다.

## 8.7 이미지로 프롬프트하기

많은 AI 이미지 생성 도구들은 프롬프트로 텍스트뿐만 아니라 이미지도 삽입할 수 있도록 지원합니다. 원하는 이미지의 예시를 제공하면 필요한 스타일을 효과적으로 알려 줄 뿐만 아니라 예시를 기반으로 더욱 독특하고 독창적인 이미지를 생성합니다. 스테이블 디퓨전 커뮤니티에서는 이를 Img2Img라고 부르며, 미드저니에서 이 방식을 사용하려면 프롬프트 중간에 이미지를 링크하기만 하면 됩니다. 가장 좋은 방법은 [그림 8-14]에 표시된 것처럼 이미지[6]를 디스코드에 업로드한 다음, 마우스 오른쪽 버튼을 클릭해 링크 복사를 선택하는 것입니다. 나중에 해당 링크를 프롬프트에 붙여 넣으면 기본 이미지로 사용할 수 있습니다.

그림 8-14 디스코드에 이미지를 업로드하고 링크 복사하기

그런 다음 복사한 링크를 미드저니 프롬프트의 시작 부분에 붙여 넣고 텍스트 프롬프트를 입력합니다. 기본 이미지를 제공했으니 이제 더 이상 말로 길게 설명할 필요가 없습니다(사진은 천마디 말보다 가치가 있습니다). 이미지가 정확히 일치하지는 않지만 상당히 비슷해 보이는 결과물이 나옵니다.

```
https://s.mj.run/XkIHsYIdUxc in the style of The Great Gatsby
번역: https://s.mj.run/XkIHsYIdUxc 이미지를 위대한 개츠비 스타일로
```

---

6　Unsplash에서 제공하는 Jessica Hearn의 사진(https://oreil.ly/0o04w)

그림 8-15 위대한 개츠비 스타일의 스톡 사진

> **CAUTION** AI의 저작권 및 공정 사용에 관한 규칙과 규정은 아직 정립되는 중이므로 타인의 이미지를 업로드할 때는 주의해야 합니다.

이 기법은 이미 알고 있는 이미지와 비슷한 분위기, 장면, 구도를 원할 때 사용할 수 있습니다. /blend를 사용해 여러 이미지를 혼합하는 방식으로 매우 독특한 이미지를 얻을 수도 있고, 결과 이미지를 다른 프롬프트의 입력으로 사용할 수도 있습니다. 편의를 위해 --iw 매개변수가 있는데, 이는 ::을 사용해 이미지를 나머지 프롬프트에서 분리하고 가중치를 설정하는 것과 동일한 역할을 합니다. 이미지를 활용한 프롬프트 기법은 RunwayML[7]이나 Pika Labs[8] 같은 도구를 사용하는 AI 동영상 생성에서도 흔히 사용됩니다. 텍스트 기반 동영상 생성이 아직은 전반적으로 불안정한 편이기 때문입니다. 따라서 매번 텍스트를 넣은 후 전체 동영상이 생성되고

---

7 https://runwayml.com
8 https://pika.art

렌더링될 때까지 기다리는 대신, 먼저 이미지 하나를 생성한 뒤 해당 장면의 스타일을 반복적으로 적용해 영상을 만드는 방식이 자주 사용됩니다.

> **TIP 프롬프트 원칙 ③ 예시 들기**
>
> 원하는 이미지를 얻는 가장 빠르고 쉬운 방법은 모사하려는 이미지를 업로드하는 것입니다. 텍스트 생성 시의 원샷 프롬프트와 유사한 개념이며 덕분에 모델을 올바른 출력으로 안내할 수 있습니다.

## 8.8 인페인팅

AI 이미지 생성은 계속해서 반복해야 하는 작업입니다. 첫 번째 시도에서 완벽한 최종 이미지를 얻는 경우는 거의 없으며 수정하고 싶은 요소나 변경하고 싶은 스타일이 생기기 마련입니다. 예를 들어 1920년대 스타일의 플래퍼flapper 드레스를 입은 여성의 이미지를 생성했지만 전체 이미지를 재생성하지 않고 입고 있는 옷만 바꾸고 싶을 수 있습니다.

이때 인페인팅inpainting 기능이 사용됩니다. 대부분의 스테이블 디퓨전 구현[9]에서 이 기능을 사용할 수 있으며, 미드저니에서는 Vary Region[10]을 통해, 어도비 포토샵에서는 생성형 채우기[11]를 통해 인페인팅을 사용할 수 있습니다. 그러나 DALL·E야말로 인페인팅 기술을 개척한 선구자이며, 결과의 품질 측면에서 여전히 필자 개인적으로 선호하는 도구입니다. 인페인팅을 시연하기 위해 먼저 챗GPT(플러스)에서 DALL·E가 포함된 이미지를 생성한 다음 다시 생성하려는 이미지의 일부를 지웁니다.

[그림 8-16]은 다음 프롬프트로 DALL·E가 생성한 이미지로, 현재 챗GPT 내의 DALL·E 인페인팅 캔버스에서 편집 중인 상태로 인페인팅 캔버스에서 이미지의 드레스 부분을 인페인팅 브러시로 지워둔 모습입니다. 새로운 옷을 그려 넣을 준비가 완료된 것이죠.

```
photograph of glamorous woman in a 1920s flapper party, wearing a sequin dress,
wide angle, in color, 3 5 mm, dslr
번역: 1920년대 플래퍼 파티에서 시퀸 드레스를 입고 있는 매혹적인 여성의 사진, 와이드 앵글, 컬러, 35mm, dslr
```

---

9  https://oreil.ly/YgL8g
10  https://oreil.ly/7DhZE
11  https://oreil.ly/FvGAi

그림 8-16 DALL·E에서 인페인팅하기

그다음에는 지운 부분에 어떤 이미지를 생성할지에 대한 프롬프트를 입력합니다. 일반적으로는 전체 이미지를 묘사하는 방식으로 프롬프트하는 작성하라는 조언이 많지만, 필자의 경험상 지운 영역에 들어갈 요소만을 명확히 지정하는 것이 더 좋은 결과를 얻을 수 있었습니다. [그림 8-17]은 드레스 부분 중심으로 프롬프트를 작성한 결과입니다.

---

Van Gogh style dress, inspired by Starry Night, blue and yellow swirls, extremely detailed, very well lit, studio light, 3.5 mm, dslr
번역: <별이 빛나는 밤>에서 영감을 받은 반 고흐 스타일의 드레스, 파란색과 노란색 소용돌이, 매우 세밀하고 잘 조명된, 스튜디오 조명 아래, 35mm, dslr

그림 8-17 반 고흐 스타일의 드레스

> **TIP** 프롬프트 원칙 ⑤ 업무 나누기
>
> 작업에 적합한 모델을 선택하는 것이 중요합니다. 미드저니처럼 특정 스타일이나 미적 감각에 뛰어난 이미지 생성 모델이 있는 반면, DALL · E의 인페인팅 기능처럼 고급 기능을 강점으로 내세우는 모델도 있습니다. 여러 모델을 함께 사용하면 할 수 있는 작업의 범위를 훨씬 넓힐 수 있습니다.

DALL · E는 대부분의 이미지 생성 모델보다 기능은 적지만 이 특정 기술에서는 매우 뛰어납니다. 이미지의 가장자리를 자동으로 자연스럽게 블렌딩해 주변과 잘 어울리게 만들어 줍니다. 따라서 지우개 브러시를 아주 정밀하게 사용할 필요 없이도 좋은 결과를 얻을 수 있습니다. 놀라운 점은 불과 1년 남짓한 시간 동안 이런 모델들이 얼마나 빠르게 발전했는지입니다. [그림 8-18]은 앞서 사용한 프롬프트를 챗GPT의 DALL · E 3에 입력했을 때 어떤 결과가 나오는지를 보여 줍니다.

DALL · E 3는 우수한 품질을 제공하지만, 현재 API와 챗GPT를 통해서만 사용할 수 있으며, 예전부터 인페인팅에 사용되던 오픈AI Labs 인터페이스에서는 제공되지 않습니다. 이미지 생성 모델이 다양해지면서 기능과 사용 사례도 다양해지고 있으며, 당면한 작업을 수행하기 위해서는 여러 모델을 조합해서 사용하는 경우도 생기고 있습니다. 인페인팅은 이미지 편집에 매우 강력한 기법이며, 그 이미지가 다른 AI 모델에서 왔든 실제 사진작가가 촬영한 것이든 관계없이 적용할 수 있습니다.

**그림 8-18** 1920년대 플래퍼 파티에 참석한 여성의 사진

## 8.9 아웃페인팅

DALL·E의 인페인팅과 관련된 기법인 아웃페인팅outpainting은 기존 이미지의 프레임 바깥 영역을 생성하는 것입니다. 이 기능을 사용하면 기존 이미지를 축소해 이미지 주위에 맥락을 추가할 수 있습니다. 이를 통해 생성하거나 업로드한 이미지에 더 자세한 내용을 채울 수 있습니다. 아웃페인팅은 현재 오픈AI Labs 인터페이스에서는 더 이상 제공되지 않으며, 챗GPT에서도 아직 사용할 수 없습니다. 그러나 미드저니에서는 줌 아웃zoom out이라는 이름으로 제공되며, 업스케일된 이미지에 옵션 형태로 나타납니다. [그림 8-19]는 플래퍼 드레스를 입은 여성 이미지를 미드저니에 올렸을 때 선택할 수 있는 옵션들입니다.

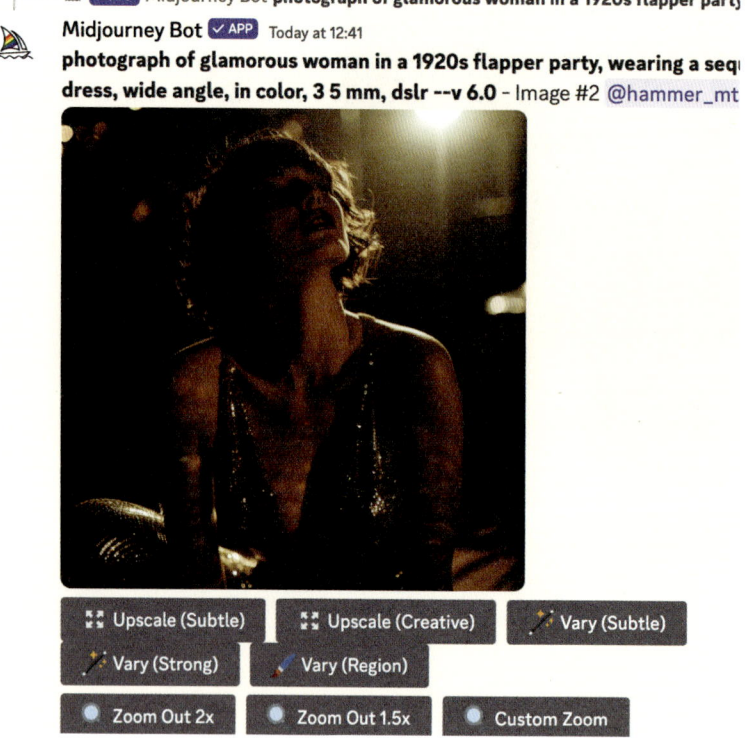

그림 8-19 미드저니의 줌 아웃 옵션

---

photograph of glamorous woman in a 1920s flapper party,wearing a sequin dress, wide angle, in color, 3 5 mm, dslr
번역: 1920년대 플래퍼 파티에서 시퀸 드레스를 입고 있는 매혹적인 여성의 사진, 와이드 앵글, 컬러, 35mm, dslr

| 원본 | 2배 줌 아웃 |

**그림 8-20** 줌 아웃 전후의 미드저니 이미지

> **TIP 프롬프트 원칙 ③ 예시 들기**
> 스타일에 미묘한 차이가 있거나 설명할 단어를 모두 모르는 경우 텍스트 프롬프트만으로 올바른 스타일을 구현하기 어려울 수 있습니다. 인페인팅 또는 아웃페인팅에 사용할 이미지의 예를 제공하는 것이 더 나은 결과를 얻을 수 있는 지름길입니다.

아웃페인팅은 기존 이미지를 창의적으로 확장하는 것뿐만 아니라 정사각형이 아닌 다른 종횡비로 이미지를 만들려는 경우에도 유용합니다. 사용자 지정 줌$^{custom\ zoom}$을 실행해 화면 비율을 설정할 수 있습니다. 이후 이미지의 나머지 부분과 일관적으로 나오는 이미지 결과를 찾을 때까지, 또는 전체 이미지가 필요한 화면 비율이 될 때까지(예를 들어 세로에서 가로로 전환) 반복과 시행착오를 통해 이미지를 수정하면 됩니다. 스테이블 디퓨전[12]에서도 이 기능을 사용할 수 있지만, 필자의 경험상 미드저니에 비해 안정성이 떨어집니다.

---

12 https://oreil.ly/0c_en

## 8.10 인물의 일관성 유지

인페인팅과 아웃페인팅의 과소평가된 활용법 중 하나는 기존 이미지를 사용한 여러 번의 생성 과정에서 일관성을 유지하는 것[13]입니다. 두 개의 이미지를 나란히 생성하고 한 번에 한 쪽씩 인페인팅하는 방식으로 일관된 인물을 만드는 것이 일반적인 방법입니다. 먼저, 2:1 종횡비로 두 개의 이미지가 나란히 있도록 명시적으로 지정하면서 이미지를 생성합니다.

```
two images side by side, rockstar American rough and ready middle-age jawline actor
man, photo booth portrait --ar 2:1
번역: 두 개의 이미지가 나란히, 록스타 스타일의 거칠고 준비된 중년 남자 배우의 턱
선, 포토 부스 초상화 --비율 2:1
```

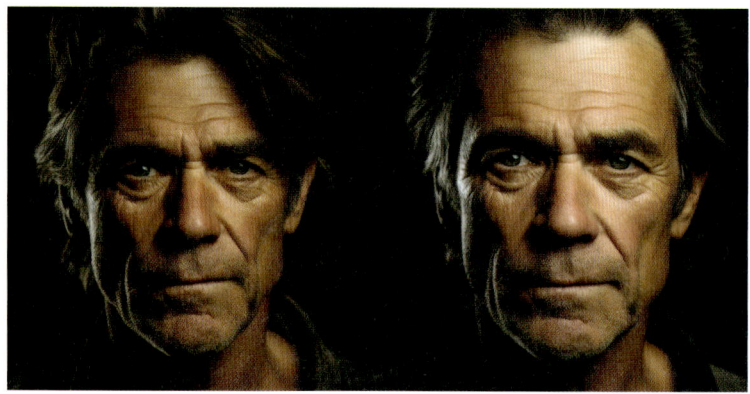

그림 8-21 미드저니의 일관된 캐릭터

다음 단계로 이미지 중 하나를 업스케일링한 후, [그림 8-22]와 같이 미드저니의 Vary Region 기능을 사용해 인페인팅 캔버스에서 업스케일링된 이미지의 절반을 마스킹합니다.

---

[13] https://oreil.ly/BaITC

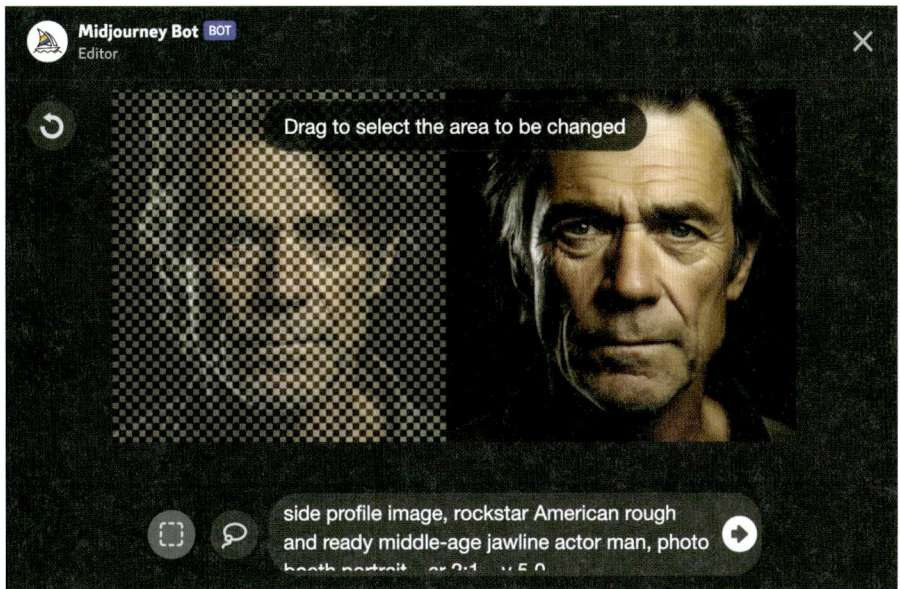

그림 8-22 미드저니의 `Vary Region`

마지막으로 인페인팅 프롬프트란에 처음과 다른 각도를 지정해 이미지에서 선택된 부분을 다시 생성합니다.

```
side profile image, rockstar American rough and ready middle-age jawline actor man,
photo booth portrait --ar 2:1
번역: 측면 프로필 이미지, 록스타 스타일의 거칠고 준비된 중년 남자 배우의 턱선, 포
토 부스 초상화 --비율 2:1
```

그림 8-23 인물의 일관성을 유지하는 측면 프로필 생성

이 인페인팅과 생성 과정은 여러 각도에서 반복할 수 있습니다. 이미지의 절반이 항상 존재하기 때문에 생성 과정 전반에서 인물의 특징이 일관되게 유지되므로, 다양한 포즈와 위치에서 인물을 표현할 수 있습니다. 새로운 상황에 놓인 인물 이미지를 만들려면 2:1 이미지의 절반을 채우고 포토샵(또는 다른 이미지 편집기)에서 자른 다음 새로운 프롬프트를 주면 됩니다.

> **TIP** **프롬프트 원칙 ③ 예시 들기**
>
> 많은 사람이 인페인팅을 요청할 때 실제 이미지를 기준으로 사용하는 것을 떠올리지만, 더 숙련된 AI 예술가는 이야기 속 인물이나 객체의 일관성을 유지하기 위해 생성된 이미지를 입력으로 사용하는 경우가 많습니다.

## 8.11 프롬프트 재작성

AI 시스템을 실제로 운영에 도입할 때 겪을 수 있는 문제 중 하나는 사용자들이 모두 숙련된 프롬프트 엔지니어일 것이라고 기대할 수 없다는 점입니다. 이는 말 그대로 '쓰레기를 넣으면, 쓰레기가 나온다garbage in, garbage out'는 문제로 이어집니다. 사용자가 조악한 프롬프트를 입력하면 결과도 형편없고, 결국 제품의 품질에 대해 불만을 제기하게 됩니다. 업계에서 흔히 사용하는 방법 중 하나[14]는 프롬프트를 더 나은 방식으로 다시 작성해 인상적인 결과가 나올 가능성을 높이는 것입니다. 이는 메타 프롬프트의 한 형태로, 한 AI 모델의 프롬프트를 다른 AI 모델이 작성하는 방식입니다.

사용자가 피사체와 예술가를 입력하면 해당 예술가의 스타일로 피사체의 이미지가 생성되는 간단한 애플리케이션을 상상해 보세요. 이때 프롬프트 템플릿은 a {subject} in the style of {artist}입니다.

---

a dachshund dog in the style of Banksy
변역: 뱅크시 스타일의 닥스훈트 강아지

---

14 https://oreil.ly/OirCS

그림 8-24 뱅크시 스타일의 닥스훈트 강아지

뱅크시 스타일로 강아지가 그래피티로 그려지기를 원했지만 실제 생성된 이미지에서는 그래피티 앞에 강아지가 서 있습니다. 이 문제를 해결하려면, 사용자가 처음에 쓴 프롬프트를 가져와서 챗GPT 프롬프트에 주입해 예술가의 매체medium를 찾을 수 있습니다.

> What's the medium that the artist Banksy mostly used? Respond in 1-3 words only.
> 번역: 뱅크시가 주로 사용한 매체는 무엇인가요? 1-3단어로만 답해 주세요.

> Street art
> 번역: 거리 예술

이 출력을 사용해 원래 사용자 프롬프트를 {medium} of a {subject} in the style of {artist} 형식으로 다시 작성합니다.

> street art of a dachshund dog in the style of Banksy
> 번역: 뱅크시 스타일의 닥스훈트 강아지 거리 예술

그림 8-25 뱅크시 스타일의 닥스훈트 강아지 거리 예술

이 기법에 품질 부스터나 부정 프롬프트와 같은 다른 프롬프트 엔지니어링 기법을 추가해 훨씬 훌륭한 결과물을 만들어 볼 수 있습니다. 챗GPT에 DALL·E용 프롬프트를 다시 작성하도록 요청하는 것만으로도 좋은 결과물을 얻을 수 있으며(챗GPT 플러스에서 도구로 사용할 수 있음), 이 프롬프트가 제공하는 것을 다른 모델에도 사용할 수 있습니다. 고품질 프롬프트를 생성하는 데 특화된 AI 모델[15]을 훈련시키려는 시도가 몇 차례 있었지만, 필자의 경험상 이러한 방법은 품질을 평균 수준까지 끌어올리는 데에는 도움이 되지만 숙련된 프롬프트 엔지니어의 수준을 능가하지는 못합니다.

> TIP **프롬프트 원칙 ⑤ 업무 나누기**
> 비전문가가 고품질 프롬프트를 직접 작성하도록 기대하기보다는, 그들의 입력을 다른 AI 모델에 전달해 원래 프롬프트를 개선하도록 돕는 방식이 더 효과적입니다.

---

15 https://oreil.ly/9A1NL

## 8.12 밈 분해

예술가의 스타일을 모방하거나 예술 사조를 모방하면 썩 결과물이 독창적이지 않습니다. AI 예술이 법적으로 어떤 영향을 미칠지는 아무도 모르지만, 그레그 루트코프스키와 같은 예술가들은 이미 자신의 스타일을 모방하는 행위의 부도덕성에 대해 목소리를 높였습니다.

성공한 예술가나 예술 사조를 참조하는 지름길의 이점을 누리면서도 나만의 스타일을 더 독창적으로 표현할 수 있는 한 가지 방법은 예술가의 밈$^{meme}$을 분해$^{unbundle}$하는 것입니다. 여기서 밈[16]은 단순히 재미있는 바이럴 이미지를 의미하는 것이 아니라, 사람과 사람 사이에서 복사되고 전파되는 모든 문화적인 정보를 의미합니다. 아트 스타일을 구성 요소와 특징으로 분해할 수 있다면 이 하위 구성 요소를 사용해 나만의 스타일을 재조합할 수 있습니다. 예를 들어 살바도르 달리 스타일로 타임스 스퀘어 그림을 만들려고 한다고 가정해 보겠습니다.

> a painting of Times Square in the style of <The Persistence of Memory> by Salvador Dali
> 번역: 살바도르 달리의 <기억의 지속> 스타일로 그린 타임스 스퀘어 그림

그림 8-26 살바도르 달리의 <기억의 지속> 스타일로 생성된 타임스 스퀘어 그림

---

16 https://oreil.ly/BQYFP

달리의 이름을 프롬프트에 집어넣으면 이미 좋은 결과를 얻을 수 있기는 합니다. 그러나 초현실주의 스타일을 원하지만 달리의 작품을 그대로 모방하고 싶지는 않습니다. unbundling(분해)이라는 용어는 백스 T. 퓨처<sup>Bakz T. Future</sup>가 만든 용어로,[17] 익숙하지만 독특한 것을 얻기 위해 예술가의 스타일 특성을 추출한다는 의미입니다. 텍스트 생성 모델(이 경우 챗GPT-4)에 모방하려는 예술가의 스타일을 설명하도록 요청한 다음, 이를 다시 프롬프트로 사용하는 방식입니다.

---

Briefly describe the characteristics and artistic style of <The Persistence of Memory> by Salvador Dali, without mentioning the artwork or the artist:
번역: <기억의 지속>의 특징과 예술적 스타일을 작품이나 예술가를 언급하지 않고 간략하게 설명해 주세요.

---

This is a notable example of Surrealist art, steeped in dream-like, fantastical imagery that pushes the boundaries of traditional understanding and interpretation. The painting is composed with a distinctly precise and detailed technique, reflecting a deceptive realism.
번역: 이것은 초현실주의 예술의 주목할 만한 예로, 전통적인 이해와 해석의 경계를 넘어서는 꿈 같은 환상적인 이미지를 담고 있습니다. 그림은 명확하고 세밀한 기법으로 구성되어 있으며, 현실적인 듯하면서도 비현실적인 요소를 반영합니다.
...
Contrasting with the melting objects, there are other items in the scene that exhibit solidity and permanence, creating an uncanny juxtaposition. The painting's composition and imagery invite deep exploration and various interpretations, concerning themes of reality, dreams, time, and the subconscious. Overall, it is a visually striking work that embodies the ethos of its movement: challenging the viewer's perceptions and exploring the unconventional and the irrational.
번역: 녹아내리는 물체들과 대조적으로, 장면에는 고유함과 영속성을 나타내는 다른 물체들이 있어 기묘한 대비를 만들어 냅니다. 그림의 구성과 이미지는 현실, 꿈, 시간, 잠재의식과 관련된 주제들에 대해 깊이 탐구하고 다양한 해석을 유도합니다. 전체적으로 이 작품은 시각적으로 강렬하며 다음 운동의 정신을 구현하고 있습니다: 관람객의 인식에 도전하고 비정상적이고 비합리적인 것을 탐구하는 것

---

프롬프트에 작가나 작품에 대한 언급이 없는지 확인해야 합니다. 두 가지가 언급되어 있다면 프롬프트가 제대로 작동하지 않습니다. 작가나 스타일에 대한 언급 없이, 그 스타일을 한 번도 본 적이 없는 사람에게 깔끔하게 설명하는 글이 나와야 합니다. [그림 8-27]은 챗GPT가 설명하고 있는 유명한 그림, 살바도르 달리의 <기억의 지속>입니다.

---

[17] https://oreil.ly/2qy4E

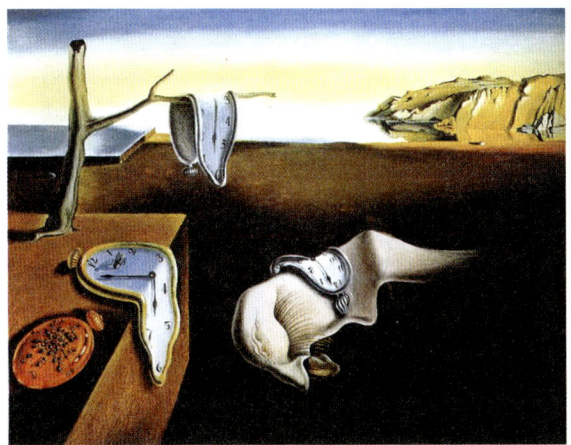

그림 8-27 살바도르 달리의 〈기억의 지속〉

달리의 가장 상징적인 그림에 대한 설명을 들었으니, 이 그림이 시각적으로 매력적인 이유를 이해할 수 있을 것입니다. 특히 미술 대학을 다니지 않아 이러한 특징을 설명하는 방법을 모르는 경우라면 이 설명이 매우 유용합니다. 이제 이 결과물을 이미지 생성 모델 프롬프트에 맞게 줄여야 합니다.

---

Convert this description into a shortened prompt for an AI image generation model such as DALL·E:
번역: 이 설명을 DALL·E와 같은 AI 이미지 생성 모델을 위한 간략한 프롬프트로 변환해 주세요:

---

Surrealist landscape with subdued colors of brown, blue, and yellow. Depict a barren, craggy shoreline and calm sea meeting a clear sky. Include amorphous, melting objects resembling common items, indicating fluidity and impermanence of time. Contrast these with other solid, permanent elements. Evoke a sense of stillness, dreamlike atmosphere, and quietude.
번역: 갈색, 파란색, 노란색의 차분한 색조로 그려진 초현실적인 풍경. 황량하고 바위가 많은 해안선과 고요한 바다가 맑은 하늘과 만나는 장면을 묘사하세요. 흔히 볼 수 있는 물건처럼 보이는 비정형적이고 녹아내리는 물체들을 포함시켜 시간의 유동성과 무상함을 나타냅니다. 이들과 다른 고정적이고 영속적인 요소들을 대조시킵니다. 정적이고 꿈같은 분위기와 고요함을 불러일으키는 느낌을 표현하세요.

---

이 출력을 가져와서 그림의 주제인 타임스 스퀘어를 추가합니다. 챗GPT가 작성하는 메시지가 너무 지시적일 수 있으므로 메시지의 흐름을 개선하기 위해 메시지를 수정하는 것도 도움이 될

수 있습니다.

---

Painting of Times Square, surrealist landscape with subdued colors of brown, blue, and yellow, a barren, craggy shoreline and calm sea meeting a clear sky. Include amorphous, melting objects resembling common items, indicating fluidity and impermanence of time. Contrast these with other solid, permanent elements. Evoke a sense of stillness, dreamlike atmosphere, and quietude.
번역: 타임스 스퀘어의 그림, 갈색, 파란색, 노란색의 차분한 색조로 그려진 초현실적인 풍경. 황량하고 바위가 많은 해안선과 고요한 바다가 맑은 하늘과 만나는 장면. 흔히 볼 수 있는 물건처럼 보이는 비정형적이고 녹아내리는 물체들을 포함시켜 시간의 유동성과 무상함을 나타냅니다. 이들과 다른 고정적이고 영속적인 요소들을 대조시킵니다. 정적이고 꿈같은 분위기와 고요함을 불러일으키는 느낌을 표현하세요.

---

그림 8-28 타임스 스퀘어 그림에 적용된 달리의 스타일 분해

> **TIP 프롬프트 원칙 ① 지시 내리기**
>
> AI 이미지 생성 모델을 특정 예술가의 작품으로 직접 유도하기보다는 예술가의 작품을 묘사하는 방식을 사용해 유사한 스타일을 구현할 수 있습니다. 이는 단순히 예술가의 이름을 언급하는 것보다 더 창의적이고 변형적인 접근 방식이며, 아마도 더 윤리적인 접근 방식일 수 있습니다.

이 이미지는 여전히 달리의 작품과 유사하지만 챗GPT의 설명 필터를 통해 변형되었습니다. 따라서 단순히 달리의 이름을 언급했을 때보다 더 독창적이라는 점에서 일반 프롬프트보다 유리합니다. 더욱 좋은 점은 이제 '초현실주의 풍경', '녹아내리는 사물', '몽환적인 분위기' 등 달리의 스타일을 개별 밈으로 분해해, 이를 쉽게 재조합하여 독특한 이미지를 만들어 낼 수 있습니다.

---

Painting of Times Square, surrealist landscape with subdued colors of orange, red, and green, imposing buildings and calm river meeting a stormy sky. The amorphous melting dripping clock in the center of the square indicates the fluidity and impermanence of time in contrast with other solid, permanent elements. Evoke a sense of stillness, dreamlike atmosphere, and quietude.

번역: 타임스 스퀘어의 그림, 갈색, 파란색, 노란색의 차분한 색조로 그려진 초현실적인 풍경. 황량하고 바위가 많은 해안선과 고요한 바다가 맑은 하늘과 만나는 장면. 흔히 볼 수 있는 물건처럼 보이는 비정형이고 녹아내리는 물체들을 포함시켜 시간의 유동성과 무상함을 나타냅니다. 이들과 다른 고정적이고 영속적인 요소들을 대조시킵니다. 정적이고 꿈같은 분위기와 고요함을 불러일으키는 느낌을 표현하세요.

---

**그림 8-29** 달리 버전의 타임스 스퀘어 재조합

그림의 색상과 요소를 약간 수정했을 뿐입니다. 우리는 여기서 한 발 더 나아갈 수 있습니다. 다른 인기 예술가의 요소를 가져와 원하는 측면을 결합해 새로운 작품을 만들어 낼 수도 있습니다. 이 기술은 현재 학습 데이터에서 쉽게 설명할 수 있을 만큼 유명한 예술가와 작품에 대해서만 작동하지만, AI 모델이 멀티모달$^{multi-modal}$ (즉, 이미지와 텍스트를 모두 생성할 수 있게 됨)이 되면 이미지를 입력해 바로 분해에 사용할 설명을 얻을 수 있을 것입니다.

## 8.13 밈 매핑

프롬프트 영감을 얻는 가장 일반적인 방법 중 하나는 다른 프롬프트 엔지니어가 어떤 프롬프트로 좋은 결과를 내고 있는지 살펴보는 것입니다. 미드저니 디스코드 커뮤니티[18]에는 수백만 명의 회원이 활동 중이며, 매일 수천 개의 새로운 이미지가 생성되고 자동으로 공유됩니다. 레딧$^{Reddit}$[19]과 다양한 웹사이트, 이메일 뉴스레터, 소셜 미디어 계정을 포함한 다른 AI 커뮤니티에서도 마찬가지입니다. 자주 사용되는 웹사이트 중 하나는 Lexica[20]로, 여기에는 많은 스테이블 디퓨전 이미지와 프롬프트가 키워드와 유사성으로 검색 가능한 데이터베이스 형식으로 제공되어 있어 참고하기 좋습니다.

이러한 영감의 원천을 검색하고 탐색하다 보면 특정 유형의 이미지에 자주 사용되는 단어나 문구 같은 반복되는 패턴, 즉 밈을 발견할 수 있습니다. 이러한 패턴을 의도적이고 체계적으로 찾아내는 과정을 밈 매핑$^{meme\ mapping}$이라고 하며, 유용한 프롬프트를 식별하는 데 매우 유용한 도구가 될 수 있습니다. 예를 들어 Lexica에서 슈퍼 마리오를 검색하면 [그림 8-30]과 같은 현실적인 마리오를 만들려고 시도한 많은 예제를 볼 수 있습니다. 이미 효과가 입증되어 상당한 시간을 절약할 수 있는 프롬프트[21]를 가져와서 동일한 작업을 시도해 볼 수 있습니다.

---

18 https://oreil.ly/upQIh
19 https://oreil.ly/EwLNh
20 https://lexica.art
21 https://oreil.ly/WNsRn

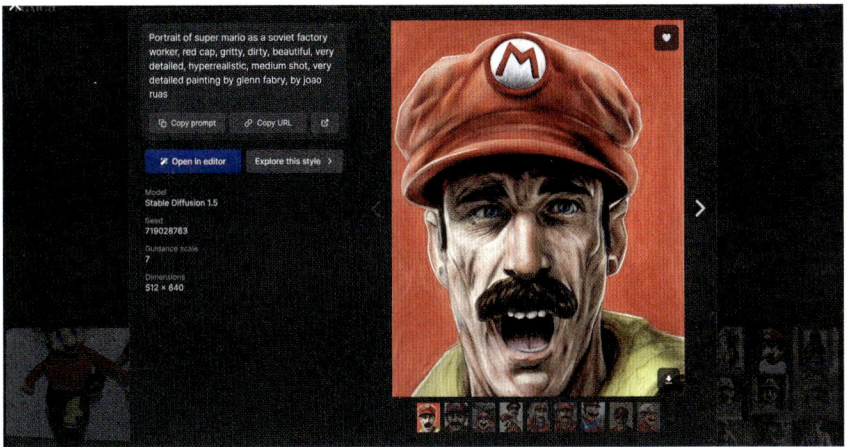

그림 8-30 현실적인 마리오

또는 이 밈을 다른 프랜차이즈의 캐릭터에 적용하고, 다른 사람들이 사용한 프롬프트를 재활용해 현실적인 효과를 내는 방식으로 시도해 볼 수도 있습니다. 이렇게 다른 사람의 프롬프트를 찾아보지 않았다면, AI 이미지 생성 모델이 만화나 게임 캐릭터의 실제 버전을 생성할 수 있다는 사실을 몰랐을 수도 있고, 시도해 볼 생각조차 하지 못했을 수 있습니다. 프롬프트에 Soviet Factory Worker(소련 공장 노동자)를 포함하면 투박한 현실감을 불러일으키는 데 도움이 된다는 통찰력을 발견하지 못했을 수도 있고, 언급된 두 작가의 작품을 접해 보지 못했을 수도 있습니다. 이렇게 AI 아트 커뮤니티에는 콘텐츠를 공유하면서 재조합하는 건강한 문화가 있습니다. 사람들은 다른 사람의 프롬프트를 통해 배우고 자신의 전문 지식을 공유함으로써 문화를 발전시켜 나갑니다.

> portrait of Homer Simpson as a Soviet factory worker, gritty, dirty, beautiful, very detailed, hyperrealistic, medium shot, very detailed painting by Glenn Fabry, by Joao Ruas –no cartoon
> 번역: 소련 공장 노동자인 호머 심슨 초상화, 거칠고, 더럽고, 아름답고, 매우 세밀하며, 하이퍼리얼리즘, 중거리 샷, Glenn Fabry와 Joao Ruas의 매우 세밀한 그림 --만화 스타일 제외

그림 8-31 사실적인 호머 심슨

밈 매핑 과정은 수작업으로 수행할 수 있으며[22] 예시를 복사해 스프레드시트나 노션 같은 생산성 도구에 붙여 넣는 방식으로 진행됩니다. 하지만 이 방법은 시간이 많이 걸릴 수 있습니다. 만약 여러분이 사용하는 웹사이트의 이용 약관과 해당 국가의 법적 의무를 준수한다면, 해당 웹사이트의 콘텐츠를 프로그래밍 방식으로 스크레이핑하는 사용자 지정 코드를 작성하는 것도 가능합니다. 모든 데이터를 한 곳에서 수집한 후에는 구글 비전Vision 같은 엔티티 인식 모델, GPT-4 비전[23] 같은 멀티모달 모델, NGrams 분석과 같은 자연어 처리(NLP) 기법을 사용해 수작업으로는 어려운 대규모 패턴 식별을 자동화할 수 있습니다.

## 8.14 프롬프트 분석

흔히 저지르는 실수 중 하나는 프롬프트의 어떤 부분이 정말 필요한지 생각하지 않고 점점 더 길게 작성하는 것입니다. 추가되는 모든 단어는 어떤 식으로든 모델을 교란해 결과물에 노이즈

---

22 https://oreil.ly/VqyG-
23 https://oreil.ly/cOcPR

를 추가합니다. 이럴 때는 불필요한 단어를 제거하는 것이 새로운 단어를 추가하는 것만큼 효과적일 수 있습니다. 많은 시행착오 없이 이 분석을 수행할 수 있도록 미드저니는 /shorten 명령어를 제공합니다. 모델이 가장 주목하는 핵심 토큰만 남기고 불필요한 단어를 제거하려고 합니다. 응답 하단의 'show details(세부 정보 표시)'를 클릭하면 토큰 수준의 가중치와 차트를 시각적으로 볼 수 있습니다.

```
portrait of Homer Simpson as a Soviet factory worker, gritty, dirty, beautiful,
very detailed, hyperrealistic, medium shot, very detailed painting by Glenn Fabry,
by Joao Ruas --no cartoon
번역: 소련 공장 노동자인 호머 심슨 초상화, 거칠고, 더럽고, 아름답고, 매우 세밀하
며, 하이퍼리얼리즘, 중거리 샷, Glenn Fabry와 Joao Ruas의 매우 세밀한 그림 --만화
스타일 제외
```

```
**portrait** (0.08) of **homer simpson** (1.00) as a **soviet** (0.19) **factory**
(0.21) **worker** (0.08), gritty (0.02), dirty (0.02), beautiful (0.00), very
(0.00) detailed (0.01), hyperrealistic (0.01), medium (0.00) shot (0.00), very
(0.00) detailed (0.01) painting (0.05) by Glenn Fabry (0.08), by **Joao Ruas**
(0.09)
■■■■■■■■■ homer Simpson
■■          factory
■■          soviet
■           portrait
■           worker
■           Joao Ruas
■           Glenn Fabry
■           painting
```

프롬프트 분석 결과를 사용해 프롬프트에서 노이즈를 제거하고 실제로 중요한 단어와 밈에 집중할 수 있습니다.

> **TIP 프롬프트 원칙 ④ 품질 평가하기**
>
> 모델이 각 토큰에 할당하는 가중치를 확인하면 모델이 어떻게 작동하는지에 대한 탁월한 통찰력을 얻을 수 있습니다. 우리는 종종 프롬프트에서 무엇이 중요한지 막연히 가정하곤 하는데, 이 가정이 현실과 상당히 동떨어진 착각일 수도 있습니다.

## 8.15 마치며

이 장에서는 확산 모델을 사용한 이미지 생성의 표준 관행에 대해 배웠습니다. 스톡 사진, 유화, 이집트 상형 문자 등의 형식 지정 방법을 배우고 독특하고 시각적으로 매력적인 이미지를 만드는 방법을 살펴봤습니다. 또한 루이스 캐럴의 〈이상한 나라의 앨리스〉 스타일과 같이 인기 있는 스타일이나 예술가를 복제할 수 있는 아트 스타일 지정 방식도 소개했습니다.

인기 있는 아트 스타일과 예술가의 이름을 언급하는 방식이 원하는 작품 스타일을 얻는 데 어떻게 도움이 되는지 자세히 살펴봤습니다. 부정 프롬프트와 가중치 개념을 통해 이미지에서 원하지 않는 내용을 제거하고 다양한 개념의 혼합도 제어할 수 있습니다. 또한 이미지의 특정 부분을 지우고 프롬프트를 추가함으로써 개별적으로 생성할 수 있는 인페인팅과 아웃페인팅의 개념도 살펴봤습니다. 이러한 기법들을 확장하고 결합해 생성형 AI 결과물의 신뢰성과 품질을 향상하는 방법도 발견했습니다.

다음 장에서는 이미지 생성의 세계에 대해 자세히 알아보고 고급 활용 사례를 탐색해 봅니다. 이미지 생성 기술을 향상시키기 위해 스테이블 디퓨전과 AUTOMATIC1111의 기능을 활용하는 방법을 배웁니다. ControlNet 모델 같은 고급 스테이블 디퓨전 기술을 포함해 이미지의 스타일과 구성을 더 잘 제어하는 등 다양하고 흥미로운 가능성을 발견할 수 있을 것입니다.

# 9장
# 스테이블 디퓨전으로 고급 이미지 생성하기

대부분의 AI 이미지 작업은 간단한 프롬프트 엔지니어링 기술만으로도 충분하지만, 결과물을 보다 창의적으로 제어하거나 특정 작업에 맞춘 맞춤형 모델을 학습시키려면 더 강력한 도구가 필요합니다. 이럴 때는 더 많은 기술적 역량과 체계적인 사고를 통해 최종 이미지를 만드는 워크플로를 구축해야 합니다.

이 장의 모든 이미지는 별도의 언급이 없는 한 스테이블 디퓨전 XL로 생성됩니다. 다만 컨트롤넷(ControlNet)과 같은 확장 기능을 사용하는 일부 절에서는 더 많은 기능이 지원되는 구버전 v1.5 모델을 사용합니다. 이 책에서 소개하는 기술은 미래에 나올 모델, 또는 현존하는 다른 모델에서도 적용할 수 있도록 고안되었습니다. 이 글은 AUTOMATIC1111의 스테이블 디퓨전 웹 UI를 광범위하게 사용하고 있으며, 집필 시점을 기준으로 최신 설치 지침도 함께 제공하지만 꼭 공식 깃허브 저장소[1]의 최신 지침을 참조하고 발생하는 문제를 진단하기 바랍니다.

---

1 https://oreil.ly/hs_fS

## 9.1 스테이블 디퓨전 실행

스테이블 디퓨전은 오픈 소스 이미지 생성 모델입니다. NVIDIA나 AMD GPU, 또는 애플 실리콘$^{Apple\ Silicon}$(M1, M2, M3 Mac)이 탑재된 컴퓨터가 있다면 로컬에서 무료로 실행할 수 있습니다. 초기 버전인 v1.4는 구글 코랩 노트북[2]을 통해 실행하는 방식이 일반적이었으며, 이는 클라우드에서 무료 GPU를 제공해 주기 때문입니다. 다만 구글 무료 티어 사용을 제한할 경우, 유료 계정으로 업그레이드해야 할 수도 있습니다.

코랩을 이전에 사용한 적이 없거나, 사용 한도에 대한 최신 정보를 확인하려면 구글 코랩 웹사이트[3]를 방문하세요. 이 책에서 제공하는 파이썬 노트북의 사본은 깃허브 저장소[4]에 저장되어 있으며, 설정 문제를 피하려면 이를 구글 드라이브에 업로드한 후 구글 코랩에서 실행해야 합니다.

허깅 페이스 디퓨저$^{Diffusers}$ 라이브러리를 사용하면 스테이블 디퓨전과 관련된 의존 패키지를 다운로드할 수 있습니다. 다음 코드를 구글 코랩에서 실행하면 필요한 모든 라이브러리가 자동으로 설치됩니다. 만약 주피터 노트북에서 실행하는 경우가 아니거나, 구글 코랩이 아닌 로컬 커맨드 라인에서 실행한다면 셀 명령어를 나타내는 느낌표(!)는 제거하고 실행하세요.

```
!pip install diffusers==0.11.1
!pip install transformers scipy ftfy accelerate
```

모델을 다운로드해서 사용하려면 먼저 추론 파이프라인을 구축해야 합니다. 여기서 추론 파이프라인이란 그림을 생성하기 위해 모델을 사용할 때 실행되는 코드 부분을 의미합니다.

```
# 파일명: content/chapter_9/stable_diffusion.ipynb

# 추론 파이프라인 생성
import torch
from diffusers import StableDiffusionPipeline

pipe = StableDiffusionPipeline.from_pretrained(
    "CompVis/stable-diffusion-v1-4",
    torch_dtype=torch.float16)
```

---

[2] https://oreil.ly/OmBuR
[3] https://oreil.ly/2WGxQ
[4] https://oreil.ly/uauNn

```
pipe = pipe.to("cuda")
```

한 줄씩 분석해 보겠습니다.

**import torch**

파이토치[PyTorch,5]로 알려진 torch 라이브러리를 가져오는 코드입니다. 파이토치는 오픈 소스 머신러닝 라이브러리로 컴퓨터 비전이나 자연어 처리 같은 다양한 인공지능 애플리케이션에 사용됩니다.

**from diffusers import StableDiffusionPipeline**

Diffusers 라이브러리에서 StableDiffusionPipeline 클래스를 가져옵니다. 이 클래스는 스테이블 디퓨전 모델을 실행할 수 있도록 구성된 파이프라인이며, 확산 모델을 간편하게 사용할 수 있게 합니다. 스테이블 디퓨전은 확산 모델 중 가장 널리 알려진 대표적인 예입니다.

**pipe = StableDiffusionPipeline.from_pretrained("CompVis/stable-diffusion-v1-4", torch_dtype=torch.float16)**

미리 학습이 완료된 가중치를 사용해 StableDiffusionPipeline 클래스의 인스턴스를 생성합니다. from_pretrained 메서드는 미리 학습된 모델(이 경우 모델은 CompVis/stable-diffusion-v1-4입니다)의 가중치를 불러옵니다. torch_dtype=torch.float16 매개변수는 모델에 사용되는 데이터 유형이 반정밀도 부동 소수점 형식인 float16이어야 함을 지정합니다. float16을 사용하면 모델의 계산 속도를 높이고 메모리 사용량을 줄일 수 있습니다(구글 코랩의 무료 사용 한도 내에서 사용하기 위해 지정할 필요가 있습니다).

**pipe = pipe.to("cuda")**

pipe 모델을 GPU로 옮깁니다. "cuda" 문자열은 NVIDIA에서 만든 병렬 컴퓨팅 플랫폼이자 API 모델인 CUDA를 뜻합니다. 이렇게 하면 파이프라인 모델에서 수행되는 모든 계산이 GPU에서 실행되므로 대규모 모델이나 데이터 처리의 경우 CPU에서 실행하는 것보다 훨씬 빠를 수 있습니다.

이제 파이프라인이 준비되었으니 프롬프트와 함께 다양한 매개변수를 모델에 전달할 수 있습니다. 예를 들어 매번 다른 이미지를 생성하고 싶다면 랜덤 시드[random seed]를 바꿔주면 되고, 추론 단계 수를 늘리면 시간이 더 걸리지만 이미지 품질이 향상됩니다. 안내 척도[guidance scale]를 조절하면 이미지가 프롬프트에 얼마나 충실하게 따라갈지 결정할 수 있습니다.

```
# 프롬프트에 대해 추론 실행
prompt = "a photograph of an astronaut riding a horse"
# 번역: 우주 비행사가 말을 타고 있는 사진
```

---

[5] https://pytorch.org

```python
generator = torch.Generator("cuda").manual_seed(1024)

image = pipe(prompt, num_inference_steps=50,
    guidance_scale=7, generator=generator
    ).images[0] # 여기 있는 이미지는 PIL 형식입니다.

# 이제 이미지를 표시하려면 다음과 같이 저장할 수 있습니다.
image.save(f"astronaut_rides_horse.png")

# 구글 코랩에 있다면, 다음과 같이 직접 표시할 수 있습니다.
image
```

**그림 9-1** 우주 비행사가 말을 타고 있는 사진

각 코드의 기능을 살펴보겠습니다.

- `prompt = "a photograph of an astronaut riding a horse"`: 이미지 생성을 안내하기 위해 모델에 전달되는 프롬프트입니다.
- `generator = torch.Generator("cuda").manual_seed(1024)`: 파이토치 제너레이터가 생성되고 제너레이터 변수에 할당됩니다. 제너레이터는 "cuda"로 초기화되며, 이는 계산에 GPU를 사용한다는 의미입니다. `manual_seed(1024)` 함수는 난수 생성을 위한 랜덤 시드를 인위적으로 설정하는 부분으로, 이는

사용자가 다시 실행할 경우 동일한 결과를 재현할 수 있도록 하는 데 사용됩니다. 따라서 같은 모델에서 이 코드를 실행하면 정확히 동일한 이미지가 표시됩니다.

- `image = pipe(prompt, num_inference_steps=50, guidance_scale=7, generator=generator).images[0]`: 프롬프트에서 파이프라인 모델을 실행해 이미지를 생성합니다. num_inference_steps 인수는 50으로 설정되며, 모델이 총 50 단계의 추론을 수행한다는 의미입니다. guidance_scale 인수를 7로 설정하면 프롬프트를 통해 이미지의 생성 방향을 안내guide하는 정도를 조정할 수 있습니다. 이 값이 클수록 이미지가 거칠어지고 다양성이 떨어집니다. 제너레이터 매개변수는 앞서 생성한 난수 제너레이터를 전달합니다. 여기까지의 코드로 AI가 생성한 이미지의 배열이 만들어지며, images[0]로 이 배열의 첫 번째에 위치한 이미지를 선택합니다.
- `image.save(f"astronaut_rides_horse.png")`: 생성된 이미지를 파일에 저장합니다.
- `image`: 주피터 노트북 또는 구글 코랩 환경에서 실행되는 경우, 노트북에 하단 화면에 생성된 이미지가 표시됩니다. 두 환경에서는 코드 셀의 마지막 코드 줄의 결과가 자동으로 표시되기 때문에 이런 일이 발생합니다. 이 이미지를 변수에 할당하는 경우에는 화면이 표시되지 않습니다.

로컬 또는 클라우드에서 오픈 소스 모델을 실행하고 필요에 맞게 조정해 쓸 수 있다는 것은 매우 큰 장점입니다. 그러나 머신러닝에 대한 깊은 지식을 갖춘 숙련된 사용자가 아니거나 자체 AI 이미지 생성 제품을 구축하려는 의도가 아니라면 추론 파이프라인을 직접 코딩하고, 그 위에 사용자 인터페이스를 구축하는 것은 너무 과도한 작업입니다. 스테이블 디퓨전의 개발 자금을 지원하는 Stability AI는 드림 스튜디오Dream Studio(그림 9-2)라는 호스트형 웹 인터페이스를 보유하고 있습니다. 이쪽도 DALL·E 플레이그라운드와 유사하게 사용할 때마다 크레딧을 차감하는 식으로 운영하며 인페인팅과 같은 고급 기능도 제공합니다.

**그림 9-2** Stability AI 드림 스튜디오

드림 스튜디오는 DALL·E와 마찬가지로 API를 통한 접근을 제공합니다. 따라서 자체적으로 스테이블 디퓨전 모델을 호스팅하고 실행해야 하는 번거로움 없이도 AI 이미지 애플리케이션을 구축하거나 많은 이미지를 생성하기 위한 프로그래밍 스크립트를 실행하는 상황에서 아주 편리합니다. `https://oreil.ly/X3Ilb`를 방문해 계정을 생성한 후 API 키를 받고 크레딧을 충전하세요.[6] 다음 코드는 다음 깃허브 저장소[7]에서 찾을 수 있습니다.

```
# 파일명: content/chapter_9/sd-api.ipynb

import os
import base64
import requests
from IPython.display import Image

engine_id = "stable-diffusion-xl-1024-v1-0"
api_host = os.getenv('API_HOST', 'https://api.stability.ai')
api_key = os.getenv("STABILITY_API_KEY")

image_description = "computers being tied together"
# 번역: 서로 연결된 컴퓨터들
prompt = f"""an illustration of {image_description}. in the
style of corporate memphis, white background, professional,
clean lines, warm pastel colors"""
# 번역: {image_description}의 일러스트. 코퍼레이트 멤피스 스타일,
# 흰색 배경, 전문적이고 깔끔한 선, 따뜻한 파스텔 색상.

response = requests.post(
    f"{api_host}/v1/generation/{engine_id}/text-to-image",
    headers={
        "Content-Type": "application/json",
        "Accept": "application/json",
        "Authorization": f"Bearer {api_key}"
    },
    json={
        "text_prompts": [
            {
                "text": prompt,
            }
        ],
        "cfg_scale": 7,
```

---

6  집필 시점 기준 1,000크레딧은 10달러에 판매되고 약 5,000개의 이미지를 생성할 수 있는 분량입니다.
7  https://oreil.ly/aGLeX

```python
            "height": 1024,
            "width": 1024,
            "samples": 1,
            "steps": 30,
        },
    )

    if response.status_code != 200:
        raise Exception(
            "Non-200 response: " + str(response.text))

    data = response.json()

    image_paths = []

    # 만약 /out 폴더가 없다면 생성하세요.
    if not os.path.exists("./out"):
        os.makedirs("./out")

    for i, image in enumerate(data["artifacts"]):
        filename = f"./out/image-{i}.png"
        with open(filename, "wb") as f:
            f.write(base64.b64decode(image["base64"]))

        image_paths.append(filename)

    # 첫 번째 이미지를 표시하세요.
    Image(filename=image_paths[0])
```

그림 9-3 드림 스튜디오 API로 그린 코퍼레이트 멤피스<sup>Corporate Memphis</sup> 스타일의 일러스트

코드를 단계별로 분석해 보겠습니다.

1. 먼저 필요한 환경 변수를 설정합니다.
   - `engine_id`: stability.ai에서 특정 모델의 버전과 id가 무엇인지 참조하세요.
   - `api_host`: 환경 변수에서 API 호스트 URL을 검색합니다. 설정하지 않을 시 기본값은 `'https://api.stability.ai'`입니다.
   - `api_key`: 환경 변수에서 API 키를 검색합니다.
2. `prompt`: 스타일과 색상을 포함한 이미지의 모양을 정의합니다.
3. `api_host`와 `engine_id`에서 파생된 URL로 POST 요청을 합니다.
   - 요청의 헤더는 JSON 데이터를 수락하고 전송하도록 설정되며 `api_key`로 인증 헤더를 포함하도록 설정됩니다.
   - 요청의 JSON 본문에는 프롬프트(이미지 설명), 원하는 이미지 배율, 크기, 샘플 수, 단계 수가 지정됩니다.
4. 응답의 상태 코드가 200(성공적인 요청을 나타냄)이 아닌 경우 응답 텍스트와 함께 예외가 발생하며 문제가 발생했음을 나타냅니다. 그렇지 않으면 응답이 JSON 형식으로 파싱됩니다.
5. 디렉터리 이름을 지정하지 않는 경우 디렉터리 하나가 새로 생성됩니다. 응답의 각 아티팩트(이미지)들에 대해 다음 과정이 각각 적용됩니다.
   - 파일 이름 경로를 설정합니다.
   - 응답에서 base64로 인코딩된 이미지 데이터를 디코딩합니다.
   - 디코딩된 이미지 데이터를 파일에 씁니다.
   - `image_paths` 목록에 파일 경로를 추가합니다.
   - 일반적으로 애플리케이션에서 나중에 표시할 이미지를 구글 클라우드 스토리지[8] 또는 아마존 S3에 저장하는 위치입니다.
6. IPython.display의 Image 클래스를 사용해 `image_paths` 목록의 첫 번째 이미지(이 경우 유일한 이미지)가 표시됩니다(주피터 노트북 또는 구글 코랩에서만).

Stability AI 서비스를 사용할 때의 단점은 사용자 지정 관련 제어 기능이 부족하다는 점입니다. 반면 스테이블 디퓨전의 장점으로는 오픈 소스인 점, 모델의 거의 모든 측면을 수정할 수 있다는 점, 커뮤니티에서 구축한 고급 기능을 가져다 사용할 수 있다는 점이 있습니다. 아무래도 Stability AI도 회사다 보니 투자자, 법무 팀, 기업 고객의 기대를 충족시켜야 한다는 압박이 있기 때문에, 현재 지원하는 기능들이 미래에도 계속 유지된다는 보장은 없습니다. 예를 들어 새로운 스테이블 디퓨전 2.0과 XL 모델이 나온 이후, 가장 인기 있었던(그리고 여러 가지로 제한이 덜 걸려 있던) v1.5 모델이 지원 중단deprecated되었던 사례가 있습니다. 이 결정으로

---

8 https://oreil.ly/YsuBw

워크플로, 매개변수, 프롬프트가 v1.5에서 잘 작동하도록 세밀하게 조정해 놓았던 사용자들이 피해를 보게 되었습니다.

## 9.2 AUTOMATIC1111 웹 사용자 인터페이스

스테이블 디퓨전의 고급 사용자들은 일반적으로 AUTOMATIC1111[9] ('오토매틱 일레븐 일레븐'으로 발음됨) 웹 사용자 인터페이스 사용을 권장합니다. 이 인터페이스는 기능이 풍부하고 수많은 사용자들이 만든 수많은 확장 기능을 기본으로 지원하기 때문입니다. AUTOMATIC 1111 프로젝트는 스테이블 디퓨전의 가장 큰 장점이라고 할 수 있는 활기찬 오픈 소스 커뮤니티의 진입로 역할을 합니다. 수많은 사용자들이 이 도구의 고급 기능을 만들고 통합하는 데 엄청난 시간을 쏟고 있습니다. 고급 사용자는 ComfyUI[10]를 대안으로 고려해 볼 수도 있습니다. ComfyUI는 더 복잡한 워크플로와 더 향상된 유연성, 심지어 이미지 투 비디오[11]도 지원하는 훌륭한 도구입니다. 하지만 대부분의 경우에는 AUTOMATIC1111로도 충분히 원하는 작업을 손쉽게 수행할 수 있어 ComfyUI가 복잡하다고 느낄 수 있습니다.

기본적인 텍스트 투 이미지 생성뿐만 아니라 미드저니의 기본 이미지 기능과 유사한 이미지 투 이미지 기능을 사용할 수도 있고, DALL·E에서 제공하는 것처럼 완성된 이미지를 더 높은 품질로 업스케일링하고 인페인팅할 수도 있습니다. 심지어 이 인터페이스 안에서 사용자 지정 모델을 훈련하고 실행할 수도 있습니다. 이렇게 만들어진 수천 개의 모델은 허깅 페이스[12]나 Civitai[13] 같은 커뮤니티에서 공개적으로 공유되고 있습니다.

> **CAUTION** 일부 사용자 지정 오픈 소스 모델은 NSFW(업무용으로 안전하지 않음)이므로 Civitai와 같은 웹사이트를 탐색할 때는 주의하세요.

---

[9] https://oreil.ly/r-2vm
[10] https://oreil.ly/LWVvC
[11] https://oreil.ly/dh7jR
[12] https://oreil.ly/t5T7p
[13] https://civitai.com

AUTOMATIC1111을 사용해 로컬에서 스테이블 디퓨전을 실행하려면 몇 가지 기술 설정이 필요하며, AUTOMATIC1111 위키에서 최신 가이드를 찾아보는 것이 가장 좋습니다.

- NVIDIA GPU에서 설치 및 실행하기[14]
- AMD GPU에서 설치 및 실행하기[15]
- 애플 실리콘에 설치 및 실행하기[16]

일반적인 설치 과정에는 다음이 포함됩니다. PC에 깃과 파이썬, 추가적인 의존 패키지[17]들이 설치되어 있는지 확인하고, 스테이블 디퓨전과 AUTOMATIC1111 코드[18]도 로컬 컴퓨터에 다운로드해야 합니다. 이 장에서는 스테이블 디퓨전의 XL 1.0 버전[19]을 사용하지만, 많은 사람들이 이전 버전인 1.5을 주로 사용하고 있습니다. v1.5가 제약이 좀 더 적고, 커뮤니티 차원에서 공유되는 사용자 정의 모델의 수가 더 많기 때문입니다. 여기서 다루는 프롬프트 기술은 모든 모델에 동일하게 작동하지만 그 결과물의 품질은 다를 수 있습니다. 이를테면 v2.0의 학습 데이터에서 NSFW 이미지를 제거하는 바람에 인물의 사실적인 이미지를 생성하는 성능이 이전보다 저하되어 버린 것처럼 말이죠(XL 버전에서는 이 문제가 많이 수정되었습니다).

스테이블 디퓨전은 애초에 오픈 소스이므로, 생성과 정제(리파인)$^{refine}$에 쓸 모델을 자유롭게 다운받을 수 있습니다. 허깅 페이스의 모델 페이지를 방문해 '파일 및 버전' 탭에서 .safetensors 파일을 다운로드하면 로컬 컴퓨터에서 스테이블 디퓨전 XL v1.0을 사용할 수 있습니다. .safetensors 형식은 실행 시 컴퓨터에서 코드를 실행하지 않으므로 이전 .ckpt 파일 형식보다 안전합니다.

- **기본 모델**[20]: `sd_xl_base_1.0.safetensors`
- **리파이너 모델**[21]: `sd_xl_refiner_1.0.safetensors`

모델을 다운로드하는 데 시간이 꽤 걸리다 보니, 모델을 먼저 다운받은 후 AUTOMATIC111 인터페이스를 설치하는 게 효율적입니다. 모델은 `models/Stable-diffusion` 폴더에 배치합

---

14 https://oreil.ly/DsKyU
15 https://oreil.ly/Oc7ix
16 https://oreil.ly/Ob2VK
17 https://oreil.ly/vBOVI
18 https://oreil.ly/x0BMn
19 https://oreil.ly/DIvUz
20 https://oreil.ly/wtHRj
21 https://oreil.ly/0Dlbv

니다. 이전 버전인 v1.5 스테이블 디퓨전 모델을 사용하려면 허깅 페이스[22]에서 **v1-5-pruned-emaonly.ckpt** 파일을 다운로드해 기본과 리파이너 모델을 배치한 모델의 폴더로 옮깁니다.

모든 설치가 완료되면 웹 인터페이스는 애플리케이션을 로컬에서 실행하는 스크립트를 실행함으로써 접근할 수 있으며, 브라우저에 웹 주소로 표시됩니다. 한 가지 예로 다음은 집필 시점 기준 NVIDIA GPU가 탑재된 윈도우 컴퓨터의 지침입니다.

1 파이썬 3.10.6[23] ('Add to PATH(환경 변수 경로에 추가)'를 선택하세요)과 깃[24]을 설치합니다.

2 검색 창에서 명령 프롬프트를 열고 `git clone https://github.com/AUTOMATIC1111/stable-diffusion-webui`를 입력합니다.

3 `Sd_xl_base_1.0.safetensors`와 `sd_xl_refiner_1.0.safetensors` 모델을 stable-diffusion-webui/models/Stable-diffusion 폴더로 이동하는 것을 잊지 마세요.

4 Webui-user.bat 파일을 더블 클릭하고 인터페이스가 실행 중인 주소(일반적으로 `http://127.0.0.1:7860`로 이동합니다. 맥 또는 리눅스의 경우 터미널에서 `bash webui.sh`를 실행합니다.

이 인터페이스는 공식 깃허브 저장소[25]에서 가져온 [그림 9-4]와 같이 생겼으며, 프롬프트를 입력하려면 txt2img 탭 아래 왼쪽 상단에 입력하고 Generate를 클릭하면 이미지를 얻을 수 있습니다.

오류가 발생하거나 AUTOMATIC1111 웹 UI를 다운로드한 지 오래되어 업데이트가 필요한 경우 터미널에서 **stable-diffusion-webui** 폴더에 들어가 `git pull`을 실행하면 됩니다. 오류가 계속 발생하면 **stable-diffusion-webui** 폴더에서 `git checkout -f master`를 실행해 아예 구현을 초기화할 수도 있습니다. 초기화 전에 저장하려는 파일을 먼저 다른 폴더로 옮겨놓는 것을 잊지 마세요.

> **CAUTION** 이 방법으로 AUTOMATIC1111을 초기화하면 폴더 내 모든 파일과 사용자 설정이 삭제됩니다. 복구를 위해 다른 폴더에 복사본을 만들어 두는 것이 좋습니다.

---

22 https://huggingface.co/stable-diffusion-v1-5/stable-diffusion-v1-5/blob/main/v1-5-pruned-emaonly.ckpt
23 https://oreil.ly/kGiyi
24 https://oreil.ly/Pdzb0
25 https://oreil.ly/OOpas

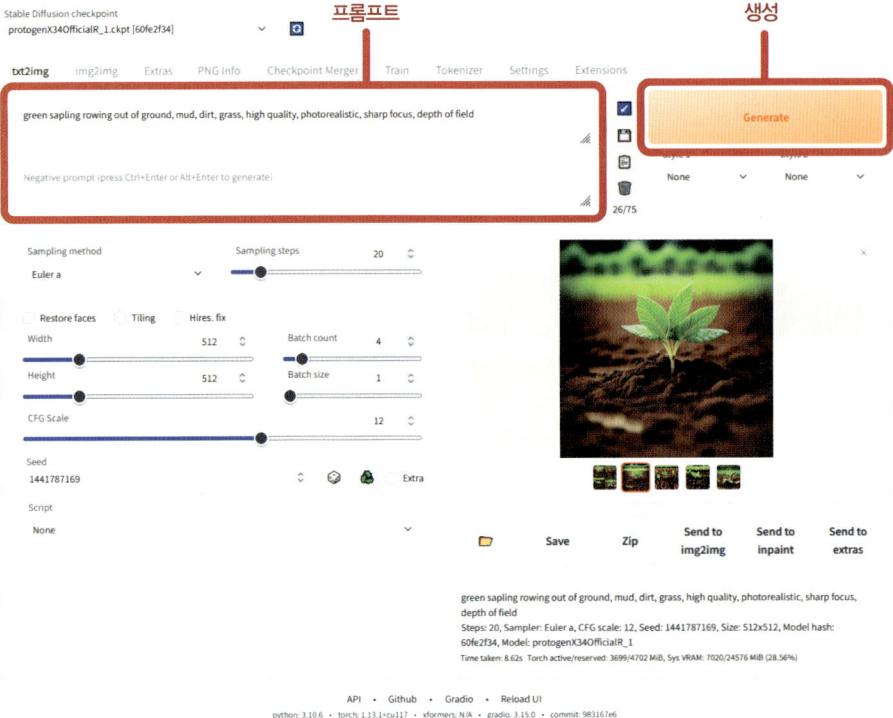

그림 9-4 스테이블 디퓨전 웹 UI

프롬프트 입력란 바로 아래 상자에는 이미지에서 특정 개념을 배제하고 표시되지 않도록 하는 부정 프롬프트를 추가할 수 있습니다(부정 프롬프트에 대한 자세한 내용은 8장을 참조하세요). 그 아래에는 Seed(시드)를 설정합니다. 만약 매번 새로운 이미지를 원한다면 −1로 설정합니다. 그리고 Sampling steps(샘플링(추론) 단계 수), 한 번의 프롬프트 입력으로 총 몇 개의 배치를 반복 생성할지 설정하는 Batch count(배치 수), 한 배치마다 생성되는 이미지 개수를 의미하는 Batch size(배치 크기(배치가 커질수록 더 많은 VRAM이 필요합니다)) 등 여러 설정이 있습니다.[26] 이미지가 생성되면 인터페이스에서 직접 다운로드하거나, 아래에 있는 버튼을 눌러 다양한 탭으로 보낼 수 있습니다. 설치 경로인 `stable-diffusion-webui` 폴더로 들어가면 생성 방법(`text2img`, `img2img`) 혹은 날짜별로 정리되어 저장되어 있는 이미지를 확인할 수 있습니다.

---

26 옮긴이_ 배치 수가 10이고 배치 크기가 10이면, 한 번 실행에 총 10×10 = 100개의 이미지가 생성됩니다.

```
stable-diffusion-webui/
    outputs/
        txt2img-images/
            2023-10-05/
                your_image.png
```

AUTOMATIC1111 웹 UI를 실행하면 우선 다운로드한 모든 모델이 상단의 스테이블 디퓨전 체크포인트checkpoint 드롭다운 메뉴에 표시됩니다. 기본 모델을 선택하고 프롬프트를 입력한 후 설정을 조정합니다. 이미지 크기를 1024×1024로 설정했는지 확인하세요. 지금은 [그림 9-5]와 같이 리파이너의 Switch at 매개변수를 1로 설정해 기본 모델만 실행합니다.

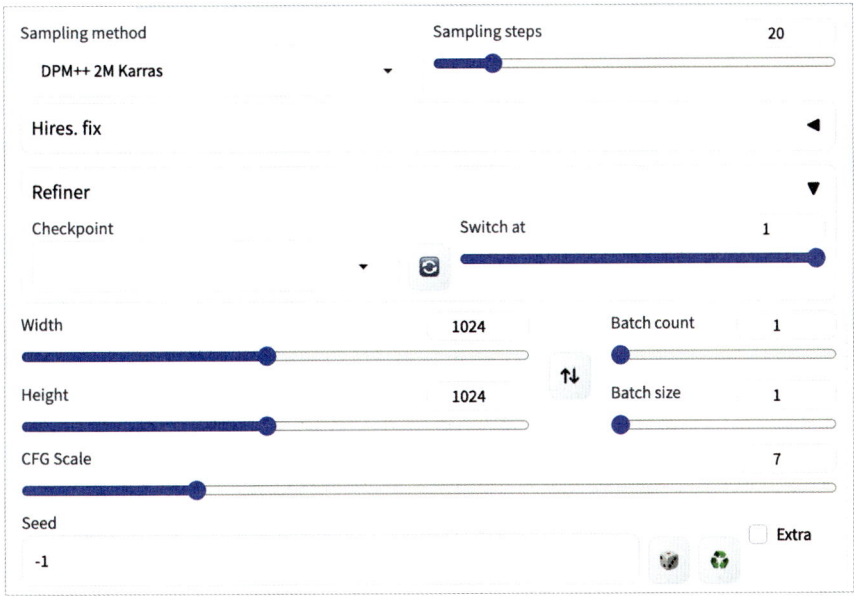

그림 9-5 스테이블 디퓨전 XL의 표준 설정

샘플링 방법은 꽤나 기술적이고 복잡한 개념이라 설명하기 어렵지만 일반적으로 속도, 품질, 무작위성 세 개를 놓고 절충점을 찾아야 합니다. Euler가 가장 간단한 샘플러이며, DDIM은 스테이블 디퓨전 전용으로 설계된 첫 샘플러입니다. 이름에 a가 포함된 샘플링 방법(Euler a)이 원본이며, 그 이후로 같은 이름을 공유하지만 다른 버전의 '자식' 샘플러도 찾을 수 있습니다. 예로 든 Euler 샘플러가 하는 일은 프로세스의 일부로 이미지에 노이즈를 주입하는 것입니다.

이렇게 하면 이미지가 수렴하지 않기 때문에 생성되는 이미지에 무작위성이 증가합니다. 즉, 재현성은 떨어진다는 것입니다. DPM++ 2M Karras나 UniPC 샘플러를 선택하고 Sampling steps(샘플링 단계)를 20~30단계로 설정해 실행하면 안정적으로 재현 가능한 이미지를 만들 수 있습니다. 품질은 높게 유지하면서도 무작위한 이미지가 필요한 경우, DPM++ SDE Karras나 DDIM 샘플러를 10~15단계로 설정해 생성 속도를 다소 낮춰서 사용해 보세요.

또 다른 중요한 매개변수는 CFG Scale(스케일)입니다. CFG는 classifier-free guidance(분류기 없는 안내)로 스테이블 디퓨전 추론 파이프라인을 만드는 구글 코랩 예제에서 소개한, guidance_scale과 동일한 역할을 합니다. CFG 스케일은 스테이블 디퓨전에서 생성된 이미지가 텍스트 프롬프트를 얼마나 엄격하게 따를지를 결정하는 매개변수입니다. CFG 스케일 값과 그 의미는 다음과 같습니다.

- **1**: 프롬프트를 거의 무시합니다.
- **3**: 모델이 프롬프트에 제약 받지 않고 자유롭게 창의력을 발휘합니다.
- **7**: 프롬프트와 창의성 사이의 균형이 잘 잡혀 있습니다.
- **15**: 프롬프트를 잘 준수합니다.
- **30**: 프롬프트를 아주 엄격하게 따릅니다.

Height(높이)와 Width(너비) 인수를 사용해 생성된 이미지의 크기를 조절하거나, Batch count(배치 수)를 사용해 이미지 수를 변경할 수 있습니다. Hires. Fix(고해상도 수정) 체크박스를 사용해서, 업스케일러를 통해 더 큰 고해상도 이미지를 생성할 수 있고(이 부분은 나중에 자세히 설명합니다), Restore faces(얼굴 복원) 체크박스는 얼굴 복원 모델(기본적으로 Codeformer)을 사용해 스테이블 디퓨전에서 자주 발생하는 사람 얼굴의 결함을 수정하며, Tiling(타일링) 체크박스는 반복 패턴으로 타일링되는 이미지를 생성합니다. 정기적으로 재사용하고 싶은 프롬프트 스타일을 저장하고 삽입하는 기능도 있습니다. 다른 탭에는 여러 가지 강력한 기능[27]이 있으며, 커뮤니티에서 만든 확장 기능도 사용 가능한 만큼 추가할 수 있습니다.

AUTOMATIC1111은 미드저니와 마찬가지로 프롬프트 가중치를 지원하지만 접근 방식이 약간 다릅니다. 미드저니에서처럼 이중 콜론으로 구분하는 대신 괄호를 사용합니다. 예를 들어 (pirate)은 해적 기능을 10%, 즉 1.1로 강조하고 이중 괄호 ((pirate))는 가중치를 다시 곱하는 방식으로 가중치는 1.1 × 1.1 = 1.21이 됩니다. (pirate: 1.5)와 같이 (키워드: 계

---

[27] https://oreil.ly/MiSt1

수) 형식으로 직접 숫자를 입력하여 가중치를 정밀하게 제어할 수도 있습니다. 여기서 숫자 1.5의 뜻은 모델이 해당 토큰에 다른 토큰 대비 50% 더 많은 주의를 기울이도록 명령하는 것입니다.

```
Marilyn Monroe as a (pirate:1.5) on a desert island, detailed clothing, by Stanley Artgerm Lau and Alphonse Mucha
번역: 마릴린 먼로가 (해적:1.5)로 사막 섬에 있는 모습, 세밀한 의상, Stanley Artgerm Lau와 Alphonse Mucha의 스타일로
```

부정 프롬프트에는 다음 키워드를 추가합니다.

```
racy, nudity, cleavage
번역: 과감한, 노출, 가슴골
```

해적               (해적: 1.5)

**그림 9-6** 마릴린 먼로 해적

대괄호 [pirate]도 비슷하게, 해당 용어의 중요성을 10% 정도 덜어 내는 데 쓰입니다. 예를 들어 [hat]은 가중치 0.9 또는 (hat:0.9)와 동일합니다. 이 기법은 개념이 아예 배제되는 것이 아니라, 이미지 생성 시에도 여전히 들어가기는 하기 때문에 부정 프롬프트와는 다릅니다. 프롬프트에 음수 가중치를 주면 해당 콘셉트를 보다 적극적으로 제거하거나 효과를 줄일 수 있습니다. 부정 프롬프트로도 원치 않는 요소나 스타일을 충분히 배제하지 못할 때 사용할 수 있습니다.

> **TIP 프롬프트 원칙 ① 지시 내리기**
> 프롬프트의 특정 단어나 섹션을 더 강조하거나 덜 강조하면 주의를 기울이고 싶은 부분을 더 세밀하게 제어할 수 있습니다.

다음으로는 프롬프트 전환switching, 또는 프롬프트 편집editing이라고 알려진 고급 기술을 알아보겠습니다. 확산 모델의 원리를 간단히 설명드리면, 초기 단계에서 프롬프트와 무작위 노이즈가 주어집니다. 모델은 이 노이즈를 살짝 조정해서 프롬프트에 묘사된 이미지에 적합한 일반적인 모양을 흐릿한 윤곽선으로 그려냅니다. 그 이후에 윤곽선 안팎으로 최종 세부 사항을 채웁니다. 프롬프트 편집을 사용하면 이 확산 프로세스의 초기 또는 이후 단계에 다른 프롬프트를 전달하여 보다 창의적으로 제어할 수 있습니다. 이때 사용하는 구문은 [from:to:when]이며, from은 시작 프롬프트, to는 종료 프롬프트, when은 전환 시점으로 십진수로 단계 수 또는 백분율로 표시합니다. [Emma Watson: Amber Heard: 0.5]라는 프롬프트는 엠마 왓슨의 이미지를 생성하기 시작하다가 중간에 앰버 허드의 이미지를 생성하는 것으로 전환한 다음, 최종적으로 두 여배우가 혼합된 이미지로 마무리됩니다. 이는 특정 유명인을 알아볼 수 없지만 매력적이고 막연하게 친숙해 보이는 사람의 이미지를 만드는 데 유용한 기법입니다. 따라서 단순히 유명인의 모습을 모방하는 것보다 윤리적으로나 법적으로 더 건전한 결과물로 간주될 수 있을지도 모릅니다(확실하지 않으므로, 직접 법률 자문을 구하길 추천합니다).

```
vogue fashion shoot of [Emma Watson: Amber Heard: 0.5], highly realistic, high
resolution, highly detailed, dramatic, 8k
번역: [엠마 왓슨: 앰버 허드: 0.5]의 보그 패션 촬영, 매우 사실적이고, 고해상도, 매
우 세밀하며, 드라마틱한, 8k
```

그림 9-7 엠마 왓슨과 앰버 허드 혼합

> **TIP** 프롬프트 원칙 ① 지시 내리기
>
> 프롬프트 편집은 확산 모델의 밑바닥 과정에 깊이 관여하는 고급 기술입니다. 어떤 레이어가 어떤 개념에 반응하는지 간섭하는 작업이며, 자신이 무엇을 하고 있는지 알고 충분한 시행착오를 기꺼이 감수한다면 매우 창의적인 결과물을 생성할 수 있습니다.

모델이 두 가지 개념을 번갈아 사용하도록 하려면 [Emma Watson ¦ Amber Heard] 구문을 씁니다. 이러면 모든 단계에서 전환이 이루어지며 혼합된 결과물이 나옵니다. 프롬프트 편집은 고급 용도로도 많이 사용되고 있지만 사실 어둠의 기술로 여겨지고 있습니다. 전문가들은 모델이 생성하기 어려운 것을 그려내기 위해 먼저 생성하기 쉬운 것을 준 다음, 후반 세부 사항 단계에서 실제로 필요한 것을 그리게끔 전환하는 식으로 문제를 해결한다고 합니다. 많은 실험으로 이 기술의 제한적 활용도를 찾아낸 셈이죠. 여러분도 직접 실험해 보면서 어떤 게 가능한지 확인해 보세요.

## 9.3 Img2Img

AUTOMATIC1111 웹 UI는 Img2Img(그림 9-8)를 지원하며, 이는 미드저니에도 있는 프롬프트와 함께 이미지를 제출하는 기능과 동일합니다. 모델이 지침으로 사용할 이미지를 업로드해 결과 이미지의 스타일과 구성을 더 잘 제어할 수 있습니다. Img2Img로 좋은 결과를 얻으려면 Euler 샘플링, 50개의 샘플링 단계, 일반적인 CFG 스케일보다 높은 20~30을 사용해 보세요.

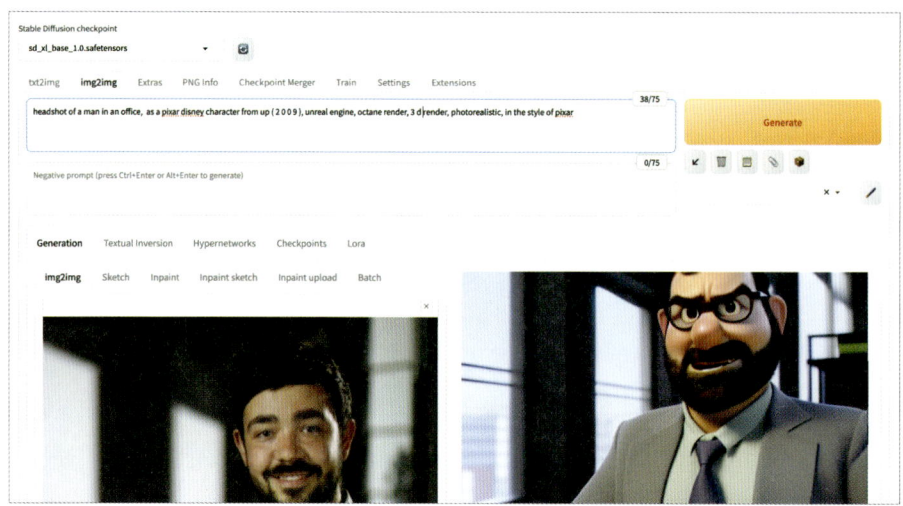

그림 9-8 Img2Img

일반 Text2Image 모드와 매개변수는 동일하지만 노이즈 제거 강도$^{\text{denoising strength}}$가 추가됩니다. 이 부분은 생성 프로세스를 실행하기 전, 기본 이미지에 무작위 노이즈가 얼마나 추가되는지를 제어합니다. 값이 0이면 노이즈가 0이 되어 출력은 입력과 똑같아지고, 값이 1이면 이미지 입력이 노이즈로 완전히 대체됩니다. 즉, 값이 1인 경우에는 그냥 Text2Image를 사용하는 것과 똑같은 셈입니다. 프롬프트의 단어와 함께 노이즈 제거 강도, CFG 스케일과 시드에 대한 다양한 값 조합을 실험해야 하는 경우가 많습니다. 다음 예는 픽사 스타일의 캐릭터를 만든 예시로, 상업적 용도로 프롬프트에 보호된 IP를 사용하는 것은 권장하지 않습니다.

```
headshot of a man in an office,  as a Pixar Disney character from <Up>(2009), 
unreal engine, octane render, 3 d render, photorealistic, in the style of Pixar
번역: 사무실에서 찍은 남자의 헤드샷, <업>(2009)에 나오는 픽사 디즈니 캐릭터, 언리
얼 엔진, 옥테인 렌더, 3D 렌더, 포토리얼리즘, 픽사 스타일
```

Denoising: 0.1

Denoising: 0.3

Denoising: 0.5

Denoising: 0.7

Denoising: 0.9

그림 9-9 다양한 노이즈 제거 강도 값이 이미지에 미치는 영향

[그림 9-9]와 같이 매개변수에 대해 다양한 값을 테스트하고 그리드를 생성하려는 경우, AUTOMATIC1111 하단의 스크립트 드롭다운에서 X/Y/Z 플롯을 선택하고 최대 3개의 매개변수를 선택하면 여러 값을 생성할 수 있습니다. 예를 들어 CFG 스케일을 조정해 노이즈 제거와 어떻게 상호 작용하는지 확인할 수도 있습니다. [그림 9-10]은 노이즈 제거 강도 매개변수에 여러 값을 선택하는 방법입니다. 생성 버튼을 클릭하면 이미지 그리드가 만들어지며, 출력 폴더의 메서드(예: Text2Image 또는 Img2Img)와 오늘 날짜 아래에서 그리드를 채우는 각 개별 이미지를 찾을 수 있습니다.

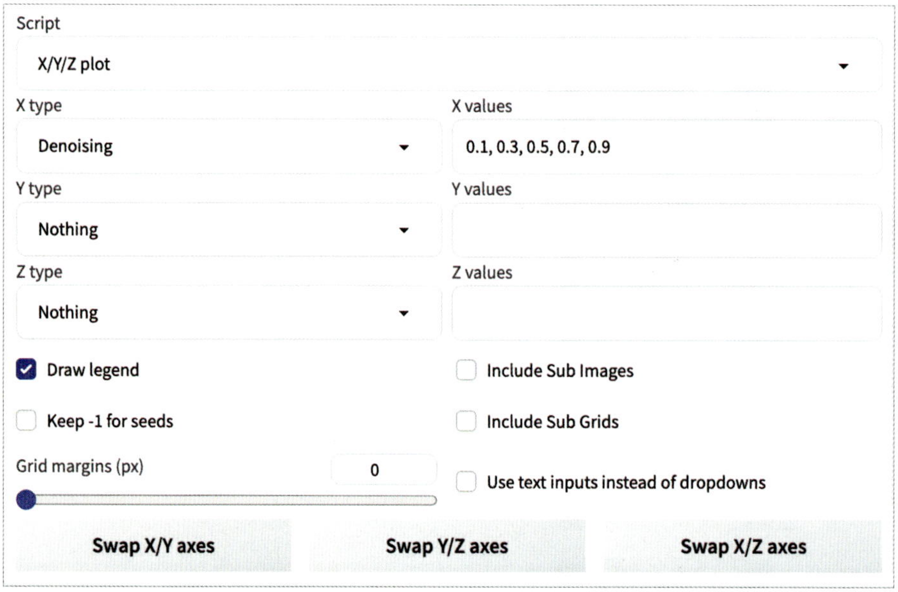

```
Script
X/Y/Z plot
X type                              X values
Denoising                           0.1, 0.3, 0.5, 0.7, 0.9
Y type                              Y values
Nothing
Z type                              Z values
Nothing
☑ Draw legend                       ☐ Include Sub Images
☐ Keep -1 for seeds                 ☐ Include Sub Grids
Grid margins (px)        0          ☐ Use text inputs instead of dropdowns

    Swap X/Y axes          Swap Y/Z axes          Swap X/Z axes
```

그림 9-10 노이즈 제거 매개변수의 X/Y/Z 플롯

> **TIP** 프롬프트 원칙 ④ 품질 평가하기
>
> 다양한 매개변수의 조합으로 그리드를 생성하는 것은 로컬에서 스테이블 디퓨전을 실행할 때 얻을 수 있는 강력한 이점 중 하나입니다. 많은 이미지를 생성하는 데 시간이 걸릴 수 있지만, 매개변수의 기능과 품질 측면에서 최적의 지점을 시각적으로 파악하는 데 이보다 더 좋은 방법은 없습니다.

이미지를 생성할 때 사용한 설정이나 프롬프트를 잊어버린 경우에도 걱정할 필요 없습니다. AUTOMATIC1111은 생성된 모든 이미지에 이를 메타데이터로 저장합니다. 필요할 때마다 PNG Info 탭(그림 9-11)을 방문해 해당 메타데이터를 읽을 수 있습니다. 웹 인터페이스의 다른 사용자로부터 받은 이미지의 메타데이터 정보도 여기서 확인할 수 있습니다. 만약 사용자가 메타데이터를 삭제했거나 웹사이트 차원에서 메타데이터를 없애는 경우에는 정보를 확인할 수 없습니다.

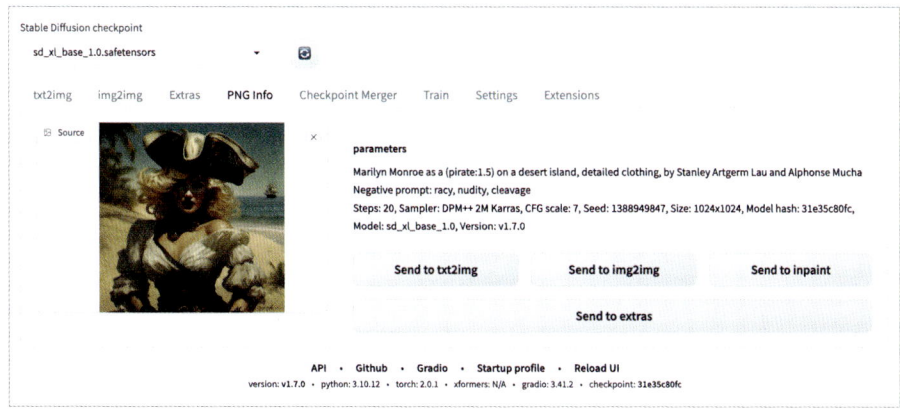

그림 9-11 PNG Info 탭

Resize Mode(크기 조정 모드) 옵션은 기본 이미지의 크기와 일치하지 않는 이미지를 업로드할 때(예: 1000 × 500에서 512 × 512로 변경) 쓸 수 있습니다. 가로세로 비율을 늘려 주는 Just Resize 기능, 이미지의 일부를 잘라낸 이후 원본 비율을 유지하면서 크기를 조정하는 Crop and Resize 기능, 이미지 바깥 쪽에 노이즈를 추가해 이미지를 생성해 채우는 Resize and Fill 기능, 새로운 크기에 맞게 원본 이미지를 재생성하는 Just Resize(latent upscale) 기능 등 다양한 작업을 시도해 볼 수 있습니다.

## 9.4 이미지 업스케일링

AUTOMATIC1111의 Img2Img 탭에서 이미지를 더 높은 해상도로 업스케일링[upscaling]할 수 있습니다. 이 기능도 미드저니에 있는 기능과 유사하지만 그에 비해 더 많은 제어를 적용할 수 있습니다. 이미지를 업로드하고 프롬프트 상자에 `highly detailed` 같은 일반 프롬프트를 추가해 보겠습니다. 이 프롬프트가 필요한 이유는 업스케일러[upscaler]의 원리 때문입니다. 업스케일러는 이미지를 타일로 나누고 타일 사이에 간격이 생기도록 확장한 다음 주변 픽셀의 프롬프트와 맥락을 사용해 간격을 채우는 방식으로 작동합니다. 하단의 스크립트로 이동해 SD upscale 스크립트를 선택한 다음 업스케일러를 선택합니다(그림 9-12).

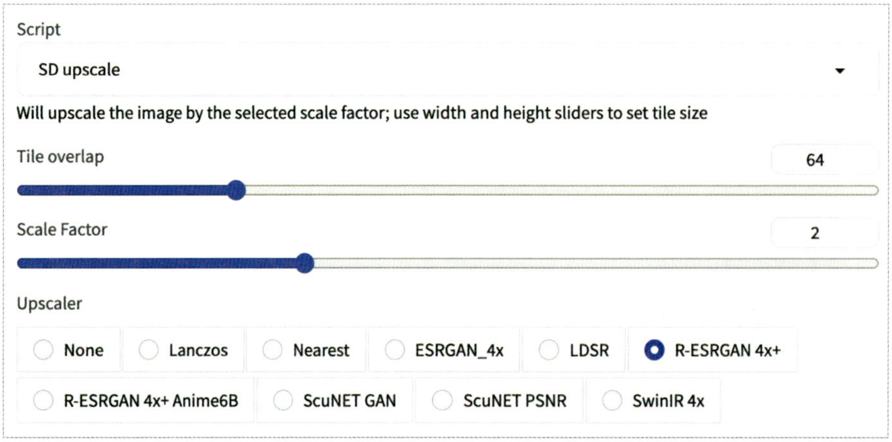

그림 9-12 SD upscale 인터페이스

기본적으로 R-ESRGAN 4x+ 업스케일러를 사용하는 것이 좋지만, [그림 9-13]의 잔디 쪽을 보면 알겠지만 만화 같은 화질이 나올 가능성이 있습니다. 좋은 결과가 나오지 않는다면 더 많은 모델[28]을 테스트해 볼 수 있습니다. 새 모델(.pth 파일)을 다운로드하고 ESRGAN 폴더에 넣은 후 웹 인터페이스를 다시 시작하면 터미널에 해당 모델이 표시됩니다. 특히 일부 디테일이 손실되거나 스타일이 너무 많이 바뀌는 경우에 프롬프트를 수정해 업스케일링하면 좋은 결과를 얻을 수도 있습니다. 다만 원래 프롬프트를 사용하면 각 타일에 동일한 이미지가 그려지는 이상한 효과가 발생하므로 사용하지 않는 것이 좋습니다. 품질 차이를 확실히 보여 주기 위해 원본 이미지 생성에 v1.5 모델을 사용했습니다(스테이블 디퓨전 XL은 4배 더 크고 더 높은 품질의 이미지를 생성하므로 업스케일링이 덜 필요합니다).

---

28 https://openmodeldb.info

원본    업스케일링

그림 9-13 이미지 섹션에 대한 업스케일링의 영향

> **TIP** **프롬프트 원칙 ② 형식 정하기**
>
> 생성한 이미지를 실제로 사용하려면 저해상도의 512 x 512 이미지로는 부족합니다. 업스케일링을 사용해 원하는 해상도와 크기로 이미지를 생성하세요.

직접 실험을 많이 해 보는 것이 좋겠지만, 기본값으로는 높은 단계 수(150~200개 이상), 8~15의 CFG 스케일, 0.1~0.2의 노이즈 제거 강도를 권장합니다. 이렇게 해야 기본 이미지를 그대로 유지하면서 좋은 결과를 얻는 경향이 있습니다. Generate(생성)를 클릭해 업스케일된 이미지(512 × 512가 1024 × 1024가 됨)결과를 먼저 얻은 후, 바로 이 이미지를 다운로드 할지 아니면 Img2Img로 보내기를 클릭하고 다시 생성을 클릭해 이미지 크기를 다시 두 배로 늘릴지 선택할 수 있습니다. 이는 여러 타일에 대해 샘플링 단계를 많이 적용하는 과정이므로 상당한 시간이 소요될 수 있습니다(M2 맥북 에어 기준 약 10~30분 정도 소요됩니다).

## 9.5 CLIP에 질문하기

Img2Img 탭에는 CLIP 임베딩 모델을 활용한 Interrogate CLIP(CLIP에 질문하기) 버튼이 구현되어 있습니다(일부 버전에서는 클립 아이콘으로 표시됨). 8장에서 다룬 미드저니의 Describe 기능과 유사하게 이미지에서 메시지를 역설계합니다. CLIP 임베딩 모델은 스테이블 디퓨전에서도 사용되는 임베딩 모델입니다. 해당 버튼을 클릭하고 스크립트가 실행되면 프롬프트 상자에 프롬프트가 나타납니다(그림 9-14).

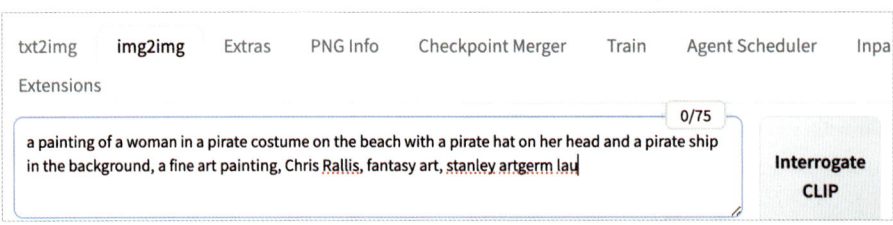

그림 9-14 CLIP에 질문하기

a painting of a woman in a pirate costume on the beach with a pirate hat on her head and a pirate ship in the background, a fine art painting, Chris Rallis, fantasy art, Stanley Artgerm Lau
번역: 해적 모자를 쓴 해적 의상을 입은 여성이 해변에 서 있고 배경에는 해적선이 있는 그림, 미술 작품, Chris Rallis, 판타지 아트, Stanley Artgerm Lau 스타일

## 9.6 인페인팅과 아웃페인팅

Img2Img도 인페인팅과 아웃페인팅을 지원하며, 마스크를 만들기 위한 간단한 캔버스 도구도 있습니다. 인페인팅이나 아웃페인팅을 사용하려면 Img2Img 탭에서 Inpaint(인페인팅) 하위 탭을 클릭하고 이미지를 업로드합니다. 더 나은 결과를 위해서는 특정 인페인팅 모델을 선택하는 것이 좋습니다. sd-v1-5-inpainting.ckpt 파일을 다운로드해[29] Models/Stable-Diffusion 폴더에 옮겨 설치합니다. 인터페이스를 다시 시작하면 왼쪽 상단 드롭다운에 모델이 나타납니다. 캔버스에서는 DALL·E(8장 참조)에서처럼 브러시를 사용해 이미지의 일부를 제거할 수 있으며, 크기를 조정해 세밀하게 제어할 수 있습니다. [그림 9-15]를 보면 성 안뜰 한가운데에 있는 돌이 제거되었습니다.

그림 9-15 Img2Img에서 캔버스 인페인팅하기

프롬프트를 작성할 때 일반적으로 인페인팅된 영역만을 묘사하는 프롬프트를 쓰지 말고 전체

---

[29] https://huggingface.co/stable-diffusion-v1-5/stable-diffusion-inpainting/blob/main/sd-v1-5-inpainting.ckpt

이미지를 설명하는 프롬프트를 사용하는 것이 좋습니다. 이는 인페인팅을 지원하는 DALL·E를 사용할 때도 듣게 되는 조언이기도 합니다. 이 원칙은 기본적으로 시도해 볼 만한 좋은 접근 방식입니다. 인페인트 영역이 Only masked(마스킹된 부분만) 대신 Whole Picture(전체 그림)로 설정되어 있는지 확인합니다. Whole Picture(전체 그림)를 선택해도 마스킹된 영역에만 페인트가 적용되므로 걱정하지 마세요. 이렇게 확인하지 않으면 AI가 설명한 이미지 전체를 마스킹한 영역에 욱여넣게 됩니다. 또한 AI가 생성한 원본 이미지의 시드를 이어받는 것이 도움이 될 수 있습니다. 그리고 프롬프트에 수정하려는 영역에 대한 세부 정보를 포함하게끔 하는 편이 경험상 더 결과가 더 나은 편이었습니다. [그림 9-15]에서는 성 안뜰에 동상을 그려 넣고 싶었기 때문에, 프롬프트의 주제를 castle(성)에서 아예 statue(동상)으로 변경합니다. 인페인팅 영역만 프롬프트로 지정해 볼 수도 있지만 그렇게 하면 전체적으로 스타일이 일관되지 않은 이미지가 표시될 위험이 있습니다.

---

statue of a king, texture, intricate, details, highly detailed, masterpiece, architecture, building, trending on artstation, focus, sharp focus, concept art, digital painting, fantasy, sunny, day, midday, in the style of high fantasy art
번역: 왕의 동상, 질감, 복잡한 디테일, 매우 세밀한, 걸작, 건축, 건물, 아트스테이션에서 유행하는, 초점, 선명한 초점, 콘셉트 아트, 디지털 회화, 판타지, 맑은 날, 정오, 하이 판타지 아트 스타일

---

그림 9-16 원본 이미지에 동상을 추가하는 인페인팅

> **TIP** 프롬프트 원칙 ① 지시 내리기
>
> 인페인팅은 생성 방향을 사용자가 제어할 수 있기 때문에 매우 유용합니다. 이미지의 특정 부분을 분리해 자세한 수정 지침을 제공하면 나머지 이미지에 영향을 주지 않으면서 보다 효율적인 워크플로를 만들 수 있습니다.

인페인팅한 영역을 약간만 조정하려는 경우, Original(원본)을 마스킹된 콘텐츠 옵션으로 사용하고 Denoising Strength(노이즈 제거 강도)를 0.2~0.4로 설정합니다. 이미지의 특정 요소를 완전히 교체하는 경우 Latent Noise(잠재 노이즈) 옵션을 사용하고 강도를 0.8까지 높여야 합니다. 하지만 강도가 0.4를 초과하면 이미지에 전체적으로 일관되지 않은 요소와 환각이 보이기 시작하므로 적절한 이미지를 찾아가는 데 시간이 꽤 걸릴 수 있습니다. Fill(채우기) 옵션은 주변 영역의 색상과 일치하게 만드는 유용한 기능입니다. 인페인팅 영역의 가장자리에 보기 흉한 이음새가 있는 경우 Mask Blur(마스크 블러)의 값을 높일 수 있지만 일반적으로 기본값인 4가 잘 작동합니다. 인페인팅은 본질적으로 반복적인 과정입니다. 한 번에 한 가지 문제나 아티팩트를 수정하고, 여러 번 바꿔보고, 만족스러운 이미지가 나올 때까지 다양한 매개변수를 넣어 실험해 보세요.

아웃페인팅은 미드저니(8장 참조)와는 조금 다르게 작동합니다. 미드저니는 1.5배 또는 2배 확대/축소 또는 사용자 지정 종횡비 지정을 지원합니다. AUTOMATIC1111에는 이런 모드를 지원하지 않을뿐더러, 스크립트 드롭다운에서 Poor man's outpainting(저사양 아웃페인팅)을 선택하는 식으로 아웃페인팅합니다. Img2Img 인페인트 탭의 Resize(리사이즈) 모드를 Resize and fill(조정 후 채우기)로 바꾼 다음, Denoising Strength(노이즈 제거 강도)를 상대적으로 높게 설정해야 작동합니다. 이 확장 기능을 사용하면 이미지의 다른 면에 있는 픽셀을 확장하면서 Masked Content(마스크된 콘텐츠)와 Mask Blur(마스크 블러) 매개변수를 동일하게 설정해 빈 부분을 채울 수 있습니다.

출력은 [그림 9-17]과 같습니다.

그림 9-17 Img2Img의 아웃페인팅

보다시피 하늘에 성을 추가하는 과정에서 환각이 발생할 가능성이 높고 품질이 낮아질 수 있습니다. 이 과정을 제대로 수행하려면 많은 실험과 반복이 필요합니다. 생성형 AI의 초창기에는 사용자들이 직접 포토샵을 켜서 사진의 측면에 빈 공간을 추가한 후 나머지 이미지와 일치하도록 색을 입히고, 스테이블 디퓨전에서 이미지의 나머지 부분을 인페인팅하는 기법을 사용했습니다. 이 기법이 우리가 방금 다룬 이 아웃페인팅과 같은 맥락으로 작동하는 기법입니다. 이는 본질적으로 단계를 하나 추가한 인페인팅 기술이므로, 앞서 인페인팅에서 소개한 개념과 기법을 전부 적용할 수 있습니다. AUTOMATIC1111의 아웃페인팅 기능은 제대로 된 캔버스도 없고 품질도 낮아서 한계가 있습니다. 차라리 앞서 말한 포토샵을 활용한 기법이 더 빠르고 나을 수도 있습니다.

## 9.7 컨트롤넷

프롬프트와 Img2Img, 또는 프롬프트와 기본 이미지를 같이 사용해 이미지의 스타일을 제어할 수 있습니다. 하지만 최종 이미지에서 사람의 포즈, 장면의 구도, 사물의 구조에 따라 최종 구도가 크게 달라지는 경우가 많습니다. 컨트롤넷은 스테이블 디퓨전과 같은 이미지 생성 모델을 위해 입력 이미지의 조건을 부여하는 고급 기법입니다.

가장자리 감지, 포즈, 심도 등과 같은 다양한 기법을 통해 생성된 최종 이미지를 더 잘 제어할 수 있습니다. 모방하려는 이미지를 업로드한 다음 미리 학습된 모델 옵션과 프롬프트 집어넣으면 다른 스타일이지만 구성은 같은 이미지가 생성됩니다(그림 9-18).

원본 이미지
(캐니 에지 검출을 위함)

캐니 에지(입력)                    생성된 이미지(출력)

**그림 9-18** 캐니 에지 맵<sup>canny edge map</sup>을 통한 컨트롤넷 스테이블 디퓨전[30]

컨트롤넷은 〈Adding Conditional Control to Text-to-Image Diffusion Models(텍스트 투 이미지 확산 모델에 조건부 제어 추가)〉[31] 논문에서 발표된 일련의 오픈 소스 모델[32]입니다. 파이썬으로 코딩해 자체 사용자 인터페이스를 구축할 수도 있지만, 가장 빠르고 쉽게 시

---

30 https://oreil.ly/suOJz
31 Zhang, Rao, and Agrawala, 2023(https://oreil.ly/ZH-Ow)
32 https://oreil.ly/E-bjw

작하고 실행할 수 있는 방법은 AUTOMATIC1111용 컨트롤넷[33] 확장자를 사용하는 것입니다. 집필 기준으로 스테이블 디퓨전 XL에서는 컨트롤넷 기능 일부만 호환되기 때문에 여기서는 스테이블 디퓨전 v1.5으로 살펴보겠습니다. 다른 버전을 사용 중이라면 여러분의 스테이블 디퓨전 버전과 호환되는 컨트롤넷 모델인지를 꼭 확인하고 사용해야 합니다.

다음 순서에 따라 확장 프로그램을 설치합니다.

1 Extensions(확장 프로그램) 탭으로 이동해 Available(사용 가능)이라고 표시된 하위 탭을 클릭합니다.
2 Load from(로드) 버튼을 클릭합니다.
3 검색 창에 sd-webui-controlnet을 입력해 찾습니다.
4 맨 오른쪽의 Action(작업) 열에서 Install(설치)을 클릭합니다.
5 웹 UI가 필요한 파일을 다운로드한 후, 여러분 PC의 스테이블 디퓨전 모델에 컨트롤넷을 설치합니다.

앞선 단계를 실행하는 데 문제가 있다면 다음 방법을 시도해 보세요.

1 Extensions(확장 프로그램) 탭으로 이동해 URL 하위 탭에서 Install(설치)을 클릭합니다.
2 깃허브 저장소의 URL 필드에 확장명 링크를 붙여 넣습니다. https://github.com/Mikubill/sd-webui-controlnet
3 Install(설치)을 클릭합니다.
4 웹 UI가 컨트롤넷에 필요한 파일을 다운로드해 설치합니다.

이제 컨트롤넷이 설치되었으므로 터미널 또는 명령줄에서 AUTOMATIC1111을 다시 시작하거나 설정으로 이동해 Apply and restart UI(UI 적용 및 다시 시작)를 클릭합니다.

확장 기능은 아코디언 탭 쪽, 스테이블 디퓨전과 관련된 일반적인 매개변수 옵션이 아래에 표시됩니다(그림 9-19). 먼저 이미지를 업로드하고, Enable(허용)을 클릭한 다음 사용할 컨트롤넷 전처리기와 모델을 선택합니다. 시스템의 VRAM(비디오 랜덤 접근 메모리) 용량이 6GB 미만인 경우 Low Vram(VRAM 부족) 체크박스를 선택해야 합니다. 당장 하려는 작업에 따라 여러 가지 모델을 실험해 본 후 해당 모델의 매개변수를 조정하며 어떤 모델이 무슨 결과를 내는지 확인하는 게 좋습니다.

---

[33] https://oreil.ly/Dw2rs

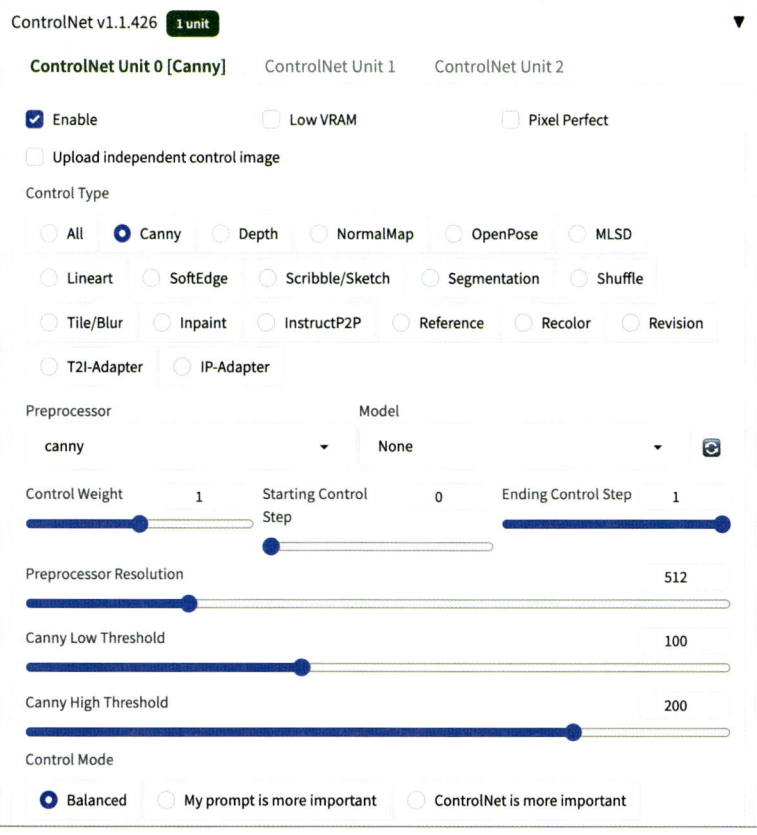

그림 9-19 AUTOMATIC1111의 컨트롤넷 확장 인터페이스

Control Weight(제어 가중치)는 전에 다룬 프롬프트 가중치와 유사합니다. 8장에서 설명한 것처럼 괄호 안에 가중치가 있는 단어를 넣는 방식인 `(prompt words: 1.2)`의 컨트롤넷 입력 버전인 셈입니다. Starting Control Step(제어 시작 지점)과 Ending Control Step(제어 종료 지점)은 컨트롤넷이 전체 확산 과정 중 어디까지 관여할지를 표현하는 부분입니다. 0이 제일 처음 지점, 1이 가장 마지막 지점입니다. 예를 들어 프롬프트로 확산 중인 이미지를 수정할 때 `[prompt words::0.8]`을 기입해 '전체 단계의 80%가 완료될 때까지 처음부터 이 부분을 적용'하라는 것과 유사합니다. 이미지 확산 과정은 큰 요소에서 미세한 디테일로 확산되기 때문에 이 과정에서 컨트롤넷이 적용되는 위치를 제어하면 다른 결과를 얻을 수 있습니다. 예를 들어 마지막 20%의 단계에서 컨트롤넷이 적용되지 않게 하면(`(Ending Control Step = 0.8)`) 모델이 막바지에 미세한 디테일을 채울 때 더 창의적으로 작업할 수 있습니다.

Preprocessor Resolution(전처리기 해상도)은 중간 이미지 처리 단계에서 미세한 디테일의 정도를 결정하는 부분으로, 추가적인 통제가 가능합니다. 특정 모델에는 가장자리를 구성하는 픽셀을 결정하는 Canny Low/High Threshold(캐니 로우/하이 임곗값)과 같이 특수한 매개변수가 있기도 합니다. 마지막으로 Control Mode(제어 모드)는 모델이 프롬프트에 대한 컨트롤넷 입력을 얼마나 따르는지를 결정합니다.

컨트롤넷을 처음 설치한 후에는 드롭다운에 아무 모델이 없는 것이 정상입니다. 모델 페이지[34]에서 모델을 다운로드한 다음 Models 〉 ControlNet 폴더에 옮겨서 설치해야 비로소 드롭다운에 표시가 됩니다. 어떤 모델을 사용해야 할지 잘 모르겠다면 캐니 에지 검출$^{\text{canny edge detection}}$[35]로 시작하세요. 가장 일반적으로 유용한 모델입니다. 각 모델은 비교적 용량이 크므로 (수 기가바이트 정도) 꼭 사용할 모델만 다운로드하세요. 일반적으로 사용되는 모델을 몇 가지 살펴보겠습니다. 이 장에서 이미지를 생성할 때는 DPM++ SDE Karras 샘플러, CFG 스케일 1.5, Control Mode(제어 모드)를 Balanced(균형)로 설정, Resize Mode(크기 조정 모드)를 Crop and Reszie(자르기 및 크기 조정)로 설정(업로드한 이미지가 생성된 이미지의 크기인 512 × 512에 맞게 잘림), 샘플링 단계는 30개로 설정, 마지막으로 컨트롤넷 모델의 기본 설정으로 사용했습니다. 집필 시점에 스테이블 디퓨전 XL과 모든 컨트롤넷 모델이 전부 호환되지 않기 때문에 스테이블 디퓨전 버전 1.5를 사용했지만, 앞으로 소개할 기술은 특정 모델과 상관없이 사용할 수 있습니다.

캐니 에지 검출 모델은 대비가 높은 영역 주변에 단순하고 선명한 픽셀 윤곽선을 생성합니다. 매우 디테일하고 뛰어난 결과를 얻을 수 있지만, 원치 않는 노이즈도 포착되어서 이미지에 대한 제어권을 지나치게 컨트롤넷에 넘길 수 있습니다. 캐니는 고도의 디테일을 다른 스타일의 새로운 이미지로 옮겨야 하는 작업을 훌륭하게 수행하므로 한번 사용해 보길 추천합니다. 예를 들어 [그림 9-20]의 뉴욕시 이미지[36]처럼 캐니는 도시의 스카이라인을 특정 스타일로 다시 그리는 작업을 아주 잘 수행합니다.

```
New York City by Studio Ghibli
번역: 스튜디오 지브리 스타일의 뉴욕 시티
```

---

[34] https://oreil.ly/csYK_
[35] https://oreil.ly/z9XC6
[36] Unsplash에서 제공하는 Robert Bye의 사진(https://oreil.ly/_iyxU)

그림 9-20 컨트롤넷 캐니

기존 img2img 프롬프트에서 이미지의 일부 요소가 혼동되거나 병합되는 경우가 있는데, 이는 스테이블 디퓨전이 물체 사이의 깊이 관계, 심도$^{depth}$를 이해하지 못하기 때문입니다. Depth 모델은 이미지를 기반으로 깊이 맵 추정치를 생성해 이미지 요소의 구도와 공간 위치를 제어합니다. 심도 맵의 흰색 영역은 뷰어에서 더 가깝고 검은색 영역은 더 멀리 떨어져 있음을 나타냅니다. [그림 9-21]는 밴드 이미지[37]를 동일한 위치와 피사계 심도를 가진 군인의 이미지로 변환한 것입니다.

```
US military unit on patrol in Afghanistan
번역: 아프가니스탄에서 순찰 중인 미국 군부대
```

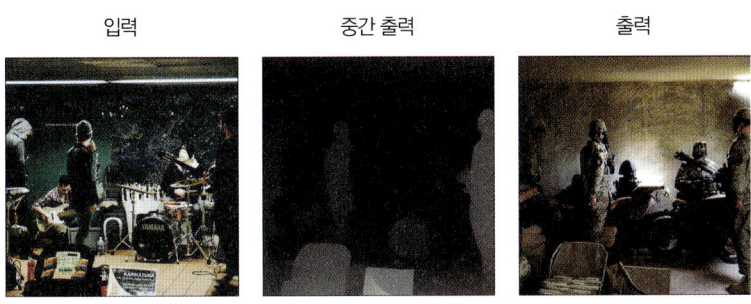

그림 9-21 컨트롤넷 Depth 모델

Normal(일반) 모델은 이미지에 있는 개체의 3D 모델 역할을 하는 매핑 추정치를 생성합니다. 빨간색, 녹색, 파란색은 3D 프로그램에서 물체가 얼마나 매끈하거나 울퉁불퉁한지를 결정

---

37 Unsplash에서 제공하는 Hans Vivek의 사진(https://oreil.ly/B0KJ7)

하는 데 사용되며, 각 색은 방향(왼쪽/오른쪽, 위/아래, 가까이/멀리)에 해당합니다. 그러나 이는 추정치일 뿐이므로 경우에 따라 의도하지 않은 결과가 나올 수 있습니다. 이 방법은 질감과 조명을 더 많이 고려해야 하는 이미지에 적합하지만 얼굴처럼 디테일이 너무 많은 경우에는 결과물의 창의성이 오히려 제한될 수도 있습니다. [그림 9-22]는 키보드를 연주하는 한 여성[38]이 위대한 개츠비 시대로 시간 여행을 떠난 이미지입니다.

---

woman playing piano at a Great Gatsby flapper party, 1920s, symmetrical face
번역: 위대한 개츠비 플래퍼 파티에서 피아노를 치는 여성, 1920년대, 대칭적인 얼굴

---

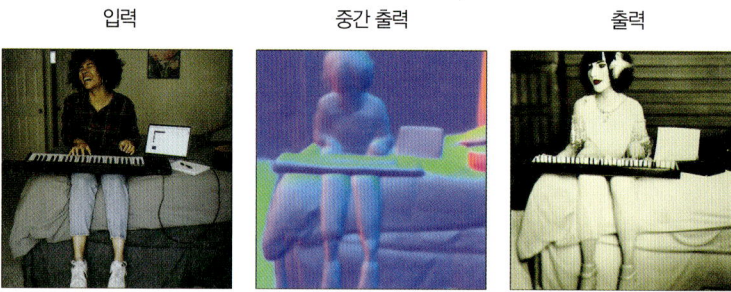

그림 9-22 컨트롤넷 Normal 모델

OpenPose(오픈포즈) 메서드는 자세, 손의 위치, 표정을 결정해 인물의 골격을 만듭니다. 이 모델을 사용하려면 일반적으로 전신이 보이는 사람 피사체가 있어야 하지만, 초상화 옵션도 있습니다. 한 장면에 여러 사람이 들어가는 경우에는 여러 개의 오픈포즈 뼈대를 구축하고 모두 하나의 이미지로 합쳐서 구성합니다. [그림 9-23]은 모나리자의 포즈를 하고 있는 레이첼 바이스Rachel Weisz의 이미지입니다.

---

painting of Rachel Weisz
번역: 레이첼 바이스 그림

---

[38] Unsplash에서 제공하는 Soundtrap의 사진(https://oreil.ly/I3QGY)

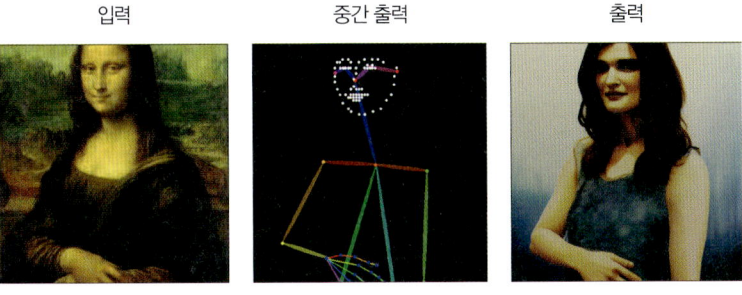

그림 9-23 컨트롤넷 OpenPose

M-LSD<sup>mobile Line segment detection</sup>(모바일 라인 세그먼트 감지) 기술은 직선을 추적하는 데 적합하기 때문에 건축이나 인테리어 디자인에 자주 사용됩니다. 직선은 인공 물체에만 나타나는 경향이 있으므로 자연 속 장면을 다룰 때는 이 모델이 적합하지 않습니다(만약 자연 이미지에서 활용할 경우 흥미로운 결과가 나올 수도 있겠네요). [그림 9-24]의 〈매드맨〉 시대에 맞게 재구성된 현대식 아파트 이미지[39]에서 볼 수 있듯이 집 같은 인공물은 이 접근 방식에 매우 적합합니다.

```
1960s <Mad Men> style apartment
번역: 1960년대 <매드맨> 스타일의 아파트
```

그림 9-24 ControlNet M-LSD

HED<sup>holistically-nested edge detection</sup>(전체적으로 중첩된 가장자리 검출)라고도 하는 소프트에지<sup>SoftEdge</sup> 기술은 캐니 에지 검출의 대안으로, 개체 주위에 더 부드러운 윤곽선을 생성합니다. 일반적으로 사용되는 기능이며 캐니처럼 훌륭한 디테일을 제공하지만 노이즈가 적고 미학적으로 더 만족스러운 결과를 얻을 수 있습니다. 이 방법은 이미지의 스타일을 지정하고 색상을 변경하는 데 적합

---

39 Unsplash에서 제공하는 Collov Home Design의 사진(https://oreil.ly/z38do)

하며, 캐니에 비해 얼굴을 더 잘 조작할 수 있습니다. 컨트롤넷 덕분에 전체 이미지에 대한 자세한 프롬프트를 입력할 필요가 없고, 수정하고 싶은 변경 사항만 입력하면 됩니다. [그림 9-25]는 〈진주 귀걸이를 한 소녀〉 작품을 스칼렛 요한슨 버전으로 새롭게 재해석한 작품입니다.

```
Scarlett Johansson, best quality, extremely detailed
번역: 스칼렛 요한슨, 고품질, 매우 섬세함
```

부정 프롬프트에는 다음 키워드를 추가합니다.

```
monochrome, lowres, bad anatomy, worst quality, low quality
번역: 흑백, 저해상도, 나쁜 해부학, 최악의 품질, 낮은 품질
```

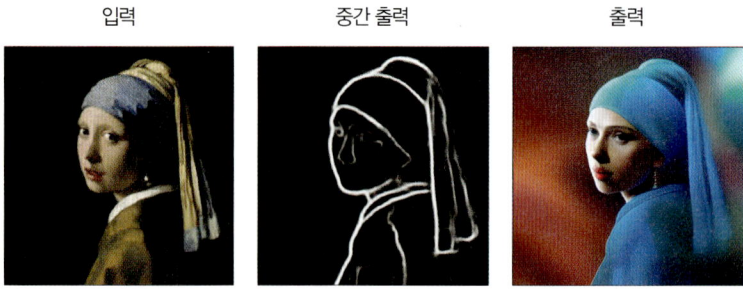

그림 9-25 컨트롤넷 소프트에지

건축물에 널리 사용되는 또 다른 기법으로는 세그멘테이션<sup>segmentation</sup>이 있습니다. 이미지를 서로 어느 정도 연관성이 있는 관련 영역 또는 세그먼트로 분할하는 기법입니다. Img2Img에서 이미지 마스크를 사용하는 것과 거의 비슷하지만 결과가 더 훌륭합니다. 세그멘테이션은 이미지 내의 다양한 개체에 대해 좀 더 강력한 통제를 해야 할 때 사용할 수 있습니다. 한 가지 사용 사례는 시간대나 주변 환경, 심지어 시대에 따라 달라질 수 있는 야외 장면을 생성하는 것입니다. [그림 9-26]에서는 현대의 성 사진[40]이 판타지 스타일의 성 일러스트로 바뀌었습니다.

```
A beautiful magical castle viewed from the outside, texture, intricate, details,
highly detailed, masterpiece, architecture, building, trending on artstation,
focus, sharp focus, concept art, digital painting, fantasy, sunny, day, midday, in
```

---

40 Unsplash에서 제공하는 Richard Clark의 사진(https://oreil.ly/2FlyI)

the style of high fantasy art
번역: 밖에서 본 아름다운 마법의 성, 질감, 복잡한 디테일, 매우 세밀한, 걸작, 건축, 건물, 아트스테이션에서 유행하는, 초점, 선명한 초점, 콘셉트 아트, 디지털 회화, 판타지, 맑은 날, 정오, 하이 판타지 아트 스타일

그림 9-26 컨트롤넷 세그멘테이션

캔버스에 그린 그림을 컨트롤넷에서 바로 사용하는 아주 강력한 기능도 있습니다. 오프라인에서 그림을 그리고 사진을 찍어 이미지를 업로드할 수도 있지만, 간단한 이미지라면 스테이블 디퓨전 웹 UI에서 연필 이모티콘을 클릭해 브러시로 그리는 방법이 더 빠를 수 있습니다. [그림 9-27]처럼 간단한 낙서만으로도 충분하며 가장자리가 완벽할 필요는 없습니다.

The Happy Goldfish, illustrated children's book
번역: 행복한 금붕어, 그림 동화책

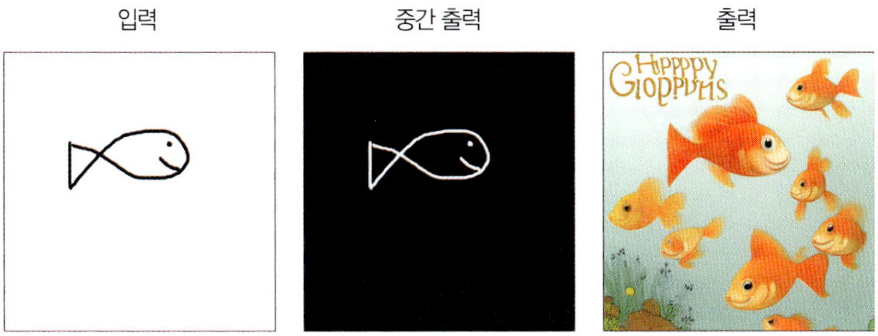

그림 9-27 컨트롤넷 낙서

> **TIP** 프롬프트 원칙 ③ 예시 들기
> 컨트롤넷은 모방할 예시 이미지로부터 구도나 구성을 가져와 유사한 이미지를 만들어 냅니다. 이를 통해 시각적 일관성을 더 잘 제어하면서도 더 정교한 이미지를 만드는 유연함을 제공합니다.

지금까지 나열한 컨트롤넷 메서드는 각각 고유한 전처리기가 있으며, 모델과 일치해야 합니다. 예를 들어 캐니 전처리기를 사용하는 경우 `control_v11p_sd15_canny`와 같은 캐니 모델을 사용해야 합니다. 또한 수행하려는 작업에 충분한 자유도를 제공하는 모델을 선택하는 것도 중요합니다. 예를 들어 소프트에지 모델을 사용해서 고양이 이미지를 사자로 바꾸기에는 디테일이 너무 세밀할 수 있으므로 덜 세밀한 모델을 사용하는 것이 좋습니다. 새로운 기능과 옵션이 계속 생겨나는 만큼, 모델과 매개변수의 정확한 조합을 찾으려면 사용자의 반복적인 실험이 필요합니다.

컨트롤넷은 간단한 프롬프트만으로, 혹은 아예 프롬프트 없이도 실행됩니다. 딱히 프롬프트 없이도 제출한 기존 이미지와 일관적인 이미지를 문제없이 생성합니다. `a professional, detailed, high-quality image` 같은 일반 프롬프트를 넣고 실행하면 기존 이미지의 좋은 버전을 얻을 수도 있습니다. 그러나 이미지의 특정 부분을 변경하려고 할 때에는 예제에서 살펴본 것처럼 전체 프롬프트를 입력해야 하는 경우가 많습니다. 이럴 때 최종적으로 생성되는 이미지는 프롬프트와 컨트롤넷의 양쪽 모두의 통제를 받은 결과물이 나옵니다. 사용 가능한 매개변수를 조정해 어떤 결과가 나오는지 실험해 보는 것을 권장합니다.

## 9.8 SAM 모델

AI로 생성된 이미지로 작업할 때 특정 사람, 사물, 요소를 나타내는 마스크로 개체별 영역을 분리하면 도움이 되는 경우가 많습니다. 예를 들어 사람을 이미지의 배경과 분리하면 사람 뒤에 새로운 배경을 칠할 수 있습니다. 브러시 도구를 사용하면 시간이 오래 걸리고 실수가 발생할 수 있으므로 선의 위치에 대한 AI 모델의 해석을 기반으로 이미지를 자동으로 분할할 수 있다면 매우 유용할 것입니다.

이 작업을 위한 가장 인기 있고 강력한 모델은 메타에서 오픈 소스[41]로 공개한 Segment Anything Model, 줄여서 SAM입니다. 이 모델은 1,100만 개의 이미지와 11억 개의 마스크로 구성된 데이터 세트를 학습했으며, 사용자 입력(마스크가 있어야 할 이미지에 1~3개의 점을 클릭해 추가)을 기반으로 이미지 마스크의 위치를 추론하거나 이미지의 모든 요소를 개별

---

41 https://oreil.ly/BuunX

적으로 자동으로 마스킹합니다. 그런 다음 이 마스크를 내보내서 인페인팅, 컨트롤넷 또는 기본 이미지로 사용할 수 있습니다.

sd-webui-segment-anything[42] 확장자를 사용해 AUTOMATIC1111 인터페이스에서 SAM을 사용할 수 있습니다. AUTOMATIC1111이 설치되어 실행 중이면 다음 지침에 따라 SAM 확장 프로그램을 설치하세요.

1 Extensions(확장 프로그램) 탭으로 이동해 Available(사용 가능)이라고 표시된 하위 탭을 클릭합니다.
2 Load from(로드) 버튼을 클릭합니다.
3 검색 창에 sd-webui-segment-anything을 입력해 확장 프로그램을 찾습니다.
4 맨 오른쪽의 Action(작업) 열에서 Install(설치)을 클릭합니다.
5 이제 웹 UI가 필요한 파일을 다운로드하고, PC에 깔려 있는 스테이블 디퓨전에 SAM을 설치합니다.

앞의 단계를 실행하는 데 문제가 있다면 다음 대체 방법을 시도해 보세요.

1 Extensions(확장 프로그램) 탭으로 이동해 Install from URL(URL에서 설치) 하위 탭을 클릭합니다.
2 깃허브 저장소의 URL 필드에 확장명 링크를 붙여 넣습니다. https://github.com/continue-revolution/sd-webui-segment-anything
3 Install(설치)을 클릭합니다.
4 웹 UI가 로컬 버전의 스테이블 디퓨전에 SAM에 필요한 파일을 다운로드하여 설치합니다.

또한 저장소[43]에서 링크된 실제 SAM 모델 가중치를 다운로드해야 합니다. 이 장에서는 1.25GB의 sam_vit_l_0b3195.pth를 사용하고 있습니다. VRAM이 부족하여 문제가 발생해 컴퓨터가 멈추거나 지연된다면 더 작은 모델로 변경해야 합니다. 다운로드한 모델이 stable-diffusion-webui/ sd-webui-segment-anything/models/sam 폴더에 있는지 확인하세요.

이제 SAM이 완전히 설치되었으므로 터미널이나 명령줄에서 AUTOMATIC1111을 다시 시작하거나 설정으로 이동해 Apply and restart UI(UI 적용 및 다시 시작)를 클릭합니다.

캔버스와 시드 매개변수를 지나 아래로 스크롤하면 컨트롤넷 확장 기능과 함께 아코디언 컴포넌트에서 Img2Img 탭의 확장자를 볼 수 있습니다. 여기에 이미지[44]를 업로드하고 이미지를 클릭해 개별 프롬프트 포인트를 선택합니다. 이 프롬프트 포인트는 입력된 사용자의 프롬

---

[42] https://oreil.ly/rFMJN
[43] https://oreil.ly/IqrbI
[44] Unsplash에서 제공하는 Luca Baini의 사진

프트를 SAM에 전달해 모델이 이미지에서 세그먼트화할 대상이 무엇인지 결정하도록 돕습니다. Preview(미리 보기)를 클릭해 어떤 마스크가 생성되는지 확인하고 마스크가 정확해질 때까지 반복적으로 플롯 포인트를 추가하거나 제거할 수 있습니다. Preview automatically when add/remove points(포인트 추가/제거 시 자동으로 미리 보기)라는 체크박스가 있는데, 이를 활성화하면 클릭할 때마다 마스크가 업데이트됩니다. 한 번의 플롯 포인트 클릭만으로도 SAM이 한 번에 올바르게 처리하는 경우도 있지만, 잘 안 되는 경우에는 마우스 오른쪽 버튼을 클릭해 마스킹하고 싶지 않은 이미지 부분에 부정 플롯 포인트를 추가할 수 있습니다. 제공되는 세 가지 옵션 0부터 2까지 카운트 중에서 원하는 마스크를 선택합니다(그림 9-28).

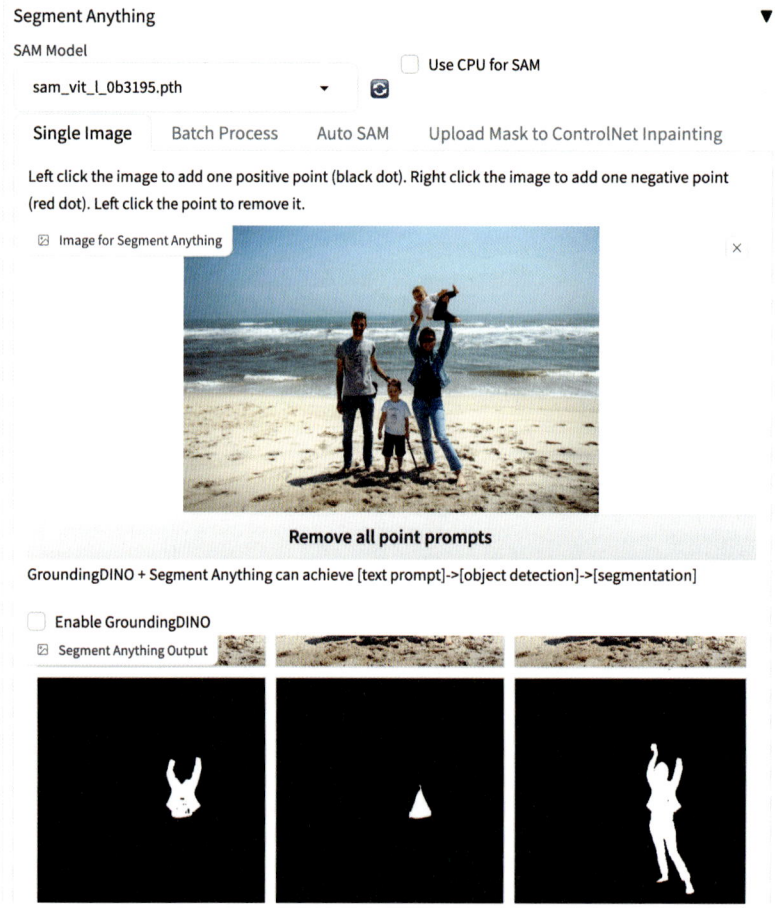

그림 9-28 플롯 포인트 추가

마스크가 준비되면 Copy to Inpaint Upload(인페인트 업로드로 복사하기)와 img2img ControlNet Inpainting img2img(컨트롤넷 인페인트) 체크박스가 체크되어 있는지 확인하고 Switch to Inpaint Upload(인페인트 업로드로 전환) 버튼을 클릭합니다. 시각적으로는 아무 일도 일어나지 않지만, 인페인팅 탭으로 전환하면 SAM에서 생성한 마스크로 프롬프트를 생성할 수 있습니다. 여러분이 직접 인페인트 탭에 사진이나 마스크를 업로드할 필요는 없습니다. Inpaint upload(인페인트 업로드) 탭에서 나중에 업로드할 마스크를 다운로드할 수도 있습니다. 하지만 이 방법은 테스트해 본 결과가 불안정했으며, SAM이나 스테이블 디퓨전을 통해 더 잘 지원되는 인페인팅 방법이 있을 수 있습니다.

> **TIP** **프롬프트 원칙 ⑤ 업무 나누기**
>
> 미드저니와 스테이블 디퓨전 같은 생성 모델은 강력하지만 모든 것을 할 수는 없습니다. 메타는 이미지의 요소를 여러 마스크로 분리하는 이미지 세분화 모델을 자체적으로 만들었습니다. 이를 활용하면 각각의 요소별로 개별적으로 작업을 마친 후 모두 합치는 작업이 가능하며, 최종적으로 더 복잡한 이미지를 만들 수도 있습니다.

## 9.9 드림부스 미세 조정

기존의 스테이블 디퓨전 모델은 총 150,000개의 GPU 시간을 사용해 훈련하는 데 60만 달러의 비용이 필요했습니다.[45] 대부분의 조직에서 자체적으로 기본 모델을 훈련하는 것은 불가능합니다. 그러나 드림부스DreamBooth의 논문[46]에서 소개한 드림부스 기법을 사용하면 일반적인 회사도 스테이블 디퓨전을 기반으로 자체 모델을 구축할 수 있습니다. 드림부스를 사용하면 학습 데이터에서 아직 접해 보지 못한 새로운 개념을 이해하게끔 모델을 미세 조정하거나 추가 학습시킬 수 있습니다. 새 모델을 구축하기 위해 처음부터 다시 시작할 필요가 없으므로 시간과 리소스가 크게 줄어듭니다(GPU 1개로 작업 시 약 45분~1시간 소요). 드림부스는 실제로 학습을 마친 새로운 모델의 가중치를 업데이트해서 AUTOMATIC1111에서 사용할 수 있는 새로운 2GB 모델을 제공합니다. 기본 스테이블 디퓨전 모델 대신 이 모델을 사용할 수 있습니다.

허깅 페이스[47]와 Civitai 같은 웹사이트에서 드림부스 기반 모델을 많이 찾아볼 수 있습니다.

---

45 https://oreil.ly/s739b
46 〈DreamBooth: Fine Tuning Text-to-Image Diffusion Models for Subject-Driven Generatio〉, Ruiz et al., 2022(https://oreil.ly/ZqdjB)
47 https://oreil.ly/2ef00

AUTOMATIC1111에서 이러한 모델을 사용하려면 해당 모델을 다운로드해 stable-diffusion-webui/models/Stable-diffusion/ 폴더에 옮겨놓기만 하면 됩니다. 드림부스 모델에는 스타일이나 주제를 발동하는 데 필요한 특정 단어나 토큰이 있는 경우가 많으므로 프롬프트에 반드시 포함해야 합니다. 예를 들어 InkPunk Diffusion[48] 모델에는 **nvinkpunk**라는 단어가 필요합니다. 참고로 이 모델의 뼈대는 스테이블 디퓨전 v1.5이므로 이미지 크기를 512 × 512로 재설정하는 걸 잊지 마세요.

```
skateboarding in Times Square nvinkpunk
번역: 타임스 스퀘어에서 스케이트보드를 타는 장면 nvinkpunk 스타일
```

그림 9-29 InkPunk 버전의 스케이트보더

> **TIP** 프롬프트 원칙 ⑤ 업무 나누기
>
> AI와 관련해 수많은 사람들이 저지르는 실수는 모든 것을 지배하는 하나의 모델이 있다고 가정하는 것입니다. 실제로 다양하고 수많은 창의적인 모델이 존재하며, 특정 작업에 대한 학습을 잘 마친 모델이 범용적인 파운데이션 모델보다 더 나은 결과를 가져오는 경우가 많습니다. 대부분의 실무자가 스테이블 디퓨전 XL과 같은 기본 모델로 시작하지만, 일반적으로는 v1.5와 같이 더 작고 효율적인 모델을 기반으로 특정 작업에 적합하도록 자체 모델을 미세 조정하고 있습니다.

---

48 https://oreil.ly/spsy3

드림부스 모델을 학습시킬 때 가장 좋은 방법은 사용하는 시밤 슈리아오$^{Shivam\ Shrirao}$의 저장소[49]를 사용하는 것으로, 이 저장소는 허깅 페이스의 디퓨저 라이브러리를 기반으로 합니다. 다음은 구글 코랩[50]에 사용되는 코드에 대한 설명입니다. 이 노트북에서는 상대적으로 크기가 작고 구글 코랩 환경에서 몇 시간 안에 무료로 학습시킬 수 있는 1.5 버전 모델을 사용합니다. 이 파이썬 노트북의 사본은 독자들을 위해 이 책의 깃허브 저장소[51]에 저장되어 있지만, 맥북이 아닌 NVIDIA GPU에서만 실행된다는 점에 유의하세요.

먼저 코랩이 NVIDIA GPU에 접근할 수 있는지 확인합니다. 드림부스를 구글 코랩에서 실행하는 것이 좋은 이유 중 하나는 별도의 설정 없이도 코드를 실행할 수 있는 적절한 리소스에 접근할 수 있기 때문입니다.

```
# 파일명: content/chapter_9/DreamBooth_Stable_Diffusion.ipynb

!nvidia-smi --query-gpu=name,memory.total, \
    memory.free --format=csv,noheader
```

다음으로 허깅 페이스의 디퓨저 라이브러리를 포함한 필요 라이브러리가 설치됩니다.

```
!wget -q https://github.com/ShivamShrirao/diffusers/raw/ \
    main/examples/dreambooth/train_dreambooth.py
!wget -q https://github.com/ShivamShrirao/diffusers/raw/ \
    main/scripts/convert_diffusers_to_original_stable_ \
    diffusion.py
%pip install -qq \
git+https://github.com/ShivamShrirao/diffusers
%pip install -q -U --pre triton
%pip install -q accelerate transformers ftfy \
bitsandbytes==0.35.0 gradio natsort safetensors xformers
```

다음 셀을 실행해 모델 실행이 완료되면 모델의 출력 디렉터리를 설정합니다. 대용량 파일(4~5GB)은 구글 코랩 파일 시스템에서 보다 더 안정적으로 다운로드할 수 있으므로 일시적이더라도 모델을 구글 드라이브에 저장하는 것이 좋습니다. 허깅 페이스의 허브에 올려져 있

---

[49] https://oreil.ly/AJnnL
[50] https://oreil.ly/790FZ
[51] https://oreil.ly/NzzGm

는, 우리가 쓰려는 모델인 runwayml/stable-diffusion-v1-5를 잘 선택했는지 확인하고 출력 디렉터리의 토큰 이름을 선택합니다(일반적으로 ukj 또는 zwx입니다. 자세한 내용은 나중에 설명합니다).

```
# @markdown 모델 가중치를 구글 드라이브에 직접 저장해야 하는 경우(약 4-5GB 필요)
save_to_gdrive = False
if save_to_gdrive:
    from google.colab import drive
    drive.mount('/content/drive')

# 초기 모델의 @markdown 이름/경로
MODEL_NAME = "runwayml/stable-diffusion-v1-5" \
    #@param {type:"string"}

# @markdown 모델을 저장할 디렉터리 이름을 입력하세요.

OUTPUT_DIR = "stable_diffusion_weights/ukj" \
    # @param {type:"string"}
if save_to_gdrive:
    OUTPUT_DIR = "/content/drive/MyDrive/" + OUTPUT_DIR
else:
    OUTPUT_DIR = "/content/" + OUTPUT_DIR

# [*] 가중치는 {OUTPUT_DIR}에 저장됩니다.
print(f"[*] Weights will be saved at {OUTPUT_DIR}")
!mkdir -p $OUTPUT_DIR
```

학습을 시작하기 전에 학습시키고자 하는 개념을 추가합니다. 경험상 한 번에 여러 개념을 학습시키는 것은 결과를 오히려 저해하는 경향이 있으므로 한 가지 주제나 스타일에 대해서만 학습시킵니다. 나중에 AUTOMATIC1111의 Checkpoint Merger(체크포인트 병합) 탭에서 모델을 병합하는 게 가능하지만, 이 책에서는 다루지 않는 심화 영역입니다. 인스턴스 프롬프트에는 모델을 실행시키기 위해 프롬프트에 사용할 토큰이 포함되며, zwx 또는 ukj와 같이 다른 의미가 없는 단어가 이상적입니다. 클래스 프롬프트는 학습의 시작점이므로 특정 인물의 모델을 학습시킬 경우 photo of a person에서 시작하면 더 효과적으로 학습시킬 수 있습니다.

```
# 여기서 여러 개의 개념을 추가할 수 있습니다.
# 그에 맞게 `--max_train_steps`를 조정해 보세요.
```

```python
concepts_list = [
    {
        "instance_prompt":      "photo of ukj person",
        "class_prompt":         "photo of a person",
        "instance_data_dir":    "/content/data/ukj",
        "class_data_dir":       "/content/data/person"
    }
]

# `class_data_dir`에는 정규화된 이미지가 포함됩니다.
import json
import os
for c in concepts_list:
    os.makedirs(c["instance_data_dir"], exist_ok=True)

with open("concepts_list.json", "w") as f:
    json.dump(concepts_list, f, indent=4)
```

다음으로 구글 코랩을 통해 이미지를 업로드합니다. 드림부스는 최소 5개의 이미지에서부터 수백만 개의 이미지로 훈련할 수 있지만 일반적으로 20~30개의 이미지를 사용하는 것이 좋습니다. 창의적인 활용 사례 중 하나는 8장에서 다룬 일관된 캐릭터 기법을 사용해 동일한 AI 생성 캐릭터의 이미지를 20장 만든 뒤, 이를 기반으로 드림부스 모델을 학습시키는 것입니다. 또는 여러분의 사진 20장을 업로드해 AI 프로필 사진을 만들거나, 회사에서 판매하는 제품 사진 20장을 업로드해 AI 제품 사진을 생성할 수도 있습니다. 파일을 구글 코랩 파일 시스템의 `instance_data_dir`에 직접 업로드하거나(더 빠를 수 있음) 다음 셀을 실행해 업로드 버튼을 표시할 수 있습니다.

```python
import os
from google.colab import files
import shutil

for c in concepts_list:
    print(f"""Uploading instance images for #
`{c['instance_prompt']}`""")
    # 번역: `{c['instance_prompt']}`에 대한 인스턴스 이미지를 업로드 중입니다."""
    uploaded = files.upload()
    for filename in uploaded.keys():
        dst_path = os.path.join(c['instance_data_dir'],
            filename)
        shutil.move(filename, dst_path)
```

이제 실제 학습이 시작됩니다. 이 코드는 GPU에서 실행되며 완료되면 최종 가중치를 출력합니다. 실행하기 전에 save_sample_prompt를 변경해 할당된 토큰(이 경우 photo of ukj person)을 사용하도록 설정해야 합니다.

```
!python3 train_dreambooth.py \
  --pretrained_model_name_or_path=$MODEL_NAME \
  --pretrained_vae_name_or_path="stabilityai/sd-vae-ft-mse" \
  --output_dir=$OUTPUT_DIR \
  --revision="fp16" \
  --with_prior_preservation --prior_loss_weight=1.0 \
  --seed=1337 \
  --resolution=512 \
  --train_batch_size=1 \
  --train_text_encoder \
  --mixed_precision="fp16" \
  --use_8bit_adam \
  --gradient_accumulation_steps=1 \
  --learning_rate=1e-6 \
  --lr_scheduler="constant" \
  --lr_warmup_steps=0 \
  --num_class_images=50 \
  --sample_batch_size=4 \
  --max_train_steps=800 \
  --save_interval=10000 \
  --save_sample_prompt="photo of ukj person" \
  --concepts_list="concepts_list.json"
```

이제 학습이 완료되었으므로 다음 두 셀의 코드에서 디렉터리를 정의한 다음, 이미지 그리드를 표시해 모델이 개념을 올바르게 이해했는지, 피사체 스타일에 대한 유용한 이미지를 생성할 수 있는지 직접 눈으로 확인할 수 있습니다.

```
WEIGHTS_DIR = ""
if WEIGHTS_DIR == "":
    from natsort import natsorted
    from glob import glob
    import os
    WEIGHTS_DIR = natsorted(glob(OUTPUT_DIR + os.sep + \
        "*"))[-1]
print(f"[*] WEIGHTS_DIR={WEIGHTS_DIR}")
```

```python
# @markdown 마지막으로 저장된 가중치에서
# 미리 보기 이미지 그리드를 생성하려면 실행하세요.
import os
import matplotlib.pyplot as plt
import matplotlib.image as mpimg

weights_folder = OUTPUT_DIR
folders = sorted([f for f in os.listdir(weights_folder) \
    if f != "0"], key=lambda x: int(x))

row = len(folders)
col = len(os.listdir(os.path.join(weights_folder,
    folders[0], "samples")))
scale = 4
fig, axes = plt.subplots(row, col, figsize=(col*scale,
    row*scale), gridspec_kw={'hspace': 0, 'wspace': 0})

for i, folder in enumerate(folders):
    folder_path = os.path.join(weights_folder, folder)
    image_folder = os.path.join(folder_path, "samples")
    images = [f for f in os.listdir(image_folder)]
    for j, image in enumerate(images):
        if row == 1:
            currAxes = axes[j]
        else:
            currAxes = axes[i, j]
        if i == 0:
            currAxes.set_title(f"Image {j}")
        if j == 0:
            currAxes.text(-0.1, 0.5, folder, rotation=0,
                va='center', ha='center',
                transform=currAxes.transAxes)
        image_path = os.path.join(image_folder, image)
        img = mpimg.imread(image_path)
        currAxes.imshow(img, cmap='gray')
        currAxes.axis('off')

plt.tight_layout()
plt.savefig('grid.png', dpi=72)
```

마지막으로 변환 프로세스를 실행해 AUTOMATIC1111에서 사용할 .ckpt 파일을 얻습니다.

```
# @markdown 변환을 실행하세요.
ckpt_path = WEIGHTS_DIR + "/model.ckpt"

half_arg = ""
# @markdown fp16으로 변환, 공간을 절반(2GB) 차지합니다.
fp16 = True #@param {type: "boolean"}
if fp16:
    half_arg = "--half"
!python convert_diffusers_to_original_stable_diffusion.py \
    --model_path $WEIGHTS_DIR  --checkpoint_path \
    $ckpt_path $half_arg
print(f"[*] Converted ckpt saved at {ckpt_path}")
```

그런 다음 가중치 디렉터리 stable_diffusion_weights/zwx로 이동해 모델을 찾아 다운로드합니다. 구글 코랩 파일 시스템에서 이러한 대용량 파일을 다운로드하는 데 문제가 있다면 모델을 실행하기 전에 구글 드라이브에 저장하는 옵션을 선택한 후 거기에서 다운로드하세요. 나중에 사용할 때 어떤 모델인지 알 수 있도록 stable-diffusion-webui/models/Stable-diffusion 폴더에 집어넣기 전에 모델 이름을 바꾸는 것이 좋습니다.

a professional headshot of ukj person, standing with his arms crossed and smiling at the camera with his arms crossed, a character portrait, Adam Bruce Thomson, private press, professional photo
번역: 인물 ukj의 전문가 헤드샷, 팔짱을 끼고 카메라를 향해 미소 짓고 서 있는, 캐릭터 초상화, Adam Bruce Thomson, 개인 보도 자료, 전문가 사진

실제 사진      드림부스

그림 9-30 작가 중 한 명의 드림부스 모델 이미지

AUTOMATIC1111을 통해 드림부스 모델을 훈련할 수 있는 확장 프로그램[52]도 있습니다. 이 방법도 시밤 슈리아오의 방법을 기반으로 합니다. 이 확장 프로그램은 이 장의 앞부분에서 컨트롤넷과 Segment Anything을 설치한 것과 동일한 방법으로 설치할 수 있습니다. 이 도구는 다양한 기능과 설정 항목을 노출하기 때문에 고급 사용자용입니다. 이 중 다수는 머신러닝 전문가 수준의 이해가 필요한 항목입니다. 다양한 옵션을 실험할 수 있도록 이러한 매개변수와 설정이 무엇을 의미하는지 배우고 싶다면 extension wiki에 있는 초보자 교육 가이드[53]를 참고하세요. 구글 코랩 대신 이 방법을 사용하면 로컬 컴퓨터에서 실행할 수 있다는 장점이 있습니다. 따라서 시간 초과나 진행 상황이 사라질 걱정 없이 학습을 계속 진행할 수 있습니다.

> **TIP 프롬프트 원칙 ③ 예시 들기**
> 드림부스는 생성형 AI를 통해 경험을 개인화할 수 있도록 돕습니다. 콘셉트의 예시가 될 수 있는 이미지 5~30개만 제공하면 1시간 이내의 학습을 통해 완전히 개인화된 맞춤형 모델을 만들 수 있습니다.

드림부스 외에도 학습과 미세 조정에 사용할 수 있는 다양한 방법이 있지만, 현재 가장 일반적으로 사용되는 방법이 드림부스입니다. 더 오래된 기법으로는 Textual inversion[54]이 있는데, 모델 가중치를 업데이트하지 않는 대신 토큰이 콘셉트를 표현하기에 적합한 위치를 근사화합니다. 하지만 드림부스보다 성능이 훨씬 떨어지는 경향이 있는 편입니다. 유망한 새로운 기술 중 하나는 LoRA라는 기법으로, 〈LoRA: Low-Rank Adaptation of Large Language Models(LoRA : 대규모 언어 모델의 저순위 적응)〉[55] 논문에서 소개되었습니다. 이 기법은 LLM을 사용한 텍스트 생성 공간에서도 널리 사용되고 있습니다. 모델에 새로운 레이어를 추가하고 해당 레이어만 학습시킴으로써 많은 리소스를 사용하지 않고도 사용자 지정 모델을 구축하는 기법입니다. 또한 쿠루무즈Kurumuz[56]가 미디엄에 게재한 'NovelAI Improvements on Stable Diffusion(스테이블 디퓨전을 위한 NovelAI 개선 사항)'에서 소개한 것처럼, 새로운 레이어를 생성할 수 있는 매개변수를 훈련하는 하이퍼네트워크Hypernetwork 기법도 있습니다. 이 두 가지 방법은 모두 아직은 실험적인 단계이며, 집필 시점에 Civitai에 올라와 있는 모델 중에서도 10% 미만의 소수만이 이 기법을 사용하고 있으며, 전반적으로 품질에 대한 사용자 평가도 낮은 편입니다.

---

52 https://oreil.ly/xbt2d
53 https://oreil.ly/gfdY3
54 https://oreil.ly/GgnJV
55 Hu et al., 2021(https://oreil.ly/NtoiB)
56 https://oreil.ly/zFH0-

## 9.10 스테이블 디퓨전 XL 리파이너

스테이블 디퓨전 XL v1.0 모델은 66억 개의 매개변수를 가지고 있으며, 이는 v1.5 모델의 0.98억 개에 비해 훨씬 큽니다.[57] 성능 향상으로 인상적인 결과를 보여 준 XL 모델은 열렬한 v1.5 마니아들의 마음까지도 사로잡기 시작했습니다. 스테이블 디퓨전 XL의 강력한 기능 중 하나는 글로벌 구성을 설정하는 기본 모델과 세부적인 디테일을 추가하는 리파이너refiner 모델 간의 분업에서 비롯됩니다(그림 9-31).

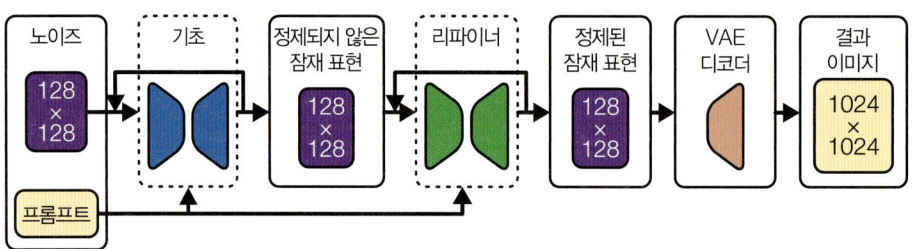

**그림 9-31** 스테이블 디퓨전 XL 기본 모델과 리파이너 모델

프롬프트에서 의미를 추론하는 기본 언어 모델은 오픈클립OpenClip(ViT-G/14)과 오픈AI의 CLIP ViT-L의 조합입니다. 스테이블 디퓨전 v2는 오픈클립만 사용했기 때문에 v1.5에서 작동하던 프롬프트가 v2에서는 그다지 잘 통하지 않지만, 스테이블 디퓨전 XL을 통해 이 문제가 대부분 해결되었습니다. 또한 스테이블 디퓨전 XL 모델은 더 다양한 이미지 크기로 학습되었기 때문에 정사각형 비율이 아닌 이미지가 필요할 때 더 나은 결과를 얻을 수 있습니다. Stablity AI의 연구[58]에 따르면 사용자들은 v1.5보다 XL 모델을 압도적으로 선호하는 것으로 나타났습니다(그림 9-32).

---

57 Rombach et al., 2023(https://oreil.ly/vc1zS)
58 https://oreil.ly/_b7xX

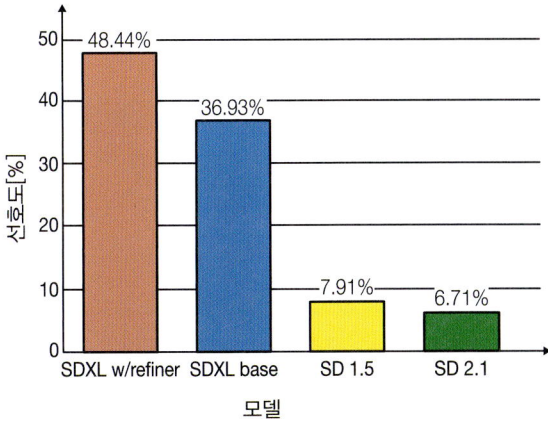

**그림 9-32** 상대적인 성능 선호도

리파이너 모델을 사용하려면 AUTOMATIC1111 인터페이스의 Switch at(전환 시점) 기능을 활용해야 합니다. 이 값은 파이프라인이 어느 단계에서 리파이너 모델로 전환되는지를 제어합니다. 예를 들어 30단계 프로세스에서 0.6에 전환하게 두면 처음 18단계에서는 기본 모델이 사용되고 마지막 12단계에서는 리파이너 모델이 사용됩니다(그림 9-33).

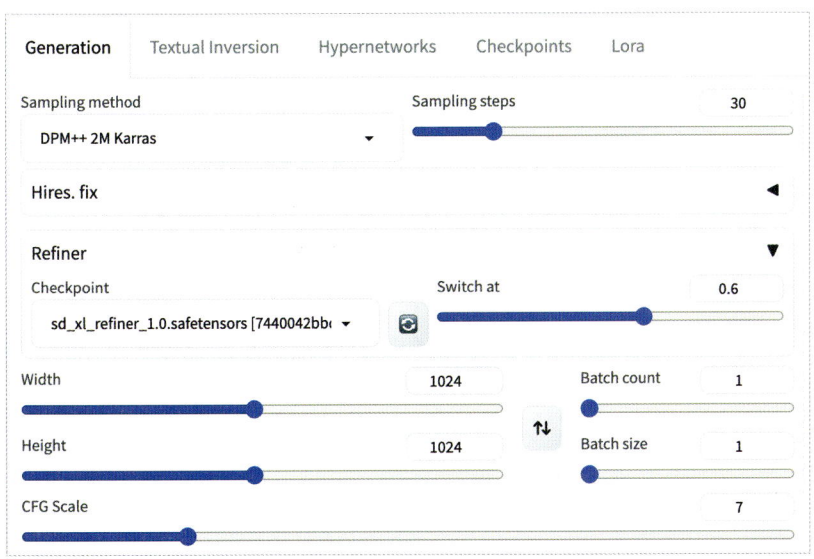

**그림 9-33** 리파이너의 Switch at 매개변수

일반적으로 0.4에서 1.0 사이(1.0인 경우 리파이너로 전환되지 않고 기본 모델만 사용)에서 20~50개의 샘플링 단계로 두는 것이 가장 좋은 결과를 얻을 수 있습니다. 경험상 0.6에서 30개의 샘플링 단계로 전환하면 최고 품질의 이미지를 얻을 수 있다고 생각합니다만, 지난 모든 경우와 마찬가지로 이미지에 가장 적합한 결과를 얻으려면 사용자가 실험을 통해 직접 알아내야 합니다. 리파이너를 0.6으로 전환하도록 설정하면 [그림 9-34]와 같은 출력을 얻을 수 있습니다.

---

anime cat girl with pink hair and a cat ears outfit is posing for a picture in front of a gaze, photorealistic, 1girl, a character portrait, floral print, Alice Prin, sots art, official art, sunlight, wavy hair, looking at viewer
번역: 핑크색 머리와 고양이 귀 의상을 입은 애니메이션 고양이 소녀가 태양빛 아래에서 꽃무늬 프린트를 입고 포즈를 취하며 사진을 찍고 있는 모습, 포토리얼리즘 스타일, 1명의 소녀, 캐릭터 초상화, Alice Prin, 소츠 아트, 공식 아트, 햇살, 웨이브 머리, 관람자를 바라보는 모습

---

부정 프롬프트 키워드를 추가합니다.

---

disfigured, ugly, bad, immature, photo, amateur, overexposed, underexposed
번역: 기형적인, 못생긴, 나쁜, 미성숙한, 사진, 아마추어, 과다 노출, 노출 부족

---

SD v1.5　　　　　SDXL Base　　　　　SDXL Refiner = 0.6

그림 9-34 스테이블 디퓨전 XL 기본 모델과 0.6의 리파이너를 사용한 애니메이션 스타일의 고양이 소녀

> TIP 프롬프트 원칙 ⑤ 업무 나누기
>
> 스테이블 디퓨전 XL의 아키텍처는 하나의 작업을 여러 작업으로 분할하고, 각 작업에 적합한 모델을 사용하는 완벽한 예시입니다. 기본 모델이 장면을 설정하고 이미지 구도를 안내하는 반면, 리파이너는 세부적인 디테일을 향상시킵니다.

자주 사용하는 이미지 크기나 종횡비를 불러올 수 있는 종횡비 선택기$^{aspect\ ratio\ selector}$ 확장 프로그램을 설치하면 클릭 한 번으로 두 모델에 맞는 크기와 종횡비를 설정할 수 있어서 무척 편리합니다. 확장 프로그램을 설치하려면 Extensions(확장) 탭을 찾아 Install from URL(URL로 설치하기)로 이동해 https://github.com/alemelis/sd-webui-ar을 붙여 넣고 설치를 클릭합니다. stable-diffusion-webui/extensions/sd-webui-ar로 이동해 resolutions.txt 파일에 다음을 추가합니다(아니면 내용을 깔끔하게 교체합니다).

```
SD1:1, 512, 512 # 1:1 정방형
XL1:1, 1024, 1024 # 1:1 정방형
SD3:2, 768, 512 # 3:2 가로형
XL3:2, 1216, 832 # 3:2 가로형
SD9:16, 403, 716 # 9:16 세로형
XL9:16, 768, 1344 # 9:16 세로형
```

사전 설정 버튼 중 하나를 클릭하면 너비와 높이가 자동으로 조정됩니다. 또한 aspect ratios.txt를 다음과 같이 바꾸면 웹 UI에서 설정한 높이 값을 기반으로 화면비를 자동으로 계산해 웹 UI 인터페이스에 표시할 수 있습니다(그림 9-35).

```
Square 1:1, 1.0 # 1:1 ratio based on minimum dimension
Landscape 3:2, 3/2 # Set width based on 3:2 ratio to height
Portrait 9:16, 9/16 # Set width based on 9:16 ratio to height
번역: 정방형 1:1, 1.0 # 최소 치수를 기준으로 1:1 비율
가로형 3:2, 3/2 # 높이를 기준으로 너비를 3:2 비율로 설정
세로형 9:16, 9/16 # 높이를 기준으로 너비를 9:16 비율로 설정
```

그림 9-35 화면비

## 9.11 마치며

이 장에서는 오픈 소스 모델인 스테이블 디퓨전을 사용해 이미지를 생성하는 고급 기법을 배웠습니다. 지금까지 잘 따라왔다면, 스테이블 디퓨전을 성공적으로 설치하고 허깅 페이스의 디퓨저 라이브러리를 사용해 추론 파이프라인을 구축한 것입니다. 또한 구글 코랩의 스테이블 디퓨전 추론 모델을 사용해 프롬프트를 기반으로 이미지를 생성했습니다. 이 장에서는 고급 기능으로 스테이블 디퓨전을 실행하기 위해 오픈 소스 커뮤니티와 AUTOMATIC1111과 같은 사용자 인터페이스를 살펴볼 것을 권장했습니다.

프롬프트와 기본 이미지를 사용해 이미지의 스타일을 제어할 수 있는 컨트롤넷과 이미지의 특정 부분을 마스킹하는 모델인 Segment Anything의 개념도 소개했습니다. 이러한 기술을 적용하면 이제 특정 요구 사항에 맞게 생성된 이미지를 사용자 지정할 수 있습니다. 또한 개인화 기술, 특히 학습 데이터에 없는 새로운 개념을 이해하도록 모델을 학습시킬 수 있는 드림부스 미세 조정에 대해서도 배웠습니다.

다음 장에서는 이 책을 통해 배운 모든 내용을 실제로 적용해 볼 수 있는 기회를 제공합니다. 블로그 텍스트와 첨부 이미지를 모두 생성하는 AI 블로그 게시물 생성기를 구축하는 방법을 살펴봅니다. 마지막 장에서는 사용자 입력을 기반으로 고품질 블로그 게시물을 생성하는 엔드 투 엔드 시스템을 만드는 과정을 보여 주고, 일관된 스타일의 사용자 지정 일러스트를 추가해서 완성하는 방법을 안내합니다. 프롬프트를 최적화하고, 매력적인 제목을 생성하고, 원하는 스타일에 맞는 AI 생성 이미지를 만드는 방법을 배울 수 있습니다.

# 10장
# AI 기반 애플리케이션 구축

이 장에서는 콘텐츠 작성을 위한 엔드 투 엔드 AI 워크플로에 프롬프트의 다섯 가지 원칙을 적용합니다. 우리가 구현할 시스템은 인터뷰 질문에 대한 사용자의 답변을 바탕으로 사용자의 글쓰기 스타일에 기반해 블로그 글을 작성합니다. 이 시스템은 saxifrage 블로그[1]에 처음 문서화되었습니다.

## 10.1 AI 블로그 글 작성

AI를 사용해 블로그 글 작성 서비스를 만드는 평범한 접근 방식은 Write a blog post on {blogPostTopic}으로 챗GPT를 시키는 것입니다. 그 결과물을 들여다 보면 품질은 적당하지만 주제에 대한 가치 있는 의견이나 독특한 경험은 담겨있지 않을 가능성이 높습니다. 또한 콘텐츠가 짧고 일반적이어서 구글 검색 시 상위 노출을 차지하지 못할 가능성이 높습니다.

보다 정교한 접근 방식은 추가 지침이 포함된 긴 프롬프트를 작성하는 것입니다. 규정된 글쓰기 톤, 블로그 글의 구조, 포함할 키워드에 대한 세부 정보를 프롬프트에 추가하세요. 일반적인

---

[1] https://oreil.ly/saxifrage

블로그 글 작성 프롬프트의 예는 여기[2]에서 확인할 수 있습니다.

```
Create a blog post about "{blogPostTopic}". Write it in a "{tone}" tone. Use
transition words. Use active voice. Write over 1000 words. Use very creative
titles for the blog post. Add a title for each section. Ensure there are a minimum
of 9 sections. Each section should have a minimum of two paragraphs. Include the
following keywords: "{keywords}". Create a good slug for this post and a meta
description with a maximum of 100 words and add it to the end of the blog post.
번역: "{blogPostTopic}"에 대한 블로그 글을 작성하세요. "{tone}" 톤으로 작성해 주세
요. 전환어를 사용하세요. 능동태를 사용하세요. 1000단어 이상 작성하세요. 블로그 글
에 매우 창의적인 제목을 사용하세요. 각 섹션에 제목을 추가하세요. 최소 9개의 섹션을
포함해야 합니다. 각 섹션은 최소 두 개의 단락으로 구성되어야 합니다. 다음 키워드를
포함하세요: "{keywords}". 이 글에 적합한 문구와 최대 100단어의 메타 설명을 작성해
블로그 글 끝에 추가하세요.
```

이처럼 길고 정교한 프롬프트는 더 좋은 품질의 콘텐츠로 이어질 가능성이 높습니다. 이 프롬프트에 사용된 프롬프트의 다섯 가지 원칙을 살펴보겠습니다.

- ① **지시 내리기**: 어조(톤), 전환어 사용, 능동태 등 몇 가지 지침을 확인할 수 있습니다. 그러나 생성한 콘텐츠가 여전히 AI처럼 느껴질 가능성이 높습니다.
- ② **형식 정하기**: 두 단락으로 구성된 9개의 섹션을 지시하는 등 구조와 관련된 몇 가지 언급이 있지만 이러한 지침은 무시될 가능성이 높습니다. 챗GPT는 수학에 서툴러서 여러 섹션이나 단어를 지시하는 지침을 따르지 못하는 경우가 많습니다.
- ③ **예시 들기**: 주어진 작업을 수행하는 방법에 대한 예시가 없으므로 여러 주제에 걸쳐 또는 동일한 주제에 대해 여러 번 실행하는 경우 이 프롬프트의 안정성이 저하될 수 있습니다. 단 한 번의 예시(원샷 프롬프트)만 제공해도 품질 개선에 큰 도움이 될 수 있습니다.
- ④ **품질 평가하기**: 앞선 예는 블라인드 프롬프팅(테스트하지 않고 프롬프트에 지침을 추가함)의 예입니다. 이러한 지침 중 일부는 품질에 차이가 없거나(불필요한 토큰 비용 발생) 심지어 품질을 저하시킬 수도 있습니다.
- ⑤ **업무 나누기**: 전체 작업이 한 번의 프롬프트만으로 시도되므로 성능이 저하될 수 있습니다. 작업을 하위 작업으로 나누지 않으면 프로세스의 어느 부분이 성공 또는 실패하고 있는지 파악하기 어렵습니다.

이 장에서는 여러 개의 LLM 체인 컴포넌트를 만듭니다. 각 체인은 유지 보수가 용이하고 모니터링과 최적화를 위한 로깅이 용이하도록 랭체인에서 구현됩니다. 이 시스템은 사용자의 고유한 의견과 경험을 바탕으로 인간이 작성한 듯한 콘텐츠를 생성하는 데 도움이 될 것입니다.

---

[2] https://oreil.ly/uMfZa

먼저 필요한 도구로 작업 공간을 준비해야 합니다. 주제 연구로 초점을 옮겨 프로그래밍 환경 설정부터 시작하겠습니다.

## 10.2 주제 연구

랭체인의 문서 로더를 효과적으로 사용하려면 다음을 포함한 여러 파이썬 패키지를 설치해야 합니다.

- `google-search-results`: 구글 검색 결과를 스크랩하고 처리하도록 설계된 파이썬 라이브러리입니다.
- `pandas`: 숫자 테이블과 시계열 데이터를 조작하기 위한 데이터 구조와 연산을 제공합니다.
- `html2text`: 파일이나 웹 페이지의 HTML을 마크다운(.md) 파일이나 텍스트로 변환합니다.
- `pytest-playwright`: 이 패키지를 사용하면 Playwright로 엔드 투 엔드 테스트를 수행할 수 있습니다.
- `chromadb`: ChromaDB는 오픈 소스 벡터 데이터베이스입니다.
- `nest_asyncio`: 파이썬 표준 asyncio를 확장해 주피터 노트북과 호환되도록 패치하고 렌더링합니다.

다음 명령을 활용하면 패키지를 쉽게 설치할 수 있습니다.

```
pip install google-search-results pandas html2text pytest-playwright chromadb \
nest_asyncio --quiet
```

랭체인의 문서 로더를 사용하려면 Playwright가 필요합니다. 터미널에 `playwright install`을 입력합니다. 그리고 TOPIC을 선택하고 SERPAPI_API_KEY와 STABILITY_API_KEY 모두에 대한 환경 변수를 설정해야 합니다. 주피터 노트북 없이 스크립트를 실행하는 경우에는 `nest_asyncio` 코드를 사용할 필요가 없습니다.

```
# 파일명: content/chapter_10/ai_content_writing_research.ipynb[3]

from langchain_openai.chat_models import ChatOpenAI
from langchain.output_parsers import PydanticOutputParser
from langchain_text_splitters import RecursiveCharacterTextSplitter
import os
```

---

[3] 옮긴이_ 여기서 등장하는 `content_collection`과 `custom_summarize_chain` 모듈은 이 책에서 자세히 설명하지 않습니다. 깃허브에서 다운받아 사용해 주세요.

```python
# 사용자 정의 가져오기
from content_collection import collect_serp_data_and_extract_text_from_webpages
from custom_summarize_chain import create_all_summaries, DocumentSummary

import nest_asyncio
nest_asyncio.apply()

# 상수 변수들
TOPIC = "Neural networks"
os.environ["SERPAPI_API_KEY"] = ""
os.environ["STABILITY_API_KEY"] = ""
```

다음으로 웹 콘텐츠를 효율적으로 요약하는 데 중점을 둡니다.

```python
# 웹 페이지에서 콘텐츠를 랭체인 문서로 추출
text_documents = await \
collect_serp_data_and_extract_text_from_webpages(TOPIC)

# LLM, 텍스트 분할기 + 파서
llm = ChatOpenAI(temperature=0)
text_splitter = RecursiveCharacterTextSplitter.from_tiktoken_encoder(
    chunk_size=1500, chunk_overlap=400
)
parser = PydanticOutputParser(pydantic_object=DocumentSummary)

summaries = await create_all_summaries(text_documents,
parser,
llm,
text_splitter)
```

먼저 필요한 도구를 가져온 다음 TOPIC과 관련된 웹 페이지 콘텐츠를 가져옵니다. ChatOpenAI 모델을 설정한 후에는 text_splitter를 사용해 텍스트 청크를 관리합니다. text_splitter는 스니펫이 너무 길어지지 않도록 하면서도 겹치는 문맥을 유지합니다. 그런 다음 PydanticOutputParser를 생성해 요약을 처리하고 구조화합니다. 전용 요약 기능을 통해 추출된 문서를 입력하면 LLM은 간결한 요약을 생성합니다. create_all_summaries 함수에 대해 더 자세히 알아보려면 custom_summarize_chain.py[4]를 확인하세요.

---

[4] https://oreil.ly/KyKjS

강조해야 할 몇 가지 핵심 사항은 랭체인 내에서 대부분의 클래스를 서브클래싱[subclassing]할 수 있다는 점입니다. 예를 들어 기본값 ChromiumLoader를 비동기식으로 재정의할 수 있습니다.

```python
from langchain_community.document_loaders import AsyncHtmlLoader, \
AsyncChromiumLoader

class ChromiumLoader(AsyncChromiumLoader):
    async def load(self):
        raw_text = [await self.ascrape_playwright(url) for url in self.urls]
        # Return the raw documents:
        return [Document(page_content=text) for text in raw_text]


async def get_html_content_from_urls(
    df: pd.DataFrame, number_of_urls: int = 3, url_column: str = "link"
) -> List[Document]:
    # 첫 번째 3개의 URL에서 HTML 콘텐츠 가져오기
    urls = df[url_column].values[:number_of_urls].tolist()

    # 만약 URL이 하나뿐이라면, 이를 리스트로 변환
    if isinstance(urls, str):
        urls = [urls]


    # 비어 있는 URL 확인
    urls = [url for url in urls if url != ""]

    # 중복된 URL 확인
    urls = list(set(urls))

    # URL이 없으면 오류 발생
    if len(urls) == 0:
        raise ValueError("No URLs found!")
    # loader = AsyncHtmlLoader(urls) #  빠르지만 항상 동작하지는 않음
    loader = ChromiumLoader(urls)
    docs = await loader.load()
    return docs

async def create_all_summaries(
    # ... 이하 생략 ...
) -> List[DocumentSummary]:
    # ... 이하 생략 ...
```

ChromiumLoader를 서브클래싱하고 사용자 정의 구현을 쉽게 생성하고, 크롬 브라우저를 사용해 여러 URL에서 콘텐츠를 비동기적으로 스크랩할 수 있습니다. `get_html_content_from_urls`는 URL 목록에서 HTML 콘텐츠를 가져와 중복이 없는지 확인하고 잠재적인 오류를 처리합니다.

## 10.3 전문가 인터뷰

이제 구글에서 상위 3개 결과에 대한 요약을 성공적으로 추출했으므로 LLM과의 인터뷰를 수행하게 됩니다. 이 과정에서는 InterviewChain 클래스를 사용해 관련 질문을 생성하고 그 질문을 통해 게시글이 고유한 관점을 가지고 있는지 확인합니다.

```python
# 파일명: content/chapter_10/expert_interview_chain.py

from expert_interview_chain import InterviewChain
interview_chain = InterviewChain(topic=TOPIC, document_summaries=summaries)
interview_questions = interview_chain()

for question in interview_questions.questions:
    # 번역: 다음의 질문에 답해 주세요: {question.question}
    print(f"Answer the following question: {question.question}\n", flush=True)
    answer = input(f"Answer the following question: {question.question}\n")
    print('------------------------------------------')
    question.answer = answer
```

- **InterviewChain 인스턴스화:** 주제와 방금 만든 요약을 가지고 InterviewChain의 인스턴스를 만들어 데이터의 고유한 맥락에 맞게 조정합니다.
- **질문 생성:** 간단히 interview_chain을 호출하면 요약에서 파생된 일련의 질문을 생성하는 과정을 시작할 수 있습니다.
- **대화형 Q&A 세션:** 각 파생된 질문이 출력되고 input()으로 답변을 입력하라는 메시지가 표시되는 참여형 루프에 빠져들게 됩니다. 응답은 Pydantic 객체에 다시 저장됩니다.

> **TIP 프롬프트 원칙 ① 지시 내리기**
> LLM에 고유한 답변을 제공하면 고유한 맥락이 형성되고, 이를 통해 LLM은 더욱 풍부하고 미묘한 답변을 생성해 신선하고 깊이 있는 관점을 제공할 수 있습니다.

InterviewChain의 모든 코드는 expert_interview_chain.py[5]에 있습니다. 여기에는 두 가지 중요한 구성 요소가 있습니다.

- **사용자 지정 System 메시지**: 이 프롬프트에는 역할 프롬프트, 이전에 생성된 요약, 주제 및 형식 지침(출력 파서용)이 포함됩니다.

```
system_message = """You are a content SEO researcher. Previously you have summarized
and extracted key points from SERP results. The insights gained will be used to do
content research and we will compare the key points, insights and summaries across
multiple articles. You are now going to interview a content expert. You will ask
them questions about the following topic: {topic}.
번역: 당신은 콘텐츠 SEO 연구원입니다. 당신은 이전에 SERP 결과에서 핵심을 요약하고
추출한 경험이 있습니다. 얻은 통찰력을 콘텐츠 연구에 사용되며 여러 게시글에서 핵심
포인트, 통찰 및 요약을 비교할 것입니다. 이제 콘텐츠 전문가와 인터뷰를 진행할 예정
입니다. 아래의 주제에 대해 질문을 할 것입니다: {topic}.

You must follow the following rules:
    - Return a list of questions that you would ask a content expert about
    the topic.
    - You must ask at least and at most 5 questions.
    - You are looking for information gain and unique insights that are not
    already covered in the {document_summaries} information.
    - You must ask questions that are open-ended and not yes/no questions.
    {format_instructions}
번역: 다음의 규칙을 따라야 합니다:
    - 해당 주제에 대해 콘텐츠 전문가에게 질문할 목록을 반환하세요.
    - 최소 1개, 최대 5개까지의 질문을 해야 합니다.
    - 아직 {document_summaries} 정보에 포함되지 않은 정보와
    고유한 통찰력을 얻는 것이 목표입니다.
    - 질문은 개방형 질문이어야 하며, 예/아니오 질문은 피해야 합니다.
    {format_instructions}
"""
```

- **출력 파서**: 클래스를 더 자세히 살펴보면 PydanticOutputParser를 만나게 됩니다. 이 파서는 LLM의 응답을 파싱 가능한 Pydantic 기반의 InterviewQuestions 객체로 구조화하는 역할을 합니다.

```
from expert_interview_chain import InterviewQuestions

# 파서 설정 + 프롬프트 템플릿에 지시 사항 삽입
parser = PydanticOutputParser(pydantic_object=InterviewQuestions)
```

---

[5] https://github.com/BrightPool/prompt-engineering-for-generative-ai-examples/blob/main/content/chapter_10/expert_interview_chain.py

즉, AI와의 대화를 조율하며 콘텐츠에 대한 인사이트를 강화할 수 있는 강력한 질문을 구상하도록 지시하고 있는 것입니다. 이와 동시에 사용자 맞춤화도 손쉽게 할 수 있습니다.

## 10.4 개요 생성

이전 인터뷰와 조사를 포함해 `BlogOutlineGenerator`로 게시물의 개요를 생성합니다. `TOPIC`, `question_answers`, 구글 `summaries`를 전달해 추가 맥락을 제공합니다.

```python
# 파일명: content/chapter_10/article_outline_generation.py

from article_outline_generation import BlogOutlineGenerator

blog_outline_generator = BlogOutlineGenerator(topic=TOPIC,
questions_and_answers=[item.dict() for item in interview_questions.questions])

questions_and_answers = blog_outline_generator.questions_and_answers
outline_result = blog_outline_generator.generate_outline(summaries)
```

`BlogOutlineGenerator` 클래스를 자세히 살펴보겠습니다.

```python
from typing import List, Any
from pydantic.v1 import BaseModel

class SubHeading(BaseModel):
    title: str # 각 소제목에는 제목이 있어야 합니다.

class BlogOutline(BaseModel):
    title: str
    sub_headings: List[SubHeading] # 개요에는 여러 소제목이 있습니다.

# 랭체인 라이브러리
from langchain.prompts.chat import (ChatPromptTemplate,
SystemMessagePromptTemplate)
from langchain.output_parsers import PydanticOutputParser
from langchain_openai.chat_models import ChatOpenAI

# 사용자 정의 타입
```

```python
from custom_summarize_chain import DocumentSummary

class BlogOutlineGenerator:
    def __init__(self, topic: str, questions_and_answers: Any):
        self.topic = topic
        self.questions_and_answers = questions_and_answers

        # 프롬프트 생성
        prompt_content = """
        Based on my answers and the summary, generate an outline for a blog article on {topic}.
        # 번역: 당신의 답변과 요약을 바탕으로
        # {topic}에 대한 블로그 글의 개요를 생성합니다.
        topic: {topic}
        document_summaries: {document_summaries}
        ---
        Here is the interview which I answered:
        # 번역: 여기 제가 답변한 인터뷰가 있습니다.
        {interview_questions_and_answers}
        ---
        Output format: {format_instructions}
        """

        system_message_prompt = SystemMessagePromptTemplate.from_template(prompt_content)

        self.chat_prompt = ChatPromptTemplate.from_messages([system_message_prompt])

        # 출력 파서 생성
        self.parser = PydanticOutputParser(pydantic_object=BlogOutline)

        # 체인 설정
        self.outline_chain = self.chat_prompt | ChatOpenAI() | self.parser

    def generate_outline(self, summaries: List[DocumentSummary]) -> Any:
        print("Generating the outline...\n---")
        result = self.outline_chain.invoke(
            {"topic": self.topic,
             "document_summaries": [s.dict() for s in summaries],
             "interview_questions_and_answers": self.questions_and_answers,
             "format_instructions": self.parser.get_format_instructions(),
            }
        )
        # 번역: 개요 생성을 완료했습니다.
```

```
        print("Finished generating the outline!\n---")
    return result
```

title과 sub_headings 키를 포함하는 BlogOutline Pydantic 객체가 생성됩니다. 또한 개요 체인은 프롬프트를 채팅 모델로 전달한 다음, 최종적으로 출력 파서로 전달하는 랭체인 표현 언어(LCEL)를 통해 설정됩니다.

```
# 체인 설정
self.outline_chain = self.chat_prompt | ChatOpenAI() | self.parser
```

Pydantic 출력 파서를 사용하면 체인은 향후 체인에서 사용될 BlogOutline Pydantic 객체를 반환합니다.

## 10.5 텍스트 생성

요약, 인터뷰 질문, 블로그 글 개요를 확보했다면 이제 텍스트를 생성할 차례입니다. Content Generator 클래스는 SEO(검색 엔진 최적화) 전문 지식과 다음과 같은 여러 LLM 기술을 통합합니다.

- **임베딩과 검색**: 이 과정은 원본 웹 페이지를 효율적으로 분할하고 벡터화해 Chroma 데이터베이스에 저장한 뒤, 각 섹션을 작성할 때 관련 웹 페이지 텍스트를 검색합니다.
- **사용자 지정 메모리**: 각 블로그 섹션을 작성하는 동안 메모리를 사용해 동일한 정보가 반복되는 것을 방지하고, 대화가 너무 길어지면 요약하기도 합니다.
- **맞춤형 맥락**: LLM에는 이전 인터뷰에서 도출한 인사이트, 이전에 언급된 내용, 구글의 관련 웹 페이지 텍스트 스니펫 등 다양한 정보가 혼합되어 있습니다.

```
# 파일명: content/chapter_10/article_generation.py

from article_generation import ContentGenerator

content_gen = ContentGenerator(
topic=TOPIC, outline=outline_result,
questions_and_answers=questions_and_answers)
```

```python
# 원본 웹 페이지를 벡터화하고 저장하기
content_gen.split_and_vectorize_documents(text_documents)
# 블로그 글 생성
blog_post = content_gen.generate_blog_post()
```

모든 소스 코드는 `article_generation.py`[6]에 있으며, 여기서는 체인의 핵심이 되는 세 가지 구성 요소를 집중적으로 살펴봅니다. `OnlyStoreAIMemory` 클래스는 `ConversationSummaryBufferMemory`의 사용자 정의 하위 클래스입니다.

```python
from typing import List, Dict, Any
from langchain.memory import ConversationSummaryBufferMemory

from langchain_core.messages import SystemMessage

class OnlyStoreAIMemory(ConversationSummaryBufferMemory):
    def save_context(self, inputs: Dict[str, Any],
    outputs: Dict[str, str]) -> None:
        input_str, output_str = self._get_input_output(inputs, outputs)
        self.chat_memory.add_ai_message(output_str)
```

AI가 생성한 메시지만 저장해 채팅 메시지 메모리를 간결하고 관련성 있게 유지할 수 있도록 설계되어 있습니다. 이 의도적인 선택은 생성 단계 내에서 사용된 검색 문서를 저장하지 않음으로써 메모리 과부하를 방지합니다. 또한 메모리 메커니즘은 AI가 이전에 작성한 내용을 계속 인식하도록 하여 누적된 문맥이 설정된 한계를 초과하는 경우 간결한 요약을 제공할 수 있도록 합니다.

`generate_blog_post` 함수는 모든 소제목을 반복해 현재 문맥 길이에 맞으면서 가능한 한 많은 관련 문서를 검색하려고 시도합니다.

```python
def generate_blog_post(self) -> List[str]:
    blog_post = []
    # 번역: 블로그 글을 생성 중입니다.
    print("Generating the blog post...\n---")
    for subheading in self.outline.sub_headings:
        k = 5  # k 초기화
        while k >= 0:
```

---

[6] https://oreil.ly/0IFyI

```
            try:
                relevant_documents = (self.chroma_db.as_retriever() \
                .invoke(subheading.title,
                k=k))
                section_prompt = f"""
                ...prompt_excluded_for_brevity...
                Section text:
                """
                result = self.blog_post_chain.predict(section_prompt)
                blog_post.append(result)
                break
            except Exception as e:
                # 번역: 오류가 발생했습니다: {e}
                print(f"An error occurred: {e}")
                k -= 1
            if k < 0:
                # 번역: 관련 문서를 가져오는 모든 시도가 실패했습니다.
                # 번역: 빈 문자열을 관련 문서로 사용합니다.
                print('''All attempts to fetch relevant documents have
                failed. Using an empty string for relevant_documents.
                ''')
                relevant_documents = ""
    # 번역: 블로그 글 작성을 완료했습니다.
    print("Finished generating the blog post!\n---")
    return blog_post
```

generate_blog_post는 각 소제목을 반복합니다. 최대 5개의 관련 문서를 가져오려고 시도하며, 문서를 가져오는 데 문제가 있다면 똑똑하게 개수를 줄이고 다시 시도합니다. 모든 시도가 실패하면 문서가 없는 것으로 기본 설정됩니다.

마지막으로 각 섹션을 생성하는 프롬프트는 매우 풍부한 맥락을 제공합니다.

```
section_prompt = f"""You are currently writing the section: {subheading.title}
번역: 당신은 현재 다음의 섹션을 작성 중입니다: {subheading.title}
---
Here are the relevant documents for this section: {relevant_documents}.
If the relevant documents are not useful, you can ignore them.
You must never copy the relevant documents as this is plagiarism.
번역: 이 섹션에 대한 관련 문서입니다: {relevant_documents}.
만약 관련 문서가 유용하지 않다면, 이를 무시할 수 있습니다.
이는 표절이기 때문에 절대로 관련 문서를 복사하지 마세요.
---
```

```
Here are the relevant insights that we gathered from our interview questions
and answers: {self.questions_and_answers}.
You must include these insights where possible as they are important and will
help our content rank better.
번역: 다음은 우리 인터뷰 질문과 답변을 통해 수집한 중요한 통찰들입니다: {self.
questions_and_answers}.
가능한 경우 이러한 통찰을 포함해야 하며,
이는 중요하고 콘텐츠의 순위 향상에 도움이 될 것입니다.
---
You must follow the following principles:
- You must write the section: {subheading.title}
- Render the output in .md format
- Include relevant formats such as bullet points, numbered lists, etc.
번역: 다음의 원칙을 따라야 합니다:
- 이 섹션을 작성해야 합니다: {subheading.title}
- 출력은 .md 형식으로 렌더링해야 합니다.
- 글머리 기호 목록, 번호 매기기 목록 등 관련 형식을 포함해야 합니다.
---
Section text:
번역: 섹션 텍스트:
"""
```

section_prompt는 {subheading.title}을 사용해 작업 중인 특정 섹션이 무엇인지를 선언하고, 이후에 이뤄질 작업의 배경을 설정합니다. 여기서 더 나아가 LLM에 {relevant_documents}를 제공함으로써 배경과 깊이를 제공하는 동시에 표절에 대해 명시적으로 경고합니다. 또한 {self.questions_and_answers}를 통해 인터뷰의 인사이트를 포함함으로써 중요한 정보를 전면에 배치할 수 있습니다. 마지막으로 형식, 특정 기능의 포함 여부 및 당면한 주제에 대한 명확한 기대치를 설정합니다. 따라서 LLM은 단순한 도구가 아니라 정보에 입각한 공동 저자가 되어 콘텐츠 제작을 위해 여러분과 함께 부지런히 노력합니다.

## 10.6 글쓰기 스타일

이제 게시글이 작성되었으므로 특정 글쓰기 스타일로 내용을 다시 작성하는 과정을 통해 글에 사람 냄새를 입혀볼 수 있습니다. 이렇게 하면 콘텐츠가 명백한 AI로 느껴지지 않고(윤리적으로는 여전히 AI로 작성했음을 선언해야 하지만) 게시하기 전에 최종 초안을 편집하는 데 소요되는 시간을 줄일 수 있습니다.

다시 작성 전에 모방하려는 글쓰기 스타일을 알아야 합니다. 한 가지 일반적인 접근 방식은 챗GPT의 학습 데이터에 나타날 정도로 유명하거나 적어도 업계에서 인기가 있는 사람의 글쓰기 스타일을 요약해 달라고 챗GPT에 요청하는 것입니다. 일반적으로 모델은 작성자의 이름이나 글의 예시로 응답하려는 경향이 있으므로 그러지 말라는 지침을 추가하고 프롬프트를 글머리 기호(이 경우 - 문자)로 프롬프트를 끝내면 원하는 형식을 얻을 수 있습니다.

---

Describe in detail the writing style of Harry Dry from MarketingExamples.com
Do not mention the writer or source, and respond only with bullet points:
-
번역: MarketingExamples.com의 해리 드라이의 글쓰기 스타일을 자세히 설명하세요.
작가나 출처는 언급하지 말고, 글머리 기호 목록으로만 응답하세요:
-

---

- Concise and to the point
- Humorous and knowledgeable tone
- Relatable and accessible language
- Uses storytelling to convey ideas
- Relies on examples and case studies
- Provides actionable advice and tips
- Uses subheadings and bullet points for easy readability
- Emphasizes key points or takeaways with bold or italicized text
- Addresses the reader directly, creating a conversational tone
번역:
- 간결하고 핵심을 찌르는 스타일
- 유머러스하고 지식이 풍부한 톤
- 친근하고 접근하기 쉬운 언어 사용
- 아이디어를 전달하기 위해 스토리텔링 활용
- 예시와 사례 연구를 중심으로 설명
- 실행 가능한 조언과 팁 제공
- 읽기 쉬운 구조를 위해 부제목과 글머리 기호 목록 사용
- 중요한 포인트나 핵심 사항을 강조하기 위해 굵은 글씨나 이탤릭체 사용
- 독자에게 직접 이야기하며 대화식 톤을 유지

종종 단 하나의 텍스트 샘플만 제공받고도 챗GPT는 꽤 그럴듯한 글쓰기 스타일 가이드를 생성할 수 있으며, 이를 재작성에도 활용할 수 있습니다. 글쓰기 스타일이 정의되면 다양한 요소를 혼합하고 조합하면서 보다 이상적인 스타일에 도달할 수 있습니다. 다음 예는 앞서 나온 마이크 테일러와 해리 드라이의 글쓰기 스타일을 결합한 예입니다. 이것은 8장 '밈 분해'에서 설명한 바와 같이 밈 분해의 또 다른 예입니다.

```
Rewrite the article in the following style:
- Concise and to the point
- Professional and knowledgeable tone
- Relatable and accessible language
- Uses storytelling to convey ideas
- Relies on examples and case studies
- Mixes personal anecdotes with industry insights
- Provides actionable advice and tips
- Uses subheadings and bullet points for easy readability
번역: 다음 스타일로 글을 다시 작성하세요:
- 간결하고 핵심을 찌르는 스타일
- 전문적이고 지식이 풍부한 톤
- 친근하고 접근하기 쉬운 언어 사용
- 아이디어를 전달하기 위해 스토리텔링 활용
- 예시와 사례 연구를 중심으로 설명
- 개인적인 일화와 산업 통찰을 혼합
- 실행 가능한 조언과 팁 제공
- 읽기 쉬운 구조를 위해 부제목과 글머리 기호 목록 사용
```

실제로 AI 작성 과정에서 이 부분이 구현하기 가장 어려운 부분이며, 좋은 결과를 얻으려면 더 크고 비싼 GPT-4 모델이 필요한 부분입니다. 이 과정이 제대로 이루어지지 않으면 사용자가 자신의 스타일에 맞게 글을 쓰기 위해 많은 수정을 해야 할 수 있습니다. 이 프롬프트의 전략적 중요성을 고려할 때 프롬프트 최적화[7]를 수행해 여러 가지 접근 방식을 시도하는 것이 좋습니다.

프롬프트를 최적화할 때 동일한 프롬프트를 여러 번 실행하고 평가 지표와 비교하며 평균 성능을 확인할 수 있습니다. 예를 들어 임베딩 거리라는 평가 지표에 대해 다섯 가지 프롬프트 접근 방식을 테스트한 결과는 다음과 같습니다. 점수가 낮을수록 응답의 임베딩이 기준 응답(수동으로 올바른 스타일로 다시 작성된 텍스트)에 더 가까움을 의미합니다. 테스트한 프롬프트는 다음과 같습니다.

- **A: 제어:** 앞의 예에서 설명한 표준 프롬프트입니다.
- **B: 원샷 글쓰기 샘플:** 하나의 텍스트 샘플을 제공하고 GPT-4에 글쓰기 스타일을 설명해 달라고 요청했습니다.
- **C: 3샷 재작성 예시**: GPT-4에 입력 텍스트와 재작성된 버전 샘플 3개를 주고 글쓰기 스타일을 설명해 달라고 요청했습니다.
- **D: 3샷 글쓰기 샘플:** 이전과 동일하지만 입력 텍스트가 없고 마이크의 최종 글쓰기 샘플만 있습니다.

---

7 https://oreil.ly/H3VtJ

이러한 프롬프트는 저자가 직접 작성한 다른 세 개의 글(밈학, 스카이스크래퍼 기법, 가치 기반 평가)을 테스트 케이스로 삼아서 성능을 평가하는 실험[8]을 거쳤습니다. 그런 다음 비교를 위한 참조 텍스트를 만들기 위해 원하는 스타일로 텍스트를 수동으로 다시 작성했습니다. 임베딩 거리는 오픈AI의 임베딩 평가기(`text-embedding-ada-002`)에서 참조 텍스트의 임베딩을 가져와서 두 숫자 집합 사이의 거리를 계산하는 방법인 코사인 유사성을 사용해 프롬프트의 출력 임베딩과 비교하여 계산했습니다(그림 10-1).

| 임베딩 거리 케이스의 평균 | | | | | |
|---|---|---|---|---|---|
| 버전 | 밈학 | 스카이스크래퍼 기법 | 가치 기반 평가 | 총합 | +/- |
| A: 제어 | 0.053 | 0.042 | 0.061 | 0.052 | 0.00% |
| B: 원샷 글쓰기 샘플 | 0.045 | 0.034 | 0.048 | 0.043 | -17.75% |
| C: 3샷 재작성 예시 | 0.049 | 0.046 | 0.058 | 0.051 | -1.71% |
| D: 3샷 글쓰기 샘플 | 0.044 | 0.037 | 0.052 | 0.045 | -14.03% |
| 총합 | 0.048 | 0.040 | 0.055 | 0.047 | |

그림 10-1 프롬프트 최적화를 통한 테스트 결과

[그림 10-1]에서 볼 수 있듯이, 어떤 프롬프트는 다른 프롬프트보다 더 잘 작동하고 어떤 경우는 AI가 더 쉽게 처리합니다. 각 프롬프트에 대해 현실적인 결과를 얻으려면 사례당 10회 이상 실행해 여러 사례에 걸쳐 테스트하는 것이 중요합니다. 응답의 비결정적$^{non-deterministic}$ 특성으로 인해 한 번 잘되던 것이 여러 번 호출해 보면 결과가 생각과 다를 수 있으므로 테스트를 충분히 진행하세요. 최종적으로 가장 결과물이 좋았던 프롬프트는 다음과 같습니다.

```
You will be provided with the sample text.
Your task is to rewrite the text into a different writing style.
The writing style can be described as follows:
번역: 샘플 텍스트를 제공할 것입니다.
당신의 임무는 이 텍스트를 다른 글쓰기 스타일로 다시 작성하는 것입니다.
글쓰기 스타일은 다음과 같이 설명할 수 있습니다:
1. Informative and Analytical: The writer presents detailed information about
different strategies, especially the main theme of the text, and breaks down its
benefits, challenges, and implementation steps. This depth of information shows
that the writer has a solid grasp of the topic.
번역: 1. 정보적이고 분석적인 스타일: 작성자는 다양한 전략에 대해 자세한 정보를 제
공하며, 특히 텍스트의 주요 주제에 대해 그 이점, 도전 과제, 구현 단계 등을 분석합니
다. 이러한 깊이 있는 정보는 작성자가 해당 주제에 대해 확실한 이해를 가지고 있음을
```

---

8  https://oreil.ly/vRRY0

보여 줍니다.

2. Structured and Organized: The writing follows a logical flow, starting with a brief overview of different approaches, delving into a deep dive on the topic, and concluding with potential challenges and contexts where it might be best applied.

번역: 2. 구조적이고 조직적인 스타일: 글은 논리적인 흐름을 따르며, 다양한 접근 방식에 대한 간략한 개요로 시작하고, 주제에 대해 깊이 있는 분석을 진행한 후, 잠재적인 도전 과제와 그 접근 방식이 가장 적합할 수 있는 상황을 결론으로 제시합니다.

3. Conversational Tone with Professionalism: While the information is presented in a professional manner, the writer uses a conversational tone ("Here's how to implement..."), which makes it more relatable and easier for readers to understand.

번역: 3. 대화식 톤과 전문성: 정보는 전문적인 방식으로 제시되지만, 작성자는 대화식 톤("이렇게 구현하세요...")을 사용하여 독자들이 더 쉽게 이해하고 친근감을 느낄 수 있도록 만듭니다.

4. Practical and Actionable: The writer not only explains the concept but also offers actionable advice ("Here's how to implement X") with step-by-step guidance based on real world-experience.

번역: 4. 실용적이고 실행 가능한 스타일: 작성자는 개념을 설명하는 것에 그치지 않고, 실제 경험을 바탕으로 단계별 가이드를 제공하며 실행 가능한 조언("X를 구현하는 방법")을 제시합니다.

5. Balanced Perspective: The writer doesn't just present the benefits of the topic but also discusses its challenges, which gives a well-rounded perspective to readers.

번역: 5. 균형 잡힌 시각: 작성자는 주제의 이점만 제시하지 않고, 그에 따른 도전 과제도 논의하여 독자에게 균형 잡힌 시각을 제공합니다.

6. Examples and Analogies: To make concepts clearer, the writer uses concrete examples (e.g., how much a company might save per month) and analogies (e.g., making comparisons to popular frames of reference). This helps readers relate to the concepts and understand them better.

번역: 6. 예시와 비유: 개념을 더 명확하게 전달하기 위해, 작성자는 구체적인 예시(예: 회사가 매달 절약할 수 있는 금액)와 비유(예: 인기 있는 기준을 비교) 등을 사용합니다. 이는 독자들이 개념에 더 쉽게 공감하고 이해할 수 있도록 돕습니다.

7. Direct and Clear: The writer uses straightforward language without excessive jargon. Concepts are broken down into digestible bits, making it accessible for a broad audience, even if they're not well-versed in business strategies. In essence, this writing style is a blend of professional analysis with practical, actionable advice, written in a clear and conversational tone.

번역: 7. 직설적이고 명확한 스타일: 작성자는 과도한 전문 용어 없이 직설적인 언어를 사용합니다. 개념은 쉽게 이해할 수 있는 단위로 나누어져 있어, 비즈니스 전략에 익숙하지 않은 사람들에게도 접근 가능하게 만듭니다. 본질적으로 이 글쓰기 스타일은 전문적인 분석과 실용적인 조언을 명확하고 대화식 톤으로 결합한 것입니다.

> **TIP** 프롬프트 원칙 ④ 품질 평가하기
>
> 글쓰기 스타일을 테스트하지 않으면 어떤 프롬프트 전략이 가장 좋은지 추측하기가 어렵습니다. 소량의 테스트를 통해 이 방법이 올바른 접근 방식인지 더 확실하게 확인할 수 있습니다. 테스트는 고도로 조직화되거나 체계화될 필요는 없습니다. 깃허브 코파일럿Copilot과 같은 많은 성공적인 AI 제품의 개발자들은 평가 프로세스가 우연적이고 지저분했다고 인정합니다(하지만 결국에는 일을 해냈습니다).[9]

이 프로젝트에서는 이 검증된 예제를 사용하지만, 이번 기회에 이 점수를 뛰어넘어 보길 바랍니다. 참조 텍스트와 코드는 깃허브 저장소[10]에 공개되어 있으며, 더 나은 접근 방식을 찾으면 언제든지 저장소에 기여해 주시기 바랍니다. 시도해 볼 수 있는 한 가지 방법은 미세 조정으로, 샘플이 충분하면 글쓰기 스타일에 더 나은 결과를 얻을 수 있습니다(오픈AI는 최소 50개[11]를 권장합니다). 이 프롬프트에 대해 A/B 테스트(두 가지 버전의 프롬프트를 비교해 어느 것이 더 나은지 확인하는 것)를 수행하지 않더라도 이러한 결과는 일반적으로 프롬프트를 테스트해 보는 것이 얼마나 가치 있는 일인지 충분한 설득력을 제공합니다.

## 10.7 제목 최적화

[그림 10-2]와 같이 다양한 옵션을 생성하고, A/B 프롬프트를 통해 테스트하고, 찬성/반대 평가 시스템으로 효과를 측정해 콘텐츠의 제목을 최적화할 수 있습니다.

그림 10-2 간단한 찬성/반대 평가 시스템

---

9 https://oreil.ly/vu0IU
10 https://oreil.ly/O6RdB
11 https://oreil.ly/OMMKi

모든 프롬프트를 평가한 후 평균 점수가 가장 높은 프롬프트와 토큰 사용량을 확인할 수 있습니다(그림 10-3).

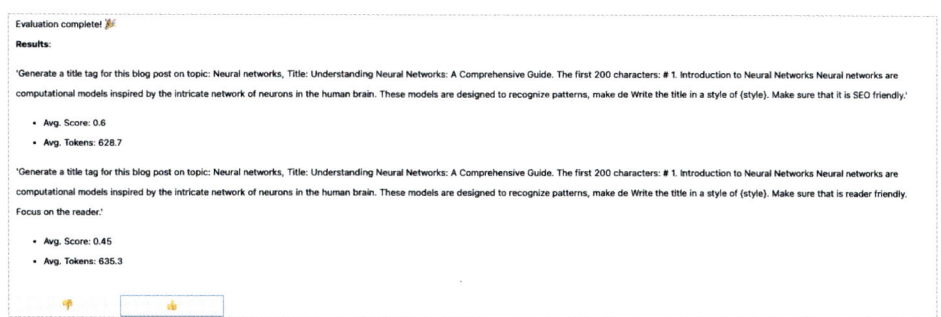

**그림 10-3** 프롬프트를 수동으로 평가한 후의 A/B 테스트 결과 예시

이 프롬프트나 남은 체인에서 여전히 원하는 수준의 품질을 얻지 못한다면 지금이 DSPy[12]와 같은 프롬프트 최적화 프레임워크를 실험해 볼 수 있는 좋은 시기입니다. 평가 지표를 정의하면 DSPy는 프롬프트에서 다양한 조합의 명령어와 짧은 예제를 테스트해 가장 성능이 좋은 조합을 자동으로 선택합니다. 예제가 궁금하다면 다음 문서[13]를 참고해 주세요.

## 10.8 AI 블로그 이미지

블로그를 더욱 전문적으로 보이게 하기 위해 할 수 있는 한 가지 방법은 블로그 글에 일관된 스타일의 사용자 정의 일러스트를 추가하는 것입니다. 이를 위해서는 9장에서 설명한 대로 브랜드 스타일 가이드를 만들거나, 혹은 특정 시각적 일관성이나 미적 품질을 중시하는 이미지를 가져와 무드 보드mood board를 만들어 드림부스 모델을 훈련하는 것이 가장 좋습니다. 그러나 대부분 간단한 프롬프트만으로도 스타일을 잘 복제할 수 있으므로 사용자 지정 모델을 훈련할 필요가 없습니다.

B2B(기업 간 거래) 기업 사이에서 인기 있는 시각적 스타일 중 하나인 코퍼레이트 멤피스Corporate

---

12 https://oreil.ly/dspy
13 https://dspy.ai/tutorials

Memphis[14]는 생생한 색상 팔레트, 대담하고 비대칭적인 모양, 유기적인 형태와 기하학적 형태가 혼합되어 있는 것이 특징입니다. 이 스타일은 비용이 많이 드는 시그널링 기법$^{signaling\ technique}$[15]으로, 회사가 디자이너에게 맞춤형 일러스트를 의뢰할 만큼 여유가 있으니 이 회사는 진지하고 신뢰할 수 있다고 표현하는 셈입니다. AI로 이 스타일을 재현하면 맞춤형 일러스트 제작 비용을 절감하는 동시에 소비자에게는 스타일이 주는 기존 인식을 활용할 수 있습니다. [그림 10-4]는 Stability AI API를 통해 스테이블 디퓨전으로 생성된 코퍼레이트 멤피스 스타일의 예시입니다.

---

illustration of websites being linked together. in the style of Corporate Memphis, white background, professional, clean lines, warm pastel colors
번역: 웹사이트들이 서로 연결되는 일러스트. 코퍼레이트 멤피스 스타일, 흰색 배경, 전문적이고, 깔끔한 선, 따뜻한 파스텔 색상

---

그림 10-4 코퍼레이트 멤피스 스타일로 구현된 서로 연결된 웹사이트

---

14 https://oreil.ly/3UHQs
15 https://oreil.ly/haoTZ

> **TIP** **프롬프트 원칙 ① 지시 내리기**
>
> 스테이블 디퓨전은 코퍼레이트 멤피스처럼 잘 알려지지 않은 스타일이나 독특한 스타일을 포함한 다양한 스타일에 대해 학습되어 있습니다. 스타일 이름만 알아도 원하는 이미지를 생성하는데 충분한 경우가 많습니다.

블로그 작성 프로젝트에서는 블로그 글에 첨부할 이미지에 대한 아이디어를 사용자에게 요청할 수 있지만, 우리는 이 단계를 자동화해 사용자가 더 쉽게 작업할 수 있도록 하겠습니다. 챗GPT API를 호출하면 이미지에 들어갈 수 있는 아이디어를 쉽게 얻을 수 있습니다. 응답을 받으면 이를 Stability AI에 대한 프롬프트의 기초로 사용할 수 있습니다. 이는 이전에 설명한 메타 프롬프트로 하나의 AI 모델이 다른 AI 모델을 위한 프롬프트를 작성하는 방식입니다.

```
Describe an image that would go well at the top of this article:
번역: 이 게시글 상단에 잘 어울릴 만한 이미지를 묘사해 주세요:
{text}
```

```
A seamless collage or mosaic of diverse cultural elements from around the world,
including traditional dances, art pieces, landmarks, and people in various
traditional attires, symbolizing the interconnectedness of human cultures.
번역: 세계 각지의 다양한 문화 요소들이 어우러진 매끄러운 콜라주 또는 모자이크, 전
통적인 춤, 예술 작품, 랜드마크, 다양한 전통 의상을 입은 사람들 포함, 사람 문화의
상호 연결성을 상징하는 이미지.
```

Stability AI는 드림 스튜디오 플랫폼에서 스테이블 디퓨전과 스테이블 디퓨전 XL 같은 최신 모델을 호스팅합니다. 또한 API[16]나 Stability AI SDK(API 호출 과정을 간소화하는 라이브러리)를 통해 이들을 호출할 수도 있습니다. 다음 예제에서는 프롬프트를 사용해 Stability AI를 호출하는 함수를 만들어 보겠습니다.

```python
import base64
import os
import requests
import uuid

engine_id = "stable-diffusion-xl-1024-v1-0"
api_host = os.getenv('API_HOST', 'https://api.stability.ai')
api_key = os.getenv("STABILITY_API_KEY")
```

---

16 https://oreil.ly/XD_jQ

```python
def generate_image(prompt):
    response = requests.post(
        f"{api_host}/v1/generation/{engine_id}/text-to-image",
        headers={
            "Content-Type": "application/json",
            "Accept": "application/json",
            "Authorization": f"Bearer {api_key}"
        },
        json={
            "text_prompts": [
                {
                    "text":'''an illustration of "+prompt+". in the style of
                    Corporate Memphis,
                    white background, professional, clean lines, warm pastel
                    colors'''
                }
            ],
            "cfg_scale": 7,
            "height": 1024,
            "width": 1024,
            "samples": 1,
            "steps": 30,
        },
    )

    if response.status_code != 200:
        raise Exception("Non-200 response: " + str(response.text))

    data = response.json()

    image_paths = []

    for i, image in enumerate(data["artifacts"]):
        filename = f"{uuid.uuid4().hex[:7]}.png"
        with open(filename, "wb") as f:
            f.write(base64.b64decode(image["base64"]))

        image_paths.append(filename)

    return image_paths

prompt = """A seamless collage or mosaic of diverse cultural elements from
around the world, including traditional dances, art pieces, landmarks, and
people in various traditional attires, symbolizing the interconnectedness of
```

```
human cultures."""
# 번역: 세계 각지의 다양한 문화 요소들이 어우러진 매끄러운 콜라주
# 또는 모자이크, 전통적인 춤, 예술 작품, 랜드마크, 다양한 전통 의상을
# 입은 사람들 포함, 사람 문화의 상호 연결성을 상징하는 이미지.
generate_image(prompt)
```

**그림 10-5** 전 세계의 다양한 문화적 요소의 완벽한 콜라주 또는 모자이크

이미지 생성을 위한 전체 시스템을 캡슐화하려면 챗GPT 호출과 그 결과로 이루어지는 Stability AI 호출을 하나의 함수로 통합할 수 있습니다. 이 함수는 `outline_result.title`을 사용합니다.

```
from image_generation_chain import create_image
image = create_image(outline_result.title)
```

`image_generation_chain.py`[17]의 `create_image` 함수는 스테이블 디퓨전을 활용해 GPT-4에서 생성된 제목을 기반으로 이미지를 생성합니다.

---

[17] https://oreil.ly/cWpXH

```python
# 파일명: content/chapter_10/image_generation_chain.py

import base64
from langchain_openai.chat_models import ChatOpenAI
from langchain_core.messages import SystemMessage
import os
import requests
import uuid

engine_id = "stable-diffusion-xl-1024-v1-0"
api_host = os.getenv("API_HOST", "https://api.stability.ai")
api_key = os.getenv("STABILITY_API_KEY", "INSERT_YOUR_IMAGE_API_KEY_HERE")

if api_key == "INSERT_YOUR_IMAGE_API_KEY_HERE":
    raise Exception(
        '''You need to insert your API key in the
        image_generation_chain.py file.'''
        "You can get your API key from https://platform.openai.com/"
    )


def create_image(title) -> str:
    chat = ChatOpenAI()
    # 1. 이미지 프롬프트 생성
    image_prompt = chat.invoke(
        [
            SystemMessage(content=f"""Create an image prompt
                that will be used for Midjourney for {title}."""
            )
        ]
    ).content


    # 2. 이미지 생성
    response = requests.post(
        f"{api_host}/v1/generation/{engine_id}/text-to-image",
        headers={
            "Content-Type": "application/json",
            "Accept": "application/json",
            "Authorization": f"Bearer {api_key}",
        },
        json={
            "text_prompts": [
                {
```

```python
                    "text": f'''an illustration of {image_prompt} in the
                        style of Corporate Memphis, white background,
                        professional, clean lines, warm pastel colors'''
                }
            ],
            "cfg_scale": 7,
            "height": 1024,
            "width": 1024,
            "samples": 1,
            "steps": 30,
        },
    )

    if response.status_code != 200:
        raise Exception("Non-200 response: " + str(response.text))

    data = response.json()
    image_paths = []

    for i, image in enumerate(data["artifacts"]):
        filename = f"{uuid.uuid4().hex[:7]}.png"
        with open(filename, "wb") as f:
            f.write(base64.b64decode(image["base64"]))
        image_paths.append(filename)
    return image_paths
```

개략적인 과정은 다음과 같습니다.

1 ChatOpenAI 모델을 사용하면 주어진 title에 대한 이미지 프롬프트를 만듭니다.

2 Stability AI API를 통해 이 메시지를 전송하면 정확한 스타일링 지침이 포함된 이미지를 생성합니다.

3 그런 다음 고유한 파일 이름을 사용해 이 이미지를 디코딩하고 로컬에 저장한 후 경로를 반환합니다.

이 단계를 통해 AI에 텍스트 콘텐츠를 만들도록 지시하는 것뿐만 아니라 시각적으로 프롬프트에 생명을 불어넣도록 지시할 수 있습니다.

블로그 이미지에 사용하기로 결정한 스타일에 따라 유연하게 시스템을 조정할 수 있습니다. 필요에 따라 매개변수를 조정할 수 있으며, 향후 이 API 호출을 자체적으로 미세 조정된 맞춤형 드림부스 모델에 대한 호출로 대체할 수도 있습니다. 하지만 본격적인 업그레이드 없이 이것만 가지고서도 각 블로그 글에 대한 사용자 정의 이미지를 일관된 스타일로 빠르고 쉽게 그리고 사용자의 추가 입력 없이 생성할 수 있습니다.

## 10.9 사용자 인터페이스

이제 스크립트가 끝났으니 조금 더 작업하기 쉽게 만들어서, 동료들에게 피드백을 받고 싶습니다. 실제 운영 환경에서 사용되는 AI 앱의 프런트엔드는 일반적으로 자바스크립트, 특히 리액트를 기반으로 하는 NextJS[18] 프레임워크를 사용합니다. 이는 일반적으로 Tailwind CSS[19]와 같은 CSS 라이브러리와 함께 디자인 요소의 신속한 프로토타입을 쉽게 제작할 수 있습니다.

그러나 이 단계에서는 대부분의 AI 코드가 파이썬으로 되어 있을 가능성이 높으며, 프로그래밍 언어와 개발 환경을 전환하는 것은 어려운 과제일 수 있습니다. 자바스크립트, NextJS, Tailwind를 배우는 것뿐만 아니라 파이썬 코드를 위한 서버를 실행하고 애플리케이션과 사용자 데이터를 위한 데이터베이스를 가동한 다음, 이 모든 것을 프런트엔드 웹 디자인과 통합하는 일련의 문제에 직면하게 됩니다.

서버를 돌리고, 데이터베이스를 구축하고, 버튼 색상을 조정하는 데 많은 시간을 할애하는 대신 간단한 프로토타입 프런트엔드를 만들어 초기 피드백을 받는 것이 합리적입니다. 이 방법이 초기 단계에서 검증되지 않은 아이디어에 너무 많은 투자를 하는 것보다 낫습니다. 간단한 인터페이스를 구축하고 테스트해 보면, 실제로 앱을 프로덕션 수준으로 준비해야 할 때 무엇을 만들어야 하는지 더 잘 이해할 수 있습니다.

AI 기반 프로토타입을 위한 간단한 사용자 인터페이스를 구축할 때는 그라디오gradio[20]나 Streamlit[21] 같은 인기 있는 오픈 소스 인터페이스를 사용할 수 있습니다. 그라디오는 허깅 페이스에 인수되었으며, 오픈 소스 AI 모델의 다양한 대화형 데모를 위한 웹 사용자 인터페이스에 널리 사용됩니다. 대표적으로 AUTOMATIC1111[22]의 스테이블 디퓨전 웹 UI가 있습니다. 그라디오를 활용하면 코드를 로컬에서 쉽게 실행할 수 있는 인터페이스를 빠르게 구축할 수 있으며, 프로토타입을 공유해 피드백을 받는 데에도 유용합니다.

우리는 전체 과정을 두 단계로 자동화할 수 있는 인터페이스를 만들었습니다. 그라디오 소스

---

18 https://nextjs.org
19 https://tailwindcss.com
20 https://www.gradio.app
21 https://streamlit.io
22 https://oreil.ly/GlwJT

코드는 여기[23]에서 확인할 수 있습니다. 그런 다음 터미널에서 chapter_10 폴더[24]로 이동해 python3 gradio_code_example.py를 실행하면 그라디오 애플리케이션이 실행됩니다. 스크립트는 터미널에 SERPAPI_API_KEY와 STABILITY_API_KEY를 입력하라고 요청할 것입니다.[25] 그런 다음 [그림 10-6]과 같이 그라디오 인터페이스에 접근할 수 있습니다.

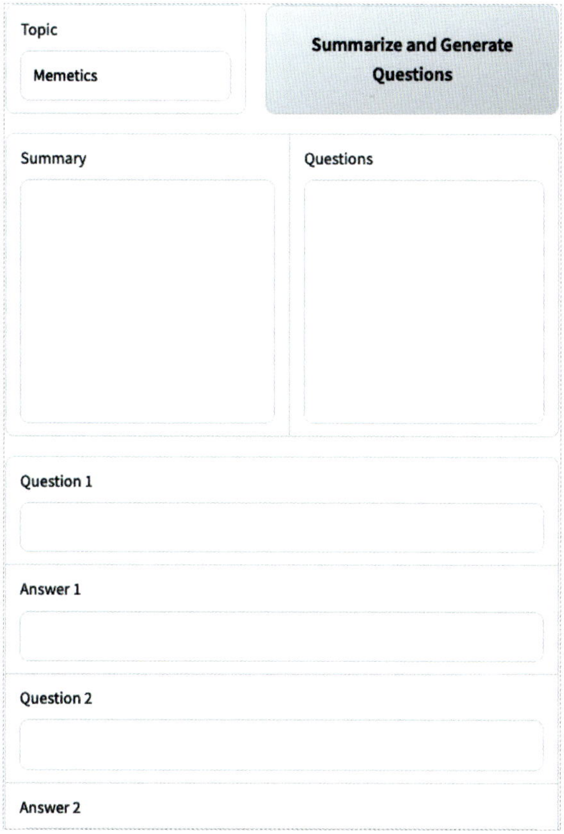

그림 10-6 그라디오 사용자 인터페이스

그라디오를 실행하면 바로 사용할 수 있는 인라인 인터페이스가 표시되거나 웹 브라우저에서 인터페이스를 열 수 있는 URL이 제공됩니다. 예를 들어 demo.launch(share=True)와 같이

---

23 https://oreil.ly/HNqVX
24 https://oreil.ly/chapter10
25 옮긴이_ 오픈AI API 키도 필요합니다.

매개변수 share=True를 사용해 그라디오를 실행하면 공개적으로 접근할 수 있는 링크가 생성됩니다. 이 링크를 친구, 동료, 초기 사용자에게 공유해 프로토타입에 대한 피드백을 받을 수 있습니다.

인터페이스를 초기화한 후 주제를 입력하고 Summarize and Generate Questions(요약 및 질문 생성) 버튼을 클릭하세요. 그러면 구글 결과를 수집, 요약하고 인터뷰 질문도 자동으로 생성합니다. 그런 다음 각 질문에 대한 답을 입력해야 합니다. 마지막으로 Generate Blog Post & Image(블로그 글 및 이미지 생성) 버튼을 클릭하면 모든 질문, 답변, 요약을 사용해 GPT-4가 전체 블로그 글과 이미지를 생성합니다.

> **TIP** 프롬프트 원칙 ④ 품질 평가하기
>
> AI에서 가장 가치 있는 평가 데이터는 사람의 피드백이며, 이는 챗GPT를 비롯한 많은 AI 조정의 핵심이 되어 왔습니다. 사용자 인터페이스를 통해 사용자에게 피드백을 요청하거나 제품에 피드백 메커니즘을 구축하면 에지 케이스를 식별하고 수정하는 데 도움이 됩니다.

연구 목적으로 개발 중이거나 오픈 소스 커뮤니티에 기여하고 싶다면, 허깅 페이스의 스페이스$^{Spaces}$에서 그라디오 데모를 공유하는 것을 고려해 보세요. 허깅 페이스 스페이스를 사용하면 누구나 자신의 그라디오 데모를 자유롭게 호스팅할 수 있으며, 프로젝트를 업로드하는 데 몇 분밖에 걸리지 않습니다. 허깅 페이스 웹사이트[26]를 통해 새로운 공간을 만들거나 허깅 페이스 API를 사용해 프로그래밍 방식으로 생성할 수 있습니다.

## 10.10 마치며

축하합니다! 여러분은 생성형 AI를 위한 포괄적인 프롬프트 엔지니어링의 세계를 여행했습니다. 간단한 프롬프트 엔지니어링 원칙을 배우고 LLM의 역사적 맥락을 살펴보고 그 기능과 개인 정보 보호 문제에 대해 알게 되었습니다.

구조화된 데이터를 추출하고, 프롬프트 엔지니어링의 모범 사례를 적용하고, 랭체인이라는 LLM 패키지에 익숙해지는 방법을 배웠습니다. 그러면서 유사성을 기반으로 텍스트를 저장하고 질의하는 벡터 데이터베이스를 알아보았으며 이후 자율 에이전트의 세계로 뛰어들었습니다.

---

26 https://oreil.ly/pSrP3

또한 확산 모델을 사용한 이미지 생성 기법으로 뛰어들어 이 잠재적 공간을 탐색하는 방법을 배웠습니다. 형식 지정과 아트 스타일 복제부터 인페인팅, 아웃페인팅 기법까지 모든 것을 다뤘습니다. 프롬프트 확장, 밈 매핑, CLIP Interrogator 등 고급 사용 사례도 함께 살펴봤습니다.

마지막으로 콘텐츠 작성에 프롬프트 엔지니어링을 활용하는 사례를 살펴봤습니다. 주제 연구 전략과 함께 사용자의 글쓰기 스타일을 모방해 사용자 반응을 기반으로 게시물을 생성하는 블로그 글쓰기 서비스를 만드는 방법에 대해 배웠습니다.

여러분은 이제 풍부한 지식을 얻었고, 실무 기술도 습득하여 프롬프트 엔지니어링 분야에서 전문적으로 일할 수 있는 역량도 갖추게 되었습니다. 생성형 AI를 위한 프롬프트 엔지니어링의 광범위한 영역을 안내해 드릴 수 있어 기쁩니다. 이 책의 마지막까지 함께 해 주셔서 감사합니다. 여기서 배운 모든 내용이 향후 AI를 활용한 모든 업무에 유용한 도구가 될 것이라 믿습니다.

이 책에 대한 여러분의 생각과 소개한 기법을 사용해 만든 주목할 만한 프로젝트가 있다면 필자들에게 알려 주면 감사하겠습니다. 이메일(hi@brightpool.dev)로 피드백을 공유하거나 멋진 작품을 소개해 주세요. 여러분의 호기심과 인내심이 이 흥미진진한 분야의 미래를 만들어 가고 있으며, 여러분의 기여를 기대합니다.

행복한 프롬프팅되세요!

## 찾아보기

감성 분석  146
검색  299
검색기  225
경량화  86
계획 에이전트  340
구조화된 출력 파서  192
그라운드 트루스  59
근위 정책 최적화  82
글로벌(생성자) 콜백  345
내면의 독백  160

다수결 투표  167
단기 기억(STM)  326
단어 임베딩  75
대규모 언어 모델(LLM)  27
도구 사용  310
드림부스 미세 조정  445
디노이징  362
디스코드  32
라마  85
라마인덱스  225, 276
라벨러  82
랭체인  16, 70, 181
랭체인 러너블  182
랭체인 표현 언어(LCEL)  188
레벤슈타인 거리  204
리듀스  250

맥락 압축 검색기  293
머메이드  113
멀티 쿼리 검색기  293
메모리  299

메타  85
메타 프롬프트  67, 173
메타데이터 전략  286
모달리티  84
목록 파서  192
몽고DB  153
무분류기 안내  362
문법  77
문서 로더  225
문서 체인  247
문서 트랜스포머  225
문장 분리  134
미드저니  12, 357
미세 조정  60, 74
미스트랄  87
밈 매핑  400
바드  84
바이트 페어 인코딩(BPE)  74
벡터  75, 253
벡터 데이터베이스  224, 253
보상 모델  82
보상 함수  298
분류  165
분해  396
블라인드 프롬프팅  50
비결정적  12

사용 가능한 행동  298
사용자 지정 검색기  327
사이킷런  265
사전 훈련  74
상위 문서 검색기  293
생각의 나무(ToT)  341
생각의 사슬(CoT)  67, 295
센텐스피스  74

셀프 어텐션 77
셀프 쿼리 286
수치적 76
스테이블 디퓨전 12, 361
스테이블 디퓨전 터보 364
스테이블 디퓨전 XL 363
스테이블 디퓨전 XL 리파이너 454
스테이블 비디오 디퓨전 364
스트리밍 186
슬라이딩 윈도우 137
슬라이딩 윈도우 어텐션 87
시간 가중 벡터 저장소 검색기 293
시간 감쇠 293
시드 362
실행 에이전트 340

아마존 베드록 85
아웃페인팅 356, 387
아파치 87
앙상블 검색기 293
어텐션 78
업스케일링 425
에이전트 계획 299
에이전트 툴킷 319
엘로 평점 시스템 61
열거형 파서 192
오픈AI 15
온도 29
요청별 콜백 346
워드피스 74
원샷 46
의미론 77
인공 일반 지능(AGI) 80
인페인팅 356, 384
임베딩 253, 258

입력 298

자기 성찰 327
자기 추론 70
자동 수정 파서 192
자연어 처리(NLP) 73
작업 분해 234
장기 기억(LTM) 326
재시도 파서 192
제로샷 46
제미나이 85, 364
조정 29
지도 학습 82
지연 시간 12
채팅 모델 184
챗GPT 12, 27
첫 번째 원칙 159
청킹 129
최소에서 최대 149
출력 파서 192

컨텍스트 창 70
컨트롤넷 405, 432
코사인 유사도 265
쿼리 계획 214
크레용 355
테스트 케이스 196
텍스트 분할기 228
텍스트 임베딩 모델 225
텍스트 투 비디오 364
텐서 80
토큰 29, 73
토큰화 74
트랜스포머 아키텍처 76

## 찾아보기

### ㅍ ㅎ

파인콘 279
판다스 247
판타지 미학 34
퓨샷 46
프롬프트 27
프롬프트 엔지니어링 12, 27
프롬프트 인젝션 60
프롬프트 전환 420
프롬프트 체이닝 235
프롬프트 템플릿 188
프롬프트 편집 420
프롬프팅 12
플라스크 149
함수 호출 205
행위자-비평가 123
헌법적 AI 87
확산 모델 27, 351
환각 12, 63
희소 벡터 262

### A B

actor-critic 123
AgentGPT 70
AI 체인 70
AIMessage 184
Amazon Bedrock 85
AnimateDiff 364
Apache 87
artificial general intelligence(AGI) 80
attention 78
AutoGPT 340
AUTOMATIC1111 16, 413
BabyAGI 70, 340
Bard 84
BLEU 60

blind prompting 50
byte pair encoding(BPE) 74

### C D

chain of thought(CoT) 67, 295
chat model 184
ChatGPT 12, 27
Chroma 279
chunk 70
chunking 129
classification 165
classifier free guidance 362
Clip Interrogator 373
ComfyUI 413
Common Crawl 263
constitutional AI 87
context window 70
contextual compression 293
ControlNet 405, 432
ConversationBufferWindowMemory 334
ConversationSummaryBufferMemory 336
ConversationSummaryMemory 335
ConversationTokenBufferMemory 336
cosine similarity 265
Craiyon 355
DALL·E 16, 355
datetime 파서 192
DeepFloyd 363
denoising 362
diffusion model 27, 351
Discord 32
document chain 247

### E F

editing 420
embedding 253, 258

ensemble 293
FAISS 16, 271
fantasy aesthetic 34
few-shot 46
fine-tuning 29, 60, 74
first principle 159
Flask 149
function calling 205

## G H

Gemini 85, 364
Gen-2 364
Gensim 263
GloVe 263
GPT-2 80
GPT-3 13
GPT-3.5-turbo 81
ground truth 59
hallucination 12, 63
HumanMessage 184

## I L

Ideogram 364
Img2Img 421
inner monologue 160
inpainting 356, 384
labeler 82
LangChain 16, 70, 181
LangChain Expression Language(LCEL) 188
LangChain runnable 182
large language model(LLM) 27
latency 12
least to most 149
Levenshtein distance 204
Llama 85
LlamaIndex 225, 276

long-term memory(LTM) 326
LoRA(Low-Rank Adaptation) 86

## M N

majority vote 167
Map Re-rank 251
Map Reduce 250
MapReduceDocumentsChain 250
MapRerankDocumentsChain 250
meme mapping 400
Mermaid 113
Meta 85
meta prompt 67, 173
Microsoft AutoGen 70
Midjourney 12, 357
mistral 87
modality 84
MoE(mixutre of experts) 84
MongoDB 153
MTurk 169
multi query 293
natural language processing(NLP) 73
non-deterministic 12
numerical 76

## O P

one-shot 46
OpenAI 14
outpainting 356, 387
output parser 192
Pandas 247
parent document 293
pgvector 애드온 279
Pinecone 279
pretraining 74
prompt chaining 235

## 찾아보기

prompt engineering  12, 27
prompt injection  60
prompting  12
proximal policy optimization  82
Pydantic(JSON) 파서  192

quantization  86
query planning  214
RAG(retrieval-augmented generation)  256
ReAct(Reason and ACT)  70, 300
reduce  250
RefineDocumentsChain  250
reward model  82
ROGUE  60
RunwayML  364

SAM 모델  442
scikit-learn  265
seed  362
self query  286
self-attention  77
self-reasoning  70
semantic  77
sentence detection  134
SentencePiece  74
sentiment analysis  146
short-term memory(STM)  326
sliding window  137
sliding window attention  87
Sora  364
sparse vector  262
Stable Diffusion  12, 361
streaming  186
StuffDocumentsChain  249, 251

Supabase  279
supervised learning  82
switching  420
syntax  77
SystemMessage  184

task decomposition  234
temperature  29
tensor  80
test case  196
TF-IDF  265
time decay  293
time weighted  293
token  29, 73
tokenization  74
transformer architecture  76

unbundling  396
Unstructured  224
upscaling  425
upsert  281
vector  75, 253
vector database  224, 253
verbose 인수  347

Weaviate  279
Weights & Biases  196
word embedding  75
WordPiece  74
XML 파서  192
zero-shot  46